O FIM DA POBREZA

JEFFREY D. SACHS

O fim da pobreza

Como acabar com a miséria mundial nos próximos vinte anos

Prefácio
Bono

Prefácio à edição brasileira
Rubens Ricupero

Tradução
Pedro Maia Soares

COMPANHIA DAS LETRAS

Publicado originalmente pela Penguim Press (Estados Unidos) e Allen Lane (Grã-Bretanha)

Título original
The end of poverty: How we can make it happen in our lifetime

Capa
Moema Cavalcanti

Imagem de capa
Ex-voto: *Mão* (artista anônimo) / Canindé, Ceará
Foto: Rômulo Fialdini / Acervo do Museu de Arte Popular Brasileiro Casa do Pontal, Rio de Janeiro

Preparação
Isabel Jorge Cury

Índice remissivo
Luciano Marchiori

Revisão
Arlete Souza
Otacílio Nunes

Dados Internacionais de Catalogação na Publicação (CIP)
(Câmara Brasileira do Livro, SP, Brasil)

Sachs, Jeffrey D.
O fim da pobreza : como acabar com a miséria mundial nos próximos vinte anos — Jeffrey D. Sanchs ; prefácio Bono ; prefácio à edição brasileira Rubens Ricupero ; [tradução de Pedro Maia Soares]. — São Paulo : Companhia das Letras, 2005.

Título original : The end of poverty: How we can make it happen in our lifetime
Bibliografia
ISBN 85-359-0754-8

1. Assistência econômica - Países em desenvolvimento 2. História econômica - 1750-1918 3. Países em desenvolvimento - Condições econômicas 4. Países em desenvolvimento - Política econômica 5. Pobreza - Países em desenvolvimento I. Bono. II Ricupero, Rubens. III. Título.

05-7883 CDD-339.46091724

Índices para catálogo sistemático:
1. Países em desenvolvimento : Pobreza : Causas e efeitos : Economia 339.46091724
2. Pobreza : Países em desenvolvimento : Causas e efeitos: Economia 339.46091724

[2005]

EDITORA SCHWARCZ LTDA.
Rua Bandeira Paulista 702 cj. 32
04532-002 — São Paulo — SP
Telefone (11) 3707-3500
Fax (11) 3707-3501
www.companhiadasletras.com.br

Para Sonia
parceira de vida, inspiração, mestra, melhor amiga

Sumário

Agradecimentos

Estes agradecimentos devem cumprir um duplo dever. Ao escrever este livro, dependi de incontáveis atos de apoio, generosidade e orientação. Mas o que talvez seja mais importante é que, ao me envolver com os desafios de nossa sociedade global e nosso mundo profundamente dividido, dependi de colegas constantes, professores e líderes. Esta é uma oportunidade importante para lhes agradecer pelo coleguismo e apoio de uma vida inteira.

Naturalmente, começo por minha família, minha esposa, Sonia; minhas filhas, Lisa e Hannah; e meu filho, Adam. Esta obra é o resultado de um esforço familiar, durante duas décadas de redefinição do que eram "férias", enquanto escutavam papai dar outra palestra numa sala abafada de uma aldeia da África Oriental. Sonia tem sido minha guia, inspiração, professora de diagnóstico diferencial e parceira e co-autora nos estudos sobre desenvolvimento. Meus filhos, tenho orgulho de dizer, conheceram todos os cantos do mundo em desenvolvimento e eles mesmos assumiram o desafio do desenvolvimento global. Seu espanto diante do que vimos juntos é minha inspiração para lutar pelo futuro deles. Em todo esse esforço familiar, a sabedoria de meu sogro, Walter Ehrlich; o bom senso de minha mãe, Joan Sachs; e o interesse ávido de minha irmã, Andrea Sachs, desempenharam todos um enorme papel em nos manter na direção certa. O mesmo posso dizer da bússola moral duradoura de meu falecido pai,

Theodore Sachs, que devotou seus grandes dons e energia de advogado à luta em prol da justiça social.

Durante vinte anos, tive a bênção de ser bem recebido em todos os cantos do mundo e de ter colegas que se uniram a mim na busca de compreender as condições e os desafios locais e na tentativa de encaixar esses desafios em um quadro global mais amplo. Meus primeiros colegas na Bolívia foram Daniel Cohen e Felipe Larraín, companheiros de toda a vida em aventuras intelectuais. David Lipton deixou o FMI para juntar-se a mim no trabalho na América Latina e na Europa Oriental e depois assumiu papel de destaque na economia política internacional durante o governo Clinton. Wing Woo ensinou-me sobre a Ásia durante um quarto de século e foi meu guia, co-autor e co-conselheiro em muitos esforços valiosos. Nirupam Bajpai tem sido constante e preciso como observador agudo, estudioso, co-autor e conselheiro em todos os aspectos das notáveis reformas realizadas na Índia durante a última década.

A melhor maneira de se tornar um conselheiro econômico bem-sucedido é aconselhar governos bem-sucedidos. Tive a extrema felicidade de fazer isso. Minha primeira aventura foi na Bolívia, sob a notável liderança do falecido presidente Victor Paz Estensoro e seu principal assessor econômico e depois presidente, Gonzalo Sánchez de Lozada. Ambos me ensinaram sobre a prática política das reformas econômicas bem-sucedidas e o valor da honestidade e do amor pelo país para alcançar sucessos políticos mais amplos. Na Polônia, Larry Lindenberg desempenhou um papel central ao me apresentar aos líderes do Solidariedade, entre eles Adam Michnik, Jacek Kuron, Bronislaw Geremek e, é claro, Lech Walesa. Leszek Balcerowicz, o corajoso e brilhante líder das reformas polonesas, fez com que todos nos saíssemos bem. Admiro o presidente da Polônia, Alexander Kwasniewski, e lhe devo a honra de ter ganhado, junto com Lipton, uma das comendas civis mais importantes, a Cruz da Ordem do Mérito dos Comandantes. O presidente Janez Drnovsek, da Eslovênia, não somente me ensinou sobre a complicada política dos Bálcãs nas duas últimas décadas como também me inspirou com sua liderança e me honrou com a oportunidade de contribuir para o nascimento da Eslovênia como nação independente. Na Rússia, quero agradecer a meu parceiro de consultoria Anders Aslund e dedicar um tributo especial a três reformadores que lutaram bravamente contra as condições desfavoráveis: Iegor Gaidar, Boris Fedorov e Grigori Iavlinski.

Meu trabalho na África foi abençoado pela ajuda e orientação de um grande número de colegas e líderes africanos. Sou especialmente grato a Calestous Juma, Dyna Arhin-Tenkorang, Wen Kilama, Charles Mann e Anne Conroy. Minhas ardentes esperanças pelo continente africano são estimuladas pela poderosa e visionária liderança que vi em abundância em todo o continente, em contraste com a típica visão desinformada dos americanos sobre o governo na África. Em particular, gostaria de agradecer à nova geração de líderes democráticos africanos que estão apontando o caminho, entre eles o ex-presidente Alberto Chissano, de Moçambique; os presidentes Mwai Kibaki, do Quênia; John Agyekum Kufuor, de Gana; Olusegun Obasanjo, da Nigéria; Festus Mogae, de Botsuana; Abdoulaye Wade, do Senegal; o ex-vice-presidente Justin Mulawesi, do Malaui; e o primeiro-ministro Meles Zenawi, da Etiópia.

O mundo conserva-se unido, ainda que de forma precária, graças à visão, liderança e luta dos líderes que estão comprometidos com um mundo de justiça, igualdade e império da lei. O maior deles é o secretário-geral da ONU, Kofi Annan, cuja decisão tranqüila ajudou a evitar que o mundo caísse no precipício em anos recentes. Outro grande líder é Gro Harlem Brundtland, que me deu a honra de servir à Organização Mundial da Saúde durante sua gestão de diretor-geral da OMS. A Comissão de Macroeconomia e Saúde da OMS ajudou a mostrar o caminho para o aumento dos investimentos básicos para os pobres. Meus colegas de comissão são líderes incomparáveis em seus respectivos campos, entre eles Manmohan Singh, o atual primeiro-ministro da Índia; Richard Feachem, diretor do Fundo Global de Combate à Aids, Tuberculose e Málaria; Supachai Panitchkadie, o diretor-geral da Organização Mundial do Comércio; e Harold Varmus, diretor do Memorial Sloan-Kettering Cancer Center.

As agências da ONU têm muitos líderes talentosos e dedicados e tive a honra de trabalhar intimamente associado a eles em anos recentes: Mark Malloch Brown, administrador da UNDP, que defendeu o Projeto Milênio da ONU desde o início; Joseph Chamie, diretor da Divisão de População da ONU; Zephirin Diabre, sub-administrador da UNDP e meu guia para as economias do Sahel africano; Horst Kohler, ex-diretor-gerente do FMI e atual presidente da Alemanha, que durante sua gestão no Fundo defendeu uma justiça global maior na alocação de recursos; Anna Tibaijuka, a notável líder nascida na Tanzânia da Habitat; Klaus Topfer, o incansável chefe do Programa Ambiental da ONU; e Jim Wolfensohn, o corajoso e enérgico líder do Banco Mundial. Sou grato também ao maravilhoso coleguismo dos economistas-chefes do Banco Mundial, Nick Stern e François Bourguignon, e ao economista-chefe do FMI, Raghuram Rajan.

Muitas das idéias específicas sobre como acabar com a pobreza global surgiram do trabalho do Projeto Milênio da ONU, que tive a honra de dirigir e no qual me baseio amplamente neste livro. Esse projeto teria saído dos trilhos desde o início se não contasse com a liderança segura e que ia muito além da obrigação de John McArthur, meu colega diário no esforço. John e eu, por nossa vez, dependemos de um secretariado espetacular, formado por Chandrika Bahadur, Stan Bernstein, Yassine Fall, Eric Kashambuzi, Margaret Kruk, Guido Schmidt-Traub, Erin Trowbridge e os assistentes constantes Alberto Cho, Michael Faye, Michael Krouse, Luis Javier Montero, Rohit Wanchoo e Alice Wiemers.

Os líderes das Forças-Tarefa do Projeto Milênio e cientistas aliados e especialistas em políticas públicas são meus professores e guias nos campos interconectados da agronomia, gestão hídrica, clima, sistemas de energia, controle de moléstias e outras áreas de interesse essencial para a redução da pobreza e o desenvolvimento de longo prazo. Felizmente, muitos desses cientistas de classe internacional são meus colegas no Instituto da Terra, na Universidade Colúmbia. Fico feliz por expressar agradecimentos especiais aos colegas de Colúmbia: Deborah Balk, Wallace Broecker, Bob Chen, Lynn Friedman, James Hansen, Klaus Lackner, Upmanu Lall, Roberto Lenton, Marc Levy, Don Melnick, Vijay Modi, John Mutter, Cheryl Palm, Allan Rosenfield, Josh Ruxin, Pedro Sanchez, Peter Schlosser, Joseph Stiglitz, Awash Teklehaimonot, Ron Waldman, Paul Wilson e Stephen Zebiak, que desempenharam um papel tão essencial na expansão da minha compreensão dos desafios do desenvolvimento sustentável. Sou grato ao encorajador presidente da Universidade Colúmbia, Lee Bollinger, que deu muito apoio ao Instituto da Terra nesse e em outros empreendimentos. Agradeço também a todos os coordenadores e membros da força-tarefa por fazer do Projeto Milênio o extraordinário esforço que foi.

O incomparável Bono abriu os olhos de milhões de fãs e cidadãos para a luta compartilhada pela igualdade e justiça globais. Agradeço a ele pelo prefácio, pela talentosa liderança na conexão de mundos que de outra forma permaneceriam separados e por colher as energias e compromissos dessas conexões recentemente forjadas. As auxiliares próximas de Bono, Jamie Drummond e Lucy Matthews, são estrelas incomparáveis na sociedade civil global. Elas fazem milagres todos os dias ao pôr a agenda do desenvolvimento global diante dos olhos de líderes mundiais amiúde indiferentes e ignorantes. Outros fazedores de milagres na promoção da justiça global que ajudaram com generosidade em minhas atividades são o filantropo e financista George Soros e os pioneiros da saúde pública Paul Farmer, Jim Kim e Bruce Walker.

É um clichê dizer que este livro não teria sido possível sem..., mas às vezes tais clichês refletem a verdade. Margarethe Laurenzi, habilidosa redatora e assistente editorial desde o início deste projeto, ofereceu apoio incomparável, sugestões inteligentes e feedback editorial que nos manteve nos trilhos e dentro do prazo. Gordon McCord é um valioso assistente especial em relação a todos os aspectos de minha atividade no Instituto da Terra e no Projeto Milênio, incluindo trabalho detalhado em todas as partes deste livro. Gordon também é, sem dúvida, um futuro líder global de sua geração nos desafios do desenvolvimento sustentável. Winthrop Ruml veio de Harvard para integrar a equipe na metade de 2004 e tem sido um membro essencial do projeto desde sua chegada ao Instituto da Terra. Martha Synnott administrou meu escritório durante as duas décadas dos eventos descritos neste livro, até 2003. Ji Mi Choi ofereceu ajuda valiosa no ano seguinte, e agora Heidi Kleedtke administra o caos controlado que me permite combinar as obrigações na ONU, o Instituto da Terra e vastos projetos e programas em todo o mundo.

Vários colegas e amigos leram o manuscrito com grande cuidado e criatividade, apontando erros, equívocos ou falhas problemáticas. Agradeço especialmente a Diane Asadorian, Nirupam Bajpai, David Lipton, Will Masters, Staci Warden, Wing Woo e Jeannie Woo por seu generoso tempo e sugestões ponderadas. Agradeço também a Bob Edgar e seus colegas do Conselho Nacional de Igrejas dos Estados Unidos por responderem a perguntas sobre o tradicional compromisso dos cristãos com a redução da pobreza global.

Andrew Wylie, agente literário sem par, ajudou-me a conceber este livro — sua estrutura e lógica, como forma de ampliar a compreensão mundial da oportunidade que nossa geração tem de acabar com a miséria. Scott Moyers, meu editor na Penguin Press, proporcionou a orientação e o apoio constante, claro e profissional para levar a cabo o projeto, e sua equipe editorial realizou um magistral esforço de produção. Sou grato a todos.

Prefácio

Dois homens adormecidos um ao lado do outro numa longa jornada África adentro, literal e felizmente acima das nuvens tempestuosas. Um deles está bem barbeado, com papéis espalhados ao seu redor. Terno preto-fosco, leves olheiras por não dormir, pensamentos grandes demais até para sua cabeça grande. O outro está mais para um desleixo boêmio. Barbudo, desalinhado, não pode estar acordado simplesmente há dias, pois seu rosto infantil diz que faz anos. Um anúncio explicando por que a milhagem aérea pode ser ruim para a saúde. Quando ele acorda, uma comissária de bordo pede um autógrafo. Confuso e achando graça, ele aponta para o sujeito de terno preto que jaz entre os papéis. Quem está apontando sou eu. Vou me apresentar. Meu nome é Bono e sou o aluno astro do rock. O homem que está comigo é Jeffrey D. Sachs, o grande economista e, há alguns anos, meu professor. Em algum momento, seu autógrafo valerá muito mais do que o meu.

Deixe-me contar como iniciamos esta jornada. Tudo começou antes que Jeff Sachs se tornasse diretor do Instituto da Terra, na Universidade Colúmbia. Antes que ele se mudasse para Nova York para ser assessor especial do secretário-geral da ONU, Kofi Annan. Começou quando Jeff me deu o diploma da Escola de Desenvolvimento Internacional Kennedy, na Universidade Harvard, em Cambridge, Massachusetts. Meu grande amigo Bobby Shriver me aconselhara a conhecê-lo para que eu soubesse o que estava falando antes de ir ao Capitólio para fazer lobby, em nome do Jubileu 2000, pelo cancelamento da dívida dos PMD (países menos desenvolvidos) para com os países ricos da Organização para a Cooperação e o Desenvolvimento Econômico (OCDE), como parte das celebrações do milênio. Eu entraria no mundo dos acrônimos com um homem capaz de fazer uma sopa de letrinhas com eles. Sopa que você teria vontade de tomar. E que, se ingerida de modo adequado, possibilitaria que muito mais sopa fosse tomada por muito mais gente.

Fome, doença, o desperdício de vidas que é a miséria são uma afronta para todos nós. Para Jeff, é uma equação difícil, mas resolúvel. Uma equação que cruza capital humano com capital financeiro, as metas estratégicas do mundo rico com um novo tipo de planejamento no mundo pobre.

Eu sou um cantor com ouvido para melodia. As grandes idéias têm muito em comum com uma grande melodia. Uma certa clareza, o fato de serem inevitáveis, capacidade de ficar na memória... você não consegue tirá-las da cabeça, elas te agarram... As idéias deste livro não são exatamente como a cantoria de botequim, mas elas têm um gancho que você não vai esquecer: o fim da pobreza. É um desafio difícil de ignorar.

Jeff é difícil de ignorar. Em alguns eventos, tive de falar depois dele (como os Monkees indo atrás dos Beatles). Sua voz é mais alta do que qualquer guitarra elétrica, mais pesada do que o heavy metal. Sua paixão é operística, ele é fisicamente muito presente, animado. Há um lado selvagem na retórica, mas rigor na lógica. Deus talvez lhe tenha dado uma voz com amplificador embutido, porém é a argumentação que vence.

Ele não é apenas animado: ele é irado. Porque sabe que boa parte da crise no mundo em desenvolvimento pode ser evitada. Olhar para pessoas que fazem fila para morrer três em uma cama, duas em cima e uma embaixo, em um hospital nas cercanias de Lilongwe, Malavi, e saber que aquilo não precisa ser assim é demais para a maioria de nós. Eu fico esmagado. Ele é criativo. É um economista que pode dar vida às estatísticas que, afinal, eram vidas em primeiro lugar. Ele pode levantar os olhos dos números e ver rostos através das planilhas, famílias como a dele que se mantêm unidas em jornadas aos confins do mundo. Ele nos ajuda a dar sentido ao que significa a realidade sem sentido: 15 mil africanos que morrem a cada dia de doenças evitáveis, tratáveis — aids, malária, tuberculose —, por falta de medicamentos que nós consideramos banais.

Essa estatística sozinha torna ridícula a idéia a que muitos de nós nos agarramos firmemente: a idéia de igualdade. O que está acontecendo na África zomba de nossa piedade, põe em dúvida nossas preocupações e questiona nosso compromisso com todo esse conceito. Porque, se formos honestos, só podemos concluir que jamais permitiríamos que essa mortandade em massa diária acontecesse em algum outro lugar. Com certeza, não na América do Norte, na Europa ou no Japão. Um *continente* inteiro em chamas? No fundo, se realmente aceitássemos que a vida deles — vidas africanas — é igual à nossa, estaríamos todos fazendo mais para apagar o fogo. É uma verdade incômoda.

Este livro é sobre a alternativa — dar o próximo passo na jornada da igualdade. Igualdade é uma idéia muito grande, ligada à liberdade, mas que não é gratuita. Se formos sérios, temos de estar preparados para pagar o preço. Algumas pessoas dirão que não temos condições de fazer isso... Eu discordo. Penso que não temos condições de *não* fazer isso. Em um mundo em que a distância não determina mais quem é seu vizinho, pagar o preço da igualdade não é apenas ser sensível, é ser inteligente. Os destinos dos que têm estão intrinsecamente ligados aos destinos dos que não têm nada. Se ainda não sabíamos disso, a verdade ficou clara demais no dia 11 de setembro de 2001. Os perpetradores do ataque podem ter sido sauditas ricos, mas foi num Estado em colapso e acometido pela pobreza como o Afeganistão que eles encontraram ajuda e abrigo. A África não está na linha de frente da guerra contra o terror, mas poderá estar em breve.

"A guerra contra o terror está vinculada à guerra contra a pobreza." Quem disse isso? Não fui eu. Nem um grupo pacifista hippie. Foi o secretário de Estado americano, Colin Powell. E quando um militar começa a falar desse modo, talvez devêssemos dar ouvidos. Em tempos tensos, nervosos, não seria mais barato — e mais inteligente — fazer amigos de inimigos potenciais do que se defender contra eles?

Desejaríamos que as coisas fossem diferentes. Mas esse tipo de desejo não é somente inútil aqui: é perigoso. O plano que Jeff apresenta não é apenas sua idéia de um caminho crítico para realizar a Meta de Desenvolvimento do Milênio para 2015: cortar a pobreza pela metade — um objetivo subscrito por todos os governos do mundo. É um manual sobre como podemos levar a cabo a tarefa. Sobre como podemos ser a primeira geração a suprimir o tipo de pobreza extrema, estúpida, que vê uma criança morrer de fome num mundo de abundância, ou com uma moléstia que poderia ser evitada com uma vacina de vinte centavos.

Somos a primeira geração que tem condições para isso. A primeira geração que pode desfazer todo o nó do mau comércio, da má dívida e da má sorte. A primeira geração que pode acabar com a relação corrupta entre as partes poderosas e as mais fracas do mundo que está tão errada há tanto tempo.

Nas mãos de Jeff, o peso da oportunidade sobre nossos ombros se torna uma aventura, algo factível e realizável. Seu argumento é claro. Convergimos de nossos diferentes pontos de partida... ele dos mercados, eu dos cartazes. Felizmente, concordamos que precisamos de ambos. Porém, apesar de todo o poder de convicção do livro, o leitor não encontrará uma resposta para a questão mais importante de todas. Ela está fora de regressões, teoremas e trabalho de campo e cai diretamente sobre nossos ombros. Nós *podemos* ser a geração que não aceita mais que um acidente de latitude determine se uma criança vai viver ou morrer, mas *seremos* essa geração? Nós, do Ocidente, vamos realizar nosso potencial ou vamos dormir no conforto de nossa afluência, com a apatia e a indiferença murmurando suavemente em nossos ouvidos? Quinze mil pessoas morrem todos os dias de aids, tuberculose e malária. Mães, pais, professores, agricultores, enfermeiras, mecânicos, crianças. Essa é a crise da África. Não está no noticiário da noite, não tratamos isso como uma emergência — essa é a *nossa* crise.

As gerações futuras que folhearem este livro saberão se respondemos à questão fundamental. A prova será o mundo ao redor delas. A História será nosso juiz, mas o que será escrito depende de nós. Quem somos, quem fomos, pelo que queremos ser lembrados. Não podemos dizer que nossa geração não tinha condições de fazê-lo. E não podemos dizer que nossa geração não tinha motivo para fazê-lo. Depende de nós. Podemos escolher transferir a responsabilidade, ou, como o professor propõe aqui, podemos escolher uma mudança de paradigma.

Bono, 2004

Prefácio à edição brasileira

Embora tenha sido escrito para provar que a economia pode ser a chave da solução do problema milenar da pobreza, este livro não deixa no leitor a memória do que se associa habitualmente às discussões econômicas: cifras, gráficos, operações de mercado. O que fica quando se termina a leitura é o retrato de uma vida, a de um homem jovial imbuído da missão de transformar o mundo. A foto da contracapa da edição inglesa mostra um desses rostos norte-americanos sempre jovens e sem rugas, limpo, bem escanhoado e fresco contra o fundo verde e o ar escaldante da savana africana. Jeffrey Sachs é um homem com um instrumento na mão — o estetoscópio do clínico universitário capaz de diagnosticar as doenças das economias assim como de receitar-lhes a cura — e uma idéia na cabeça — a de que é possível acabar com a pobreza extrema em nosso período de vida.

As associações com enfermidades, médicos, clínicas e estetoscópios afloram desde as primeiras páginas de obra dedicada à esposa Sonia, pediatra, descrita como a que foi sua "professora de diagnóstico diferenciado". Quando comecei a ler o que mais parecia um romance de aventuras, lembrei da autobiografia que, adolescente, retirei emprestada da Biblioteca Circulante da rua São Luís, em São Paulo. Era a história de um sanitarista que passou a existência combatendo pestes e epidemias na Ásia e na África, trabalhando para a Fundação Rockefeller. Nunca mais vi o volume nem consigo recordar-lhe o nome, mas a todo instante aquelas lembranças longínquas vinham sobrepor-se ao que eu lia agora. Por exemplo, a descrição do combate às vezes frustrante de Jeffrey contra a obtusidade dos governos de países ricos me trazia de volta à mente o sanitarista da Rockefeller, às voltas com a peste bubônica em Bengala, tentando convencer o poeta e guru Rabindranath Tagore de que era preciso sacrificar a sagrada vida dos ratos a fim de salvar a não menos sagrada vida de milhões de bengalis em Calcutá...

Esta pequena amostra já serve para indicar ao leitor que ele está em presença de algo de novo e original, que não tem nada a ver com o preconceito usualmente associado aos relatórios da ONU ou do Banco Mundial como repositórios enfadonhos de estatísticas e linguagem entorpecedora, destituída de alma e emoção. O que se tem aqui é, ao contrário, uma narrativa genuína, tanto na acepção da história de uma vocação de vida, de uma aventura pessoal e intelectual, quanto no sentido de um discurso lógico e coerente que disseca o mal da pobreza absoluta, localiza seus focos infecciosos e indica os melhores meios de erradicá-los. As duas partes não se justapõem separadas, uma ao lado da outra, mas se interpenetram e alternam todo o tempo: um episódio palpitante — a visita a um aterrador hospital africano onde três, quatro doentes com aids agonizam no mesmo leito — conduz à exposição objetiva de quanto custaria para acabar com tamanho sofrimento e vice-versa, o desenvolvimento de um raciocínio teórico culmina em alguma ilustração extraída do que está acontecendo agora mesmo nos países mais miseráveis da Terra.

Seria simplificação apressada concluir que estamos diante apenas de uma reflexão sobre a pobreza contemporânea ou mesmo, ampliando um pouco, sobre a teoria e a prática do desenvolvimento econômico. Alguns dos primeiros desafios com que se confronta o autor no início de sua carreira de clínico da economia se relacionam não com as questões clássicas das nações subdesenvolvidas, mas sim com a problemática sem precedentes históricos da transição súbita de economias socialistas, centralmente planificadas em grau menor ou maior, tais como as da Polônia do início do movimento Solidariedade e da lei marcial ou a União Soviética da perestróica, em direção da economia de mercado. Antes até, o quilômetro zero da sua jornada autobiográfica de médico de economias doentes é, como figura no índice, a hiperinflação de alta altitude da Bolívia. Em ambos os casos, manifestações teratológicas de economias disfuncionais que só no último exemplo se referem a um país em desenvolvimento e que, apesar de terem óbvias implicações para a superação da pobreza, possuem especificidade própria e exigem tratamento diferenciado.

Este último adjetivo define, melhor do que qualquer outra palavra, a essência da abordagem da obra: a necessidade de não generalizar, de distinguir, de diferenciar, de ser específico e preciso no diagnóstico e tratamento das situações dos países sofredores que pedem socorro ao que o capítulo quatro chama de "clínica da economia". É a maior originalidade de Jeffrey Sachs, a de ter sido o sistematizador e o principal praticante de uma nova especialidade: a do clínico econômico generalista em dimensão planetária.

Nesse ponto, seu caminho se separa nitidamente do de seus famosos contemporâneos na juventude — Lawrence Summers e Paul Krugman —, os quais eram vistos em conjunto, 35 anos atrás, como as três mais promissoras estrelas em ascensão no horizonte acadêmico das ciências econômicas nos Estados Unidos, os três mais prováveis ganhadores de um futuro prêmio Nobel de economia. Nenhum até agora ganhou o prêmio, mas cada um realizou, a seu modo, a profecia. Summers, depois de controvertida passagem pelo Banco Mundial como economista-chefe, foi subsecretário, depois secretário do Tesouro de Clinton e é hoje o reitor da Universidade Harvard. Krugman é autor de obra acadêmica respeitada, escreveu livros de texto e de divulgação econômica aclamados mundialmente para tornar-se, em nossos dias, de forma surpreendente, um dos principais, senão o principal cronista e analista crítico da política presidencial americana de uma perspectiva de aguda consciência do agravamento das desigualdades e injustiças sociais.

Sachs foi o único a abandonar, por assim dizer, a confortável proteção dos laboratórios universitários para submeter as teorias e idéias ao teste impiedoso da aplicação no terreno, o *reality check*, a realidade como o critério definitivo para conferir se as fórmulas consagradas nos compêndios funcionam na prática. Talvez por se ter tornado assim homem voltado à ação e, quem sabe devido também à sua personalidade intelectual mais pragmática, demarca-se de outro dos grandes economistas americanos atuais, Joseph Stiglitz, cuja atenção concentrou-se sobretudo nos obstáculos ao desenvolvimento proveniente do sistema financeiro e comercial. Desse ponto de vista, Stiglitz tem mais afinidade com a escola histórico-estruturalista de Raul Prebisch e Celso Furtado, da CEPAL e da UNCTAD, ao passo que Sachs, não obstante sua crítica corajosa e persistente ao FMI, ao Banco Mundial, a certas regras da Organização Mundial de Comércio (OMC), a orientação seguida pelos organismos internacionais e aos países ricos em relação à dívida externa dos pobres, não privilegia tanto os fatores sistêmicos internacionais de natureza financeira e comercial no processo de desenvolvimento.

A diferença de ênfase deriva, a meu ver, de dois motivos. O primeiro é o que chamei acima de pragmatismo intelectual, mas que mereceria, da mesma forma, ser descrito como voluntarismo, como o primado da ação. Um dos aspectos em que Jeffrey Sachs se revela mais intensamente norte-americano, ianque mesmo, é na sua qualidade de *problem-solver*, de solucionador de problemas, de pessoa confiante no poder da inteligência, da vontade, da ação, para resolver os problemas humanos. A fé na razão e na ação para elevar o nível de felicidade e bem-estar da humanidade deve muito à herança do iluminismo. O autor reconhece explicitamente essa dívida numa das melhores partes do estudo, o capítulo 18 — "O desafio de nossa geração" —, onde se encontram citações antológicas e inspiradoras de Adam Smith, Immanuel Kant e Marie-Jean-Antoine Condorcet.

A segunda causa resulta da própria curva da trajetória pessoal e de ação do "clínico da economia", que parte da hiperinflação na Bolívia e, em certa medida, na América Latina, passa pelas "economias em transição" na Polônia e na Rússia, detém-se por uns momentos, no despertar dos gigantes asiáticos, Índia e China, para concentrar-se finalmente nos pobres entre os pobres, as economias mais frágeis e vulneráveis, cada vez mais coincidentes com a área da África ao sul do deserto do Saara. Não é que, para esses países, os obstáculos e desequilíbrios financeiros e comerciais oriundos do contexto econômico internacional não sejam relevantes, conforme o texto indica com clareza. Ocorre, no entanto, que, para eles, ameaças muito mais devastadoras, tais como o flagelo apocalíptico da aids ou os massacres genocidas de Estados em colapso e economia em regressão, adquirem premência de incomparável dramaticidade. Além do mais, algumas dessas nações quase não participam do comércio mundial ou não têm qualquer acesso aos mercados privados de financiamento e investimento, cuja volatilidade afeta de modo mais direto os que se encontram no estágio intermediário do desenvolvimento, como os latino-americanos.

Os mais infortunados são os que, na nomenclatura da ONU, pertencem à categoria dos cinqüenta Least Developed Countries (LDCs) ou Países Menos Avançados (PMAs), dos quais 34 estão na África, incluindo a totalidade das nações de língua portuguesa, exceto Portugal e Brasil. Nesses países, a imensa maioria da população se situa na faixa de renda per capita abaixo de US$ 1 ou US$ 2 por dia, o oceano da pobreza extrema, apresentando índices muito precários de saúde, educação, mortalidade infantil e alta vulnerabilidade aos choques externos. É preciso ser tão pobre para ingressar na classificação que, nas três Américas, de um total de mais de trinta nações independentes, apenas o Haiti se qualifica!

É em relação a essas cinqüenta economias e algumas dezenas mais que não estão no grupo, mas dele são muito próximas, que se aplica o conceito utilizado por Sachs de "armadilha da pobreza". A Conferência das Nações Unidas para o Comércio e o Desenvolvimento (UNCTAD), órgão que é na ONU o ponto focal para os LDCs, fundamentou e desenvolveu esse conceito em dois estudos sobre a pobreza extrema no mundo que podem ser consultados nos Relatórios sobre os Países Menos Avançados [Least Developed Countries Report], de 2003 e 2004, no site da UNCTAD (*www.unctad.org*). Em sociedades de baixíssima renda per capita, os estudos mostram que o consumo devora praticamente todo o pouco que se produz. O que sobra para sustentar os serviços básicos do Estado é quase nada. Menos ainda é aquilo que poderia contribuir para novos investimentos e formação de capital fixo. Como a capacidade produtiva não se expande nem para acompanhar o ritmo de crescimento da população, o mais rápido do mundo, a produção e a poupança não aumentam, fechando-se a armadilha, condenada a repetir-se indefinidamente. A fim de romper o círculo vicioso da armadilha da pobreza, é indispensável contar, nesses casos, com assistência ou ajuda externa para o desenvolvimento, conhecida em inglês pela sigla ODA (Official Development Assistance). Complementada por outras medidas, entre as quais a mais importante é o cancelamento do peso da dívida, articulada a um gigantesco esforço doméstico de melhoria da qualidade da governança e do combate à corrupção, a ajuda externa constitui a condição *sine qua non* para atingir o "fim da pobreza" do título. Para isso, ela terá de ser criteriosa, livre de segundas intenções políticas ou de interesse comercial, regular, previsível e na medida certa. Essa medida nada tem de exagerada. Bastaria que todos os países desenvolvidos cumprissem o compromisso que assumiram perante a ONU de destinar 0,7% do PIB anual à assistência externa para recolher os recursos necessários.

Quando o compromisso foi adotado pela Assembléia Geral da ONU, 35 anos atrás, seu cumprimento não teria fornecido os meios mínimos requeridos. Hoje, contudo, em razão do extraordinário enriquecimento dos ricos nas duas décadas da globalização, a porcentagem de 0,7% é mais do que suficiente. O problema, como verbera Sachs, é que a maior e mais próspera economia do mundo, a dos EUA, só destina à ajuda externa cerca de 0,15% do seu descomunal potencial. Isso equivale a US$ 15 bilhões, contra US$ 450 bilhões engolidos a cada ano pelos gastos militares!

A melhor prova de que Jeffrey Sachs tem o coração do lado certo e de que nele o conhecimento conduziu à sabedoria é que um itinerário intelectual e de ação iniciado pela hiperinflação e a transição na Polônia o levou finalmente a concentrar a atenção e a ênfase nos problemas mais necessitados de priorização: a macroeconomia da saúde, o desafio da aids e da malária, a armadilha da pobreza nos países mais miseráveis e esquecidos, acima de tudo, na África. Suas prioridades são tão indiscutíveis quanto a indignação com que castiga a má-fé e estupidez dos burocratas de países poderosos, a começar pelo seu próprio, cuja responsabilidade no agravamento da situação, da Bolívia a Ruanda, do Iraque à aids na África, é o primeiro a criticar.

Se não tivesse muitos outros méritos, este livro valeria pela defesa persuasiva e inteligente que faz da contribuição inestimável das Nações Unidas para mobilizar as energias da humanidade em torno das Metas do Milênio, um conjunto compacto de oito objetivos claros e quantificáveis que permitiriam, em tempo razoável, aliviar o que é mais agudo e doloroso na miséria da humanidade. Bastaria, para justificar uma vida humana vivida com plenitude, o papel decisivo de Sachs no desenvolvimento da estratégia das Metas do Milênio, na luta contra a aids e a malária, no Jubileu 2000 para o cancelamento da dívida, na revalorização da Organização das Nações Unidas como o principal instrumento ao nosso alcance não só para promover a paz e a segurança, mas, conforme disse o papa Paulo VI, para dar realidade ao "outro nome da paz", à sua condição indispensável, o desenvolvimento, a justiça, o fim da pobreza e do sofrimento inútil.

A obra, como se verá claramente de sua leitura, foi em parte escrita tendo em mente o leitor dos países que já resolveram há muito tempo as questões mais graves da pobreza absoluta, as sociedades prósperas, fartas, da abundância e do desperdício, ameaçadas pelo egoísmo, a indiferença, o fechamento em si próprias. A viagem do autor à África em companhia de Bono, o prefácio escrito por este último e anunciado em letras vermelhas e chamativas na capa, lombada e contracapa da edição inglesa-americana, são tentativas de atingir e sensibilizar o público desses países, em primeiro lugar, os jovens. Não se pense, por isso, que ela pouco ou nada tenha a ensinar a nós, que vivemos em continente e em país que se encontram infelizmente muito longe de haver resolvido o desafio da pobreza extrema. Com razão e senso de prioridade, Sachs concentrou-se nos pobres entre os pobres. Ele conhece, porém, como poucos, os problemas econômicos e sociais latino-americanos. Membro há muitos anos do Instituto Fernand Braudel de Economia Mundial, em São Paulo, foi ativo participante do esforço de sensibilização e reação que realizamos nas décadas de 1980 e 90 contra o perigo mortal representado pela hiperinflação em vários países da América Latina, inclusive no Brasil. A nosso convite, tomou parte destacada em diversos dos seminários e encontros que organizamos na Fundação Armando Álvares Penteado, a que estamos associados, deixando a imagem inesquecível de exposições e análises magistrais, algumas coloridas pelo seu senso do espetáculo e do drama, como uma das palestras em que ilustrava, com o próprio nó da gravata, o estrangulamento a que a dívida externa submetia a Bolívia...

Pode ser que, entre nós, a tragédia da miséria humana apresente escala menos esmagadora que na África. Ela não é, todavia, menos frustrante e avassaladora. É suficiente, nesse sentido, atentar para as estatísticas da Comissão Econômica das Nações Unidas para a América Latina e o Caribe (CEPAL), que denunciam nosso fracasso em combater o flagelo. Em 1981, a região possuía como um todo cerca de 40,5% de pobres e 18% de indigentes. Em 2004, 25 anos mais tarde, apesar da melhora em alguns países, a porcentagem da pobreza na região está em 42,9% e a de indigência em 18,6%! Praticamente ficamos parados e, em termos absolutos, o número de pobres aumentou. E essa falência coletiva ocorre em continente onde a maioria das nações goza de independência há mais de 150 anos e as condições políticas e econômicas são muito superiores às africanas. Há razão de sobra, portanto, para lermos este livro não como algo que se refere a uma realidade alheia, mas como uma interpelação, um repto, um apelo à nossa consciência para despertarmos ao sofrimento que nos acossa e sitia em cada esquina, em cada sinal ou encruzilhada de trânsito, em todos os lados. Pois, se é verdade que cada sociedade terá de ser julgada segundo o critério do tratamento que dispensou a seus membros mais frágeis e vulneráveis, essa verdade não se aplica somente ao julgamento da sociedade americana em relação à África, mas a cada latino-americano, a cada brasileiro, que deve justificar sua existência na abundância do século XXI, ao lado da esqualidez de quase 400 milhões de nossos conterrâneos pobres ou indigentes.

Rubens Ricupero, 2005

Introdução

Este livro é sobre como acabar com a pobreza em nosso tempo. Não é uma previsão. Não prevejo o que vai acontecer, apenas explico o que pode acontecer. Atualmente, mais de 8 milhões de pessoas em todo o mundo morrem a cada ano porque são pobres demais para permanecer vivas. Nossa geração pode tomar a decisão de acabar com a miséria até 2025.

Todas as manhãs, nossos jornais poderiam anunciar: "Mais de 20 mil pessoas morreram ontem de miséria". As matérias poriam os números em contexto: até 8 mil crianças mortas pela malária, 5 mil mães e pais mortos de tuberculose, 7500 adultos jovens vítimas de aids e outros milhares mortos de diarréia, infecção respiratória e outras doenças mortais que atacam corpos enfraquecidos pela fome crônica. Os pobres morrem em hospitais que não têm medicamentos, em aldeias que carecem de mosquiteiros, em casas que não possuem água potável. Morrem sem nome, sem comentário público. É triste, mas essas matérias raramente são escritas. A maioria das pessoas não tem consciência das lutas cotidianas pela sobrevivência e da enorme quantidade de gente pobre em todo o mundo que perde essa luta.

A partir de 11 de setembro de 2001, os Estados Unidos iniciaram uma guerra contra o terror, mas esqueceram as causas mais profundas da instabilidade global. Os US$ 450 bilhões que o país gastará neste ano com suas forças militares jamais comprarão a paz apenas 15 bilhões, e cerca da trigésima parte disso, for destinadas aos mais pobres dos pobres do mundo, cujas sociedades estão desestabilizadas pela miséria e, portanto, se tornam lugares de agitação, violência e até do terrorismo global.

Esses 15 bilhões representam uma porcentagem minúscula da renda dos Estados Unidos, apenas US$ 0,15 de cada US$ 100 do produto nacional bruto americano (PNB). A parte do PNB dos EUA destinada a ajudar os pobres vem declinando há décadas e é uma fração minúscula do que o país repetidamente prometeu e deixou de dar. É também muito menos do que os Estados Unidos deveria dar para resolver a crise da miséria e, desse modo, promover a segurança nacional do país. Este livro, portanto, é sobre como fazer as escolhas certas, escolhas que podem levar a um mundo muito mais seguro, baseado numa verdadeira reverência e respeito pela vida humana.

Passei os últimos vinte anos trabalhando com chefes de Estado, ministros das finanças e da saúde e moradores de aldeias em dezenas de países de todos os cantos do mundo. Visitei mais de cem países, com cerca de 90% da população mundial, e neles trabalhei. A experiência cumulativa de ver o mundo de muitos pontos privilegiados ajudou-me a apreciar as reais circunstâncias de nosso planeta — as causas da pobreza, o papel das políticas dos países ricos e as possibilidades para o futuro. Ganhar uma perspectiva adequada sobre essas questões tem sido minha luta e meu desafio durante duas décadas. Nenhuma outra coisa em minha vida intelectual e em meu engajamento político tem sido mais recompensadora.

Tive a felicidade de observar alguns sucessos reais — e contribuir para eles: o fim da hiperinflação, a introdução de novas moedas nacionais estáveis, o cancelamento de dívidas não pagas, a conversão de economias comunistas moribundas em economias de mercado dinâmicas, o início do Fundo Global de Combate à Aids, Tuberculose e Malária, e tratamento medicamentoso moderno para pessoas pobres infectadas pelo HIV. Compreendi cada vez mais o abismo existente entre o que o mundo rico diz que está fazendo para ajudar os pobres e o que de fato faz. E também adquiri gradualmente consciência, mediante minha pesquisa científica e meu trabalho de campo de consultor, do imenso poder que está nas mãos de nossa geração para acabar com o sofrimento imenso dos miseráveis e, desse modo, tornar nossa vida mais segura nesse mesmo processo.

Nas páginas seguintes, exporei o que testemunhei e aprendi em sociedades tão diversas quanto Bolívia, Polônia, Rússia, China, Índia e Quênia. Os leitores verão que todas as partes do mundo têm a chance de participar de uma era de prosperidade sem precedentes aproveitando-se da ciência, da tecnologia e dos mercados globais. Mas verão também que certas partes do mundo estão presas numa espiral descendente de empobrecimento, fome e doença. Não faz sentido pregar aos agonizantes que eles deveriam ter se saído melhor com o que lhes coube na vida. Em vez disso, nossa tarefa é ajudá-los a subir na escada do desenvolvimento, pelo menos para firmar um pé no primeiro degrau, a partir do qual eles podem prosseguir sozinhos.

Sou otimista? O otimismo e o pessimismo são irrelevantes. A questão não é prever o que vai acontecer, mas ajudar a moldar o futuro. Trata-se de uma tarefa coletiva, tanto para mim como para você. Embora os manuais de introdução à economia preguem o individualismo e os mercados descentralizados, nossa segurança e nossa prosperidade dependem pelo menos igualmente das decisões coletivas de lutar contra a doença, promover a boa ciência e a difusão da educação, proporcionar infra-estrutura crítica e agir em uníssono para ajudar os mais miseráveis. Quando as precondições de infra-estrutura básica (estradas, energia e portos) e de capital humano (saúde e educação) estão disponíveis, os mercados são poderosas máquinas de desenvolvimento. Sem essas precondições, os mercados podem cruelmente esquecer grandes parcelas da população mundial, deixando-as na pobreza e no sofrimento sem alívio. A ação coletiva, por meio da eficiente oferta governamental de saúde, educação, infra-estrutura, bem como da ajuda externa, quando necessário, sustenta o sucesso econômico.

Há 85 anos, o grande economista inglês John Maynard Keynes meditou sobre as terríveis circunstâncias da Grande Depressão. A partir das profundezas do desespero que o cercava, ele escreveu em 1930 *Possibilidades econômicas para nossos netos*. Numa época de coerção e sofrimento, ele previu o fim da pobreza na Grã-Bretanha e em outros países industriais no tempo de seus netos, perto do final do século XX. Keynes enfatizou a tremenda marcha da ciência e da tecnologia e a capacidade desses avanços em tecnologia de sustentar o crescimento econômico continuado com juros compostos, crescimento suficiente, com efeito, para acabar com o velho "problema econômico" de ter o suficiente para comer e renda suficiente para suprir as outras necessidades básicas. Keynes tinha razão: a miséria não existe mais nos países ricos de hoje e está desaparecendo da maioria dos países de renda média do mundo.

Hoje, podemos invocar a mesma lógica para declarar que a miséria pode acabar não na época de nossos netos, mas em *nosso* tempo. A riqueza do mundo abastado, o poder dos vastos armazéns de conhecimento de hoje e a diminuição da fração do mundo que precisa de ajuda, tudo isso torna o fim da pobreza uma possibilidade realista até o ano de 2025. Keynes se perguntava como a sociedade de seus netos usaria sua riqueza e sua libertação sem precedentes da milenar luta pela sobrevivência diária. Essa é exatamente a pergunta a que temos de responder. Teremos o bom senso de usar nossa riqueza com sabedoria, para curar um planeta dividido, para acabar com o sofrimento daqueles que ainda estão presos na pobreza e para forjar um laço comum de humanidade, segurança e objetivo compartilhado por culturas e regiões diferentes?

Este livro não vai responder a essa pergunta. Em vez disso, ajudará a mostrar o caminho para uma trilha de paz e prosperidade, baseada numa compreensão detalhada de como a economia mundial chegou aonde está hoje, e de como nossa geração poderia mobilizar nossas capacidades nos próximos vinte anos para eliminar a miséria que ainda resta. Espero que, ao mostrar os contornos dessa trilha promissora, eu torne mais provável a sua escolha. Por enquanto, sou grato pela oportunidade de compartilhar o que vi do mundo e das possibilidades econômicas para o nosso tempo.

1. Um retrato de família global

MALAUI: A TEMPESTADE PERFEITA

Ainda é meio da manhã no Malaui quando chegamos à pequena aldeia de Nthandire, distante cerca de uma hora de Lilongwe, a capital do país. Viemos por estradas de terra e passamos por mulheres e crianças descalças que carregavam moringas de água, lenha para o fogo e outros fardos. A temperatura matinal é sufocante. Nessa região que planta milho para sua subsistência, de um país pobre e sem saída para o mar do sul da África, as famílias arrancam a sobrevivência de uma terra inclemente. Este ano foi muito mais difícil do que o usual porque as chuvas não vieram, conseqüência provável do ciclo do El Niño. Qualquer que seja a causa, a safra está secando nos campos por onde passamos.

Se as aldeias estivessem cheias de homens fisicamente capazes, que pudessem ter construído unidades de coleta de água em pequena escala sobre os tetos e nos campos para armazenar o pouco de chuva que caíra nos meses anteriores, a situação não estaria tão terrível como nesta manhã. Porém, ao chegarmos à aldeia, não vemos nenhum homem jovem capaz. Na verdade, mulheres velhas e dezenas de crianças nos recebem, mas não há, à vista, nenhum homem ou mulher em idade de trabalhar. Onde estão os trabalhadores? — perguntamos. Nos campos? O assistente social que nos levou à aldeia sacode a cabeça com tristeza e diz que não. Estão quase todos mortos. A aldeia fora atacada pela aids, que vem devastando esta parte do Malaui há vários anos. Sobram na aldeia apenas cinco homens com idade entre vinte e quarenta anos. Não estão presentes nesta manhã porque estão todos no enterro de um vizinho que morrera de aids no dia anterior.

A presença da morte em Nthandire tem sido avassaladora em anos recentes. As avós que encontramos são as guardiãs de seus netos órfãos. Cada mulher tem sua história de como seus filhos e filhas morreram, deixando para ela o peso de criar e alimentar cinco, dez, às vezes quinze netos órfãos. Essas mulheres atingiram uma idade em que, em lugares mais prósperos, seriam matriarcas reverenciadas gozando um descanso merecido de uma vida inteira de labuta. Mas não há folga agora, nenhuma chance de um momento de alívio, porque as avós dessa aldeia, e de incontáveis outras como esta, sabem que, se pararem por um instante, essas criancinhas morrerão.

A margem de sobrevivência é extremamente estreita; às vezes, desaparece por completo. Uma mulher que encontramos diante de sua choça de barro tem quinze netos órfãos, como mostra a fotografia 1. Ao explicar sua situação para nós, ela aponta primeiro para as plantas secas que morreram no campo ao lado de sua choça. Seu pequeno lote, de talvez meio hectare, seria pequeno demais para alimentar sua família, mesmo que as chuvas tivessem sido abundantes. Aos problemas do tamanho pequeno do terreno e da seca acrescenta-se outro: os nutrientes do solo estão tão esgotados nesta parte do Malaui que a produção chega a apenas uma tonelada de milho por hectare com boas chuvas, em comparação com as três toneladas por hectare que seriam típicas de solos saudáveis.

Meia tonelada de grãos de um campo de meio hectare não seria suficiente para a nutrição adequada e proporcionaria pouca renda de mercado — talvez nenhuma. Este ano, devido à seca, essa mulher não obterá quase nada. Põe a mão no bolso do avental e tira um punhado de grãos de milho semipodres e infestados de insetos, que será a base do mingau que ela vai preparar para a refeição do final da tarde. Será o único alimento das crianças naquele dia.

Pergunto-lhe sobre a saúde das crianças. Ela aponta para uma menina de cerca de quatro anos, que contraíra malária na semana anterior. A mulher tinha carregado a neta nas costas por cerca de dez quilômetros até o hospital local. Quando chegaram lá, não havia quinino, o remédio contra a malária, disponível naquele dia. A criança com febre alta e a avó foram mandadas para casa e instruídas a voltar no dia seguinte.

Num pequeno milagre, quando retornaram no dia seguinte, depois da caminhada de dez quilômetros, o quinino havia chegado e a menina respondeu ao tratamento e sobreviveu. Mas foi por pouco. Quando a malária não é tratada dentro de um ou dois dias, a criança pode ser acometida de malária cerebral, seguida por coma e morte. A cada ano, mais de 1 milhão de crianças africanas — talvez até 3 milhões — sucumbem à malária. Essa terrível catástrofe ocorre apesar de essa moléstia ser parcialmente evitável — mediante o uso de mosquiteiros e outros controles ambientais que não chegam às aldeias miseráveis do Malaui e da maior parte do resto do continente — e completamente tratável. Simplesmente não há desculpa concebível para que essa doença acabe com milhões de vidas a cada ano.

Nosso guia de Nthandire é um assistente social cristão, um malauiano dedicado e compassivo que trabalha para uma organização não-governamental (ONG) local. Ele e seus colegas trabalham contra todas as probabilidades para ajudar aldeias como a que visitamos. A ONG quase não tem financiamento disponível e sobrevive de magras contribuições. Seu grande esforço na aldeia, inclusive para essa família em particular, é oferecer um pedaço de encerado plástico para pôr sob a palha de cada telhado. O encerado evita que as crianças fiquem totalmente expostas aos elementos, de tal modo que, quando chegarem as chuvas, o teto não pingará sobre os quinze netos que dormem embaixo. Essa contribuição de poucos centavos por família é tudo o que a organização de ajuda consegue juntar.

Ao caminharmos pela aldeia, outras avós contam histórias semelhantes. Todas perderam filhos e filhas; os que sobraram lutam pela sobrevivência. Há somente pobres nessa aldeia. Nenhuma clínica por perto. Nenhuma fonte de água segura. Nenhuma safra nos campos. E o que é notável, nenhuma ajuda. Paro para perguntar a uma das meninas seu nome e idade. Ela parece ter sete ou oito anos, mas na verdade tem doze, atrofiados por anos de desnutrição. Quando lhe pergunto com o que sonha para sua vida, ela diz que quer ser professora e que está preparada para estudar e trabalhar duro para conseguir isso. Sei que suas chances de sobreviver até a escola secundária e o curso de professora são mínimas, nas circunstâncias em que ela vive. Freqüentar a escola agora é uma questão aleatória. As crianças entram e saem devido a doenças. Sua freqüência depende da urgência com que são necessárias em casa para buscar água e lenha, ou para cuidar dos irmãos ou primos; de poderem comprar material escolar, um uniforme e pagar as taxas locais; e da segurança de caminhar vários quilômetros até a escola.

Deixamos a aldeia e voamos mais tarde, no mesmo dia, para a segunda cidade do país, Blantyre, onde visitamos o Hospital Central Rainha Elizabeth, o principal do Malaui. Ali sofremos o segundo choque do dia. Trata-se do hospital em que o governo do país está ansioso por começar um programa de tratamento para os cerca de 900 mil malauianos infectados com o vírus HIV e que estão morrendo de aids por falta de tratamento. O hospital montou uma clínica sem internação para as pessoas que podem pagar o custo de US$ 1 por dia do coquetel anti-retroviral baseado em acordos do Malaui com a produtora indiana de medicamentos genéricos Cipla, pioneira no fornecimento de drogas anti-HIV de baixo custo para países pobres. Uma vez que o governo é pobre demais para cobrir a despesa de US$ 1 diário para todos os necessitados, o programa começou para aqueles poucos malauianos que podem pagar do próprio bolso. Na época de nossa visita, esse local de tratamento oferecia drogas antiaids diariamente para cerca de quatrocentas pessoas que podiam pagá-las — quatrocentas pessoas em um país em que 900 mil estão infectadas. Para o resto, não há acesso aos medicamentos contra aids.

Entramos rapidamente numa sala de reuniões com o médico que supervisiona o serviço para pacientes não internados e as alas médicas. Ele nos descreve os pequenos milagres com os pacientes que recebem o tratamento antiaids. A resposta foi impressionante. A taxa de êxito dos remédios é de quase 100%. As variedades de HIV não mostram resistência às drogas porque o povo malauiano jamais teve acesso aos remédios. O médico relata também que a adesão de seus pacientes a esse regime de duas vezes por dia tem sido muito alta. Eles certamente querem ficar vivos. Em suma, o médico está muito contente com os resultados.

No momento em que seu relato está nos encorajando, o médico se levanta e sugere que visitemos a enfermaria, que fica do outro lado do corredor. "Enfermaria", na verdade, é um eufemismo chocante, porque não se trata de forma alguma de uma enfermaria. É o lugar aonde os malauianos vão morrer de aids. Não há medicamentos ali. Uma placa anuncia que a sala tem capacidade para 150 leitos. Há 450 pessoas na enfermaria, que são enfiadas em 150 leitos, com três pessoas em cima ou ao redor deles. Na maioria dos casos, duas pessoas estão deitadas cabeça com pé, pé com cabeça — estranhos que partilham o mesmo leito de morte. Ao lado ou embaixo da cama há alguém no chão, às vezes literalmente no chão, às vezes sobre um pedaço de papelão, morrendo.

A sala está cheia de gemidos. Trata-se da câmara mortuária onde, nesse dia, três quartos ou mais das pessoas estão no último estágio da aids, sem medicamentos. Membros da família estão sentados junto ao leito, umedecendo lábios secos e observando morrer seus entes queridos. O mesmo médico que trata os pacientes do outro lado do corredor é o encarregado desse serviço. Ele sabe o que poderia ser feito. Ele sabe que cada um desses pacientes poderia se erguer do leito de morte se pudesse pagar US$ 1 por dia. Ele sabe que o problema não é de infraestrutura, nem de logística, nem de adesão. Ele sabe que o problema é simplesmente que o mundo acha apropriado virar a cara enquanto centenas de malauianos pobres morrem diariamente em conseqüência da miséria.

Acabei conhecendo o Malaui relativamente bem depois de várias visitas. Há alguns anos, fui contatado pelo vice-presidente do país, Justin Mulawesi, um indivíduo notavelmente fino, uma figura digna, eloqüente e popular dessa que é, contra todas as probabilidades, uma democracia multipartidária. As probabilidades são poucas porque a democracia está fadada a ser frágil num país pobre em que a renda está em torno de US$ 0,50 por pessoa por dia, ou cerca de US$ 180 anuais, e onde as tensões das doenças, da fome em massa e do choque climático estão por toda parte. É extraordinário que os malauianos tenham conseguido isso, enquanto a comunidade internacional ficou, em larga medida, ao largo de todo esse sofrimento.

O próprio vice-presidente Mulawesi perdeu vários membros da família para a aids. Na primeira vez em que falamos da doença, ele me contou com olhos tristes sobre suas novas responsabilidades de chefe da Comissão Nacional sobre Aids. Ele comandou uma equipe de especialistas para projetar uma estratégia nacional contra a doença que pudesse enfrentar esse desafio horrível. Essa equipe viajou pelo mundo — foi a Harvard, Johns Hopkins, Liverpool, Escola de Higiene e Medicina Tropical de Londres e à Organização Mundial da Saúde — para discutir idéias a fim de acelerar a luta contra a moléstia.

Com efeito, o Malaui montou uma das primeiras e mais bem concebidas estratégias para levar tratamento a sua população moribunda e deu uma resposta muito séria aos desafios de gerir um novo sistema de entrega de medicamentos, aconselhamento e educação de pacientes, alcance da comunidade e fluxos financeiros que acompanhariam o processo de treinamento de médicos. Com base nisso, o país fez propostas à comunidade internacional para ajudar os malauianos a tentar atingir cerca de um terço do total da população infectada (em torno de 300 mil pessoas) com tratamentos com o coquetel antiaids num período de cinco anos, em escala crescente.

No entanto, os processos internacionais são cruéis. Os governos doadores — entre eles, o americano e os europeus — mandaram o Malaui diminuir acentuadamente a escala de sua proposta porque ela era "ambiciosa e cara demais". A proposta seguinte foi cortada para o tratamento de apenas 100 mil pessoas no final de cinco anos. Mesmo isso foi considerado demais. Em um tenso período de cinco dias, os doadores mais uma vez saíram ganhando e obrigaram o Malaui a cortar mais 60% da proposta, baixando para 40 mil em tratamento. Esse plano atrofiado foi submetido ao Fundo Global de Combate à Aids, Tuberculose e Malária. Por incrível que pareça, os doadores que controlam o fundo consideraram adequado fazer novo corte. Depois de uma longa batalha, o Malaui recebeu financiamento para salvar apenas 25 mil pessoas no final de cinco anos — uma condenação à morte promulgada pela comunidade internacional contra a população desse país.

Carol Bellamy, do Unicef, descreveu com precisão a situação do Malaui como sendo uma perfeita tempestade, uma tempestade que traz consigo desastre climático, empobrecimento, pandemia de aids e os velhos fardos da malária, da esquistossomose e de outras doenças. Diante desse terrível turbilhão, a comunidade mundial mostrou até agora um pouco de aperto de mãos e até alguma retórica magnânima, mas pouca ação de valor.

BANGLADESH: NA ESCADA DO DESENVOLVIMENTO

A alguns milhares de quilômetros dessa perfeita tempestade encontramos outra cena de pobreza. Trata-se de uma pobreza em recuo, na qual a luta pela sobrevivência está sendo vencida aos poucos, embora ainda com riscos horríveis e enormes necessidades não satisfeitas. Essa luta é travada em Bangladesh, um dos países mais populosos do mundo, com 140 milhões de pessoas que vivem nas planícies aluviais dos deltas de dois grandes rios, o Brahmaputra e o Ganges, que atravessam o país em seu caminho para o oceano Índico.

Bangladesh nasceu de uma guerra de independência contra o Paquistão, em

1971. Naquele ano, experimentou uma fome em massa e uma desordem que levaram um funcionário do Departamento de Estado americano, então sob o comando de Henry Kissinger, a fazer a famosa declaração de que se tratava de um "caso perdido". Hoje, Bangladesh está longe de ser um caso perdido. A renda per capita quase dobrou desde a independência. A expectativa de vida subiu de 44 para 62 anos. A taxa de mortalidade infantil (o número de crianças que morrem antes de completar um ano para cada mil nascimentos) caiu de 145, em 1970, para 48, em 2002. Bangladesh nos mostra que, mesmo em circunstâncias que parecem sem esperança, há maneiras de avançar, se forem aplicadas as estratégias corretas e se houver uma combinação certa de investimentos.

Ainda assim, Bangladesh não está livre da miséria. Embora tenha escapado do pior das devastações da fome e da doença na geração passada, o país se defronta hoje com alguns desafios profundos. Poucos meses depois de minha visita ao Malaui, acordei certa manhã em Daca, capital de Bangladesh, e vi uma cena notável: milhares de pessoas caminhando para o trabalho em longas filas que vinham da periferia da cidade e de alguns de seus bairros mais pobres. Olhando com mais atenção, notei que esses trabalhadores eram, na verdade, quase todos mulheres jovens, talvez entre dezoito e 25 anos de idade. São as operárias de uma crescente indústria de vestuário que cortam, costuram e enviam milhões de peças de roupa todos os meses para os Estados Unidos e a Europa.

Ao longo dos anos, visitei fábricas de roupas em todo o mundo em desenvolvimento. Familiarizei-me com os salões cavernosos em que centenas de mulheres jovens se sentam diante de máquinas de costura e homens diante de mesas de corte, nas quais os tecidos avançam ao longo de linhas de produção e etiquetas conhecidas como Gap, Polo, Yves Saint Laurent, Wal-Mart, J. C. Penney e outras são anexadas quando as roupas chegam aos estágios finais da produção. Não há nada de glamuroso nisso trabalho. Com freqüência, as mulheres caminham duas horas todas as manhãs em longas filas silenciosas até o local de trabalho. Chegam às sete ou sete e meia da manhã e talvez fiquem sentadas pelas próximas doze horas. Com freqüência, trabalham quase sem folga, ou talvez com um pequeno intervalo para o almoço, com pouca chance de ir ao banheiro. Os patrões se inclinam maliciosamente sobre elas, representando uma ameaça de assédio sexual. Depois de um dia longo, difícil e cansativo, elas se arrastam de volta para casa, quando sofrem, às vezes, ameaças de ataque físico.

Esses empregos em *sweatshops* [fábricas em que os trabalhadores são explorados] são alvo de protestos públicos nos países desenvolvidos, os quais ajudaram a melhorar a segurança e a qualidade das condições de trabalho. Porém, os manifestantes dos países ricos deveriam apoiar o aumento desse tipo de trabalho, embora sob condições mais seguras, protestando contra o protecionismo em seus países que impede a exportação de roupas de países como Bangladesh. Essas jovens mulheres já estão com um pé na economia moderna, e isso é um passo adiante das aldeias do Malaui (e o que é mais relevante para elas, um passo adiante das aldeias de Bangladesh, onde a maioria delas nasceu). As *sweatshops* são o primeiro degrau da escada que tira as pessoas da miséria. Elas desmentem a previsão do Departamento de Estado de Kissinger de que esse país estava condenado à pobreza extrema.

Em uma visita a Bangladesh, peguei um matutino em língua inglesa no qual encontrei um extenso suplemento de entrevistas com mulheres jovens que trabalham no setor de vestuário. Eram histórias pungentes, fascinantes e de chamar atenção. Uma a uma, elas falaram das horas árduas, da falta de direitos trabalhistas e do assédio. O mais espantoso e inesperado em suas histórias era a afirmação repetida de que aquele trabalho constituía a maior oportunidade que elas poderiam ter imaginado e que o emprego mudara a vida delas para melhor.

Quase todas as mulheres entrevistadas haviam crescido no campo, eram extremamente pobres, analfabetas, sem instrução e vulneráveis à fome crônica e às dificuldades de uma sociedade patriarcal opressora. Se elas (e suas antecessoras das décadas de 1970 e 1980) tivessem permanecido nas aldeias, teriam sido forçadas a um casamento arranjado pelos pais e, aos dezessete ou dezoito anos, obrigadas a conceber um filho. A jornada delas até a cidade para obter um emprego lhes dera uma chance de libertação pessoal de dimensão e oportunidade sem precedentes

As mulheres bengalis contavam como conseguiam economizar um pouco de seu magro salário, administrar sua própria renda, ter seus próprios quartos, escolher quando e com quem namorar e casar, decidir ter filhos quando se sentissem prontas e usar suas economias para melhorar suas condições de vida e, em especial, voltar à escola para se alfabetizarem melhor e aperfeiçoar suas habilidades voltadas para o mercado de trabalho. Por pior que seja, essa vida é um passo adiante, no caminho para a oportunidade econômica, que era inimaginável no campo em gerações passadas.

Alguns manifestantes dos países ricos argumentaram que as fábricas de roupas de Daca deveriam pagar salários mais altos ou ser fechadas, mas fechá-las em conseqüência de salários forçados acima da produtividade das operárias equivaleria para essas mulheres a pouco mais do que uma passagem de volta à miséria rural. A essas jovens, tais fábricas oferecem não somente oportunidades para a liberdade pessoal como também o primeiro degrau da escada de aumento das habilidades e de renda para elas e, dentro de poucos anos, para seus filhos. Praticamente todos os países pobres que conseguiram se desenvolver passaram por esses primeiros estágios da industrialização. Essas mulheres bengalis compartilham a experiência de muitas gerações de emigrantes para o distrito de vestuário da cidade de Nova York e uma centena de outros lugares em que a labuta em fábricas de roupas foi um passo na direção de um futuro de afluência urbana em gerações posteriores.

O setor de vestuário de Bangladesh não só está estimulando o crescimento econômico do país em mais de 5% anuais em anos recentes como também está aumentando a consciência e o poder das mulheres numa sociedade extremamente preconceituosa contra as chances que elas têm na vida. Como parte de um processo mais geral e dramático de mudança em toda a sociedade bengali, essa mudança e outras dão ao país a oportunidade nos próximos anos de se colocar numa trilha segura de crescimento econômico de longo prazo. O campo que essas mulheres abandonaram também está mudando rapidamente, em parte devido às remessas de dinheiro e idéias que elas fazem para suas comunidades rurais e também por causa do aumento das viagens e da migração temporária entre áreas rurais e urbanas, na medida em que as famílias diversificam suas bases econômicas entre a agricultura rural e as manufaturas e serviços urbanos.

Em 2003, eu e meus colegas de Colúmbia visitamos uma aldeia próxima de Daca com um dos líderes de uma ONG atuante, o Bangladeshi Rural Advancement Committee [Comitê de Avanço Rural Bengali], agora conhecido universalmente pela sigla BRAC. Lá encontramos representantes de uma associação do lugarejo, que o BRAC ajudara a organizar, na qual as mulheres que viviam a cerca de uma hora de distância da cidade estavam engajadas em atividades comerciais de pequena escala — processamento e comércio de alimentos — dentro da aldeia e nas estradas entre a aldeia e Daca. Essas mulheres apresentavam uma imagem de mudança tão incrível como a do setor de vestuário.

Vestidas com belos sáris, as mulheres sentaram-se no chão em seis fileiras, cada uma de seis mulheres, para nos receber e responder a perguntas. Cada fileira representava um subgrupo da unidade de "microfinanciamento" local. A mulher da frente da fileira era a encarregada dos empréstimos de todo o grupo atrás dela. O grupo em cada fila era mutuamente responsável pelos pagamentos dos empréstimos tomados por qualquer membro da fileira. O BRAC e seu famoso complemento, o Grameen Bank, foram pioneiros nesse tipo de empréstimo em grupo, pelo qual pessoas pobres (geralmente mulheres) recebem pequenos empréstimos de poucas centenas de dólares como capital de giro para micronegócios. Para essas mulheres não havia conta em banco, e elas não eram consideradas suficientemente dignas de crédito para suportar os custos operacionais para receber empréstimos. O grupo de empréstimo mudou a dinâmica do reembolso: as taxas de inadimplência são extremamente baixas e o BRAC, junto com o Grameen, descobriu como manter baixos os outros custos operacionais.

O que talvez seja mais espantoso do que as histórias sobre como o microfinanciamento estimulava os negócios de pequena escala era a atitude das mulheres em relação a criar filhos. Quando o dr. Allan Rosenfield, diretor da Escola de Saúde Pública de Colúmbia e um dos principais especialistas do mundo em saúde reprodutiva, perguntou às mulheres quantas tinham cinco filhos, nenhuma mão se levantou. Quatro? Ninguém. Três? Uma mulher nervosa, olhando em volta, ergueu a mão com relutância. Dois? Cerca de 40% das mulheres. Um? Talvez 25% delas. Nenhum? O resto das mulheres. Ali estava um grupo em que a média de filhos por mulher estava entre um e dois.

Rosenfield perguntou então quantos filhos elas queriam no total. Ele começou de novo em cinco e nenhuma mão se ergueu. Quatro? Ninguém. Três? Nenhuma mão. Dois? Quase todas as mãos se ergueram. Essa norma social era nova e uma demonstração de mudança de perspectiva e possibilidade tão tremenda que Rosenfield a repisou pelo resto de nossa viagem. Ele visitava Bangladesh e outras regiões da Ásia desde os anos 1960 e lembrava vividamente da época em que as mulheres bengalis da zona rural costumavam ter seis ou sete filhos.

Os empregos para mulheres nas cidades e nas microempresas rurais fora da lavoura; uma nova consciência dos direitos das mulheres, de sua independência e empoderamento (*empowerment*); a enorme redução das taxas de mortalidade infantil; o crescimento da alfabetização das meninas e das mulheres jovens; e, em especial, a disponibilidade de contraceptivos e planejamento familiar fizeram toda a diferença para essas mulheres. A redução da taxa de fertilidade, por sua vez, vai estimular o aumento das rendas no país. Com prole menor, uma família pobre pode investir mais na saúde e na educação de cada filho, provendo assim a próxima geração de saúde, nutrição e instrução, que podem elevar os padrões de vida dos bengalis em anos futuros.

Bangladesh conseguiu pôr um pé no primeiro degrau da escada do desenvolvimento e alcançou crescimento econômico e melhorias na saúde e na educação graças, em parte, a seus esforços heróicos, em parte à engenhosidade de ONGs como o BRAC e o Grameen Bank, bem como por meio dos investimentos que foram feitos, muitas vezes em escala significativa, por vários governos benfeitores que, com razão, não consideraram o país uma causa perdida, mas uma nação digna de atenção, cuidado e ajuda para o desenvolvimento.

ÍNDIA: CENTRO DE UMA REVOLUÇÃO NA EXPORTAÇÃO DE SERVIÇOS

Se Bangladesh tem um pé no começo da escada, a Índia já está vários degraus acima. A jovem cuja tela de computador espiei em um centro de tecnologia da informação em Chennai [antiga Madras] é o protótipo da trabalhadora da nova Índia. Ela tem 25 anos e se formou na escola de educação local, onde obteve um diploma em dois anos, depois de terminar o segundo grau. Agora trabalha como transcritora de dados para uma nova companhia indiana de tecnologia da informação (TI), que funciona no estado meridional de Tamil Nadu. Chennai é um centro da revolução em TI da Índia que está começando a alimentar um crescimento econômico sem precedentes nesse vasto país de 1 bilhão de habitantes. A revolução em TI está criando empregos que são desconhecidos no Malaui e ainda praticamente impensáveis em Bangladesh, mas que estão se tornando norma para as indianas instruídas.

Essa empresa tem um acordo notável com um hospital de Chicago, onde os médicos ditam seus relatórios e os transmitem por satélite para a Índia como arquivos de voz no final de cada dia de trabalho. Devido à diferença de fuso horário de dez horas e meia, o final do dia de trabalho em Chicago é o começo de outro em Chennai. Quando os arquivos de voz são recebidos, dezenas de jovens que fizeram um curso especial de transcrição de dados médicos sentam-se diante de telas de computador com fones de ouvido e digitam rapidamente os relatórios médicos dos pacientes que estão a quase 16 mil quilômetros de distância. Escutei por alguns instantes a transcrição. As trabalhadoras de lá conhecem o jargão médico muito melhor do que eu, graças ao treinamento intensivo e à experiência. Elas ganham cerca de US$ 250 a US$ 500 por mês, dependendo do grau de experiência, cerca de um décimo a um terço do que alguém com a mesma função nos Estados Unidos. A renda delas é mais do que o dobro do que ganha um operário industrial indiano de pouca qualificação e talvez oito vezes a de um lavrador.

O empresário que abriu essa firma tem parentes próximos nos Estados Unidos, os quais fizeram as conexões comerciais no lado americano. Agora, o negócio está florescendo. Está passando da transcrição de dados para a manutenção de registros financeiros, e logo entrará na consultoria e aconselhamento financeiro para empresas americanas, bem como operações de processamento de *back-office*, ou BPO no novo jargão da economia global. Suas funcionárias trabalham em edifícios fulgurantes, com instalações de banda larga, conexões via satélite e capacidade de videoconferências para os chefes das operações que têm de estar em contato face a face com seus parceiros nos Estados Unidos. Elas têm acesso a instalações higiênicas. São mulheres cuja mãe foi a primeira da família a se alfabetizar e ganhar um pé na economia urbana (talvez como costureiras em *sweatshops*), e cujas avós eram, quase com certeza, trabalhadoras da economia esmagadoramente rural de duas gerações antes.

A Índia é vasta. Muitas de suas regiões, em particular no norte, ainda estão presas na miséria rural que domina o Malaui e partes de Bangladesh. Boa parte da Índia urbana se parece com Daca. Somente alguns "pólos de crescimento" compartilham o sentimento de mudança aguda de Chennai, movido pela TI. Nas amplas planícies do vale do Ganges, no norte do país, onde vivem 200 milhões de indianos, a revolução da TI tem demorado a emergir, se é que há sinais disso. Contudo, as novas tendências são tão poderosas na Índia, não apenas na TI, mas também em têxteis e vestuário, eletrônicos, produtos farmacêuticos, peças automotivas e outros setores, que o crescimento econômico anual do país está agora em 6% ou mais. A Índia começa a morder os calcanhares das taxas de crescimento da China, e os investidores de todo o mundo animam-se com a idéia de estabelecer operações, de TI a manufatura e pesquisa e desenvolvimento, nessa economia em crescimento rápido.

É muito difícil alcançar progresso no mundo sem que ele seja percebido como um perigo. Uma das ironias dos recentes êxitos da Índia e da China é o medo que tomou conta dos americanos de que o sucesso nesses dois países seja feito à custa dos Estados Unidos. Esse temor está fundamentalmente errado e, o que é pior, é perigoso. Está errado porque o mundo não é uma luta cuja soma é zero, em que os ganhos de um país significam perdas para outro; é antes uma oportunidade de soma positiva, em que o aperfeiçoamento de tecnologias e habilidades pode elevar os padrões de vida em todo o mundo. Os trabalhadores indianos da área de TI não somente oferecem bens e serviços valiosos aos consumidores americanos como também estão diante de terminais com computadores Dell, usam softwares Microsoft e SAP, roteadores Cisco, e dezenas de outros itens de tecnologia importados dos países desenvolvidos. À medida que a economia indiana cresce, seus consumidores optam por uma crescente variedade de bens e serviços europeus e americanos para suas casas e escritórios.

CHINA: A ASCENSÃO DA AFLUÊNCIA

Após mais uma visita à Índia, prossegui até Pequim, a capital da China, onde o desenvolvimento econômico avança a todo o vapor. Pequim é hoje não apenas uma capital importante do mundo em desenvolvimento, mas também uma das capitais da economia mundial. Nessa cidade em expansão de 11 milhões de habitantes, a renda anual superou os US$ 4000 per capita, e a economia chinesa continua a crescer 8% ao ano.

Certa noite, fui o convidado de dois casais jovens, verdadeiros profissionais urbanos, que me levaram a um dos lugares noturnos que estão mais na moda. Tentei ouvir o que diziam enquanto escutávamos o dueto operístico que se desenrolava no palco, uma espécie de performance retrô chic em que uma ópera da era revolucionária de Mao era apresentada numa sala cheia de jovens executivos muito bem vestidos. Todas as mesas tinham pelo menos um e, em geral, meia dúzia de telefones celulares de plantão, caso algum desses jovens executivos (ou executivas) recebesse chamados de clientes ou do escritório. Enquanto eu espiava a ópera com o canto dos olhos, meus anfitriões me mostraram os novos celulares que haviam acabado de comprar, que eram também câmeras fotográficas digitais. Fizeram uma demonstração, mandando uma foto minha de um telefone para o outro. Ali estava uma engenhoca que eu ainda não vira nos Estados Unidos.

Eu não teria ficado tão espantado se estivesse em Londres, Nova York, Paris ou Tóquio. Mas eu estava em um país que 25 anos antes ainda estava saindo do caos da Revolução Cultural e de décadas de tumulto sob o comando de Mao Tsé-tung. Em uma única geração, a China se tornou uma das economias e potências comerciais mais importantes do mundo.

Esses jovens chineses têm a chance de conseguir uma tremenda fartura, viajar pelo mundo e gozar dos outros benefícios do alto padrão de vida disponível para eles graças aos poderes da globalização. O grande avanço chinês dos últimos 25 anos reflete o fato de que no espaço de duas décadas o país passou de uma sociedade e uma economia praticamente fechadas para uma das grandes potências exportadoras do mundo. Suas exportações foram estimuladas por um enorme influxo de tecnologia e investimentos externos que trouxeram o dinheiro para construir fábricas modernas junto com as máquinas e as técnicas para pô-las em funcionamento, combinadas com a mão-de-obra barata dos trabalhadores chineses, cada vez mais competentes em tudo o que fazem. O resultado foi o surgimento, em um setor industrial após o outro, de empresas altamente competitivas que aumentaram as exportações chinesas de cerca de 20 bilhões de dólares em 1980 para algo em torno de 400 bilhões em 2004.

SUBINDO A ESCADA DO DESENVOLVIMENTO ECONÔMICO

O que essas quatro imagens muito divergentes do globo nos mostram? Vemos uma divisão quase inimaginável entre as partes mais ricas e as mais pobres do mundo, com todas as gradações intermediárias. Temos um vislumbre do papel central que ciência e tecnologia desempenham no processo de desenvolvimento. E percebemos uma progressão do desenvolvimento que vai da agricultura de subsistência para a manufatura leve e a urbanização e daí para os serviços de alta tecnologia. No Malaui, 84% da população[1] vive em áreas rurais; em Bangladesh, 76%; na Índia, 72%; e na China, 61%. Nos Estados Unidos, situados no outro extremo do espectro do desenvolvimento, somente 20% da população vive na zona rural. Os serviços respondem por menos de 25% dos empregos no Malaui, enquanto nos Estados Unidos respondem por 75%.

Se o desenvolvimento econômico é uma escada em que os degraus mais altos representam passos acima no caminho do bem-estar econômico, há cerca de 1 bilhão de pessoas no mundo — um sexto da humanidade — que vivem como os malauianos: tão doentes, famintos e destituídos que não conseguem pôr um pé nem no primeiro degrau da escada do desenvolvimento. Essas pessoas são as "mais pobres dos pobres", ou os "miseráveis" do planeta. Eles vivem todos em países em desenvolvimento (nos países ricos existe pobreza, mas não miséria). É evidente que nem todo esse bilhão de pessoas vai morrer hoje, mas todas elas lutam pela sobrevivência a cada dia. Se forem vítimas de uma seca ou inundação séria, ou um episódio de doença grave, ou um colapso do preço no mercado mundial de seu produto agrícola, o resultado será provavelmente o sofrimento extremo e talvez a morte. Os ganhos em dinheiro são tostões por dia.

Alguns degraus acima na escada do desenvolvimento está a ponta superior do mundo de baixa renda, onde cerca de 1,5 bilhão de pessoas enfrentam problemas como os das jovens de Bangladesh. Essas pessoas são "os pobres". Vivem acima da mera subsistência. Embora a sobrevivência cotidiana esteja assegurada, elas lutam nas cidades e no campo para viver dentro do orçamento. A morte não está a sua porta, mas as dificuldades financeiras crônicas e a falta de comodidades básicas, como água potável e latrinas que funcionem, fazem parte de sua vida cotidiana. No conjunto, os miseráveis (ao redor de 1 bilhão) e os pobres (mais 1,5 bilhão) somam 40% da humanidade.

Outros 2,5 bilhões de pessoas, entre elas os trabalhadores indianos do setor de TI, estão mais alguns degraus acima, no mundo da renda média. São famílias de renda média, mas certamente não seriam reconhecidas como de classe média pelos padrões dos países ricos. Suas rendas podem ser de alguns milhares de dólares por anos. A maioria delas vive em cidades. Conseguem garantir algum conforto em suas moradias, talvez até esgoto domiciliar. Podem comprar uma moto pequena e, algum dia, até um automóvel. Usam roupas adequadas e seus filhos freqüentam a escola. Sua nutrição é adequada e algumas até já sofrem da síndrome da *fast food* pouco saudável do mundo rico.

Ainda mais acima na escada está o bilhão de pessoas remanescente, cerca de um sexto da humanidade, que vive no mundo da alta renda. Faz parte dessas famílias afluentes, além do bilhão e pouco que vive nos países ricos, um número crescente de pessoas ricas que vivem em países de renda média — as dezenas de milhões de indivíduos de alta renda em cidades como Xangai, São Paulo ou Cidade do México. Os jovens profissionais de Pequim fazem parte da sexta parte afortunada do mundo que goza da afluência do século XXI.

A boa notícia é que bem mais da metade do mundo, da costureira de Bangladesh para cima, falando de modo geral, está tendo progresso econômico. Não somente colocaram um pé no primeiro degrau do desenvolvimento como estão subindo escada acima. Essa ascensão é evidente no crescimento da renda pessoal e na aquisição de bens como telefones celulares, aparelhos de televisão e motonetas. O progresso se evidencia também em determinantes cruciais de bem-estar econômico, como maior expectativa de vida, queda na taxa de mortalidade infantil, aumento no nível de escolaridade, maior acesso a água e esgoto e coisas semelhantes.

A maior tragédia de nosso tempo é que um sexto da humanidade nem está na escada do desenvolvimento. Um grande número dos miseráveis da Terra está preso na armadilha da pobreza, incapaz de escapar por si mesmo da privação material extrema. Estão encurralados por doença, isolamento físico, estresse climático, degradação ambiental e pela própria miséria. Embora existam soluções para aumentar suas chances de sobrevivência — seja na forma de novas técnicas agrícolas, medicamentos essenciais ou mosquiteiros que podem limitar a transmissão da malária —, essas famílias e seus governos simplesmente não contam com os meios financeiros para fazer esses investimentos cruciais. Os pobres do mundo sabem a respeito da escada do desenvolvimento: eles são atormentados pelas imagens de riqueza do resto do mundo. Mas não conseguem pôr um pé na escada, e assim não podem nem começar a sair da pobreza.

QUEM SÃO E ONDE ESTÃO OS POBRES?

Há muitas definições, bem como debates intensos sobre o número exato de pobres, onde eles vivem e como sua quantidade e suas condições econômicas mudam ao longo do tempo. É útil começar com o que todos estão de acordo e depois mencionar algumas das áreas em discussão. Em termos de definição, é importante distinguir três graus de pobreza: pobreza extrema (ou absoluta), pobreza moderada e pobreza relativa. Pobreza extrema ou miséria significa que as famílias não podem satisfazer as necessidades básicas de sobrevivência. Elas sofrem de fome crônica, não têm acesso à saúde, não dispõem de água potável e esgoto, não podem oferecer educação para alguns ou todos os filhos e talvez não tenham um abrigo rudimentar — um teto para proteger da chuva, uma chaminé para tirar a fumaça do fogão — e artigos básicos do vestuário, como sapatos. Ao contrário das pobrezas relativa e moderada, a miséria só ocorre nos países em desenvolvimento. A pobre-

za moderada refere-se, em geral, a condições de vida em que as ne
são satisfeitas, mas com muita dificuldade. A pobreza relativa é, en
tada como sendo uma renda familiar abaixo de uma determinac
renda média nacional. Os relativamente pobres, em países de alta
acesso a bens culturais, entretenimento, recreação e à saúde e educaç [...] -
de, bem como a outros privilégios da mobilidade social ascendente.

O Banco Mundial utiliza há muito tempo um complicado padrão estatístico — renda de US$ 1 por dia por pessoa, medida com paridade de poder de compra (PPC) — para determinar a quantidade de miseráveis em todo o mundo. Outra categoria do mesmo banco, renda entre US$ 1 e US$ 2 por dia, pode ser usada para medir a pobreza moderada. Essas medidas aparecem com proeminência em círculos de políticas públicas e, mais recentemente, foram calculadas pelos economistas do Banco Mundial Shaohua Chen e Martin Ravallion.[2] Eles estimaram que cerca de 1,1 bilhão de pessoas viviam na miséria em 2001, número menor em relação ao 1,5 bilhão de 1981. A figura 1a mostra a distribuição dos miseráveis do mundo por região. Cada barra significa o número de pobres na região: a primeira barra indica o número em 1981; a segunda, em 2001. A avassaladora maioria

FIGURA 1A — NÚMERO DE EXTREMAMENTE POBRES

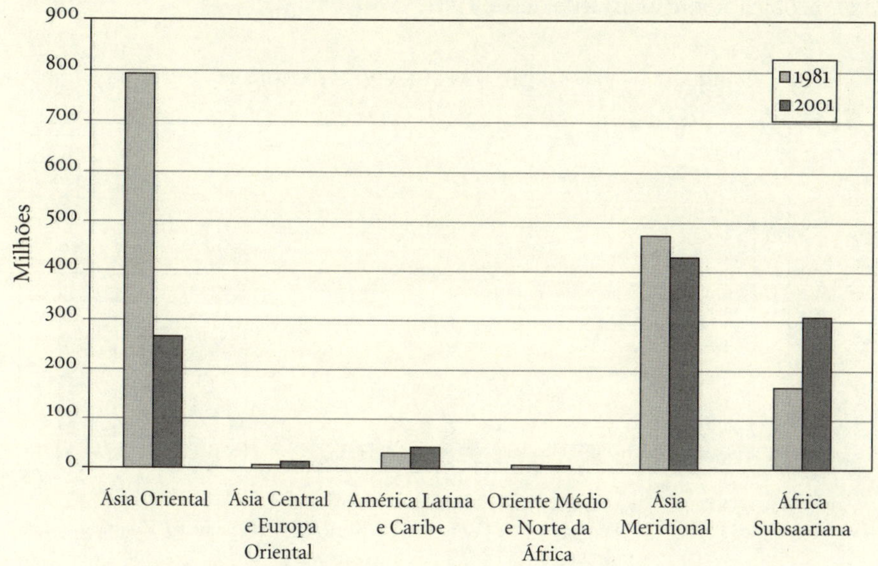

Fonte: *Dados de Chen e Ravaillon* (*2004*).

...os extremamente pobres — 93% em 2001 — vive em três regiões: Ásia Oriental, Ásia Meridional e África Subsaariana. Desde 1981, o número de miseráveis aumentou na África ao sul do Saara, mas caiu em ambas as regiões da Ásia.

A figura 1b repete a mesma mensuração, mas mostra agora a proporção da população da região na miséria, em vez do número absoluto. Considera-se que quase a metade da África vive na pobreza extrema e que essa proporção aumentou levemente ao longo do período. A proporção dos miseráveis na Ásia Oriental despencou de 58% em 1981 para 15% em 2001; na Ásia Meridional o progresso também foi marcante, embora com menor intensidade, de 52% para 31%. A taxa de pobreza extrema da América Latina está ao redor de 10% e relativamente estagnada. A Europa Oriental subiu de um nível desprezível em 1981 para cerca de 4% em 2001, conseqüência das convulsões do colapso do comunismo e da transição econômica para a economia de mercado.

As figuras 2a e 2b mostram os cálculos de moderadamente pobres, aqueles que vivem com US$ 1 a US$ 2 por dia. Ásia Oriental, Ásia Meridional e África Subsaariana continuam a dominar o quadro, com 87% do 1,6 bilhão mundial incluído nessa categoria. Na verdade, nas duas regiões da Ásia, a quantidade de pobres moderados aumentou, à medida que famílias mais pobres saíram da miséria. Cerca de 15% dos latino-americanos vivem em pobreza moderada, uma taxa razoavelmente constante desde 1981.

FIGURA 1B — PROPORÇÃO DOS QUE VIVEM NA POBREZA EXTREMA

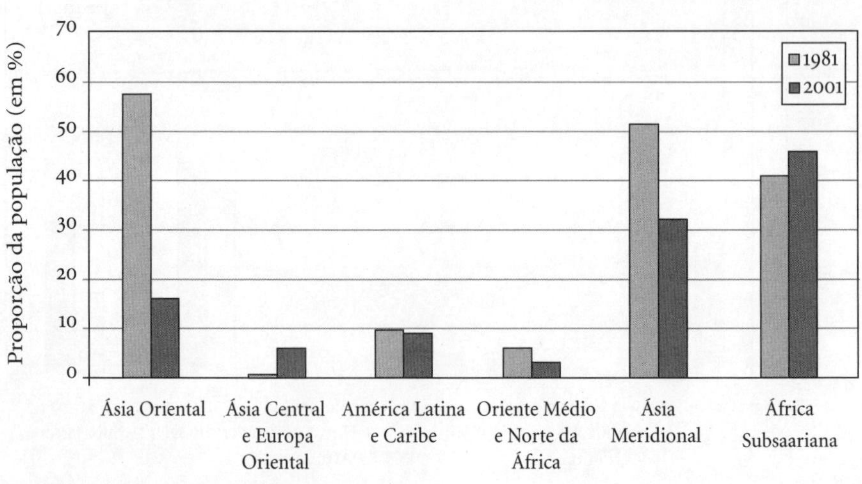

Fonte: *Dados de Chen e Ravaillon (2004)*.

FIGURA 2A — NÚMERO DOS MODERADAMENTE POBRES

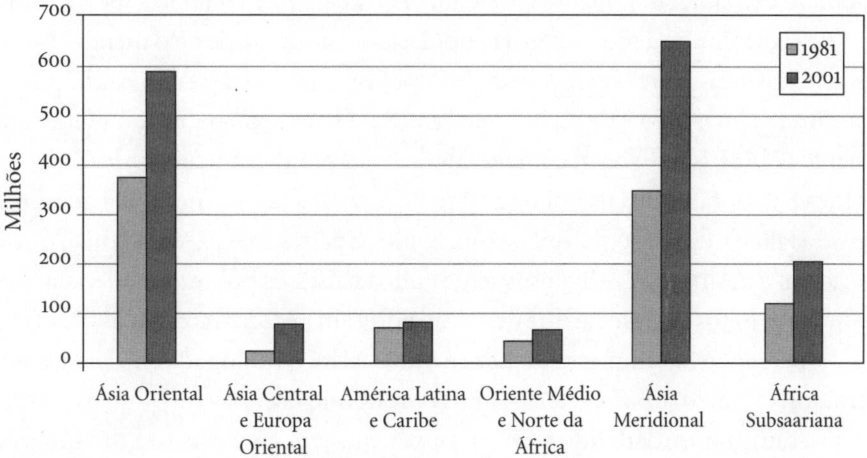

Fonte: *Dados de Chen e Ravaillon (2004).*

FIGURA 2B — PROPORÇÃO DOS QUE VIVEM NA POBREZA MODERADA

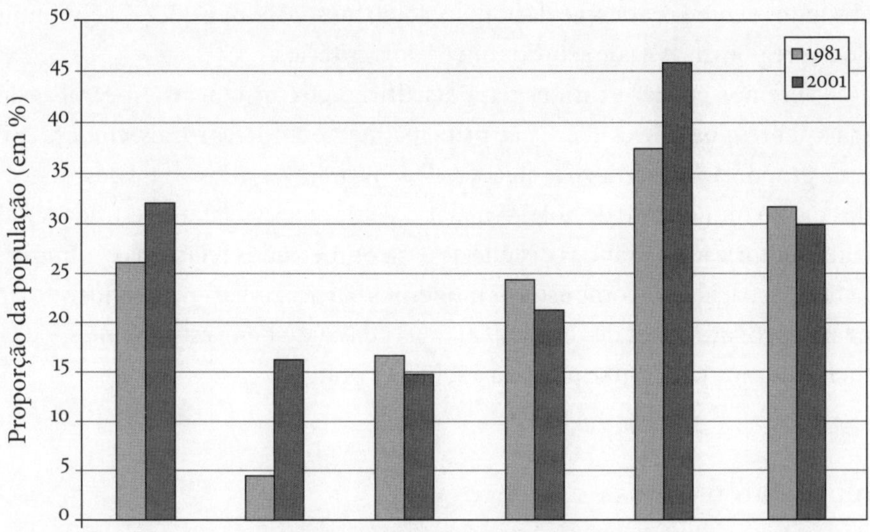

Fonte: *Dados de Chen e Ravaillon (2004).*

O mapa 1 nos dá outra perspectiva desses dados, mostrando-os por país. Cada país está colorido de acordo com a proporção da população que vive na pobreza extrema ou moderada. Considera-se que o país como um todo sofre de pobreza extrema se a proporção da população na miséria é de pelo menos 25% do total. Classifica-se um país como sendo de pobreza moderada se não está na pobreza extrema, mas pelo menos 25% das famílias são extremamente ou moderadamente pobres, isto é, vivem com menos de US$ 2 por dia. A maioria dos países da África Subsaariana está na pobreza extrema (e outros cairiam nessa categoria, não fosse a falta de dados confiáveis), assim como os países da Ásia Meridional. A Ásia Oriental e a América Latina possuem muitos países de pobreza moderada, mas também muitos subiram acima dessa categoria em décadas recentes.

A precisão dos números do Banco Mundial foi questionada em debates acalorados. O banco se baseou em pesquisas de domicílio, enquanto outros pesquisadores utilizaram dados de renda nacional, que tendem a mostrar um progresso um pouco mais rápido na redução da pobreza asiática. Não precisamos nos deter nos detalhes aqui, exceto para dizer que o quadro geral permanece verdadeiro em ambos os casos: a extrema pobreza está concentrada na Ásia Oriental, Ásia Meridional e África Subsaariana. Está crescendo na África em números absolutos e como proporção da população, ao mesmo tempo que está diminuindo nas regiões da Ásia de acordo com os dois critérios.

Teremos muitas ocasiões para discutir as circunstâncias específicas dos mais pobres dos pobres. Eles estão principalmente em áreas rurais, embora com uma proporção crescente nas cidades. Eles encaram desafios quase desconhecidos para o mundo rico de hoje — malária, secas maciças, falta de estradas e veículos motorizados, grandes distâncias para os mercados regionais e mundiais, falta de eletricidade e combustíveis modernos para cozinhar —, desafios que são, de início, dilacerantes de contemplar, mas pensando bem, estimulantes, exatamente porque também se prestam a soluções práticas.

O DESAFIO DA NOSSA GERAÇÃO

A parte mais difícil do desenvolvimento econômico é pôr o pé no primeiro degrau da escada. As famílias e os países que estão no ponto mais baixo da distribuição de renda do mundo, na miséria, tendem a ficar paralisados. Os países que já estão na escada do desenvolvimento, como Bangladesh e Índia, estão em geral progredindo, mesmo que às vezes de forma desigual e dolorosamente lenta. O desafio da nossa geração é ajudar os mais pobres dos pobres a escapar da miséria, de tal modo que possam começar sua ascensão na escada do desenvolvimento. O fim da pobreza, nesse sentido, não é apenas o fim do sofrimento extremo mas também o começo do progresso econômico, da esperança e da segurança que acompanham o desenvolvimento.

Quando falo do "fim da pobreza", portanto, refiro-me a dois objetivos intimamente relacionados. O primeiro é acabar com o sofrimento de um sexto da humanidade que vive na miséria e luta diariamente para sobreviver. Todos os habitantes da Terra podem e devem gozar de padrões básicos de nutrição, saúde, água e saneamento, moradia e outras necessidades mínimas para a sobrevivência, bem-estar e participação na sociedade. O segundo objetivo é assegurar que todos os pobres do mundo, inclusive aqueles que estão na pobreza moderada, tenham uma chance de subir na escada do desenvolvimento. Como uma sociedade global que somos, devemos garantir que as regras internacionais do jogo na gestão econômica não ponham, de propósito ou inadvertidamente, armadilhas nos primeiros degraus da escada, na forma de ajuda inadequada ao desenvolvimento, barreiras protecionistas de comércio, desestabilização de práticas financeiras globais, leis de propriedade intelectual mal elaboradas e medidas semelhantes, que impedem o mundo da baixa renda de escalar os degraus do desenvolvimento.

O fim da pobreza extrema está ao nosso alcance — ainda na nossa geração —, mas somente se aproveitarmos a oportunidade histórica que está diante de nós. Já existe um conjunto corajoso de compromissos que estão a meio caminho do alvo: as Metas de Desenvolvimento do Milênio (MDMS), os oito objetivos com que todos os 191 Estados-membros da ONU concordaram em 2002, ao assinar a Declaração do Milênio das Nações Unidas. Essas metas são alvos importantes para cortar a pobreza pela metade até 2015, tomando por base dados de 1990. Elas são audaciosas, mas factíveis, mesmo que dezenas de países ainda não estejam nos trilhos para alcançá-las. Representam um estágio intermediário crucial no caminho do fim da miséria até 2025. E os países ricos prometeram repetidamente que ajudariam os países pobres a atingi-las por meio do aumento da ajuda ao desenvolvimento e melhores regras globais do jogo.

Estas são, então, as possibilidades econômicas de nosso tempo:

- Cumprir as Metas de Desenvolvimento do Milênio até 2015.
- Acabar com a miséria até 2025.
- Garantir bem antes de 2025 que todos os países pobres do mundo possam obter progresso confiável na escada do desenvolvimento econômico.
- Realizar tudo isso com ajuda financeira modesta dos países ricos, mais do que é agora oferecido, mas dentro dos limites do que eles prometem há muito tempo.

Para enfrentar esses desafios, temos primeiro de compreender como chegamos aonde estamos, pois nesse processo de compreensão encontraremos também o caminho para seguir em frente.

2. A difusão da prosperidade econômica

A passagem da pobreza universal para graus variados de prosperidade aconteceu com rapidez no breve espaço de tempo da história da humanidade. Há duzentos anos, a idéia de que poderíamos potencialmente acabar com a miséria era inimaginável. Quase todo mundo era pobre, com exceção de uma minoria muito pequena de governantes e grandes proprietários de terras. A vida era tão difícil em boa parte da Europa quanto na Índia ou na China. Com muito poucas exceções, nossos trisavós eram provavelmente pobres e viviam no campo. O historiador da economia Angus Maddison estima a renda média por pessoa na Europa Ocidental de 1820 em torno de 90% da renda média da África de hoje. Em 1800, a expectativa de vida na Europa Ocidental e no Japão estava ao redor de quarenta anos.[1]

Há poucos séculos, não existiam imensas divisões entre riqueza e pobreza no mundo. China, Índia, Europa e Japão tinham todos níveis similares de renda na época do descobrimento pelos europeus das rotas marítimas para a Ásia. Marco Polo admirou-se diante das maravilhas suntuosas da China, não com sua pobreza. Cortez e seus conquistadores expressaram espanto diante das riquezas de Tenochtitlán, a capital dos astecas. Os primeiros exploradores portugueses se impressionaram com as cidades bem organizadas da África.

A NOVIDADE DO CRESCIMENTO ECONÔMICO MODERNO

Se quisermos entender por que existe atualmente um vasto abismo entre ricos e pobres, deveremos retornar ao período muito recente da história humana em que essa distância surgiu. Os últimos dois séculos, desde a entrada do século XIX, constituem uma era única na história econômica, um período que o grande historiador da economia Simon Kuznets chamou de período do crescimento econômico moderno. Antes disso — por muitos séculos — não houve praticamente crescimento econômico sustentado no mundo; apenas aumentos graduais da população humana. A população mundial cresceu aos poucos, de cerca de 230 milhões de habitantes no começo do primeiro milênio para talvez 270 milhões no ano 1000 e 900 milhões em 1800. Os padrões de vida mudavam ainda mais lentamente. De acordo com Maddison, não houve aumento perceptível dos padrões de vida em escala global durante o primeiro milênio, e talvez tenha ocorrido um aumento de 50% na renda per capita no período de oitocentos anos que vai do ano 1000 a 1800.

Porém, no período do crescimento econômico moderno, tanto a população como a renda per capita dispararam a taxas jamais vistas ou mesmo imaginadas. Como mostra a figura 1, a população global aumentou mais de seis vezes em apenas dois séculos, alcançando espantosos 6,1 bilhões de pessoas no início

FIGURA 1 — POPULAÇÃO MUNDIAL

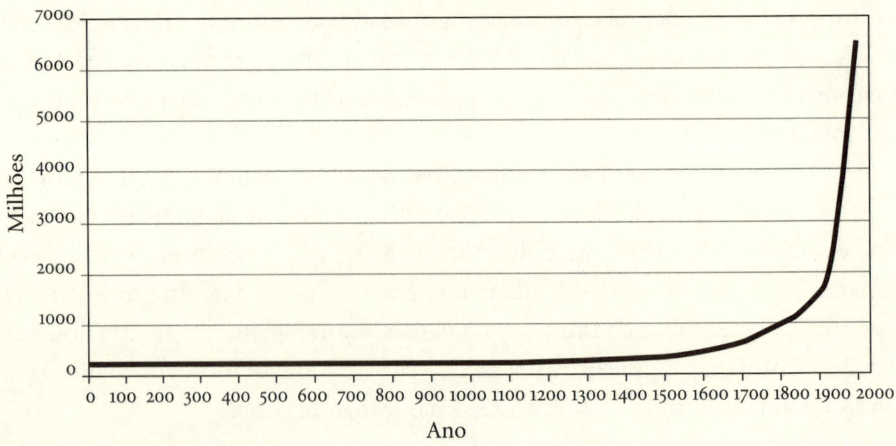

Fonte: *Dados de Maddison (2001)*.

do terceiro milênio, com muito impulso para um rápido crescimento da população ainda pela frente. A renda per capita média do mundo cresceu com mais rapidez, cerca de nove vezes entre 1820 e 2000, como mostra a figura 2. Nos países ricos de hoje, o crescimento econômico foi mais espantoso. A renda per capita dos Estados Unidos aumentou quase 25 vezes durante esse período e a da Europa Ocidental, quinze vezes. A produção total de alimentos do mundo mais do que acompanhou a explosão da população mundial (embora até hoje exista um grande número de pessoas cronicamente famintas). Um enorme aumento da produção agrícola foi possível graças a avanços tecnológicos. Se combinarmos os aumentos da população mundial e da produção mundial per capita, descobriremos que a atividade econômica total no mundo (o produto mundial bruto, ou PMB) cresceu espantosas 49 vezes nos últimos 180 anos.

Portanto, o hiato entre países ricos e pobres é um fenômeno novo, um abismo que se escancarou durante o período do crescimento econômico moderno. Em 1820, a maior distância entre o rico e o pobre — especificamente entre o Reino Unido, a principal economia da época, e a África, a região mais pobre do mundo — estava numa proporção de quatro para um na renda per capita (mesmo depois de fazer os ajustes para diferenças de poder de compra). Em 1998, a distância entre a economia mais rica, a dos Estados Unidos, e a região mais pobre, ainda a África, aumentara para vinte para um. Uma vez que todas as regiões do mundo tiveram um ponto de partida mais ou menos comparável em

FIGURA 2 — RENDA PER CAPITA MÉDIA DO MUNDO

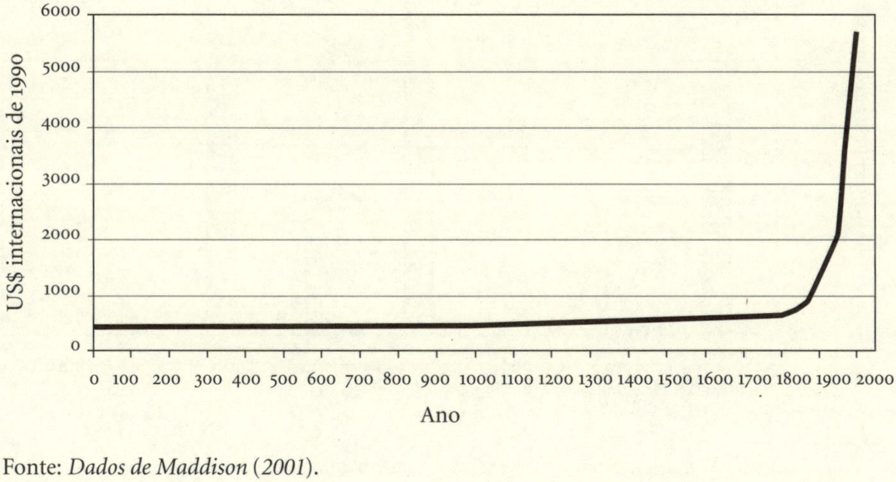

Fonte: *Dados de Maddison (2001).*

1820 (todas muito pobres pelos padrões atuais), as vastas desigualdades de hoje refletem o fato de algumas partes do mundo terem alcançado o crescimento econômico moderno, enquanto outras não. As imensas desigualdades de hoje iluminam dois séculos de padrões altamente desiguais de crescimento econômico.

A desigualdade é evidenciada pelas barras da figura 3. A altura da primeira barra indica o nível de renda per capita em 1820 e a da segunda, em 1998, utiliza as estimativas de Maddison. O número entre parênteses no alto da segunda barra é a taxa média de crescimento anual da região entre 1820 e 1998. Destacam-se três pontos:

- Todas as regiões eram pobres em 1820.
- Todas as regiões tiveram progresso econômico.
- As regiões ricas de hoje tiveram um progresso econômico extremamente maior.

O que quero dizer com crescimento econômico "altamente desigual" das regiões entre 1820 e 1998? Mesmo pequenas diferenças em taxas anuais de crescimento econômico, se mantidas durante décadas ou séculos, acabam levando a enormes diferenças nos níveis de bem-estar econômico (medido aqui pela renda

FIGURA 3 — PIB PER CAPITA POR REGIÃO EM 1820 E 1998

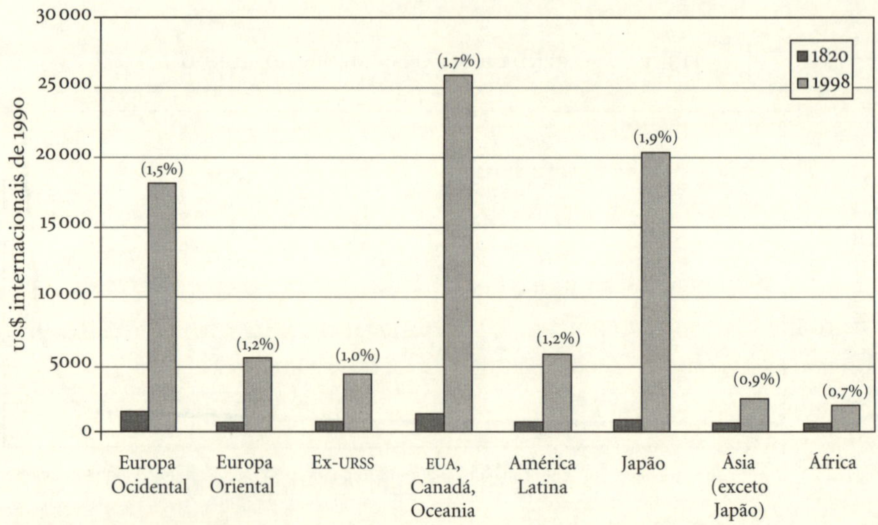

Fonte: *Dados de Maddison (2001); taxa média de crescimento anual entre parênteses.*

média per capita de uma sociedade). O produto nacional bruto per capita dos Estados Unidos, por exemplo, cresceu a uma taxa anual de cerca de 1,7% ao ano durante o período de 1820 a 1998. Isso levou a um aumento de 25 vezes nos padrões de vida, com a renda per capita subindo de cerca de US$ 1200 por pessoa em 1820 para cerca de US$ 30 000 hoje (em dólares de 1990). A chave para que os Estados Unidos se tornassem a economia mais rica do mundo não foi uma velocidade espetacular de crescimento, como a da China atual, de 8% ao ano, mas um crescimento constante e muito mais modesto de 1,7% ao ano. A chave foi a consistência, o fato de que os Estados Unidos mantiveram essa taxa de crescimento da renda por quase dois séculos.

Em contraste, as economias da África cresceram a uma média de 0,7% ao ano. A diferença para o 1,7% americano pode não parecer grande, mas por um período de 180 anos uma pequena diferença no crescimento anual leva a enormes diferenças em níveis de renda. Com o crescimento anual de 0,7%, a renda inicial da África (ao redor de US$ 400 per capita) aumentou pouco mais de três vezes: para cerca de US$ 1300 per capita em 1998, em comparação com o crescimento de quase 25 vezes nos Estados Unidos. Desse modo, a distância de vinte vezes na renda entre os EUA e a África hoje resulta de uma distância de três vezes em 1820, que foi ampliada sete vezes pela diferença de 1% nas taxas de crescimento anuais.

Portanto, o enigma crucial para compreender as enormes desigualdades de hoje é entender por que diferentes regiões do mundo cresceram a taxas distintas durante o período do crescimento econômico moderno. Todas as regiões começaram o período na pobreza extrema. Somente um sexto da população mundial conseguiu o status de alta renda por meio de crescimento econômico consistente. Dois terços chegaram à situação de renda média, com taxas mais modestas de crescimento econômico. Um sexto da humanidade está atolado na miséria, com taxas de crescimento econômico muito baixas durante todo o período. Em primeiro lugar, precisamos entender por que as taxas de crescimento diferem ao longo de extensos períodos de tempo, de tal modo que possamos identificar os caminhos essenciais para elevar o crescimento econômico nas regiões que hoje estão para trás.

Quero deixar uma coisa clara desde o início. Muitas pessoas supõem que os ricos ficaram ricos *porque* os pobres ficaram pobres. Em outras palavras, julgam que a Europa e os Estados Unidos usaram força militar e poderio político durante e após a era do colonialismo para extrair riqueza das regiões mais pobres e, desse modo, ficaram ricos. Essa interpretação dos eventos seria plausível se o produto mundial bruto tivesse permanecido mais ou menos constante, com uma parte crescente indo para as regiões poderosas e uma parte declinante indo para as regiões mais pobres. Porém, não foi isso que aconteceu. O produto mundial bruto aumentou quase cinqüenta vezes. Todas as regiões do mundo experimentaram algum crescimento econômico (tanto em termos de tamanho total da economia como quando medido por pessoa), mas algumas regiões tiveram um crescimento muito maior do que outras. O fato fundamental dos tempos modernos não é a *transferência* de renda de uma região para outra, por força ou outro meio, mas antes o *aumento* total da renda mundial, porém em ritmo diferente em diferentes regiões.

Isso não quer dizer que os ricos sejam inocentes da acusação de ter explorado os pobres. Eles certamente o fizeram e, em conseqüência, os países pobres continuam a sofrer de incontáveis formas, inclusive os problemas crônicos da instabilidade política. No entanto, a verdadeira história do crescimento econômico moderno foi a capacidade de algumas regiões de alcançar aumentos sem precedentes da produção total, chegando a níveis jamais vistos antes no mundo, enquanto outras regiões estagnaram, pelo menos em termos comparativos. A tecnologia foi a principal força por trás dos aumentos de longo prazo da renda no mundo rico, não a exploração dos pobres. Essa notícia é realmente muito boa, porque sugere que todo o mundo, inclusive as regiões atrasadas de hoje, tem uma esperança razoável de colher os benefícios do avanço tecnológico. O desenvolvimento econômico não é um jogo de soma zero, em que os ganhos de alguns são inevitavelmente espelhados pelas perdas de outros. Nesse jogo, todos podem vencer.

Às vésperas da decolagem

Até a metade do século XVIII, o mundo era extraordinariamente pobre, considerando-se qualquer um dos padrões atuais. A expectativa de vida era muito baixa; as crianças morriam em grande quantidade nos países hoje ricos, bem como nos pobres. Muitas ondas de doenças e epidemias, da peste negra da Europa à varíola e ao sarampo, varriam periodicamente a sociedade e matavam gente em massa. Episódios de fome e flutuações extremas de tempo e clima destroçavam as sociedades. A ascensão e a queda do Império Romano, para o famoso historiador do século XX Arnold Toynbee, foi muito parecida com a ascensão e o declínio de todas as outras civilizações de antes e depois. A história econômica sempre foi de altos e baixos, com crescimento seguido de declínio, em vez de um progresso econômico sustentado.

John Maynard Keynes escreveu sobre essa relativa estagnação do progresso econômico humano em seu ensaio: *Possibilidades econômicas para nossos netos*, escrito em 1930.

> Dos primórdios dos tempos de que temos registro, digamos, de 2 mil anos antes de Cristo, até o começo do século XVIII, não houve realmente grande mudança no padrão de vida do homem médio que vivia nos centros civilizados da Terra. Altos e baixos, a certeza da visita de pestes, fome e guerra, intervalos dourados, mas nenhuma mudança violenta progressiva. Alguns períodos foram talvez 50% melhores do que outros, no máximo 100% melhor do que outros nos 4 mil anos que terminaram, digamos, no ano 1700 d.C.

Ele também apontou a tecnologia como o motivo desse longo período de estagnação:

> A ausência de invenções tecnológicas importantes entre a idade pré-histórica e os tempos comparativamente modernos é de fato notável. Quase tudo o que realmente importa e que o mundo possuía no começo da era moderna já era conhecido do homem na aurora da história: a linguagem, o fogo, os mesmos animais domésticos que temos hoje, o trigo, a cevada, a videira e a oliveira, o arado e a roda, o remo, a vela, o couro, o linho e o algodão, tijolos e potes, o ouro e a prata, o cobre, o estanho e o chumbo — o ferro foi acrescentado à lista mil anos antes de Cristo —, os bancos, a arte de governar, a matemática, a astronomia e a religião. Não há registro de quando tivemos essas coisas pela primeira vez [...][2]

O que mudou foi o choque da Revolução Industrial, sustentada por um aumento na produtividade agrícola no noroeste da Europa. A produção de alimentos aumentou com os aperfeiçoamentos sistemáticos na prática agrícola, inclusive o controle dos nutrientes do solo por meio da melhoria na rotação dos plantios. A abertura para um novo tempo aconteceu na Inglaterra, por volta de

1750, quando a nascente indústria britânica mobilizou pela primeira vez novas formas de energia para a produção em escala que até então jamais havia sido alcançada. A máquina a vapor marcou o momento decisivo da história moderna. Ao mobilizar um vasto reservatório de energia primária, os combustíveis fósseis, a máquina a vapor desencadeou a produção de bens e serviços em massa, numa escala que ia muito além dos sonhos mais arrebatados da era pré-industrial. A energia moderna impulsionou todos os aspectos da decolagem econômica. A produção de alimentos multiplicou quando a energia dos combustíveis fósseis foi usada para produzir fertilizantes químicos; a produção industrial disparou quando vastos inputs de energia de combustíveis fósseis criaram igualmente vastas usinas de aço, equipamento de transporte, produtos químicos e farmacêuticos, têxteis e vestuário e todos os outros setores manufatureiros modernos. No início do século XX, a indústria de serviços, entre elas a das tecnologias modernas de informação e comunicação, era movida a eletricidade, outra mudança radical, dessa vez em relação à era dos combustíveis fósseis.

Assim como o carvão alimentou a indústria, a indústria alimentou o poder político. O Império Britânico tornou-se a manifestação política global da Revolução Industrial. Essa revolução, única no mundo do início do século XIX, deu uma imensa vantagem militar e financeira que possibilitou à Inglaterra expandir seu controle sobre um sexto da humanidade no auge de seu império, durante a era vitoriana.

Por que a Inglaterra foi a primeira? Por que não a China, que foi a líder tecnológica do mundo durante cerca de mil anos, entre os anos 500 e 1500? Por que não outros centros de poder no continente europeu ou na Ásia? Essa questão é muito debatida entre os historiadores econômicos, mas algumas boas respostas são evidentes e elas oferecem pistas para as causas mais profundas da Revolução Industrial.

Em primeiro lugar, a sociedade britânica era relativamente aberta, com mais espaço para a iniciativa individual e a mobilidade social do que a maioria das outras sociedades do mundo. As ordens sociais fixas da era feudal haviam se enfraquecido muito ou desaparecido totalmente por volta de 1500, numa época em que a servidão ainda era a regra em boa parte da Europa. Hierarquias sociais ainda mais rígidas, tais como o sistema de castas da Índia, eram comuns em outras partes do globo.

Em segundo lugar, a Grã-Bretanha havia fortalecido instituições de liberdade política. O Parlamento britânico, com suas tradições de liberdade de expressão e debate aberto, deu poderosa contribuição para a aceitação de idéias novas. Ele foi também um protetor cada vez mais poderoso dos direitos de propriedade privada, que, por sua vez, sustentaram a iniciativa privada.

Em terceiro lugar, e de modo fundamental, a Inglaterra se tornou um dos principais centros da revolução científica européia. Após séculos em que a Europa foi principalmente importadora de idéias científicas da Ásia, a ciência européia fez avanços essenciais a partir da Renascença. A física moderna nasceu das descobertas astronômicas de Copérnico, Brahe, Kepler e Galileu. Com a abertura política britânica, o pensamento científico especulativo teve a oportunidade de florescer e os avanços científicos no continente europeu levaram a uma explosão de descobertas científicas na Inglaterra. O passo decisivo ocorreu com *Principia Mathematica*, de Isaac Newton, publicado em 1687, um dos livros mais importantes de todos os tempos. Ao mostrar que os fenômenos físicos podiam ser descritos por leis matemáticas e ao oferecer as ferramentas de cálculo para descobrir essas leis, Newton preparou o palco para centenas de anos de descobertas científicas e tecnológicas, e para a Revolução Industrial, que viria na esteira da revolução científica.

Em quarto lugar, a Grã-Bretanha tinha várias vantagens geográficas cruciais. Primeiro, por ser uma economia insular próxima do continente europeu, podia manter um comércio costeiro barato com todas as partes da Europa. O país possuía também uma extensa rede fluvial navegável para o comércio interno e um ambiente muito favorável à agricultura, com uma combinação de muita chuva, uma ampla estação de cultivo e bons solos. Outra vantagem geográfica importante era a proximidade com a América do Norte. As novas colônias americanas proporcionavam vastos territórios novos para a produção de alimentos e matérias-primas, tais como algodão para a indústria britânica, e eram a válvula de escape que facilitava o êxodo de pessoas pobres do campo inglês. Enquanto a produtividade agrícola da própria Inglaterra crescia, com mais alimentos produzidos por menos gente, milhões de pobres sem terra iam para a América do Norte.

Em sua obra seminal de 1776, *A riqueza das nações*, Adam Smith se referiu às vantagens naturais da Grã-Bretanha:

> A Inglaterra, devido à fertilidade natural de seu solo, à grande extensão de sua costa marítima em proporção ao território de todo o país e aos muitos rios navegáveis

que a atravessam e possibilitam a conveniência do transporte fluvial a alguns de seus lugares mais interiores, é talvez tão bem dotada pela natureza quanto qualquer país maior da Europa para ser o lugar do comércio exterior, de manufaturas para a venda distante e de todos os melhoramentos que disso decorrem.[3]

Em quinto lugar, a Inglaterra era soberana e enfrentava riscos menores de invasão do que seus vizinhos. O fato de ser uma ilha ajudou consideravelmente, como também foi o caso do Japão, cuja geografia insular permitiu que evitasse invasões, apesar das numerosas tentativas partidas do continente asiático. Com efeito, um século depois, o Japão viria a desempenhar um papel similar ao da Inglaterra como líder da entrada da Ásia no crescimento econômico moderno.

Em sexto lugar, a Grã-Bretanha tinha carvão e, com a invenção da máquina a vapor, esse mineral libertou a sociedade das restrições energéticas que haviam limitado a escala da produção econômica ao longo de toda a história da humanidade. Antes do carvão, essa produção estava limitada pelos inputs de energia, quase todos dependentes da produção de biomassa: alimento para os seres humanos e animais domésticos e lenha para aquecer e certos processos industriais. A energia eólica também podia ser usada para o transporte marítimo e, ao lado da energia hidráulica, podia ser aproveitada em alguns processos industriais. Porém, nenhuma dessas fontes de energia era capaz de desencadear o potencial do carvão para produção em massa.

Em suma, as vantagens da Inglaterra estavam marcadas por uma combinação de fatores sociais, políticos e geográficos. A sociedade britânica era relativamente livre e tinha estabilidade política. O pensamento científico era dinâmico. A geografia permitiu que o país se beneficiasse do comércio, da agricultura produtiva e dos recursos energéticos em imensos reservatórios de carvão. Outras partes do mundo não tinham a sorte de ter essa confluência de fatores favoráveis. A entrada delas no crescimento econômico moderno seria atrasada. Nos ambientes mais desfavoráveis, esse crescimento foi retardado até os dias de hoje.

A grande transformação

A combinação de novas tecnologias industriais, energia carbonífera e forças do mercado criou a Revolução Industrial. Por sua vez, ela levou aos eventos econômicos mais revolucionários da história da humanidade desde o início da agricultura, 10 mil anos antes. De repente, as economias podiam crescer para além dos limites a que estavam acostumadas até então, sem deparar com os limites da produção de alimentos e madeira. A produção industrial cresceu rapidamente e o poder do crescimento econômico transbordou da Grã-Bretanha para todas as partes do mundo. As sociedades do mundo inteiro mudaram fundamentalmente, às vezes de modo tumultuado.

A Revolução Industrial e o crescimento econômico moderno que se seguiu mudaram a maneira como as pessoas vivem em todos os sentidos básicos: onde e como vivem, que tipo de trabalho ou atividade econômica realizam, como formam famílias. Na Inglaterra primeiro, e depois no resto do mundo, a industrialização significou uma mudança das pessoas de atividades esmagadoramente agrárias para atividades industriais, dando origem à urbanização, à mobilidade social, a novos papéis da família e dos gêneros, a uma transição demográfica e à especialização no trabalho.

O crescimento econômico moderno é acompanhado, em primeiro lugar e sobretudo, pela *urbanização*, isto é, pelo aumento da parcela da população que vive em áreas urbanas. Há dois motivos básicos para essa associação entre os dois fenômenos. O primeiro é o crescimento da produtividade agrícola. À medida que a produção por agricultor aumenta, a economia precisa cada vez menos de agricultores para alimentar toda a população. Com o crescimento da produção por lavrador, o preço dos alimentos cai, induzindo os agricultores e, em especial, seus filhos, a buscar emprego em atividades não agrícolas. O segundo motivo é a vantagem da vida urbana de alta densidade para a maioria das atividades econômicas não agrícolas, em especial as demandas do comércio sem intermediários e outras áreas do setor de serviços. Áreas rurais esparsamente povoadas fazem sentido econômico quando cada família precisa de muita terra para a produção agrícola. Mas fazem pouco sentido quando as pessoas estão envolvidas em manufatura, finanças, comércio e atividades similares. Quando a força de trabalho não está mais engajada principalmente na produção de alimentos, é natural que o grosso da população se mude para as cidades, atraída por salários mais altos que, por sua vez, refletem a maior produtividade do trabalho em áreas urbanas densamente povoadas.

O crescimento econômico moderno também produziu uma revolução na *mobilidade social*. Classificações sociais estabelecidas — tais como as divisões hierárquicas fixas entre camponeses e nobres, ou dentro da estrutura de castas indiana, ou nas ordens sociais de nobreza, clero, comerciantes e agricultores que caracterizavam muitas sociedades asiáticas tradicionais — desfazem-se sob a ação das forças do crescimento econômico moderno baseado no mercado. Ordens sociais fixas dependem de um cenário econômico, em larga medida agrário e estático, em que há poucas mudanças nos padrões de vida ou tecnologias de uma geração para a outra. Elas não conseguem suportar as súbitas e dramáticas explosões de mudança tecnológica que ocorrem no crescimento econômico moderno, em que as ocupações e os papéis sociais se alteram enormemente de uma geração para a outra, em vez de ser herdados dos pais pelos filhos e das mães pelas filhas.

Um aspecto da mudança na mobilidade social merece uma observação especial: a mudança nos *papéis dos gêneros*. As sociedades tradicionais tendem a ter uma forte diferenciação nos papéis dos gêneros, com as mulheres levando quase sempre a pior. Em cenários onde a taxa de fertilidade total — o número médio de filhos por mulher — é tipicamente 5 ou mais, as mulheres passam a maior parte da vida adulta criando filhos. Tradicionalmente presas ao lar, elas levam uma vida de labuta dura na terra, caminhadas sem fim para coletar lenha e água e cuidado das crianças. Com o crescimento econômico moderno, essa dinâmica muda. As mulheres podem aproveitar-se de empregos urbanos, como no caso das jovens das fábricas de vestuário de Daca, e isso acaba por dar-lhes poder político e social.

As mudanças nas condições de vida e atividades econômicas levaram a novas realidades também na *estrutura da família*. A idade do casamento é adiada e as relações sexuais são transformadas com maior liberdade sexual, muito menos ligada diretamente à procriação. Um menor número de gerações vive sob o mesmo teto. E, o que é fundamental, a quantidade desejada de filhos muda de forma notável quando as famílias passam do mundo rural para o urbano. Nas sociedades rurais, as famílias grandes são quase sempre a norma. Nas sociedades urbanas, as famílias escolhem ter menos filhos. Esse é o ponto crucial da transição demográfica, uma das mudanças sociais mais importantes durante a era do crescimento econômico moderno.

Outro elemento fundamental ocorre com a profunda mudança estrutural: a *divisão do trabalho* aumenta à medida que as pessoas se tornam cada vez mais especializadas em suas atividades. As habilidades de um lavrador pobre na África de hoje, ou na Escócia no tempo de Adam Smith, são realmente maravilhosas.

Essas pessoas sabem como construir a própria casa, cultivar e cozinhar seus alimentos, cuidar de animais e fazer as próprias roupas. Desse modo, são pedreiros, veterinários, agrônomos e fabricantes de roupas. Fazem tudo e suas capacidades são profundamente impressionantes.

São também profundamente ineficientes. Adam Smith mostrou que a especialização, em que cada um de nós aprende apenas uma dessas atividades, leva a uma melhoria geral do bem-estar de todos. A idéia é simples e poderosa. Ao se especializar em apenas uma atividade — como cultivo de alimentos, produção de roupas ou construção de casas —, cada trabalhador ganha perícia naquela atividade em particular. No entanto, a especialização só faz sentido se o especialista pode depois trocar sua produção pela produção de especialistas em outras linhas de atividade. Não faz sentido produzir mais alimentos do que um lar necessita, a não ser que haja um mercado para trocar o excesso de comida por roupa, abrigo, e assim por diante. Ao mesmo tempo, sem a capacidade de comprar alimentos no mercado, não seria possível ser um especialista em construção ou confecção, pois seria necessário plantar para sobreviver. Desse modo, Smith percebeu que a divisão do trabalho é limitada pela dimensão do mercado (ou seja, pela capacidade de comerciar), ao passo que a dimensão do mercado é determinada pelo grau de especialização (e, portanto, produtividade).

A DIFUSÃO DO CRESCIMENTO ECONÔMICO MODERNO

O crescimento econômico moderno surgiu primeiramente na Inglaterra graças à confluência de condições favoráveis. Porém, essas condições não eram exclusivas da Grã-Bretanha e, depois que a Revolução Industrial estava em andamento, a mesma combinação de tecnologia e organização social modernas podia se difundir para outras regiões do mundo. O que começou num canto da Europa setentrional acabaria por atingir quase todo o planeta. Ao fazerem isso, as forças do crescimento econômico moderno impulsionaram um aumento geral na produção global de dimensões sem precedentes.

No papel, a transição para o crescimento econômico moderno pode parecer um benefício direto e sem ambigüidades para o mundo. Afinal, novas tecnologias possibilitaram que a sociedade utilizasse energia e idéias que aumentaram a produtividade do trabalho (produção econômica por pessoa) a níveis jamais antes imaginados. Essa produtividade provocou uma elevação dos padrões de vida numa escala sem precedentes. Contudo, a transição foi muito tumultuada, envolvendo lutas sociais e, com freqüência, guerras. Antes de tratar dos eventos históricos, vale a pena examinar por um momento por que a transição foi tão difícil em tantos lugares.

O aspecto mais importante é que o crescimento econômico moderno não foi somente uma questão de "mais" (produção por pessoa), mas também de "mudança". A transição para esse crescimento envolveu urbanização, mudança de papéis dos gêneros, aumento da mobilidade social, mudança da estrutura familiar e crescente especialização. Foram transições difíceis, que implicavam múltiplas convulsões na organização social e nas crenças culturais. Além disso, a disseminação do crescimento econômico moderno foi também marcada por um confronto sistemático e repetido entre os novos países ricos e os países ainda pobres do mundo. Uma vez que ocorreu em ritmos tão diferentes em diferentes lugares, esse crescimento criou um grau de desigualdade da riqueza e do poder global sem par na história da humanidade. O domínio industrial da Inglaterra — conseqüência da liderança do país na industrialização — deu-lhe também um domínio militar único, que, por sua vez, se converteu em império. De modo mais geral, a industrialização da Europa no século XIX acabou por impulsionar um vasto império europeu na Ásia, na África e nas Américas.

Por fim, as imensas diferenças de poder contribuíram para teorias sociais falhas sobre essas diferenças que ainda sobrevivem entre nós. Quando uma sociedade é economicamente dominante, é fácil para seus membros supor que esse predomínio reflete uma superioridade mais profunda — seja religiosa, racial, genética, cultural ou institucional —, e não uma casualidade momentânea ou geográfica. Desse modo, a desigualdade de poder e economia do século XIX em favor da Europa foi acompanhada pela difusão de novas formas de racismo e "culturalismo", que ofereciam justificativas pseudocientíficas para as imensas desigualdades que haviam surgido. Por sua vez, essas teorias justificavam formas brutais de exploração dos pobres por meio do colonialismo, expropriação das propriedades e terras dos pobres pelos ricos e até escravidão.

Ainda assim, apesar dessas dificuldades, as forças subjacentes básicas que impulsionaram a Revolução Industrial podiam ser e foram copiadas em outros lugares. Ao serem repetidas, surgiram múltiplos lugares de industrialização e crescimento econômico. Como numa reação em cadeia, quanto mais lugares experimentavam essa mudança, mais eles interagiam uns com os outros e, dessa forma, criaram as bases para mais inovações, mais crescimento econômico e mais atividade tecnológica. A industrialização da Inglaterra espalhou-se para outros mercados de várias maneiras: estimulando a demanda por exportações dos parceiros comerciais da Grã-Bretanha, fornecendo a esses parceiros capital britânico para fazer investimentos em infra-estrutura (por exemplo, portos e ferrovias) e difundindo tecnologias criadas na Inglaterra.

Essa difusão do crescimento econômico moderno ocorreu de três maneiras principais. A primeira e, de certa forma, mais direta disseminação da Revolução Industrial foi a da Grã-Bretanha para suas colônias na América do Norte, Austrália e Nova Zelândia. As três regiões localizam-se em zonas temperadas com condições para a agricultura e outras atividades econômicas semelhantes, em vários aspectos, às da Grã-Bretanha. Portanto, era relativamente fácil transplantar as tecnologias, o plantio de alimentos e até as instituições legais para esses novos cenários. Esses novos lares do crescimento econômico moderno eram literalmente uma "Nova Inglaterra", no caso da costa norte-americana, ou "rebentos ocidentais", na expressão de Angus Maddison. Ideologicamente, as potências imperiais e colonizadoras consideravam a América do Norte e a Oceania lugares vazios, apesar da presença de habitantes nativos em ambas as regiões. Mediante o massacre, o encurralamento ou a remoção desses nativos de suas terras, os novos colonizadores da Inglaterra estimularam uma enorme expansão da população e o subseqüente crescimento econômico da América do Norte e da Oceania.

Uma segunda forma de difusão aconteceu na própria Europa, em um processo que foi, de modo geral, da Europa Ocidental para a Oriental e do norte para o sul do continente durante o século XIX. O noroeste da Europa começou com certas vantagens em relação ao leste e ao sul. Em primeiro lugar, o noroeste europeu situa-se no lado atlântico do continente e, portanto, se beneficiara mais do que a Europa Oriental da grande explosão do comércio marítimo com as Américas e a Ásia. Em segundo lugar, o noroeste tinha, em geral, recursos naturais mais favoráveis, entre eles carvão, madeira, rios (para fábricas movidas a energia hidráulica) e chuvas. Em terceiro lugar, a maior parte dessa região tinha um ambiente mais favorável em relação a moléstias, menos vulnerável a doenças tropicais e subtropicais, como a malária. Em quarto lugar, por várias razões, algumas em geral bem-aceitas, outras muito controversas, as condições políticas e sociais eram mais favoráveis. A servidão havia essencialmente desaparecido em boa parte do noroeste da Europa já no século XVII, ao passo que estava ainda intacta, ao lado de outras inflexibilidades sociais, no sul e no leste. A Alemanha e a Itália ainda não eram Estados-nações no início da Revolução Industrial e sofriam com barreiras comerciais extremamente altas entre principados concorrentes.

Quando do início da Revolução Industrial e, em especial, quando ela começou a se difundir durante e após as guerras napoleônicas, os obstáculos ao desenvolvimento no sul e no leste começaram a diminuir. A servidão foi abolida aos poucos, e amiúde com violência, em toda a Europa. Introduziu-se o governo constitucional. Construíram-se ferrovias para ligar as regiões européias. Idéias e tecnologias difundiam-se com velocidade ainda maior e tinham o apoio de quantidades cada vez maiores de capital financeiro. No final do século XIX, a industrialização estava presente em toda a Europa.

A terceira difusão implicou a disseminação do crescimento econômico moderno da Europa para a América Latina, a África e a Ásia. O processo foi tumultuado em todos os lugares, acarretando o confronto de uma Europa cada vez mais industrializada e rica com sociedades não industrializadas, em larga medida rurais e militarmente fracas. Algumas eram civilizações antigas com tradições grandiosas, como a China e o Japão; outras eram regiões esparsamente habitadas, como boa parte da África tropical. Mas o grande drama que se desenrolou em quase todos os lugares foi o tumulto do confronto entre essas diferentes sociedades, economias e culturas. Mesmo quando elevava os padrões de vida, o crescimento econômico moderno provocava mudanças fundamentais na organização social e choques dolorosos com os europeus mais poderosos.

O confronto entre ricos e pobres foi muito severo porque a diferença abissal de riqueza significava também uma diferença abissal de poder, e o poder podia ser usado para a exploração. O poder superior da Europa foi usado repetidamente para obrigar as sociedades mais fracas a agir em favor dos senhores mais ricos. As potências imperiais européias forçaram os africanos a plantar os produtos de exportação escolhidos por elas. As autoridades coloniais impunham impostos por cabeça, obrigando os africanos a trabalhar em minas e grandes fazendas que ficavam muitas vezes a centenas de quilômetros de suas famílias e seus lares. Os investidores e governos europeus controlaram os recursos naturais, inclusive riquezas minerais e vastas florestas na África e na Ásia. Empresas privadas européias mantinham exércitos particulares nas colônias para garantir a obediência às "leis" da companhia, e sabiam que seus governos nacionais as apoiariam com força militar em qualquer circunstância.

A cascata da mudança tecnológica

Os padrões de vida começaram a aumentar em muitas partes do mundo, mesmo com toda essa brutalidade e esse sofrimento, em lugares que haviam sucumbido ao domínio colonial, e até em lugares onde os senhores coloniais, em vez da população local, açambarcaram boa parte dos resultados do crescimento econômico. Com freqüência, a saída da miséria foi muito gradual e intermitente, atrasada pela guerra e pela fome. Às vezes, foi rápida, como a industrialização e a decolagem econômica do Japão no último quartel do século XIX.

Creio que a razão mais importante da difusão da prosperidade, e de sua continuação ainda hoje, é a transmissão de tecnologias e das idéias que lhes são subjacentes. Ainda mais importante do que ter recursos específicos no solo, como carvão, foi a capacidade de utilizar idéias científicas modernas para organizar a produção. A beleza das idéias é que elas podem ser usadas repetidamente, sem jamais se exaurirem. Os economistas chamam as idéias de não-rivais, no sentido de que o uso que uma pessoa faz de uma idéia não diminui a capacidade de outras pessoas a usarem também. Por isso, podemos imaginar um mundo em que todos alcancem a prosperidade. A essência da primeira Revolução Industrial não foi o carvão, mas como usar o carvão. De modo ainda mais geral, foi sobre como usar uma nova forma de energia. As lições do carvão tornaram-se a base para muitos outros sistemas de energia, movidos a água, petróleo, gás e energia nuclear, a novas formas de energia renovável, como o vento e a energia solar convertidos em eletricidade. Essas lições estão à disposição de toda a humanidade, e não apenas para os primeiros indivíduos que as descobriram.

A primeira onda da Revolução Industrial foi o desenvolvimento da máquina a vapor e das tecnologias relacionadas a ela, inclusive a organização da produção fabril em larga escala, novas máquinas no setor têxtil e de vestuário e novas técnicas para produzir aço. A segunda onda de inovação tecnológica ocorreu na metade do século XIX, com as ferrovias e, de modo ainda mais notável, com o telégrafo, que ofereceu as primeiras telecomunicações instantâneas mundiais, uma mudança radical na capacidade de difundir informações em larga escala.

A segunda onda tecnológica trouxe também navios a vapor, comércio em escala global e dois imensos projetos de infra-estrutura: o canal de Suez, terminado em 1869, que diminuiu significativamente o tempo de comércio entre Europa e Ásia, e o canal do Panamá, terminado em 1914, que reduziu enormemente o tempo de comércio entre o leste dos Estados Unidos e sua costa oeste, bem como com boa parte da América Latina e a Ásia Oriental. Epidemias de febre amarela e malária, que mataram milhares de operários, atrasaram a primeira tentativa de construir o canal, na década de 1880. Depois que os cientistas entenderam que essas doenças mortais eram transmitidas por mosquitos, os construtores do canal empreenderam um grande esforço para controlar a reprodução deles durante as obras e assim completaram o projeto em 1914.

A terceira onda de avanço tecnológico compreendeu a eletrificação da indústria e da sociedade urbana no final do século XIX, com a invenção da lâmpada incandescente por Edison e outros aparelhos elétricos. Edison, Westinghouse e outros defenderam a construção de grandes usinas de energia que poderiam levar a eletricidade aos lares, escritórios e fábricas por fio, o que definiu a nova infra-estrutura do início do século XX. O desenvolvimento do motor de combustão interna foi também decisivo, assim como o avanço crucial da indústria química, principalmente na Alemanha, com os novos processos de converter o nitrogênio da atmosfera em amônia para fertilizantes (o processo Haber-Bosch). Esse uso de combustível fóssil para criar fertilizantes nitrogenados significou uma mudança decisiva para aumentar a produção de alimentos no século XX, possibilitando que uma grande proporção da humanidade, embora não a sua totalidade, superasse a fome crônica e os riscos de inanição que sempre atormentaram a humanidade.

Essas ondas de avanço tecnológico espalharam-se pelo resto do mundo mediante a difusão do comércio e do investimento externo; com isso, a prosperidade econômica também se disseminou para outras regiões do mundo. Mas o mesmo aconteceu com o sistema global de dominação política européia. Esse domínio refletiu-se na imensa desigualdade de poder que surgiu da saída na frente da industrialização na Europa, a qual, como vimos, tinha suas raízes numa confluência vantajosa de política, geografia e recursos de base.

Nos primórdios do século XX, a Europa praticamente dominava o mundo. Os impérios europeus controlavam quase toda a África e grandes trechos da Ásia, bem como avultavam no financiamento e organização do comércio da América Latina. Esse foi o primeiro estágio da globalização, uma era de comércio global, uma era de comunicações globais por linhas telegráficas, uma era de produção e industrialização em massa — em suma, o que parecia ser uma era de progresso inevitável. E era uma globalização sob dominação européia. Era considerada não somente irrefreável do ponto de vista econômico, como também parte da ordem natural das coisas. Essa ordem natural imaginada deu origem ao infame "fardo do homem branco", o direito e a obrigação dos brancos europeus e descendentes de europeus de mandar na vida dos outros habitantes da Terra, o que eles fizeram sem grandes inquietações, com uma mistura contraditória de ingenuidade, compaixão e brutalidade.

A grande ruptura

No início do século XX, a globalização era considerada tão inevitável que alguns achavam que a própria guerra era provavelmente coisa do passado e certamente tão irracional que nenhum líder europeu com a cabeça no lugar levaria seu país a uma guerra. Em 1910, um importante intelectual inglês chamado Norman Angell escreveu *A grande ilusão*, que sustentava com razão que as economias nacionais se haviam tornado tão interdependentes, tão parte de uma divisão internacional do trabalho, que a guerra entre países líderes econômicos se tornara destrutiva para além da imaginação. Angell advertia que a guerra destruiria de tal modo a rede do comércio internacional que nenhuma aventura militar de uma potência européia contra outra poderia levar a benefícios econômicos para o agressor. Ele conjeturava que a própria guerra acabaria assim que os custos e benefícios dela fossem mais claramente compreendidos.

Angell subestimava tremendamente as irracionalidades e processos sociais que conduziram a resultados devastadores, mesmo quando não faziam sentido algum. Assim, ele tinha meia razão: a guerra se tornara perigosa demais para ser usada com o objetivo de ganhos econômicos. Mas isso não impediu que ela acontecesse. Em 1914, começou a grande ruptura do século XX, ainda mais dramática do que viria a ser a Segunda Guerra Mundial.

Por que a Primeira Guerra Mundial foi tão dramática e traumática? Ela acabou com a era de globalização liderada pela Europa. Sua mortandade foi assombrosa e deu margem a vários eventos cataclísmicos que lançaram sombras sobre o resto do século. O primeiro efeito colateral foi a desestabilização do regime czarista russo, desencadeando a revolução bolchevista. Um país relativamente atrasado, que fora o último dos europeus a abolir a servidão, entrou em tumulto sob os pesos fiscais e humanos da guerra. Vladímir Lênin e um pequeno grupo de conspiradores conseguiram tomar o poder com muito pouco apoio popular e instituíram uma doutrina revolucionária que colocou a Rússia em um desvio de 75 anos de enorme brutalidade e desperdício econômico. Em sua máxima difusão, as doutrinas comunistas que Lênin e Stálin instituíram na Rússia aprisionaram cerca de um terço da população mundial, incluindo a antiga União Soviética, China, os países do Leste europeu sob dominação soviética, Cuba, Coréia do Norte e outros Estados autoproclamados revolucionários alinhados com a União Soviética.

Outra grande conseqüência da Primeira Guerra foi a instabilidade financeira prolongada na Europa. A guerra criou um emaranhado de problemas econômicos e financeiros entrelaçados, entre eles a montanha de dívidas assumidas pelos países em combate; a destruição e o desmembramento dos impérios Otomano e dos Habsburgo e sua substituição por Estados pequenos, instáveis e em rixa; e as reivindicações aliadas de que a Alemanha pagasse por reparações de guerra, que exasperaram a geração seguinte de alemães e foram uma das bandeiras de Hitler na sua ascensão ao poder.

John Maynard Keynes compreendeu que o mundo como ele conhecia chegara ao fim depois da Primeira Guerra Mundial. Em seu famoso ensaio *As conseqüências econômicas da paz*, ele captou magistralmente tudo o que fora perdido:

> Que episódio extraordinário do progresso econômico do homem foi a época que chegou ao fim em agosto de 1914! A maior parte da população, é verdade, trabalhava duro e vivia com um padrão baixo de conforto; contudo estava, sob todos os aspectos, razoavelmente satisfeita com esse quinhão. Mas era possível escapar, para qualquer homem de capacidade ou caráter acima da média, para as classes média e alta, para as quais a vida oferecia, a custo baixo e com o mínimo de perturbação, conveniências, confortos e amenidades para além do alcance dos monarcas mais ricos e poderosos de outras eras. O habitante de Londres podia encomendar por telefone, enquanto tomava seu chá da manhã na cama, os variados produtos de toda a Terra, na quantidade que julgasse necessária, e esperar a entrega rápida em sua porta; podia, no mesmo momento e pelo mesmo meio, aventurar sua riqueza nos recursos naturais e novos empreendimentos de qualquer lugar do mundo, e participar, sem esforço nem problema, dos frutos e vantagens futuras; ou podia decidir acoplar a

segurança de suas fortunas com a boa-fé dos habitantes de qualquer municipalidade substancial de qualquer continente que a imaginação ou a informação pudessem recomendar. Podia conseguir imediatamente, se assim desejasse, meios de transporte baratos e confortáveis para qualquer país ou clima sem passaporte nem outra formalidade, podia enviar seu criado à agência vizinha de um banco para obter o suprimento de metal precioso que julgasse conveniente e podia então seguir para um lugar no exterior, sem conhecer sua religião, sua língua nem seus costumes, carregando riqueza cunhada consigo, e se consideraria muito magoado e surpreso com a menor interferência. Mas, o que é mais importante, ele considerava esse estado de coisas normal, certo e permanente, exceto na direção de mais aperfeiçoamentos, e qualquer desvio disso, aberrante, escandaloso e evitável.[4]

Como destacava Keynes, numa mensagem para o nosso tempo, o fim dessa época era simplesmente inimaginável:

> Os projetos e políticas do militarismo e do imperialismo, de rivalidades raciais e culturais, de monopólios, restrições e exclusão, que fariam o papel da serpente nesse paraíso, eram pouco mais que divertimentos de seu jornal diário e pareciam exercer quase nenhuma influência no curso comum da vida econômica e social, cuja internacionalização estava perto de ser completa na prática.[5]

A instabilidade econômica que se seguiu à Primeira Guerra Mundial levou à Grande Depressão dos anos 1930 e, depois, à Segunda Guerra. As ligações são sutis e debatidas em seus detalhes, mas inegáveis quanto aos fatos básicos. A sombra de dívidas insolvíveis, o encolhimento do comércio dentro da Europa e orçamentos exagerados das potências européias significaram que inflação, estabilização e austeridade entraram na ordem do dia ao longo dos anos 1920. Os países europeus voltaram um por um ao padrão ouro, considerado na época uma garantia da estabilidade financeira de longo prazo. Infelizmente, o retorno ao padrão ouro não fez mais do que exacerbar as condições que haviam prevalecido na década de 1920. E, mais importante, o padrão ouro e suas "regras do jogo" para a gestão monetária tornaram difícil, se não impossível, para as maiores economias escapar da queda na depressão profunda no início dos anos 1930.[6] Por sua vez, a Grande Depressão deflagrou uma calamitosa difusão de protecionismo comercial e a ascensão do nazismo na Alemanha e do domínio militar no Japão.

Ao final da Segunda Guerra Mundial, o sistema anterior a 1914 estava em cacos. O comércio internacional estava moribundo. As moedas nacionais não eram conversíveis umas nas outras, e até os mecanismos básicos de pagamento do comércio mundial se haviam rompido. Felizmente, a era do imperialismo europeu também estava chegando ao fim, embora ainda fossem necessárias décadas — e muitas guerras — para seu fim definitivo. Diante das ruínas da Segunda Guerra, os benefícios do mercado global — com a divisão internacional do trabalho, uma difusão pacífica da tecnologia e o comércio mundial aberto — pareciam ter chegado ao fim, enterrados sob os destroços de duas guerras mundiais e uma grande depressão.

A RECONSTRUÇÃO DA ECONOMIA GLOBAL

Foi preciso muito trabalho entre o final da Segunda Guerra Mundial, em 1945, e o fim da União Soviética, em 1991, para reconstruir um novo sistema econômico global. A batalha imediata foi a da reconstrução física: reparar as estradas, pontes, usinas de energia e portos que escoravam a produção econômica nacional e o comércio internacional. Contudo, o "encanamento" da economia mundial também precisava ser reconstruído, com regras e arranjos monetários para o comércio internacional que permitissem um fluxo de bens e serviços dentro de uma economia de mercado e os ganhos de produtividade que surgiriam de uma renovada divisão mundial do trabalho. Esse esforço de reconstrução se deu em três etapas.

Primeiro, os países já industrializados em 1945 — os europeus, os Estados Unidos, o Japão — construíram um novo sistema internacional de comércio sob a liderança política dos EUA. Passo a passo, esses países restabeleceram a conversibilidade monetária (em que empresas e indivíduos podiam comprar e vender moedas estrangeiras a taxas de mercado), a fim de criar um sistema de pagamentos para o comércio internacional. As moedas européias se tornaram conversíveis novamente em 1958. O iene tornou-se conversível de novo em 1964. Ao mesmo tempo, esses países concordaram em reduzir as barreiras comerciais, inclusive tarifas altas e cotas, que haviam criado no caos da Grande Depressão. Essas barreiras caíram em várias rodadas de negociações internacionais realizadas sob os auspícios do Acordo Geral sobre Tarifas e Comércio (GATT), um conjunto de regras que constituíram o antecedente da Organização Mundial do Comércio atual. O mundo rico, logo chamado de Primeiro Mundo, conseguiu reconstruir um sistema comercial com base no mercado. Com ele, vieram uma explosão de crescimento econômico, uma poderosa recuperação depois de décadas de guerra, bloqueios comerciais e instabilidade financeira.

A restauração do comércio no Primeiro Mundo, no entanto, não significou a restauração de uma economia global. As divisões na economia mundial após 1945 iam mais fundo do que a inconversibilidade monetária e as barreiras comerciais. Ao final da Segunda Guerra Mundial, o mundo estava totalmente dividido em termos políticos que espelhavam as rupturas econômicas. Essas divisões durariam décadas e só agora estão sendo sanadas.

O Segundo Mundo era o socialista, o mundo forjado inicialmente por Lênin e Stálin, na esteira da Primeira Guerra Mundial. Esse mundo permaneceu isolado economicamente do Primeiro Mundo até a queda do Muro de Berlim, em 1989, e o fim da União Soviética, em 1991. Em seu auge, o Segundo Mundo abrangia cerca de trinta países (dependendo do critério de inclusão) e um terço da humanidade. As principais características do Segundo Mundo eram a propriedade estatal dos meios de produção, o planejamento central da produção, o sistema de partido único (o comunista) e a integração econômica dentro do mundo socialista (por meio de comércio de trocas), combinada com a separação econômica do Primeiro Mundo.

O Terceiro Mundo compreendia um número crescente de países pós-coloniais. Hoje, costumamos usar a expressão "Terceiro Mundo" no sentido de "pobre". Mas, antes, o Terceiro Mundo tinha uma conotação mais vívida; referia-se a um grupo de países que emergia da dominação imperial e que escolheu não fazer parte do Primeiro Mundo capitalista nem do Segundo Mundo socialista. As idéias no cerne do Terceiro Mundo eram: "Vamos nos desenvolver por nós mesmos. Vamos alimentar a indústria, às vezes por meio da propriedade estatal, às vezes dando subsídios e proteção a empresas privadas, mas faremos isso sem as multinacionais estrangeiras. Faremos isso sem abertura para o comércio internacional. Não confiamos no mundo exterior. Queremos permanecer não-alinhados. Os países do Primeiro Mundo não são nossos heróis: eles foram nossos antigos exploradores coloniais. Também não podemos confiar nos líderes do Segundo Mundo. Não queremos que a União Soviética nos engula. Portanto, politicamente somos não-alinhados e economicamente, auto-suficientes".

Assim, o mundo do pós-guerra avançou em três trilhos. Porém, o problema fundamental era que os métodos do Segundo e do Terceiro Mundo não faziam sentido e ambos entraram em colapso sob uma pilha de dívidas externas. O planejamento central do Segundo Mundo era uma má idéia e o mesmo se pode dizer da autarquia do Terceiro Mundo, em ambos os casos por motivos que Adam Smith havia explicado. Ao fechar suas economias, os países desses dois mundos também se fecharam para o progresso econômico global e o avanço da tecnologia. Criaram indústrias locais caras que não podiam competir no mercado internacional, mesmo quando tentavam. A natureza fechada dessas sociedades, em que os negócios internos estavam ao abrigo da competição, causou uma grande quantidade de corrupção. Os países não-alinhados do Terceiro Mundo perderam a chance de participar do avanço tecnológico do primeiro-mundista principalmente porque não confiavam no Primeiro Mundo. Estavam compreensivelmente decididos a proteger sua soberania conquistada a duras penas, mesmo quando essa soberania não estava em risco.

Meu trabalho de economista começou numa época em que as economias do Segundo e do Terceiro Mundo já estavam moribundas e estavam caindo numa espiral de caos econômico. As primeiras manifestações dessa crise foram os níveis elevados de dívida externa e o crescimento das taxas de inflação. Meu trabalho inicial centrou-se na estabilização macroeconômica — o fim da inflação alta — e me pôs em contato com países que estavam isolados dos mercados e da tecnologia do Primeiro Mundo. Era um trabalho técnico de economia monetária, mas ele me colocou diante de escolhas mais básicas e fundamentais de como os países deveriam se relacionar economicamente com o mundo mais amplo.

No começo dos anos 1990, a esmagadora maioria dos países do Segundo e do Terceiro Mundo dizia: "Precisamos voltar a fazer parte da economia global. Queremos nossa soberania; queremos nossa autodeterminação, mas vamos abandonar o planejamento central leninista-stalinista porque não funciona. E vamos abandonar a idéia de autarquia auto-imposta porque o isolamento econômico faz tão pouco sentido para um país quanto faz para um indivíduo". Em essência, a partir de meados da década de 1980, um de meus papéis foi ajudar países a se tornarem membros soberanos de um novo sistema internacional. Enfrentei repetidamente três grandes questões: qual é o melhor caminho para voltar ao comércio internacional? Como escapar da praga das dívidas insolvíveis e da indústria ineficaz? Como negociar novas regras do jogo para garantir que a economia global emergente sirva realmente às necessidades de todos os países do mundo, não apenas aos mais ricos e poderosos?

DUZENTOS ANOS DE CRESCIMENTO ECONÔMICO MODERNO

Toquei de leve e brevemente em duzentos anos de crescimento econômico moderno — com mudanças, tumultos, conflitos e ideologia. O que essa época trouxe para o mundo? Padrões de vida mais elevados do que eram imagináveis há dois séculos, uma difusão da tecnologia moderna para a maior parte do mundo e uma revolução científica e tecnológica que ainda está em andamento. Os padrões de vida são muito mais altos em quase todos os lugares do que eram no início desse processo, com a grande exceção das regiões africanas devastadas pelas doenças.

Mas o crescimento econômico moderno também trouxe abismos fenomenais entre os mais ricos e os mais pobres, abismos que eram simplesmente impossíveis quando a pobreza dominava todo o mundo. A era do crescimento econômico moderno nos legou o retrato econômico do mundo que vemos no mapa 2, em que cada país está colorido de acordo com seu PIB per capita (medido em preços ajustados de poder de compra) em 2002. O mundo rico (acima de US$ 20 mil de renda per capita) está em verde e inclui Estados Unidos, Canadá, Europa Ocidental, Japão, Austrália e Nova Zelândia. Os países de renda média (entre US$ 4 mil e US$ 20 mil) estão em amarelo e compreendem a maior parte da Ásia Oriental (como Coréia do Sul e Cingapura), Europa Central, a ex-União Soviética e a América Latina. Os países que estão na parte superior da baixa renda (entre US$ 2 mil e US$ 4 mil) estão em laranja e incluem partes da América do Sul, Ásia Meridional e leste da Ásia. Os países mais pobres (abaixo de US$ 2 mil), marcados em vermelho, concentram-se na África Subsaariana e no sul da Ásia. Há evidentemente uma notável semelhança entre esse mapa de PNB médio per capita e o mapa que mostra a proporção de famílias na pobreza (Mapa 1): os países de baixa renda são aqueles com proporções altas de pobreza moderada e extrema.

Por que um vasto abismo separa o sexto da humanidade que vive nos países mais ricos do sexto do mundo que mal consegue sobreviver? Os países ricos conseguiram dois séculos de crescimento econômico moderno. Os mais pobres só começaram seu crescimento econômico décadas depois, e então, com tremendos obstáculos. Em alguns casos, enfrentaram a exploração brutal de potências coloniais. Defrontaram-se com barreiras geográficas (relacionadas com clima, produção de alimentos, doenças, recursos energéticos, topografia, proximidade dos mercados mundiais) que não afetaram as primeiras economias industriais, como a Grã-Bretanha e os Estados Unidos. E fizeram escolhas desastradas em suas políticas nacionais, com freqüência, até a última década. Tudo isso os deixou sem a boa fortuna de dois séculos de crescimento econômico rápido, crescendo apenas esporadicamente durante alguns anos.

A questão fundamental para esses países é que existem soluções práticas para quase todos os seus problemas. As políticas ruins do passado podem ser corrigidas. A era colonial realmente acabou. Até os obstáculos geográficos podem ser superados com tecnologias novas, tais como aquelas que controlam a malária ou possibilitam uma produção agrícola grande em áreas de produção marginal. Mas assim como não há uma única explicação para a pobreza de certas regiões do mundo, também não há um remédio único. Como vou enfatizar repetidamente nas páginas deste livro, um bom plano de ação começa com um bom diagnóstico diferencial dos fatores específicos que moldaram as condições econômicas de uma nação.

3. Por que alguns países não conseguem prosperar

Da população mundial de 6,3 bilhões, cerca de 5 bilhões de pessoas alcançaram pelo menos o primeiro degrau do desenvolvimento econômico. Cinco sextos da população do mundo estão pelo menos um passo acima da miséria. Ademais, aproximadamente 4,9 bilhões de pessoas vivem em países onde a renda média — medida em PIB por pessoa — cresceu entre 1980 e 2000. Um número ainda maior, cerca de 5,7 bilhões de pessoas, vive em países onde a expectativa de vida aumentou. O desenvolvimento econômico é real e muito difundido. O tamanho da miséria está encolhendo, tanto em números absolutos como em relação à população do mundo. É por isso que, sendo realistas, podemos imaginar um mundo sem pobreza extrema já em 2025.

Exatamente porque o desenvolvimento econômico pode funcionar e de fato funciona em tantas regiões do mundo, é muito importante compreender e resolver os problemas dos lugares em que ele não está funcionando, onde as pessoas ainda estão fora da escada do desenvolvimento, ou se encontram presas em seus degraus mais baixos. Para entender por que o crescimento econômico tem sucesso ou fracassa, precisamos primeiro de um quadro conceitual que possa responder pelas mudanças ao longo do tempo no PIB por pessoa. Já discuti alguns dos fatores que promovem o desenvolvimento de longo prazo, mas aqui vou tratar deles de modo mais sistemático, discutindo inclusive por que o processo do desenvolvimento econômico se rompe em muitos lugares, em especial nos mais pobres. Talvez fique mais claro se começarmos com um caso muito específico: Uma única família agrícola.

O CRESCIMENTO DA RENDA FAMILIAR

Consideremos uma família constituída de marido, mulher e quatro filhos (dois meninos e duas meninas) que vivem num sítio de dois hectares. A família planta milho e tem seu abrigo próprio numa choça de barro. Extremamente pobre, consome sua própria colheita de milho e não tem outra fonte de renda monetária na maioria dos anos. As crianças coletam lenha nas vizinhanças do sítio para cozinhar e buscam água potável numa fonte das proximidades.

Neste ano, a família produz duas toneladas de milho por hectare, ou quatro toneladas no total. Ainda que a família coma o próprio milho, os estatísticos do governo lhe atribuirão uma renda baseada no valor de mercado do milho. Suponha-se que o milho possa ser vendido no mercado local por US$ 150 a tonelada. A renda anual imputada à família será de US$ 600 (US$ 150 vezes quatro toneladas), ou US$ 100 per capita (US$ 600 divididos por seis pessoas). O governo somará esse número à renda de outras famílias para calcular o produto nacional bruto.

A renda familiar per capita pode aumentar de quatro maneiras, pelo menos, no ano seguinte.

Poupança

A família pode decidir consumir apenas três das quatro toneladas de milho e levar uma tonelada para o mercado. Com os US$ 150, investe em animais de criação (talvez galinhas, ou ovelhas, ou um touro, ou uma vaca leiteira). Os animais geram uma nova corrente de renda, seja graças à melhoria da produção de milho com o uso do touro para adubo ou tração animal, seja a vaca para venda de leite, seja os animais para carne, ovos ou peles. No jargão econômico, a poupança levou à acumulação de capital (na forma de animais de criação), que, por sua vez, aumentou a produtividade da família.

Comércio

Em um cenário diferente, um agricultor vizinho explica à família que seu sítio tem o tipo, o clima e o solo adequados para plantar baunilha — o que pode lhes dar uma renda muito maior. Depois de alguma discussão, a família decide mudar para a baunilha como produto para venda. No ano seguinte, ganha US$ 800 em baunilha e usa US$ 600 para comprar quatro toneladas de grãos para a alimentação. À medida que surgem mais plantadores de baunilha na região, forma-se um novo grupo de firmas comerciais, especializadas em transporte e armazenamento de baunilha, alimentos e insumos agrícolas.

Esse padrão exemplifica a visão de Adam Smith da ligação de mão dupla que vai da especialização para mercados expandidos e volta a uma maior especialização. A família agrícola se especializa na plantação de baunilha, de alto valor, porque vive em condições ecológicas favoráveis às baunilheiras. Ela confia no mercado para comerciar com outras famílias que, por sua vez, se especializam em produzir alimentos. À medida que a renda cresce e a "dimensão do mercado" aumenta, para usar a expressão de Smith, há espaço para mais especialização — nesse caso, em serviços de transporte. Mais tarde, as atividades econômicas se dividirão ainda mais entre firmas especializadas em construção de casas, manufatura de roupas, manutenção de estradas, encanamentos, eletricidade, sistemas de água e saneamento, e assim por diante.

Tecnologia

Como alternativa, um agrônomo ensina à família como gerir os nutrientes do solo de uma forma nova e aperfeiçoada, plantando árvores fixadoras de nitrogênio, que repõem os nutrientes nitrogenados vitais para o solo, e a multiplicar os benefícios usando grãos melhorados. As novas variedades de cereais chegam à maturidade mais cedo, são resistentes às pragas e florescem com os nutrientes renovados do solo. Em conseqüência, a produção cresce em um único ano para três toneladas de milho por hectare, ou seis toneladas no total. A renda per capita aumenta, portanto, para US$ 150 (três toneladas por hectare vezes dois hectares a US$ 150 por tonelada, dividido por seis pessoas).

Explosão de recursos

A família agrícola consegue mudar para uma fazenda muito maior e mais fértil após o sucesso do governo no controle da reprodução da mosca que transmite a cegueira do rio africana (oncocercose). De repente, há milhares de hectares de novas terras agrícolas e, em conseqüência, uma expansão significativa da capacidade de produção. As rendas aumentam e a fome diminui à medida que cada família, na nova região aberta, consegue triplicar sua produção anterior de alimentos.

Esses quatro caminhos para uma renda maior são as principais formas de crescimento da economia, embora em cenários muito mais complicados do que aqueles que acabo de descrever. Nas economias reais, um aumento do PIB per capita é tipicamente o resultado da maioria ou de todos esses quatro processos em funcionamento simultâneo: poupança e acumulação de capital, aumento da especialização e do comércio, avanço tecnológico (e um crescimento resultante da produção para uma determinada quantidade de insumos) e recursos naturais maiores por pessoa (e um resultante aumento do nível de produção por pessoa). Embora eu tenha ilustrado esses caminhos no nível de uma única família, na verdade esses processos operam mediante as interações de milhares ou milhões de famílias ligadas por mercados e ações coletivas, por meio de políticas e investimentos públicos.

Ao contrário, o que poderia levar a uma *redução* da renda familiar per capita? Em geral, uma economia pode fazer o relógio andar para trás. Eis algumas das maneiras como isso pode acontecer.

Ausência de poupança

Suponha-se que uma família sofre de fome crônica e, portanto, consome todas as quatro toneladas de milho, não sobrando nada para vender no mercado e nenhuma renda para comprar um arado novo. Na verdade, o arado existente quebra. No ano seguinte, a colheita fica abaixo de quatro toneladas e a renda familiar per capita declina. O arado quebrado conta como depreciação de capital, ou uma queda na quantidade de capital disponível por trabalhador.

Ausência de comércio

Em outro caso, suponha-se que a família fique sabendo da oportunidade da baunilha, mas não consegue fazer uso dela. Pode não haver estrada que ligue o sítio ao mercado regional, então a família não tem como levar a baunilha ao mercado, ou usar o lucro para comprar alimentos. Em conseqüência, perde a chance de se especializar num produto para venda e fica com o produto para alimentação do qual depende para permanecer viva. Do mesmo modo, o comércio pode ser dificultado, ou totalmente bloqueado, pela violência (que impede o envio confiável de bens), controles de preço e outras formas de intervenção governamental que podem impedir a especialização e o comércio.

Regressão tecnológica

E se, como acontece muito na África rural, as crianças perdem a mãe e o pai para o HIV/aids? O filho mais velho assume o comando, mas ainda não teve tempo de dominar as técnicas agrícolas adequadas. A próxima safra fracassa e as crianças ficam dependentes de outras famílias da aldeia. A renda familiar caiu para zero porque o nível de conhecimento tecnológico realmente declinou. O know-how tecnológico não é herdado automaticamente. Cada nova geração deve aprender a expertise tecnológica.

Declínio dos recursos naturais

Para ilustrar outra possibilidade, não somente não há terra adicional como parte das terras agrícolas existentes cede ao declínio ambiental. Especificamente, a família não conseguiu comprar fertilizantes nem sabe sobre as árvores fixadoras de nitrogênio, de tal modo que o nitrogênio do solo se exaure. O resultado é que apenas um hectare permanece em produção e a renda anual da família cai para devastadores US$ 50 per capita (duas toneladas vezes US$ 150 por tonelada divididos por seis).

Choque adverso de produtividade

Um desastre natural, talvez uma enchente, seca, onda de calor, geada, pragas ou doença na família (por exemplo, um ataque de malária), ou uma combinação desses fatores aniquila a renda familiar daquele ano.

Crescimento populacional

Uma geração passa. Os pais morrem e os dois hectares são divididos entre os dois filhos. Cada um deles tem agora uma esposa e quatro filhos. Supondo-se que a produção de duas toneladas por hectare não mude, a renda familiar per capita cai pela metade porque a população que vive da mesma terra dobrou. Essa experiência prevalece na África rural nas gerações mais recentes.

Essas ilustrações simples mostram as muitas maneiras como até uma "economia" de uma família pode crescer, assim como os muitos modos como a economia familiar pode declinar. A primeira tarefa do especialista em desenvolvimento que olha para as condições de um determinado país é compreender qual desses vários processos está em andamento e qual não está. Saber que uma economia está em declínio não é suficiente. Devemos saber por que a economia não está alcançando o crescimento econômico se quisermos dar passos para iniciá-lo ou restabelecê-lo.

POR QUE ALGUNS PAÍSES NÃO CONSEGUEM CRESCIMENTO ECONÔMICO

A explicação mais comum para a ausência de crescimento econômico concentra-se amiúde nas culpas dos pobres: a pobreza é conseqüência da corrupção da liderança e de culturas retrógradas que impedem o desenvolvimento moderno. Porém, algo tão complexo como o sistema econômico de uma sociedade possui partes móveis demais para que se presuma que apenas uma coisa pode estar errada. Os problemas podem ocorrer em diferentes partes da máquina econômica e podem, algumas vezes, formar uma cascata, praticamente parando a máquina.

No crescimento econômico, oito categorias principais de problemas podem causar a estagnação ou o declínio da economia. Testemunhei esses tipos de desastre em vários lugares do mundo. Cada um deles tem um processo diferente de tratamento adequado; portanto, é essencial dispor de um bom diagnóstico.

A armadilha da pobreza: a própria pobreza como causa da estagnação econômica

O problema fundamental para os países mais pobres é que a própria pobreza pode ser uma armadilha. Quando a pobreza é muito extrema, os pobres não têm a capacidade — por eles mesmos — de sair da enrascada. Eis o porquê: pensemos no tipo de pobreza causado pela falta de capital por pessoa. As aldeias rurais miseráveis não têm caminhões, estradas pavimentadas, geradores de energia, canais de irrigação. O capital humano é muito baixo, com moradores famintos, doentes e analfabetos lutando para sobreviver. O capital natural está esgotado: as árvores foram cortadas e os nutrientes do solo exauridos. Nessas condições, há necessidade de mais capital — físico, humano, natural —, mas isso exige mais poupança. Quando as pessoas são pobres, mas não totalmente destituídas, talvez consigam economizar. Quando são totalmente destituídas, precisam de toda a renda, ou mais, apenas para sobreviver. Não há margem de renda acima do exigido para a sobrevivência que possa ser investida para o futuro.

Essa é a principal razão pela qual os mais pobres dos pobres são mais propensos a ficar presos na armadilha das taxas de crescimento econômico baixas ou negativas. Eles são pobres demais para poupar para o futuro e, portanto, acumular o capital por pessoa que poderia tirá-los da sua miséria atual. A tabela 1 mostra a taxa de poupança interna bruta como proporção do PIB para países em diferentes níveis de renda. Fica claro que os mais pobres dos pobres têm a taxa de poupança mais baixa porque usam sua renda apenas para permanecer vivos.[1]

TABELA 1 — TAXAS DE POUPANÇA NOS PAÍSES EM DESENVOLVIMENTO

(POR NÍVEL DE RENDA EM 2002, EM % DO PIB)

Países de renda média alta	25%
Países de renda média baixa	28%
Países de renda baixa	19%
Países menos desenvolvidos	10%

Fonte: *Banco Mundial* (2004).

Na verdade, as medidas-padrão de poupança interna, baseadas em dados nacionais oficiais, exageram a poupança dos pobres porque esses dados não dão conta do fato de que os pobres estão esgotando seu capital natural ao derrubar árvores, exaurir os nutrientes dos solos, extrair seus minerais, energia e depósitos de metais e praticar a pesca em excesso. Essas formas de capital natural não são monitoradas nos dados nacionais oficiais e, em conseqüência, sua "depreciação" ou exaustão não é reconhecida como forma de poupança negativa. Quando uma árvore é cortada, vendida como lenha e não há replantio, os ganhos do madeireiro são contados como renda, mas deveriam ser considerados conversão de um ativo fixo (a árvore) em ativo financeiro (dinheiro).

Geografia física

Mesmo que a armadilha da pobreza seja o diagnóstico correto, ainda permanece a pergunta de por que alguns países pobres estão presos nela e outros não. Em geral, a resposta está nos problemas freqüentemente negligenciados da geografia física. Os americanos, por exemplo, acreditam que conseguiram sua riqueza sozinhos. Eles esquecem que herdaram um vasto continente rico em recursos naturais, com excelentes solos e muita chuva, imensos rios navegáveis e milhares de quilômetros de litoral com dezenas de portos naturais que proporcionam uma base maravilhosa para o comércio marítimo.

Outros países não são tão favorecidos. Muitos dos países mais pobres do mundo são gravemente afetados por custos altos de transporte porque não têm acesso ao mar, estão situados em altas cadeias de montanhas ou não contam com rios navegáveis, litorais longos ou bons portos naturais. A cultura não explica a persistência da pobreza na Bolívia, na Etiópia, no Quirguistão ou no Tibete. Em vez disso, volte sua atenção para a geografia montanhosa de uma região sem acesso marítimo que enfrenta custos altíssimos de transporte e isolamento econômico que sufoca quase todas as formas de atividade econômica moderna. Adam Smith tinha plena consciência do papel dos altos custos do transporte no atraso do desenvolvimento econômico. Em particular, ele considerava fundamental a proximidade do comércio marítimo de baixo custo, observando que as economias remotas seriam as últimas regiões a conseguir o desenvolvimento econômico:

Por meio do transporte aquático um mercado mais amplo se abre para toda espécie de indústria de que o transporte terrestre sozinho pode dar conta; assim, é junto à costa marítima e ao longo das margens dos rios navegáveis que a indústria de todo tipo naturalmente começa a se subdividir e se aperfeiçoar e, com freqüência, não demora muito para que esses aperfeiçoamentos se estendam para o interior do país.[2]

Outros tipos de dificuldade geográfica também entram em jogo. Muitos países estão presos a condições áridas, com baixa produtividade agrícola ou vulnerabilidade a longas secas. A maior parte dos trópicos apresenta condições ecológicas que favorecem doenças que podem matar, como malária, esquistossomose, dengue e dezenas de outras. A África Subsaariana, em particular, tem chuvas, temperaturas e tipos de mosquito que a tornam o epicentro mundial da malária, talvez o maior fator que dificultou o desenvolvimento econômico africano durante toda a história. Jared Diamond, em seu maravilhoso livro *Armas, germes e aço*, faz um relato magnífico sobre como a geografia ajudou a moldar os primeiros estágios da civilização humana. Ele oferece explicações brilhantes sobre as diferenças entre as Américas, a África, a Europa e a Ásia em termos de espécies de cultivos indígenas, animais para domesticação, facilidade de transporte, possibilidades de difusão de tecnologia, ecologia das doenças e outros fatores relacionados com a geografia no desenvolvimento econômico. É claro que alguns desses fatores se tornaram menos ou nada importantes com o advento dos meios modernos de transporte e comunicação e a resultante transferência de cultivos e espécies animais entre as diferentes regiões do mundo.

Felizmente, nenhuma dessas condições é fatal para o desenvolvimento econômico. Está na hora de banir o fantasma do determinismo geográfico, a falsa acusação de que alegações de desvantagem geográfica são também alegações de que a geografia por si só determina irrevogavelmente o futuro econômico das nações. Essas adversidades apenas exigem que os países façam investimentos adicionais, o que outros, mais afortunados, não precisam fazer. Estradas podem ser construídas para ligar um país distante do litoral a um porto de outro. As doenças tropicais podem ser controladas. Climas áridos podem ser superados com irrigação. A geografia adversa representa problemas que podem ser resolvidos, por meio de investimentos físicos e boa gestão de conservação. Mas ela aumenta os custos de resolver os problemas da agricultura, do transporte e da saúde e, portanto, torna muito mais provável que um país fique preso na armadilha da pobreza.

Armadilha fiscal

Mesmo quando a economia privada não é pobre, o governo pode não ter os recursos para pagar pela infra-estrutura da qual depende o crescimento econômico. Os governos são fundamentais no investimento em bens e serviços públicos, como atendimento básico de saúde, estradas, redes de energia, portos etc. Porém, pode não ter os meios financeiros para oferecer esses bens por, no mínimo, três motivos. Primeiro, a própria população pode ser tão pobre a ponto de não ser factível tributá-la. Segundo, o governo pode ser inepto, corrupto ou incapacitado e, desse modo, incapaz de coletar impostos. Terceiro, talvez já esteja com uma tremenda carga de dívidas (por exemplo, compromissos herdados de uma década anterior) e precise usar sua limitada receita tributária para honrar o serviço da dívida em vez de financiar novos investimentos. Esse terceiro caso é chamado freqüentemente de estrangulamento da dívida [*debt overhang*]. A dívida do passado esmaga a perspectiva de crescimento no futuro. Nessas circunstâncias, o cancelamento da dívida pode ser a única maneira de dar ao país um novo começo no caminho do desenvolvimento econômico.

Falhas de governança

O desenvolvimento econômico requer um governo para ele orientado. O governo tem muitos papéis a desempenhar. Ele deve identificar e financiar os projetos de alta prioridade de infra-estrutura e disponibilizar os necessários serviços sociais e de infra-estrutura para toda a população, não para uns poucos seletos. O governo deve criar um ambiente conducente aos investimentos de empresas privadas. Esses investidores precisam acreditar que poderão operar seus negócios e manter seus lucros futuros. O governo deve exercer controle sobre as demandas de suborno ou de pagamentos paralelos. Deve também manter a paz e a segurança interna, de tal modo que a segurança de pessoas e propriedades não seja indevidamente ameaçada, manter sistemas judiciários que possam definir direitos de propriedade e fazer cumprir honestamente contratos, além de defender o território nacional para mantê-lo a salvo de invasões.

Quando o governo fracassa em uma dessas tarefas — deixando enormes falhas na infra-estrutura, ou elevando a corrupção a níveis que prejudicam a atividade econômica, ou não conseguindo garantir a paz interna —, a economia certamente vai fracassar e, com freqüência, fracassar redondamente. Com efeito, em casos extremos, quando os governos são incapazes de cuidar das funções mais básicas, falamos de "colapso do Estado", que se caracteriza por guerras, revoluções, golpes, anarquia, e assim por diante. Veremos mais adiante que os colapsos de Estado costumam ser não apenas a causa do desastre econômico, mas também seu último estágio. O colapso do Estado e o fracasso econômico podem correr um atrás do outro, numa espiral de instabilidade estonteante e terrível.

Barreiras culturais

Mesmo quando o governo tenta fazer seu país progredir, o ambiente cultural pode ser um obstáculo ao desenvolvimento. Normas religiosas ou culturais da sociedade podem bloquear o papel das mulheres, por exemplo, deixando a metade da população sem direitos econômicos ou políticos e sem instrução, prejudicando desse modo sua contribuição para o desenvolvimento total. Negar às mulheres direitos e educação tem por conseqüência problemas em cascata. O que talvez seja mais importante é que a transição demográfica da alta fertilidade para a baixa fertilidade é atrasada ou totalmente bloqueada. As famílias pobres continuam a ter seis ou sete filhos porque consideram que o papel da mulher é principalmente procriar, e sua falta de instrução significa que ela tem poucas opções como força de trabalho. Nesses cenários, as mulheres muitas vezes não contam com segurança econômica básica e direitos legais; quando ficam viúvas, suas condições sociais ficam ainda mais terríveis e são deixadas na pobreza completa, sem esperança de melhoria.

Barreiras culturais semelhantes podem se aplicar a minorias religiosas ou étnicas. As normas sociais podem impedir que certos grupos ganhem acesso a serviços públicos (como escola, saúde e treinamento). Essas minorias talvez tenham bloqueado seu acesso à universidade ou a empregos no setor público. Podem enfrentar assédios da comunidade, inclusive boicotes aos seus negócios e a destruição física de suas propriedades. Em casos extremos, como ocorreu na

África Oriental com a comunidade indiana, pode acontecer uma "limpeza étnica" em massa, com muitos fugindo para salvar a vida.

Geopolítica

É preciso dois para comerciar. As barreiras comerciais impostas por países estrangeiros podem impedir o desenvolvimento econômico de um país pobre. Essas barreiras são, às vezes, políticas, como quando um país poderoso impõe sanções comerciais a um regime de que não gosta. Essas sanções talvez tenham o objetivo de enfraquecer ou derrubar um regime indigno, mas com freqüência elas simplesmente empobrecem a população daquele país, sem derrubar o regime. Além do comércio externo, muitos fatores que afetam o desenvolvimento de um país podem ser manipulados do exterior por motivos geopolíticos.

Ausência de inovação

Consideremos a situação difícil dos inventores em um país pobre. Mesmo que eles consigam desenvolver novas abordagens científicas para satisfazer as necessidades econômicas locais, as chances de recuperar os investimentos em pesquisa e desenvolvimento mediante vendas posteriores no mercado local são muito pequenas. O poder de compra local é baixíssimo e não dará lucros suficientes se uma invenção for introduzida com sucesso no mercado, ainda que o país pobre tenha uma legislação de patentes perfeita. O problema não é o direito de propriedade da invenção, mas o tamanho do mercado.

Existe, portanto, uma enorme diferença entre países ricos e pobres no que tange à tendência a inovar. Os ricos possuem um mercado grande, que aumenta os incentivos para a inovação, traz novas tecnologias, faz crescer mais a produtividade, expande o tamanho do mercado e cria incentivos à inovação. Esse impulso cria, com efeito, uma reação em cadeia, que os economistas chamam de crescimento endógeno. A inovação aumenta o tamanho do mercado; um mercado maior aumenta os incentivos à inovação. Portanto, crescimento econômico e inovação avançam num processo de reforço mútuo.

Nos países ricos da América do Norte, Europa e Ásia Oriental, o processo de investimentos maciços em pesquisa e desenvolvimento, que conduz a vendas de produtos com patente protegida em um grande mercado, está no cerne do crescimento econômico. Os países avançados investem em geral 2% ou mais de seu produto nacional bruto diretamente no processo de pesquisa e desenvolvimento e, às vezes, mais do que 3% do PIB. Esse investimento é muito considerável, com centenas de bilhões de dólares investidos a cada ano em atividades de pesquisa e desenvolvimento. Além disso, esses investimentos não são simplesmente deixados para o mercado. Os governos investem pesadamente, em especial nos primeiros estágios de P&D (mais em P, pesquisa, do que em D, desenvolvimento, embora o financiamento do governo esteja presente nos dois estágios).

Na maioria dos países pobres, especialmente os menores, o processo de inovação jamais se inicia. Os inventores não criam porque sabem que não conseguirão recuperar os altos custos fixos do desenvolvimento de um produto novo. Governos empobrecidos não podem sustentar as ciências básicas em laboratórios estatais e universidades. E os cientistas vão embora. O resultado é uma desigualdade de atividade inovadora que aumenta a desigualdade das rendas globais. Embora os países de baixa renda de hoje contenham 37% da população mundial e 11% do PIB global (ajustado para diferenças em poder de compra), eles respondem por menos de 1% de todas as patentes registradas nos Estados Unidos por inventores no ano 2000. Os vinte países líderes em patenteamento, todos de alta renda, respondem por 98% de todas as patentes.[3]

No espaço de dois séculos, o abismo da inovação é certamente uma das razões mais fundamentais do distanciamento entre países ricos e pobres e explica por que os mais pobres dos pobres não conseguiram pôr um pé no desenvolvimento. O rico vai da inovação para uma riqueza maior e mais inovação; o pobre não. Felizmente, há algumas oportunidades para inovação, embora não sejam tão consistentes quanto gostaríamos.

A primeira é a difusão de tecnologia. Mesmo quando os países não são inventores de tecnologia, eles ainda podem se beneficiar com sua importação. Hoje, todos os países, sem exceção, usam microcomputadores, e os telefones celulares estão chegando à maioria das regiões do mundo, mesmo em lugares muito pobres. As inovações podem ser importadas por meio de bens de consumo, de capital pelas empresas (na forma de máquinas, por exemplo), por investimento externo direto (em que uma firma de alta tecnologia monta uma fábrica num país pobre), ou por livros acadêmicos, pelo boca-a-boca ou por engenharia reversa. A história está repleta de exemplos em que novos bens de capital e projetos foram simplesmente surrupiados e levados para outro lugar.

Porém, a importação de tecnologia pode ser frustrada nos mais pobres dos países pobres. Esses países talvez sejam pobres demais para comprar os bens de capital e podem não ser atraentes para o investimento estrangeiro, tendo em vista sua falta de infra-estrutura. Mas, com freqüência, há um problema mais profundo. Muitas das inovações tecnológicas desenvolvidas nos países ricos são relevantes para suas condições ecológicas particulares e não são especialmente úteis nos ambientes tropicais, montanhosos ou áridos onde tantos dos miseráveis vivem hoje. Os investimentos maciços em pesquisa biomédica nos países ricos, mais de US$ 70 bilhões, em larga medida ignoram os desafios das doenças tropicais como a malária. Não é surpresa que o financiamento dos países ricos esteja voltado para doenças de países ricos.

Muitos países pobres da Ásia Oriental tiveram um sucesso inicial ao aumentar a tecnologia, não tanto por meio da inovação interna, mas mediante a atração de investidores externos que trouxeram as tecnologias com eles. Já no final da década de 1960, empresas como Texas Instruments, National Semiconductor e Hewlett Packard, entre outras, montaram operações em Cingapura, na ilha de Penang (Malásia) e em outros lugares do Leste Asiático. Elas economizaram muito dinheiro, mas também apresentaram essas economias pobres à tecnologia científica avançada e a modernos processos de gestão. Se um país pobre pode se tornar atraente para parte das atividades de produção de empresas de alta tecnologia, então ele pode se tornar a sede, mesmo num nível baixo de desenvolvimento, de produção e técnicas de gerenciamento bastante sofisticadas. Nas circunstâncias certas, hospedar essas atividades pode levar à difusão de conhecimento e à participação na produção moderna, de tal modo que esses benefícios podem ser transferidos para as empresas nacionais.

O processo funciona até mesmo em setores tecnologicamente simples, como na manufatura de vestuário. Quando investidores estrangeiros como Wal-Mart, J. C. Penney, Yves Saint Laurent e outros terceirizam sua produção em Daca, eles trazem os últimos designs da moda e integram a unidade de produção local numa cadeia de suprimento global. As unidades de produção local fazem o corte, a costura, a etiquetagem e a embalagem da mercadoria que é projetada e destinada em última instância aos Estados Unidos e à Europa. Essas fábricas tornam-se importantes campos de treinamento para subir na escada da tecnologia, saindo da tecnologia básica para os próximos degraus. No começo, uma empresa de corte e costura talvez trabalhe com 100% das encomendas com design de moda do exterior, mas depois, quando pega o jeito da coisa, pode começar a contratar designers e a vender não apenas o trabalho da operação de montagem, mas também os designs. Essa progressão aconteceu muitas vezes em todo o mundo.

O que impede esse processo de se instaurar em todos os lugares do globo? Com o tempo ele pode, mas nos primeiros estágios quase sempre começa em um porto. Os mapas 3 e 4 mostram a localização de companhias multinacionais dos setores de eletrônica e de têxteis e vestuário, quase sempre em regiões costeiras, especialmente em suas operações nos países pobres. O interior sempre está em desvantagem na capacidade de atrair esses tipos de indústria.

Não é por coincidência que os locais em expansão para investimento externo, como a ilha de Penang (Malásia), Cingapura, Taiwan, Hong Kong e ilhas Maurício, são todos ilhas da rota comercial Ásia—Europa. Não é coincidência que a principal cidade econômica da China, Xangai, esteja na foz do rio Jiang (Yang-tsé). Não é por coincidência que o setor de montagem do México se situa ao longo do rio Grande, uma vez que a "costa" economicamente relevante do país é sua fronteira com os Estados Unidos. As mesmas vantagens geográficas são vistas em muitos outros lugares que receberam investimentos externos substanciais em anos recentes. Wroclaw, na Polônia; Bratislava, na Eslováquia; Lada Bolislav, na República Tcheca; Liubliana, na Eslovênia; todas ganharam um bônus extra de empregos e transferência de tecnologia graças a sua proximidade dos mercados da Europa Ocidental.

A armadilha demográfica

A maioria dos países apresentou uma diminuição significativa das taxas de fertilidade em décadas recentes. A metade do globo, inclusive todo o mundo rico, está próxima ou já alcançou a assim chamada taxa de reposição da fertilidade, em que cada mãe cria em média uma filha para "substituí-la" na geração seguinte. A taxa de reposição é de dois filhos, um dos quais, em média, é uma menina. (Na verdade, a taxa de reposição é um pouco acima de dois, para levar em conta a possibilidade de que a menina não sobreviva até a idade reprodutiva.) Os mais pobres dos países pobres, ao contrário, apresentam taxas de fertilidade de cinco ou mais filhos. Em média, as mães criam pelo menos duas filhas, e em alguns casos, três ou mais. Nessas circunstâncias, as populações nacionais dobram a cada geração.

Porém, a transição demográfica ocorreu na maior parte das regiões do mundo. Além disso, enquanto essa transição levou um século ou mais na Europa Ocidental, entre os países em desenvolvimento no século XX ela ocorreu em algumas décadas ou até mesmo anos. Em Bangladesh, a taxa de fertilidade total caiu de 6,6 em 1975 para apenas 3,1 em 2000, como vimos claramente com o grupo de microfinanciamento BRAC na aldeia das proximidades de Daca. No Irã, após a Revolução Islâmica de 1979, a transformação foi ainda mais rápida, de 6,7 em 1980 para apenas 2,6 em 2000. Parece que a revolução iraniana levou uma geração de meninas para a escola, e essa explosão de alfabetização feminina traduziu-se rapidamente no desejo de ter menos filhos.

Um motivo para a armadilha da pobreza é a armadilha demográfica, quando famílias pobres escolhem ter muitos filhos. Essas escolhas são compreensíveis, mas os resultados podem ser desastrosos. Quando a prole é muito grande, essas famílias não podem investir em nutrição, saúde e educação para cada filho. Talvez consigam sustentar a educação de apenas um filho e talvez mandem apenas um deles para a escola. Portanto, taxas de fertilidade altas em uma geração tendem a levar ao empobrecimento dos filhos e a taxas altas de fertilidade também na geração seguinte. O crescimento demográfico rápido também exerce pressão sobre o tamanho das propriedades agrícolas e dos recursos ambientais, exacerbando assim a pobreza.

Como acontece com os outros obstáculos ao crescimento econômico, é possível evitar a armadilha demográfica. A educação das meninas permitiria que as mulheres entrassem com mais facilidade para a força de trabalho, aumentando seu poder de ganho e o "custo" de estar em casa para ter filhos. Educação, justiça e ação social podem capacitar as mulheres a fazer escolhas de fertilidade com mais facilidade (em vez de escolhas feitas apenas pelo marido ou outros membros da família). As doenças das crianças podem ser tratadas a fim de garantir-lhes a sobrevivência, significando que os pais podem ter menos filhos, sentindo-se seguros de que seus descendentes sobreviverão para cuidar deles na velhice. O planejamento familiar e os serviços de saúde às mães podem ser oferecidos em comunidades muito pobres. Porém, tudo isso exige dinheiro, e dinheiro é o que falta nas economias mais pobres.

A figura 1 mostra uma comparação entre a taxa de fertilidade total no ano 2001 e a renda per capita do país. A taxa de fertilidade total, portanto a taxa de crescimento da população, é espantosamente alta, em especial nas regiões mais pobres do mundo. Aqui vemos a armadilha demográfica numa perspectiva nítida: os lugares mais pobres, muitos com os maiores obstáculos ao crescimento econômico moderno, são também aqueles em que as famílias têm o maior número de filhos e onde a população continua a aumentar de forma explosiva. O crescimento demográfico alto leva a uma pobreza mais profunda, e a pobreza mais profunda contribui para taxas altas de fertilidade.

ONDE O CRESCIMENTO FRACASSOU

O mapa 5 mostra todos os países do mundo em que o PIB per capita declinou durante o período de vinte anos entre 1980 e 2000. Observe-se que nenhum país rico da América do Norte, da Europa Ocidental ou da Ásia Oriental deixou de ter crescimento econômico! Todos os problemas estão no mundo em desenvolvimento: 45 países tiveram crescimento negativo do PIB per capita. (Somente países com uma população de pelo menos 2 milhões de habitantes em 1980 foram examinados, a fim de evitar as idiossincrasias de alguns países muito pequenos.)

FIGURA 1 — FERTILIDADE E DESENVOLVIMENTO ECONÔMICO

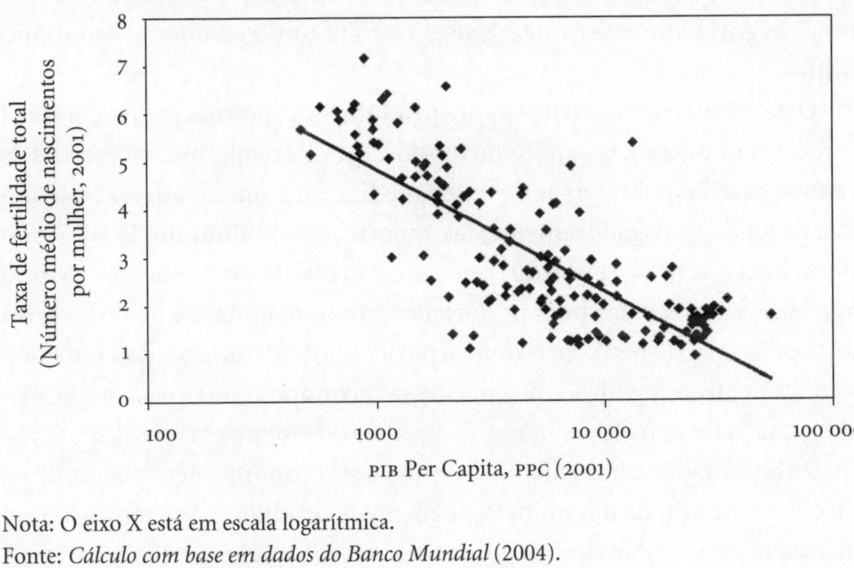

Nota: O eixo X está em escala logarítmica.
Fonte: *Cálculo com base em dados do Banco Mundial* (2004).

É esclarecedor dividir as economias do mundo nas seis categorias seguintes, dependendo de sua renda per capita em 1980:[4]

- todos os países de baixa renda;
- exportadores de petróleo de renda média;
- países pós-comunistas de renda média;
- outros países de renda média;
- exportadores de petróleo de renda alta;
- todos os outros países de renda alta.

A tabela 2 traz uma lista dos países em cada categoria, dividida em duas colunas: aqueles que tiveram crescimento econômico positivo e aqueles que sofreram declínio econômico direto. O número de países em cada categoria é mostrado nas duas colunas à direita do quadro. Há vários pontos fundamentais. Primeiro, o maior problema com o declínio econômico está, de fato, nos países mais pobres, em especial, mas não somente, na África Subsaariana. A segunda observação é que, com exceção dos países exportadores de petróleo e ex-soviéticos, todos os de alta renda tiveram crescimento econômico, assim como a maioria dos países de renda média. O único fracasso de crescimento entre países de alta renda ocorreu na Arábia Saudita, país exportador de petróleo. Entre os países de renda média, a imensa proporção de fracassos no crescimento estava nos exportadores de petróleo e países pós-comunistas. No resto dessa categoria, doze de catorze países tiveram um crescimento econômico positivo.

O declínio econômico nos países produtores de petróleo e pós-comunistas reflete circunstâncias muito incomuns. Está claro que as nações ricas em petróleo não são pobres, mas de renda média e alta, onde a atividade econômica depende esmagadoramente das exportações do produto. Essas economias sobem e descem de acordo com o preço "real" do petróleo, isto é, o preço em relação ao preço dos bens importados, como máquinas e bens de consumo. O preço real do petróleo estourou na década de 1970, levando a um imenso crescimento dos padrões de vida dessas economias, mas nos anos 1980 e 1990 o preço do petróleo caiu muito, resultando em um colapso dos padrões de vida. Se há alguma lição nisso, é a de que uma economia dependente de um único produto (ou de um número pequeno de produtos) de exportação está fadada a experimentar alta volatilidade, à medida que os preços relativos do

TABELA 2 — CLASSIFICAÇÃO DOS PAÍSES EM 1980

		CRESCIMENTO ECONÔMICO NEGATIVO	CRESCIMENTO ECONÔMICO POSITIVO	TOTAL
PAÍSES DE RENDA BAIXA		Angola Bolívia Burundi Camarões Congo Costa do Marfim Equador Etiópia Filipinas Guatemala Haiti Honduras Jordânia Madagáscar Mali Nicarágua Níger Nigéria Peru Quênia Rep. Centro-Afric. Ruanda Serra Leoa Togo Zâmbia	Bangladesh Benin BurkinaFasso Camboja Chade Chile China Coréia do Sul Egito El Salvador Gana Guiné Iêmen Índia Indonésia Irã Jamaica Laos Malásia Malaui Marrocos Moçambique Nepal Paquistão Papua Nova Guiné Rep. Dominicana Senegal Síria Sri Lanka Sudão Tailândia Tanzânia Tunísia Turquia Uganda Vietnã Zimbábue	25 (-) 37 (+)
PAÍSES DE RENDA MÉDIA	Países pós-Soviéticos	Armênia Bielo-Rússia Cazaquistão Croácia Geórgia Letônia Lituânia Moldávia Quirguistão Romênia Rússia Tajiquistão Turcomênia Ucrânia Uzbequistão	Albânia Bulgária Eslováquia Hungria Polônia Rep. Tcheca	15 (-) 6 (+)
	Exportadores de petróleo	Argélia Venezuela		2 (-) 0 (+)
	Outros de renda média	África do Sul Paraguai	Argentina Brasil Cingapura Colômbia Costa Rica Espanha Grécia Hong Kong Líbano México Portugal Uruguai	2 (-) 12 (+)
PAÍSES DE RENDA ALTA	Não exportadores de petróleo		Alemanha Austrália Áustria Bélgica Canadá Dinamarca Estados Unidos Finlândia França Israel Itália Japão Holanda Nova Zelândia Noruega Reino Unido Suécia Suíça	0 (-) 18 (+)
	Exportadores de petróleo	Arábia Saudita		1 (-) 0 (+)

Fonte: *Cálculos com base em dados do Banco Mundial (2004). Inclui somente países com população maior do que 2 milhões em 1980.*

produto flutuam nos mercados mundiais. Uma vez que o petróleo é muito volátil, a renda real das economias petrolíferas também tem sido altamente volátil.

O declínio econômico nos países pós-comunistas é um caso ainda mais especial. Esses países tiveram um declínio no PIB per capita quando mudaram de um sistema comunista fracassado para a economia de mercado. Mesmo nos casos das mais fortes das assim chamadas economias de transição — República Tcheca, Hungria e Polônia —, houve um período de forte redução do PIB per capita durante alguns anos, enquanto velhas indústrias pesadas ligadas à economia soviética declinavam ou desapareciam, falidas, e novos setores levavam tempo para se desenvolverem. O resultado foi o que os economistas chamaram de recessão de transição. No final dos anos 1990, os países pós-comunistas retomaram o crescimento econômico, mas a partir de um PIB per capita mais baixo que o de antes do colapso soviético.

POR QUE ALGUNS PAÍSES POBRES CRESCERAM E OUTROS DECLINARAM

Os países pobres têm uma chance significativa de cair na armadilha da pobreza. Dos 58 países não produtores de petróleo com renda per capita abaixo de US$ 3 mil, 22 (38%) tiveram um declínio claro. Não obstante, os outros 36 apresentaram crescimento econômico. De que modo alguns países muito

FIGURA 2 — PRODUÇÃO DE CEREAIS E CRESCIMENTO NOS PAÍSES DE RENDA BAIXA

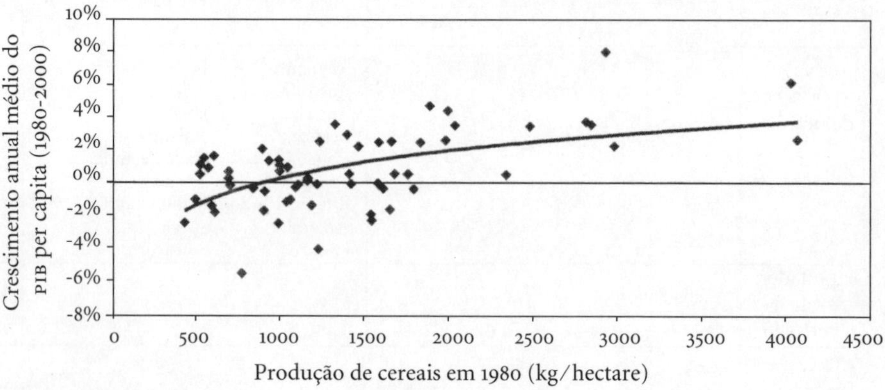

Fonte: *Cálculos com base em dados do Banco Mundial (2004).*

pobres escaparam dos estragos da armadilha da pobreza enquanto o resto não conseguiu? Ao comparar os países que conseguiram com os outros, as histórias de sucesso revelam certas características. O principal fator determinante parece ser a produtividade de alimentos. Os países que começaram com grandes produções de cereais por hectare e que usaram altos níveis de fertilizantes por hectare são aqueles que tenderam a experimentar crescimento econômico. Os países que começaram com produções muito baixas em 1980 são aqueles que tenderam a experimentar declínio econômico entre 1980 e 2000. A figura 2 ilustra esse ponto: entre os países de baixa renda, altas produções de cereais em 1980 (medidas sobre o eixo horizontal) estão associadas a taxas altas de crescimento econômico (medidas sobre o eixo vertical). A armadilha da pobreza é sobretudo um fenômeno rural de camponeses presos a uma espiral de populações crescentes e produção de alimentos por pessoa estagnada ou em queda.

A maior diferença entre África e Ásia é que esta última teve um aumento da produção de alimentos per capita nas últimas décadas, enquanto a África apresenta uma produção baixa ou em queda. O campo asiático é densamente povoado, com uma rede relativamente extensa de estradas que pode levar fertilizantes às fazendas e a produção agrícola aos mercados. Os agricultores usam fertilizantes e irrigação e as safras são grandes. Na Ásia, as agências de doação oferecem amplo apoio ao desenvolvimento de novas variedades de alto rendimento. Nessas condições, os agricultores asiáticos conseguiram adotar essas variedades que deram origem à famosa Revolução Verde, com o aumento da produção de alimentos por agricultor. O campo africano tem uma população muito menos densa, com ausência de estradas que facilitem o transporte de fertilizantes e

TABELA 3 — ÁSIA ORIENTAL E ÁFRICA SUBSAARIANA EM 1980

	Ásia Oriental	África Subsaariana
Produção de cereais (kg/hectare)	2016	927
Terras irrigadas (% da terra plantada)	37	4
Porcentagem de área plantada com variedades modernas	43	4
Taxa de alfabetização de adultos (%)	70	38
Taxa de mortalidade infantil (por 1000 nascimentos vivos)	56	116
Taxa de fertilidade total (nascimentos por mulher)	3,1	6,6

Fonte: *Cálculos com base em dados do Banco Mundial* (2004).

safras. Os agricultores não usam adubos e dependem da chuva, em vez da irrigação. Os doadores ofereceram lamentavelmente pouco financiamento aos esforços científicos para melhorar as variedades adequadas às condições africanas. Nessas condições muito mais difíceis, os agricultores africanos pouco ou nada se beneficiaram da Revolução Verde. Embora Ásia e África fossem muito pobres em 1980, a agricultura asiática superava significativamente a africana, como mostra a tabela 3. Esse desempenho proporcionou uma plataforma para o extraordinário crescimento que a Ásia experimentou desde então.

Há outras tendências evidentes nos dados. Os países asiáticos que cresceram tiveram em 1980 um ponto de partida com melhores condições sociais: alfabetização maior, menor mortalidade infantil e taxas de fertilidade mais baixas. Portanto, estavam menos propensos a cair na armadilha demográfica de um aumento rápido da população que pressionasse a quantidade limitada de terras agrícolas. Uma vez mais, os camponeses asiáticos estavam em situação um pouco melhor que a de seus equivalentes africanos. Outra tendência é que países pobres com grande população parecem ter se saído melhor do que países pobres com população menor. A população maior provavelmente aumentou o tamanho do mercado interno, tornando-o mais atraente para investidores nacionais e internacionais. Talvez tenha sido mais fácil desenvolver elementos essenciais da infra-estrutura, como estradas e fornecimento de energia, em países com populações maiores, uma vez que essas redes infra-estruturais se caracterizam por grandes custos iniciais de construção que são mais facilmente financiados por economias maiores e mais populosas.

POR QUE OS PAÍSES DE RENDA MÉDIA DA AMÉRICA LATINA NÃO CONSEGUIRAM PROSPERAR

A armadilha da pobreza dos países mais pobres é, de certa forma, menos intrigante do que a estagnação que dominou vários países das Américas do Sul e Central nas décadas de 1980 e 1990. A tabela 2 mostra que países como Equador, Guatemala, Paraguai e Peru sofreram um inequívoco declínio econômico. Em geral, não se trata de países destituídos, embora tenham populações destituídas em seu interior. Como podemos explicar seu fracasso no desenvolvimento?

Tratarei dessa questão com mais detalhes adiante. Aqui, basta observar três características desses países. Primeiro, todas essas economias enfrentam determinadas dificuldades geográficas. Equador e Peru são países andinos, com populações divididas entre um ambiente tropical de planície e outro montanhoso. As condições de transporte são perigosas e caras. O Paraguai, é óbvio, não tem saída para o mar. A Guatemala é uma mistura de montanhas e florestas tropicais planas. Em segundo lugar, as sociedades dessas regiões sofrem de divisões sociais agudas, em geral demarcadas por linhas étnicas. A população de ascendência européia tende a ser muito mais rica do que as populações indígenas ou mestiças. Os europeus conquistaram os nativos, reprimiram-nos de várias maneiras e, em geral, não se interessaram em investir em seu capital humano até muito recentemente. Desse modo, a política tem sido altamente conflituosa e, com freqüência, violenta. Em terceiro lugar, esses países são todos vulneráveis a choques externos extremos, tanto naturais como econômicos. Entre os perigos naturais estão terremotos, secas, enchentes e deslizamentos de terra. Entre os perigos econômicos está a enorme instabilidade dos preços internacionais dos principais produtos primários de exportação desses países, como cobre, peixe, café, banana e outros produtos agrícolas e minerais.

A PERSISTÊNCIA DA MISÉRIA EM MEIO AO CRESCIMENTO ECONÔMICO

Mesmo nos países pobres da Ásia que experimentaram um crescimento econômico marcante, a miséria continua a afligir parcelas significativas da população. O crescimento econômico raramente é distribuído de modo uniforme pelo país. As províncias costeiras da China, ligadas ao comércio e ao investimento internacional, cresceram com muito mais rapidez do que o interior do país. Os estados meridionais da Índia, também profundamente integrados no comércio mundial, tiveram um desenvolvimento econômico muito mais rápido do que as regiões setentrionais do vale do Ganges. Assim, mesmo quando o crescimento econômico médio é alto, partes de um país podem ficar de fora durante anos ou décadas.

Outra razão para a persistência da pobreza está na falha do governo. O crescimento pode enriquecer as famílias ligadas às boas oportunidades de mercado, mas pode deixar de lado os mais pobres dos pobres, até mesmo dentro da mesma comunidade. Os miseráveis estão amiúde desconectados das forças do mercado porque não possuem o capital humano necessário — boa nutrição, saúde e educação adequada. É vital que os gastos sociais direcionados para a acumulação de capital humano alcancem os mais pobres dos pobres, mas os governos muitas vezes deixam de fazer esses investimentos. O crescimento econômico enriquece as famílias, mas não é suficientemente tributado para possibilitar que os governos aumentem os gastos sociais de forma proporcional. Mesmo quando dispõem de receita, os governos podem negligenciar os miseráveis se os grupos destituídos fizerem parte de minorias étnicas ou religiosas.

Uma terceira razão possível para a continuação da pobreza em meio ao crescimento é cultural. Em muitos países, as mulheres enfrentam uma discriminação cultural extrema, estejam ou não esses preconceitos embutidos em sistemas legais ou políticos. No sul da Ásia, por exemplo, há um enorme número de estudos de caso e relatos da mídia sobre mulheres jovens que sofrem subnutrição extrema dentro da família, mesmo quando há o suficiente para todos. As mulheres, com freqüência analfabetas, são maltratadas pela família do marido e não têm força social e, talvez, a proteção legal que lhes garanta saúde e bem-estar básicos.

Em suma, há muitíssimas possibilidades para a persistência da pobreza, mesmo em meio ao crescimento econômico. Somente um diagnóstico minucioso das circunstâncias particulares permitirá uma compreensão adequada. Os formuladores de políticas e analistas deveriam ser sensíveis, no entanto, às condições geográficas, políticas e culturais que podem, cada uma delas, exercer seu papel.

O MAIOR DESAFIO: SUPERAR A ARMADILHA DA POBREZA

Quando põem um pé na escada do desenvolvimento, os países geralmente conseguem continuar a subida. Todas as coisas boas tendem a avançar juntas a cada degrau escalado: maior estoque de capital, maior especialização, mais tecnologia avançada e menor fertilidade. Se um país está preso abaixo da escada e o primeiro degrau está muito acima do chão, a subida nem começa. O principal objetivo do desenvolvimento econômico para os países mais pobres é ajudá-los a pôr um pé na escada. Os países ricos não precisam investir nos mais pobres para torná-los ricos: basta que invistam o suficiente para que eles consigam pôr um pé na escada. Depois disso, o tremendo dinamismo do crescimento econômico auto-sustentado pode se implantar.

O desenvolvimento econômico funciona. Ele pode ter sucesso. Ele tende a se reproduzir pelas próprias forças. Mas é preciso dar a partida.

4. Economia clínica

O mundo rico domina a formação de doutores em economia, e os alunos de programas de doutorado do mundo rico dominam as instituições internacionais como o Fundo Monetário Internacional (FMI) e o Banco Mundial, que exercem o comando na assessoria aos países pobres sobre como sair da pobreza. Esses economistas são brilhantes e motivados. Eu sei. Treinei muitos deles. Mas as instituições para as quais eles trabalham pensam corretamente sobre os problemas dos países em que atuam? A resposta é não. A economia do desenvolvimento precisa de uma retificação para ficar parecida com a medicina moderna, uma profissão de austeridade, visão e praticidade.

De certo modo, a economia do desenvolvimento de hoje é como a medicina do século XVIII, quando os médicos usavam sanguessugas para drenar sangue de seus pacientes, e muitas vezes acontecia de eles perecerem no processo de "cura". No último quarto de século, quando imploraram ajuda ao mundo rico, os países pobres foram mandados ao médico do dinheiro do mundo, o FMI. A principal receita dessa instituição foi o aperto do cinto orçamentário para pacientes tão pobres que nem cinto possuíam. A austeridade proposta pelo FMI levou com freqüência a tumultos, golpes e colapso dos serviços públicos. No passado, quando um programa do FMI ruía em meio ao caos social e ao aperto econômico, a entidade simplesmente punha a culpa na fraqueza e inépcia do governo. Finalmente, essa visão está começando a mudar. O FMI, graças a Deus, está em busca de abordagens mais eficazes em face dos países mais pobres.

Precisei de vinte anos para entender o que deveria ser uma boa economia do desenvolvimento, e ainda estou aprendendo. Felizmente para mim, e para os países em que trabalhei, percebi desde o início de minhas atividades de consultoria que meu treinamento formal não era adequado à tarefa. Embora tivesse aprendido a dominar um importante conjunto de ferramentas em meus estudos avançados, eu não aprendera os contextos nos quais deveria aplicá-los. Também fora levado a crer que os instrumentos econômicos-padrão eram adequados, desde que usados com propriedade. Demorei muito tempo para compreender a necessidade urgente de usar outras ferramentas e procedimentos para que os países pobres e em crise pudessem superar suas dificuldades.

Proponho um novo método para a economia do desenvolvimento, que chamo de economia clínica, para sublinhar as semelhanças entre uma boa economia do desenvolvimento e uma boa medicina clínica. Em numerosas ocasiões nos últimos vinte anos, fui convidado a tratar de um paciente econômico — uma economia em crise — a fim de receitar um tipo de tratamento. Ao longo dos anos, admirei-me como essa experiência é parecida com a da prática de pediatria de minha esposa, Sonia. Observei maravilhado, muitas vezes no meio da noite, como ela enfrentava uma emergência médica ou um caso complicado com rapidez, eficácia e resultados surpreendentes. A economia do desenvolvimento de hoje não é como a medicina moderna, mas deveria batalhar para sê-lo. Ela pode melhorar imensamente se os economistas aproveitarem algumas das lições fundamentais da medicina moderna, tanto no desenvolvimento da ciência subjacente como na sistematização da prática clínica, o ponto em que a ciência é posta em contato com um determinado paciente.

ALGUMAS LIÇÕES DA MEDICINA CLÍNICA

Um médico é chamado no meio da noite. Uma criança está com febre alta. O que fazer? Isso é parecido com um telefonema que recebi em meados de 1985, quando a Bolívia foi acometida pela febre alta da hiperinflação. A ciência e a prática médica oferecem um conjunto de procedimentos rigorosos para tratar da febre. Há cinco lições principais da medicina clínica relevantes para a economia clínica.

A primeira lição é que *o corpo humano é um sistema complexo.* A medicina da Grécia Antiga dizia que a doença era conseqüência de um desequilíbrio dos quatro fluidos do corpo. Isso talvez fosse uma boa sacada há mais de 2 mil anos, mas sabemos muito mais hoje. O corpo humano envolve processos biológicos e bioquímicos de complexidade incrível. A divisão da fisiologia humana em um grande número de sistemas interconectados — nervoso, circulatório, respiratório, digestivo, endócrino, imunológico, reprodutivo, e assim por diante — apenas toca na superfície dos processos biológicos subjacentes. As fontes da doença podem abranger agentes infecciosos, riscos ambientais, anormalidades genéticas e desnutrição, entre outras causas, além de combinações complexas desses fatores.

A complexidade do sistema humano tem muitas implicações que vão além do mero fato de que muitas coisas podem dar errado. E, o que é mais importante, uma falha pode levar a uma cascata de falhas adicionais. Uma febre resultante de um agente infeccioso pode levar a um acidente vascular cerebral causado pela febre, e não pela infecção. Uma parada cardíaca pode resultar numa falência dos rins que, por sua vez, pode causar um colapso do fígado, à medida que os rins não expelem certas toxinas perigosas do organismo. Uma perda de sangue pode levar a uma falha de todos os sistemas, quando o corpo entra em choque. Os médicos do atendimento de emergência precisam lutar para manter cada sistema básico em funcionamento num nível mínimo, não somente por ele mesmo, mas também para evitar uma espiral descendente de catástrofes que provoca a falência de outros sistemas essenciais. Depois que uma espiral descendente se inicia, pode ser difícil revertê-la, tão complexas e rápidas são as falências interligadas.

A lição número dois é que *a complexidade exige um diagnóstico diferencial.* Um médico que vê uma criança com febre alta pela primeira vez sabe que as febres podem ser causadas por muitos fatores diferentes. O primeiro impulso é descobrir qual é a causa nesse caso em particular. Algumas causas de febre são perigosas, outras não. Algumas são tratáveis, outras não. Algumas exigem atenção urgente, outras não (exceto, talvez, aumentar o nível de conforto da criança). As febres podem ser conseqüência de vários tipos de infecção (causadas por bactérias, fungos, vírus, protozoários), trauma, doença auto-imune, câncer, envenenamento e outras causas. Uma vez que a febre é um sintoma, em vez de uma doença específica, um tratamento adequado requer que o médico identifique a verdadeira causa subjacente do sintoma.

O médico trabalha com uma lista de checagem para obter a resposta correta. Minha mulher pode levar uma hora fazendo perguntas e depois pede uma bateria de exames laboratoriais antes de pronunciar qualquer veredicto. Em outras ocasiões, a causa pode ser bastante clara. Uma dor de ouvido acompanhada de febre é um indício evidente de otite comum (infecção do ouvido), em especial se o irmão mais velho da criança teve dor de ouvido alguns dias antes, uma vez que essa doença em particular viaja rapidamente entre crianças na sala de aula ou em família. A lista de itens a ser verificados pelo médico não tem uma ordem aleatória. Há alguns poucos princípios que determinam a ordem em que o médico realiza a investigação. Primeiro, confrontada com uma criança com febre alta, minha esposa examina imediatamente o pescoço dela, pois se estiver rígido é sinal de meningite, uma das poucas moléstias que podem matar uma criança febril quase imediatamente. Se a criança está com o pescoço rígido, minha mulher a envia para o setor de emergência antes de fazer outras perguntas. O princípio, nesse caso, é que o diagnóstico não deve retardar indevidamente o tratamento. Uma boa lição para o FMI, veremos mais adiante, que às vezes estuda os problemas até não poder mais enquanto uma economia se desintegra.

Outro princípio é o da epidemiologia aplicada. O médico deve pensar primeiro nas moléstias mais prováveis, não nas mais obscuras. Uma criança com febre não provoca de imediato temores de câncer, ainda que essa doença possa causar febre. A proporção esmagadora de casos resulta de infecção, e as causas mais prováveis devem ser investigadas em primeiro lugar. Como dizem os médicos, "quando você escutar batidas de cascos, pense em cavalos, não em zebras" (um médico de Washington deve, de fato, pensar em cavalos, mas para aquele que está no Quênia, pode ser uma boa idéia pensar em zebras!). Os epidemiologistas nos lembram também que um paciente pode estar sofrendo de mais de uma doença ao mesmo tempo e que essas doenças podem estar, de fato, inter-relacionadas.

A terceira lição é que *toda medicina é medicina familiar*. Não é suficiente identificar a doença numa criança. Para poder tratá-la com êxito, é importante compreender o cenário social. Os pais têm condições de oferecer o tratamento? A mãe sofre de doenças, ou pobreza extrema, abuso ou outra condição que a impediria de seguir o tratamento recomendado para seu filho? No caso de ferimento, ele é realmente fruto de um acidente ou um sinal de maus-tratos à criança? Quando a mãe fica histérica ao telefone sobre o estado de saúde do filho, trata-se de um relato confiável ou apenas da última de uma série de reações exageradas? Ao receber um telefonema no meio da noite, minha esposa salvaria a vida de uma criança com o seguinte comentário para mim: "É uma preocupação desesperada incomum dessa mãe, que não costuma exagerar. Acho que vou mandar a criança diretamente para o pronto-socorro". E efetivamente um caso de meningite seria tratado a tempo.

A lição número quatro é que *monitoramento e avaliação são essenciais* para o sucesso do tratamento. Os médicos mantêm fichas para acompanhar o paciente. Mesmo um diagnóstico inicial feito com cuidado pode estar errado. Os exames de laboratório podem dar falsos positivos ou falsos negativos. A criança pode sofrer de vários problemas, de tal modo que o diagnóstico correto de um deles é apenas parcial, não dando conta de todos os motivos da doença. Em muitos casos, somente monitoramento, avaliação, exame e reexame cuidadosos podem garantir uma passagem segura para a saúde. Desse modo, os bons clínicos não consideram cada diagnóstico irretocável, mas a melhor hipótese do momento. A hipótese pode se confirmar, mas o médico está preparado para mudar se os indícios exigirem outra abordagem do problema.

A quinta lição é que *a medicina é uma profissão* e, como tal, requer normas, ética e códigos de conduta sólidos. O juramento hipocrático não é uma mera curiosidade para lembrar aos médicos a antiga linhagem de sua profissão. Mesmo que não seja lido literalmente — e depois de 2 mil anos não deve sê-lo —, o juramento sublinha para os novos doutores que eles entraram numa ocupação santificada, um grande e distinto chamamento, com responsabilidades éticas muito altas. O médico tem uma relação única com o paciente, que lhe proporciona uma entrada nos problemas mais particulares de um indivíduo e de uma família. O médico tem literalmente poder de vida e morte, e não é difícil se aproveitar disso para obter dinheiro e outras formas de ganhos pessoais. O juramento relembra aos médicos que eles não devem abusar do privilégio de sua posição. Eles precisam oferecer julgamentos no interesse do paciente, não somente para ganho pessoal. E devem se manter a par das últimas descobertas científicas, inclusive novos procedimentos e remédios, para garantir o cuidado da mais alta qualidade que possam oferecer.

A ECONOMIA DO DESENVOLVIMENTO COMO ECONOMIA CLÍNICA

O desafio de fazer recomendações de diretrizes para uma economia, em especial para uma economia pobre e instável, tem muito em comum com os desafios da medicina clínica. No entanto, a prática da economia do desenvolvimento ainda não está à altura da tarefa. Os economistas não aprendem a pensar como clínicos e raramente têm oportunidade de experiência clínica em seus estudos avançados. Um estudante de pós-graduação de um programa americano de Ph.D. pode muito bem estudar a crise de desenvolvimento na África sem jamais pôr os pés no país ou nos países em estudo. Um orientador pode passar um conjunto de dados, digamos, sobre famílias nigerianas, e pedir ao aluno que faça uma análise estatística sem o benefício do contexto, da história ou da observação direta. Anos depois, o estudante talvez tenha a oportunidade de visitar a Nigéria pela primeira vez.

As cinco lições essenciais de medicina clínica têm claras analogias na boa prática da economia. Em primeiro lugar, as economias, como os indivíduos, são sistemas complexos. Tal como os sistemas circulatório, respiratório etc., as sociedades humanas possuem distintos sistemas para transporte, energia, comunicações, aplicação da lei, defesa nacional, tributação e outros sistemas que devem operar adequadamente para que toda a economia funcione bem. Tal como acontece com o ser humano, a falha em um sistema pode levar a cascatas de falhas em outras partes da economia. Quando o governo americano pediu que a Bolívia erradicasse as plantações de coca, no final dos anos 1990, o resultado foi o aprofundamento da pobreza rural. Quando o governo tentou reagir ao crescimento da pobreza rural com programas sociais e de desenvolvimento, a crise se tornou fiscal. Quando agências externas, inclusive o governo americano, deixaram de ajudar a Bolívia em sua crise fiscal, a crise passou a ser de desordem civil, com polícia, Exército e camponeses brigando nas ruas. Por fim, o governo foi derrubado e a Bolívia entrou em novo período de instabilidade.

Em segundo lugar, os economistas, tal como os clínicos médicos, precisam aprender a arte do diagnóstico diferencial. Os manuais de patologia médica costumam ter agora 2 mil páginas e, mesmo assim, talvez cubram somente um dos sistemas físicos fundamentais. Os médicos sabem que muita coisa pode dar errado e que um determinado sintoma, como a febre alta, pode refletir dezenas, ou centenas, de causas subjacentes. Ao contrário, o FMI concentrou-se numa faixa muito estreita de questões, tais como corrupção, barreiras às empresas privadas, déficits orçamentários e propriedade estatal dos meios de produção. Ele também presumiu que cada episódio de febre é exatamente como os outros e apresentou conselhos padronizados para cortar orçamentos, liberalizar o comércio e privatizar empresas, quase sem levar em conta o contexto específico. O FMI negligenciou problemas urgentes que envolviam armadilhas da pobreza, agronomia, clima, doenças, transporte, gênero e várias outras patologias que prejudicam o desenvolvimento econômico. A economia clínica deveria treinar o praticante do desenvolvimento a concentrar sua atenção de modo mais efetivo nas causas subjacentes fundamentais da dificuldade econômica e a receitar remédios apropriados que sejam feitos sob medida para as condições específicas de cada país. Quando no Afeganistão ou na Bolívia, o FMI deveria pensar automaticamente sobre custos de transporte; quando no Senegal, a atenção deveria se voltar para a malária.

Em terceiro lugar, a economia clínica, tal como a medicina clínica, deve ver o tratamento em termos "familiares", não apenas individuais. Não é suficiente dizer a Gana para se organizar melhor se o país enfrenta barreiras comerciais que o impedem de vender seus bens e serviços nos mercados internacionais; se Gana está soterrada por uma montanha de dívidas impagáveis herdada de décadas anteriores; se Gana requer investimentos urgentes em infra-estrutura como precondição para atrair novos investidores; se Gana está sobrecarregada por movimentos de refugiados e desordens que emanam de países vizinhos. Em suma, pode ser belo e bom para o FMI dizer a Gana que liberalize seu comércio, equilibre seu orçamento e atraia investimento externo, mas será ineficaz se não for combinado com reformas no comércio dos países ricos, cancelamento de dívidas, aumento de ajuda financeira externa nos investimentos em infra-estrutura e apoio à região ocidental africana como um todo para manter a paz. No caso de um país, toda a comunidade mundial faz parte da família. Esse é um pressuposto das Metas de Desenvolvimento do Milênio e, em especial, do conceito de parceria global para atingir esses objetivos, mas ainda não faz parte da prática real da clínica.

Em quarto lugar, a boa prática do desenvolvimento exige monitoramento, avaliação e, especialmente, uma comparação rigorosa de metas e resultados. Quando os objetivos não estão sendo alcançados, é importante perguntar o porquê, e não arranjar desculpas para conselhos passados. Na prática atual, o FMI e o Banco Mundial raramente tomaram objetivos específicos de desenvolvimento como padrões para julgar o desempenho de um país e, por extensão, seus próprios conselhos. Em vez disso, os países são julgados com base em inputs de políticas, não em seus rendimentos. Podem mandar um governo cortar seu déficit orçamentário para 1% do PIB e o julgam pela implementação ou não dessa medida, e não se a medida produz crescimento mais rápido, ou uma redução da pobreza, ou uma solução para a crise da dívida. A conseqüência é uma queda em debates formalísticos sobre a realização ou não de determinada política, e não se essa política era a correta em primeiro lugar. A situação atual me lembra demais a fábula do fazendeiro cujas galinhas estão morrendo. O padre local oferece um remédio após o outro — orações, poções, promessas — até que todas as galinhas morrem. "Que pena", diz o padre, "eu ainda tinha tantas idéias boas."

Em quinto lugar, a comunidade do desenvolvimento carece dos padrões éticos e profissionais necessários. Não estou sugerindo que os economistas sejam corruptos e aéticos; casos desse tipo são raros. Quero dizer que a comunidade da economia do desenvolvimento não leva seu trabalho com o senso de responsabilidade que a tarefa exige. Oferecer assessoria econômica a outros requer um profundo compromisso com a busca das respostas certas, e não se satisfazer com abordagens superficiais. Exige o compromisso de estar totalmente embebido na história, etnografia, política e economia de qualquer lugar em que o consultor profissional esteja trabalhando. Requer também o compromisso de dar conselhos honestos, não somente ao país em questão, como à agência que o contratou e enviou. Nem todos os problemas que o mundo empobrecido enfrenta têm origem endógena, nem todas as soluções serão encontradas na boa governança, no aperto de cinto e em mais reformas de mercado. As soluções verdadeiras exigirão também um alívio mais profundo da dívida, maior ajuda ao desenvolvimento, maior abertura de comércio com os países ricos e coisas semelhantes. Qualquer funcionário do FMI ou do Banco Mundial, bem como qualquer economista acadêmico do desenvolvimento, tem a responsabilidade de falar a verdade, não somente para os formuladores de políticas dos países pobres, mas também para os formuladores de políticas dos países ricos e poderosos.

ONDE A PRÁTICA DO DESENVOLVIMENTO ECONÔMICO DEU ERRADO

A economia clínica é necessária para substituir a prática de desenvolvimento dos últimos vinte anos, conhecida amplamente como Era do Ajuste Estrutural. Essa era, introduzida pela virada conservadora do presidente Ronald Reagan nos Estados Unidos e da primeira-ministra Margaret Thatcher no Reino Unido, baseava-se numa visão simplista e até simplória do desafio da pobreza. Os países ricos disseram aos países pobres: "A pobreza é culpa de vocês mesmos. Sejam como nós (ou o que imaginamos que somos — com livre mercado, empresa privada, responsabilidade fiscal) e vocês também gozarão das benesses do desenvolvimento liderado pelo setor privado". Os programas do FMI e do Banco Mundial da Era do Ajuste Estrutural eram projetados para enfrentar as quatro doenças que supunham estar por trás de todos os males econômicos: má governança, excessiva intervenção do governo nos mercados, gastos públicos em demasia e excesso de propriedade estatal. Aperto do cinto, privatização, liberalização e boa governança se tornaram a ordem do dia.

Havia algumas verdades na agenda do ajuste estrutural. A crise econômica do início dos anos 1980 em muitos países pobres foi conseqüência de má gestão econômica. Um número muito grande de países havia escolhido sistemas fechados de comércio. As estratégias do Segundo e do Terceiro Mundo fracassaram e precisavam ser reorientadas para um sistema econômico internacional de mercado. Mas os problemas de governança e políticas públicas dos países mais pobres eram apenas uma parte da história, e em muitos lugares não a parte central. Deveria ter sido possível cuidar dos problemas dos sistemas fechados de comércio e da excessiva propriedade pública da indústria sem ignorar os problemas da malária e da aids, dos relevos montanhosos e da escassez de chuvas. Mas, infelizmente, esse tipo de abordagem multifacetada só entrou no debate econômico muito recentemente.

O fracasso do aconselhamento e a ajuda insuficiente da Era do Ajuste Estrutural tiveram aspectos de auto-ajuda e ideológicos. O aspecto de auto-ajuda está claro. Presumia-se que a responsabilidade pela redução da pobreza era totalmente dos próprios países pobres. Considerava-se que não era necessário um aumento da ajuda financeira externa. Com efeito, a ajuda externa por pessoa nos países pobres despencou nos anos 1980 e 1990. A ajuda por pessoa na África Subsaariana, por exemplo, expressa em dólares constantes de 2002, caiu de US$ 32 por africano em 1980 para apenas US$ 22 em 2001, durante um período em que as doenças pandêmicas da África se disseminaram de forma arrasadora e a necessidade de gastos públicos maiores era total. Os países doadores acharam que haviam feito tudo o que podiam e que os problemas remanescentes eram causados por questões que fugiam de sua responsabilidade.

Os aspectos ideológicos do aconselhamento também são claros. Os governos conservadores dos Estados Unidos, do Reino Unido e de outros lugares usaram o assessoramento internacional para impor programas que não tinham suporte em seus próprios países. Muitos países africanos cansaram de ouvir conselhos do Banco Mundial durante as últimas duas décadas para privatizar seus serviços de saúde, ou pelo menos cobrar taxas dos usuários dos sistemas de educação e saúde. No entanto, a maioria dos acionistas de alta renda do Banco Mundial possui sistemas de saúde que garantem acesso universal, e todos possuem sistemas de educação que garantem acesso à educação pública.

DIAGNÓSTICO DIFERENCIAL PARA A REDUÇÃO DA POBREZA

As Metas de Desenvolvimento do Milênio (MDMs) oferecem ao mundo uma chance de se comportar melhor em relação aos países mais pobres depois de vinte anos de fracassos das políticas de ajuste estrutural. As MDMs estabelecem objetivos reais que proporcionam não somente marcos de referência para a ajuda como também marcos para avaliar as recomendações das agências internacionais. O fracasso no cumprimento das MDMs é tanto dos países ricos como dos pobres, uma vez que ambos são responsáveis por seu sucesso. O fato de as MDMs não serem alcançadas em toda a África, na região andina e na Ásia Central nos revela que os problemas são mais do que simplesmente os de governança. Muitos governos dessas regiões mostraram arrojo, integridade e inteligência. No entanto, o desenvolvimento continua a falhar. Uma abordagem de economia clínica apontará o caminho para uma estratégia melhor.

A chave para a economia clínica é o diagnóstico diferencial, seguido por um tratamento apropriado. No decorrer de um exame físico, o médico percorre páginas de perguntas: "Está tomando algum remédio? Sofre de alergias? Foi operado recentemente? Tem casos na família das seguintes doenças?". O economista clínico deve fazer o mesmo. Na tabela 1, descrevo uma lista de checagem de sete partes que deveria fazer parte do "exame físico" de qualquer país pobre.

A dimensão da miséria

O primeiro conjunto de perguntas tem por objetivo determinar a dimensão da miséria. O economista clínico deveria fazer um conjunto de mapas da pobreza, usando pesquisas domiciliares disponíveis ou encomendadas, dados geográficos e sobre renda nacional e outras informações úteis. Qual a proporção de famílias que vivem na pobreza extrema? Qual a proporção de domicílios que não têm acesso a escola, saúde, água e saneamento, eletricidade, estradas, nutrição? Qual é a distribuição espacial da pobreza? Ela é principalmente urbana ou rural, e está concentrada em algumas regiões ou se distribui igualmente pelo país? Como a pobreza se relaciona com as condições demográficas da família (chefiada por homem ou mulher, número de filhos, saúde de seus membros) e com sua propriedade de recursos e atividades econômicas (pobres sem terra, pequeno agricultor, comércio, indústria, e assim por diante)?

No curso do mapeamento da pobreza, o economista clínico deveria também identificar os principais fatores de risco que podem exacerbar a pobreza nos próximos anos. Quais são as tendências demográficas (nascimentos, mortes, migração interna ou externa) que podem afetar a quantidade e a distribuição dos miseráveis? Quais choques e tendências ambientais (mudanças no nível do mar, erosão costeira, desflorestamento, degradação do solo, esgotamento das fontes de água, perda da biodiversidade) podem influir na pobreza? Qual a probabilidade de que choques climáticos (El Niño, aquecimento a longo prazo, seca crônica, eventos climáticos extremos) afetem a saúde pública, as doenças e a produtividade agrícola? Que mudanças na incidência e predominância de moléstias infecciosas podem influir nas economias nacional ou regional? Como podem as flutuações de commodities fundamentais no mercado mundial afetar a pobreza extrema e as perspectivas de crescimento econômico?

Política econômica

O segundo conjunto de perguntas trata da estrutura da política econômica. São questões mais tradicionais, mas devem ser feitas de modo sistemático. Qual é o custo de fazer negócios no país (e nas diferentes regiões dentro do país)? Qual é a cobertura da infra-estrutura essencial (energia, água, estradas, serviços de transporte) com foco nas regiões, tanto urbanas como rurais, bem como médias nacionais? Como os custos são afetados pela falta de infra-estrutura? Qual é a estrutura da política de comércio exterior, e como as barreiras comerciais influenciam os custos da produção, em especial os negócios voltados à exportação? Quais são os incentivos em funcionamento para potenciais investi-

TABELA 1 — LISTA DE CHECAGEM PARA FAZER UM DIAGNÓSTICO DIFERENCIAL

I. ARMADILHA DA POBREZA

Mapeamento da pobreza

Proporção de famílias carentes de necessidades básicas

Distribuição espacial da pobreza familiar

Distribuição espacial da infra-estrutura básica (energia, estradas, telecomunicações, água e saneamento)

Distribuição da pobreza por etnia, gênero e geração

Principais fatores de risco

- Tendências demográficas
- Tendências ambientais
- Choques climáticos
- Doenças
- Flutuação do preço de commodities
- Outros

II. ESTRUTURA DA POLÍTICA ECONÔMICA

Ambiente para os negócios

Política de comércio exterior

Política de investimentos

Infra-estrutura

Capital humano

III. ESTRUTURA FISCAL E ARMADILHA FISCAL

Receita e despesa do setor público por categoria

- Porcentagem do PNB
- Nível absoluto em comparação com normas internacionais

Administração tributária e gestão dos gastos

Necessidades de investimento público para cumprir as metas de redução da pobreza

Instabilidade macroeconômica

Overhang da dívida do setor público

Dívida quase fiscal e dívida oculta

Estrutura dos gastos do setor público de médio prazo

IV. GEOGRAFIA FÍSICA

Condições de transporte

- Proximidade da população de portos, rotas de comércio internacional, vias navegáveis
- Acesso da população a estra das pavimentadas
- Acesso da população a transporte motorizado

Densidade populacional

- Custos da conexão com energia, telecomunicações, estradas
- Terras aráveis per capita
- Impactos ambientais da proporção população-terra

Condições agronômicas

- Temperatura, precipitação, insolação
- Duração e confiabilidade da estação de cultivo
- Solos, topografia, adequabilidade à irrigação
- Variação climática interanual (p. ex. El Niño)
- Tendências de longo prazo nos padrões climáticos

Ecologia patológica

- Moléstias humanas
- Doenças e pragas dos vegetais
- Doenças animais

V. PADRÕES E FALHAS DA GOVERNANÇA

Direitos políticos e civis

Sistemas de gestão pública

Descentralização e federalismo fiscal

Padrões e intensidade da corrupção

Sucessão e longevidade política

Violência e segurança interna

Violência e segurança nas fronteiras

Divisões culturais, étnicas, religiosas e outras

VI. BARREIRAS CULTURAIS

Relações de gênero

Divisões étnicas e religiosas

Diáspora

VII. GEOPOLÍTICA

Relações com a segurança internacional

Ameaças à segurança de além-fronteira

- Guerra
- Terrorismo
- Refugiados

Sanções internacionais

Barreiras comerciais

Participação em grupos regionais e internacionais

dores internos e externos, e como o sistema de incentivos se compara com os incentivos em funcionamento nos países concorrentes? O governo está investindo adequadamente em capital humano, por meio de programas de nutrição, saúde pública, controle de doenças, educação e planejamento familiar?

A estrutura fiscal

O terceiro conjunto de perguntas concentra-se na estrutura fiscal, uma vez que o orçamento deve suportar boa parte do peso dos investimentos fundamentais em infra-estrutura e serviços sociais. Quais são os níveis atuais de gastos orçamentários e receitas públicas? Esses dados devem ser medidos tanto como porcentagem do PIB como em dólares por pessoa. A participação dos gastos públicos no PIB em várias categorias (saúde, educação, infra-estrutura) dá uma medida do esforço do país para reduzir a pobreza. O gasto absoluto, em dólares por pessoa, dá a medida da adequação dos gastos para garantir o atendimento às necessidades básicas e apoiar a fuga da armadilha da pobreza. Em que medida o governo é tolhido por um estrangulamento [*overhang*] da dívida do setor público herdada do passado? Quanto o alívio da dívida contribuiria para a capacidade do governo de expandir os serviços públicos? Existem dívidas do setor público ocultas ou fora do balanço, como dívidas do banco central, ou perdas escondidas do sistema bancário comercial que terão de ser cobertas pelo orçamento governamental?

Geografia física e ecologia humana

A quarta categoria de questões compreende a geografia física e a ecologia humana (a saber, a interface da sociedade com o ambiente físico). É surpreendente como os economistas desconhecem essa área, apesar de sua importância fundamental no diagnóstico e na superação da miséria. Quais são as condições de transporte no país, em média e por sub-região? Que quantidade da população está próxima de portos marítimos e aeroportos, rios navegáveis, estradas pavimentadas e ferrovias? Quais são os custos do transporte de carga (tais como fertilizantes, safras, máquinas, produtos industriais) dentro do país e para o exterior e como esses custos se comparam com os de países concorrentes? Qual é a distribuição da população entre zonas costeiras e interiores, povoamento rural e urbano, áreas densamente e esparsamente povoadas? Como a densidade populacional nas várias partes do país afeta o custo da infra-estrutura, por exemplo, para levar estradas, trilhos, energia e rede de telecomunicações à população?

De que modo as condições agronômicas são afetadas pelo ambiente físico? Qual é a duração da estação de cultivo e como isso afeta a escolha do que plantar, a nutrição e os níveis de renda? Quais são os padrões do solo, topografia, hidrologia e uso da terra que afetam a produção agrícola, adequabilidade para irrigação e custos da melhoria das terras? De que modo as condições agronômicas são afetadas pela variação do clima interanual ligada, por exemplo, às flutuações do El Niño? E pelas tendências de longo prazo, tais como o aquecimento global e as mudanças nos padrões de precipitação pluviométrica, como o evidente declínio desta no Sahel africano?

Como as funções do ecossistema estão mudando e, talvez, se degradando ao longo do tempo? O desflorestamento está ameaçando o funcionamento dos ecossistemas (por exemplo, intensificando a inundação de terras e a degradação do solo) e o meio de vida dos pobres (por exemplo, exaurindo o suprimento de lenha)? A perda da biodiversidade está ameaçando as funções do ecossistema (por exemplo, pela redução da polinização de produtos agrícolas)? Espécies invasoras estão afetando a fertilidade da terra e dos pesqueiros? A introdução de toxinas no ambiente está ameaçando o ar e a água potável?

Como a ecologia afeta a disseminação das moléstias e sua mudança ao longo do tempo? A malária é uma doença fortemente condicionada pelo clima e pela espécie de mosquito. Sua transmissão é epidêmica ou endêmica? Está mudando ao longo do tempo em conseqüência de movimentos da população e mudanças climáticas? Quais são os principais padrões de doenças animais que podem ter efeitos importantes na produtividade agrícola (como a doença do sono africana, um exemplo clássico)? Quais pragas e doenças vegetais representam as piores ameaças para o sustento, o comércio internacional e a saúde humana?

Padrões de governança

A quinta categoria do diagnóstico diferencial abrange os padrões de governança para além das questões específicas de orçamento e políticas econômicas detalhadas. A história mostra que a democracia não é um pré-requisito do desenvolvimento econômico. Por outro lado, um regime despótico, arbitrário e sem lei destrói facilmente uma economia. Há um império da lei, ou somente o comando arbitrário de um ditador? Os sistemas de gestão pública — para registrar empresas, comercializar bens, defender contratos, concorrer a propostas públicas — funcionam efetivamente? Serviços públicos como água e saneamento, energia, saúde e educação básica são oferecidos com eficiência (tendo em vista os recursos em mão) ou estão sujeitos a grandes desperdícios e fraudes? A corrupção é alta, e em que níveis de governo? A transmissão do poder de um governo para o seguinte é tranqüila ou está sujeita ao capricho e ao abuso dos governantes atuais? Os serviços públicos beneficiam especialmente uma pequena elite, uma sub-região do país ou determinados grupos étnicos?

Barreiras culturais ao desenvolvimento econômico

A sexta categoria de questões compreende possíveis barreiras culturais ao desenvolvimento econômico. A sociedade está dividida por classes, castas, etnias, religiões ou desigualdade de gêneros? As mulheres e meninas enfrentam discriminação séria nos direitos pessoais (por exemplo, escolhas sexuais e reprodutivas) e no acesso aos serviços públicos (educação, centros de saúde, serviços de planejamento familiar)? As mulheres estão privadas legal ou informalmente do direito de possuir e herdar propriedade? Elas podem participar com igualdade substancial de oportunidades na economia, além da produção doméstica? As normas e práticas culturais definem limites às oportunidades econômicas de grupos minoritários? Há muita violência entre etnias? Qual é o papel — se há algum — desempenhado por uma diáspora, como a dos chineses de além-mar e as comunidades indianas, em termos de investimento, remessas de dinheiro e rede social?

Geopolítica

A última categoria do diagnóstico diferencial envolve a geopolítica, as relações econômicas e de segurança do país com o resto do mundo. O país faz parte de um bloco de segurança que possa definir ou limitar suas possibilidades econômicas? Está sujeito a sanções internacionais e, se assim for, quais são as conseqüências dessas sanções para o desenvolvimento econômico? Existem importantes ameaças à segurança vindas do outro lado da fronteira, tais como movimentos de refugiados, terrorismo ou guerra? Os vizinhos contíguos cooperam no que tange à infra-estrutura comum? Há um bloco comercial regional efetivo e, se assim for, ele apóia uma expansão geral do comércio ou apenas um desvio do comércio com não-membros? Quais barreiras comerciais no mundo rico prejudicam seriamente as perspectivas de desenvolvimento?

A lista é longa. As respostas a essas questões não podem ser averiguadas em um check-up de quinze minutos numa clínica nem, na prática, podem ser tratadas por uma única agência internacional como o FMI. As respostas precisam ser sistemáticas, continuamente atualizadas e postas num quadro comparativo para uma análise correta. Muitas instituições, tanto as dos países de baixa renda como as internacionais, deveriam cooperar para responder a essas questões de diagnóstico. Não somente o FMI e o Banco Mundial, mas também as instituições especializadas da ONU, como a Organização Mundial da Saúde, o Unicef, a Organização para a Alimentação e a Agricultura, e muitas outras deveriam cooperar no diagnóstico.

A EDUCAÇÃO DE UM ECONOMISTA

Um diagnóstico diferencial é o começo, e não o fim do processo. Os próximos passos, obviamente, são criar programas e instituições para enfrentar as barreiras críticas à redução da pobreza que foram identificadas pelo diagnóstico. Essas estratégias serão muito mais eficazes se as perguntas certas forem feitas desde o início. Questões que, espero, ficarão evidentes mais adiante neste livro.

Demorei muito tempo para reconhecer a necessidade de uma nova abordagem à economia do desenvolvimento. Eu não tinha discernimento suficiente — ou uma vasta lista de diagnóstico — quando saí em minha primeira visita médica econômica. Na verdade, quando cheguei a La Paz, na Bolívia, em julho de 1985, não tinha quase nenhuma lista de checagem. Eu estava lá para tratar de um problema específico em um lugar específico. Não tinha idéia de que durante a viagem eu me envolveria com as questões que se tornariam o centro de minha pesquisa e trabalho prático nos vinte anos seguintes. Eram questões às quais, para minha surpresa, eu não fora verdadeiramente treinado para responder.

5. A hiperinflação de altitude elevada da Bolívia

Tal como em muitos acontecimentos da minha vida, foi uma trilha acidental que me levou pela primeira vez à pista do aeroporto de La Paz, a 4 mil metros acima do nível do mar. Eu já vira a miséria de perto durante minha primeira visita à Índia, em 1978, mas meu trabalho acadêmico inicial era mais sobre as economias dos Estados Unidos e da Europa, não sobre o problema da pobreza extrema e o enigma de sua persistência em um mundo de crescente riqueza.

No começo dos anos 1980, a economia do desenvolvimento era um tópico marginal nos programas de Ph.D. americanos, estudada principalmente por alunos dos países pobres. Embora eu me interessasse por questões do desenvolvimento, minha formação estava concentrada na economia internacional, em especial nas finanças internacionais. Quando me tornei professor assistente de Harvard, no outono de 1980, trabalhava principalmente sobre problemas dos países ricos e sobre os fluxos de capital financeiro internacional entre países ricos e pobres. Quando a crise da dívida dos países em desenvolvimento estourou, em 1982, comecei a escrever textos teóricos sobre como surgia esse tipo de crise. Estudei alguns dos precedentes históricos dessas crises, em particular a Grande Depressão, e alguns dos mecanismos usados para tirar os países da falência. Mal sabia eu que seria o primeiro a aplicar esses mecanismos nos anos 1980.

Meu trabalho era teórico e estatístico, em vez de imediatamente prático. Na época, achava que sabia quase tudo sobre o tema. Como jovem membro do corpo docente, dei muitas palestras muito bem recebidas, publiquei bastante e estava numa rápida ascensão para a estabilidade no cargo que recebi em 1983, quando tinha 28 anos.

Então minha vida mudou. Recebi um bilhete de um ex-aluno meu boliviano que perguntava se eu iria a um seminário no campus, a ser dado por um grupo de visitantes bolivianos. O aluno se chamava David Blanco e fora ministro das Finanças da Bolívia na década de 1970. Ele me encantara no meu primeiro ano de professor quando se apresentara como ex-ministro das Finanças e dissera que faria o curso para tentar compreender exatamente suas ações ao exercer aquele cargo!

Eu deveria dar uma palestra sobre desenvolvimento no Banco Mundial logo depois daquele seminário e achei que ouvir sobre a Bolívia poderia incrementar meu conhecimento. Dos professores de Harvard que foram convidados, somente dois compareceram. Foi provavelmente uma das coisas mais afortunadas que já me aconteceram. Um jovem boliviano chamado Ronald McLean, que era aluno de pós-graduação da Kennedy School e se tornaria depois prefeito de La Paz e meu querido amigo, levantou-se e abriu o seminário com o retrato mais fascinante da hiperinflação boliviana que eu poderia imaginar. Sua palestra, ainda lembro, iniciou-se com uma cena do fervilhante mercado negro de moeda estrangeira em que enormes pilhas de pesos bolivianos eram trocadas por dólares num ritmo cada vez mais frenético nas calçadas da avenida Camacho, em La Paz.

Para um especialista em finanças como eu, a crise da Bolívia absorveu minha atenção. Eu estudara a hiperinflação alemã de 1923, bem como algumas outras hiperinflações. Aqueles acontecimentos do passado eram lendas para os estudantes de economia. Nós ríamos dos gracejos de Keynes sobre essas situações (sempre peça duas cervejas no começo, pois o preço delas pode subir enquanto você está no bar; ande de ônibus em vez de táxi, porque no ônibus você paga ao entrar; e assim por diante). Mas jamais esperávamos encontrar uma hiperinflação verdadeira, exceto nos livros de história.

No início da década de 1980, muitos economistas acadêmicos usavam as hiperinflações dos anos 1920 como base para análises teóricas de alguns dos debates atuais da macroeconomia, e por isso eu lera alguns trabalhos recentes. A certa altura do seminário, levantei a mão e discordei de uma afirmação que fora feita. Fui até o quadro-negro com muita confiança e disse: "Eis como isso funciona". Depois que larguei o giz, uma voz do fundo da sala disse: "Se você é tão esperto, por que não vai a La Paz para nos ajudar?". Eu ri. E ele gritou de novo: "Estou falando sério". Era Carlos Iturralde, uma figura política fundamental que, nos anos seguintes, se tornaria meu amigo e, por fim, ministro das Relações Exteriores e embaixador nos Estados Unidos.

O grupo me disse que queria um assessor econômico. Fiquei confuso. Eu não sabia onde ficava exatamente a Bolívia na América do Sul e, com certeza, não sabia se era seguro ou sábio da minha parte envolver-me naquilo. Respondi que voltaria a entrar em contato. Na manhã seguinte, comentei que, embora jamais tivesse feito algo como ajudar um país, estava disposto a tentar se eles estivessem realmente interessados. Expliquei também que não trabalharia para o partido político deles, mas somente para um governo, após as eleições vindouras. Não queria me envolver em política partidária, pois sabia que isso me impediria de ser eficaz. Durante meu trabalho na Bolívia e em outros lugares, essa posição me permitiu assessorar governos de diferentes partidos políticos na qualidade de uma pessoa de fora imparcial e de confiança.

O grupo decidiu que me telefonaria se ganhasse as eleições. Isso foi em maio. No início de julho, recebi um telefonema de Ronnie McLean. "Ganhamos a eleição. Faça as malas." Pedi a um colega, o economista francês Daniel Cohen, e a um aluno de pós-graduação, Felipe Larraín, que fossem comigo. Embarcamos para La Paz no dia 9 de julho de 1985.

A criação de um plano de estabilização

No momento em que desci do avião, comecei a entender do que trata o verdadeiro desenvolvimento econômico. Era o início de vinte anos de um processo de compreensão da necessidade de uma nova economia clínica que estivesse à altura de ajudar países como a Bolívia. No começo, tudo o que tinha comigo era uma agenda vazia e alguns artigos sobre hiperinflação. Felizmente, eu tinha uma compreensão teórica básica do que enfrentaríamos.

Primeiro, eu entendia as forças monetárias básicas que levavam à hiperinflação. O governo estava imprimindo dinheiro para financiar um grande déficit orçamentário. De início, não compreendi as origens e a dinâmica desse déficit nem a política do processo orçamentário. Mas entendi que o governo boliviano não tinha suficiente credibilidade para vender títulos ao setor privado, tanto interno quanto externo. Por isso, tinha de vender seus títulos diretamente ao Banco Central da Bolívia (BCB) em troca de dinheiro vivo para pagar ao Exército, aos mineiros e aos professores. Nesse sentido, a hiperinflação boliviana não era diferente de outras da história econômica. Tal como em outras ocasiões, o governo imprimia dinheiro para pagar as contas e, à medida que fazia isso, desvalorizava a moeda e elevava o preço das mercadorias.

Quando o governo pagava os salários, a entrada de novos pesos em circulação alimentava a subida vertiginosa dos preços. A cada injeção de moeda boliviana, as pessoas compravam dólares no mercado negro. O preço de um dólar em termos de pesos disparou: cerca de 5 mil pesos por dólar em junho de 1983, 10 mil pesos por dólar em janeiro de 1984, 50 mil pesos por dólar em junho de 1984, 250 mil pesos por dólar em dezembro de 1984 e 2 milhões de pesos por dólar em julho de 1985, quando a equipe de três economistas inexperientes chegou. Àquela altura, as mercadorias tinham etiquetas em dólar nas lojas, embora as compras ainda fossem feitas em pesos. Desse modo, um artigo de um dólar custava quase 2 milhões de pesos em julho de 1985, sendo que dois anos antes custava apenas 5 mil. Em um único ano, de julho de 1984 a julho de 1985, os preços haviam subido mais de 3000% (trinta vezes).

Em segundo lugar, eu sabia que o fim de uma hiperinflação tendia a ser muito rápido e ocorreria assim que o peso pudesse ser estabilizado em relação ao dólar. Isso aconteceria quando o governo pudesse acabar com sua dependência de pedir emprestado ao BCB. O conceito de um fim súbito de uma inflação de 24 000% não era intuitivo. Algumas pessoas achavam que, se houvesse uma parada súbita da hiperinflação, isso levaria necessariamente ao colapso econômico. Elas pensavam que um caminho melhor seria tentar reduzir a inflação gradualmente, da casa dos milhares por cento para várias centenas por cento no ano seguinte e para uns duzentos por cento no terceiro ano, e assim por diante. Embora nenhuma hiperinflação tenha sido vencida desse modo, alguns dos consultores do governo que estavam saindo haviam recomendado esse tipo de política.

Depois de alguns dias em La Paz, me pediram que desse uma palestra na Câmara de Comércio Boliviana-Americana e fui armado com meu conhecimento teórico e histórico. Mostrei uma figura de um trabalho recente de Thomas Sargent para enfatizar que a hiperinflação alemã acabara em um dia, 20 de novembro de 1923, e que eu previa o mesmo para a Bolívia. A platéia ficou espantada, e deliciada, diante dessa perspectiva.

Minha pequena equipe, apoiada por colegas bolivianos, começou a trabalhar nos números. Procuramos um pacote de medidas fiscais que pudesse acabar com a dependência do governo do financiamento do déficit pelo Banco Central. Logo percebemos nas discussões com nossos colegas bolivianos e examinando os livros que a chave do orçamento estava no preço do petróleo. As receitas públicas dependiam muito dos impostos sobre hidrocarbonetos, pagos principalmente pela empresa estatal de petróleo, a YPFB. Essa empresa estabelecia o preço do petróleo e da gasolina (em pesos). Em geral, o preço do petróleo era mudado somente depois de alguns meses e, desse modo, caía violentamente em comparação com outros preços e em termos de dólares americanos durante o período em que o preço em pesos era mantido constante. O preço baixo do petróleo, por sua vez, estava destruindo o orçamento.

Eis uma ilustração: suponha-se que o preço da gasolina seja estabelecido temporariamente em 250 mil pesos por litro em um dia no qual a taxa de câmbio esteja em 1 milhão de pesos por dólar. O preço da gasolina em dólares é, portanto, de US$ 0,25 por litro. Suponhamos agora que a taxa de câmbio se deprecia 50% ao mês. Em trinta dias, um dólar custará 1,5 milhão de pesos. Em sessenta dias, 2,25 milhões. Se o preço da gasolina não mudar durante sessenta dias (fato comum em 1984 e 1985), o preço de um litro em dólar cairá para apenas US$ 0,11 (250 mil pesos por litro multiplicados por US$ 1 por 2,25 milhões de pesos). Uma vez que o orçamento do governo depende dos impostos sobre petróleo, a base tributária despenca.

A situação real no que tange aos preços do petróleo era ainda mais dramática do que a ilustração mostra. Em agosto de 1985, o preço em dólar da gasolina na Bolívia despencara para cerca de US$ 0,03 por litro. Caminhões e caminhões de gasolina eram contrabandeados para o vizinho Peru. As receitas estavam em colapso. O déficit orçamentário era da ordem de 10% do PIB, todo financiado pela impressão de dinheiro (tecnicamente, por "empréstimos" do Banco Central). Calculamos que, se o preço da gasolina (e de outros combustíveis) fosse aumentado cerca de dez vezes, para atingir o preço mundial de cerca de US$ 0,28 por litro, esse aumento, por si só, acabaria com a maior parte do déficit orçamentário. Um pacote de outras medidas do lado da despesa e da receita poderia acabar com o resto.

Portanto, minha equipe propôs um aumento violento e único dos preços do petróleo como elemento-chave para deter a hiperinflação, combinado com um pacote de outras medidas fiscais. Nossos colegas bolivianos viram com ceticismo a idéia de que um grande aumento no preço dos combustíveis poderia acabar com a hiperinflação, em vez de desencadear outra aceleração. Com efeito, aos olhos de leigos, parecia absurdo propor um *aumento* de preços como elemento fundamental da estabilidade de preços. Isso só fazia sentido no contexto de uma compreensão teórica do problema, que diagnosticava que a causa da hiperinflação eram as condições orçamentárias e monetárias subjacentes. De certo modo, fiquei surpreso com o ceticismo. Afinal, essa parte do problema parecia um tanto clara. Percebi que John Maynard Keynes tinha razão em 1923, quando observou como se entendia pouco do processo de hiperinflação e como ela era ainda mais destrutiva em conseqüência disso:

> Não há meio mais sutil, mais seguro de derrubar a base existente de uma sociedade do que corromper a moeda. O processo empenha todas as forças ocultas da lei econômica do lado da destruição e o faz de tal maneira que ninguém, em 1 milhão de pessoas, é capaz de diagnosticar.[1]

Escrevemos nosso relatório em duas semanas e deixamos La Paz no dia 24 de julho. Embora tivéssemos ido com a garantia de que nossos amigos estavam prestes a assumir o poder depois das eleições, na verdade, os resultados eleitorais não foram conclusivos, e isso significava que o próximo presidente seria escolhido pelo Congresso, não pelo voto direto. De volta a Boston, recebi a notícia de que o partido político com que eu trabalhara, a ADN, não vencera. Em 6 de agosto, o novo presidente seria Victor Paz Estensoro, do MNR, partido da oposição. Eu me encontrara com os principais assessores econômicos de Paz Estensoro, em especial o empresário Gonzalo ("Goni") Sánchez de Lozada. Eu não tinha idéia se teria alguma relação com o novo governo, embora tenha ficado feliz ao saber que a ADN entregara uma cópia de nosso plano de estabilização ao novo presidente e sua equipe.

Com efeito, o novo presidente agiu com rapidez. Pediu que Goni comandasse o esforço para redigir um plano de reformas econômicas ousado e de base ampla, incluindo a estabilização monetária e indo além. O projeto era revolucionário e propunha que a Bolívia saísse de uma economia estatizante e fechada — típica dos países do Terceiro Mundo de então — para uma economia aberta de mercado. O plano prefigurava as mudanças que ocorreriam uma década depois na Europa Oriental, embora numa escala mais limitada. Ele incluía as idéias sobre estabilização — inclusive a tática central de elevar os preços da energia — mas ia muito além da estabilização, enfrentando problemas que nossa equipe nem discutira.

Político astuto, em seu quarto mandato de presidente desde 1952, Paz Estensoro fez uma coisa em que só alguém com experiência de bastidores poderia pensar. Com o plano de Goni nas mãos, levou os novos ministros para o palácio presidencial e lhes disse: "Ninguém sai. Ninguém fala com a imprensa. Vamos debater e depois entrar em acordo sobre uma estratégia econômica. E vamos todos assiná-la. Se quiserem pedir demissão, podem fazê-lo. Mas, senão, estão no governo e farão parte disso". Eles debateram durante três dias e adotaram o que ficou conhecido na Bolívia como Decreto Supremo 21 060, um projeto não somente para acabar com a hiperinflação, como também para uma transformação completa da economia boliviana.

O programa foi iniciado no dia 29 de agosto, com um forte aumento do preço dos combustíveis. Com a explosão do preço da gasolina (um *gasolinazo*), o déficit orçamentário fechou. Choveu dinheiro na companhia estatal de petróleo e dela para os cofres do governo. O súbito fim do déficit orçamentário levou

FIGURA 1 — PREÇOS BOLIVIANOS (1982-88)

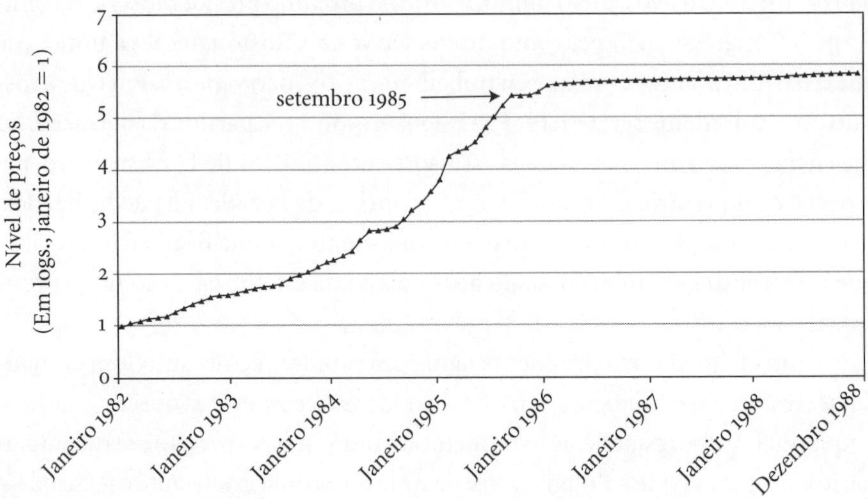

Fonte: *Dados do Instituto Nacional de Estatística, acessados em 27 de agosto de 2004 no site <http://www.udape.gov.bo>.*

a uma estabilização imediata da taxa de câmbio. Uma vez que os preços eram estabelecidos em dólares e pagos em pesos, a estabilização súbita da taxa de câmbio significou igualmente uma súbita estabilidade dos preços em pesos. Dentro de uma semana, a hiperinflação acabou.

A figura 1 mostra o nível de preços mensal para o período que vai de 1982 (no início da hiperinflação) até 1988. Vemos a súbita parada da subida dos preços em setembro de 1985. A figura 2 mostra a mesma coisa numa resolução mais fina, numa base semanal durante agosto e setembro de 1985. Haveria momentos tensos nos primeiros meses do programa de estabilização e um quase-colapso da estabilidade no final de 1985, mas a hiperinflação acabou para sempre. Ela durara três anos e acabou em um dia.

Se os acontecimentos tivessem prosseguido com tranqüilidade a partir de então, eu talvez jamais tivesse outro compromisso com a Bolívia. Porém, antes do que eu imaginava, compreendi que a hiperinflação da Bolívia e o déficit orçamentário que a causara eram sintomas de males muito mais profundos. Na época, minha compreensão da Bolívia era bastante superficial — suficiente para ajudar a assessorar no lançamento de um plano de estabilização, mas não o suficiente para compreender em primeiro lugar por que a hiperinflação acontecera e por que uma longa cascata de mudanças violentas se seguiria. As circunstâncias eram muito mais frágeis e difíceis do que eu imaginava.

FIGURA 2 — TAXAS SEMANAIS DE INFLAÇÃO
(SEMANA 0 = 26 DE AGOSTO A 1º DE SETEMBRO DE 1985)

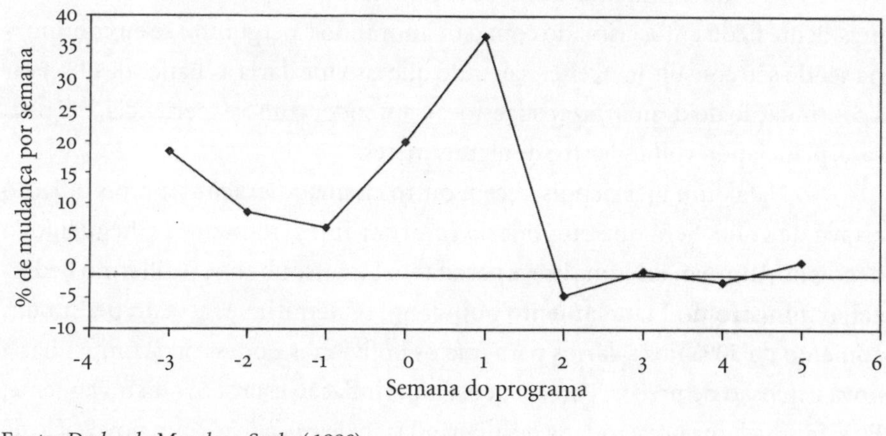

Fonte: *Dados de Morales e Sachs (1990).*

Em 24 de outubro de 1985, a Bolsa de Metais de Londres suspendeu as negociações com estanho, marcando o início de uma queda de preços. Nos nove meses seguintes, o preço do estanho despencou em cerca de 55% depois que o cartel desse metal, do qual a Bolívia fazia parte, foi à falência e não pôde mais comprar estoques de estanho para segurar o preço na taxa antes prevista. A Bolívia era um país exportador de estanho e as minas estatais eram uma fonte importante de empregos, apoio político, suporte social para os trabalhadores e impostos. Desse modo, abriu-se outro buraco imenso no déficit desse país pobre e ferido, e o que havia sido um começo de estabilização entrou subitamente em águas turvas. Pouco depois, recebi um telefonema: o presidente Paz Estensoro queria que eu voltasse à Bolívia.

A essa altura, eu estava mais familiarizado com a história econômica do país. Por incrível que pareça, eu encontrara um livro obscuro na biblioteca de Harvard escrito por George Eder, um consultor econômico estrangeiro do governo boliviano em 1956, que aconselhara os bolivianos sobre como acabar com a alta inflação que se seguira à revolução de 1952. George Eder havia montado um comitê governamental para a estabilização econômica e assessorado esse comitê.[2] Eder tivera muitas idéias boas. Até os personagens eram familiares, inclusive o próprio Victor Paz Estensoro, que liderara a revolução de 1952 e fora presidente entre 1952 e 1956.

Quando voltei a La Paz, encontrei-me com Paz Estensoro pela primeira vez e apresentei-lhe um memorando de recomendações que remetiam a 1956. O presidente ficou entusiasmado com o memorando e perguntou se eu continuaria sendo seu consultor. Aceitei, sabendo que isso me daria a chance de observar a continuação do drama, fazer sugestões e aprender com a experiência. Fui para casa, planejando voltar dentro de alguns meses.

No Natal, um mês depois, recebi outro chamado urgente: a hiperinflação estava de volta. Será que eu poderia retornar imediatamente? Cheguei logo depois do Ano-Novo. Numa breve parada em Lima, soube que Guillermo Bedregal, o ministro do Planejamento boliviano, se demitira e, ao sair, pedira um aumento de 50% nos salários para que os bolivianos pudessem acompanhar a nova explosão de preços. Parecia que a hiperinflação estava à solta novamente. Eu sabia que uma nova rodada de hiperinflação desencadearia um novo ciclo de instabilidade política. Ao chegar a La Paz, fui direto do avião para o Banco Central. Sem dúvida, houvera um tremendo pico no suprimento de moeda em dezembro.

Uma equipe técnica do Banco Central explicou que o orçamento tinha de cobrir dois meses de salários em dezembro, como parte do pacote de Natal. Isso poderia ter sido acomodado mediante uma melhor gestão monetária, mas, como um dos funcionários do Banco me dissera com tristeza, "jamais tivemos um ministro das Finanças que durasse dois Natais". O governo simplesmente não sabia como pagar o salário extra de um modo que não explodisse as finanças públicas!

Diante disso, arquitetei rapidamente um estratagema. Disse que o Banco Central deveria vender suas reservas em moeda estrangeira no mercado em troca dos pesos que acabavam de ser emitidos. Assim, essa operação de câmbio enxugaria os pesos recém-emitidos. A taxa de câmbio do peso se fortaleceria, os preços em pesos parariam de subir e os anunciados aumentos de salário seriam prevenidos. Essa solução era incomum porque a Bolívia se arriscava a jogar fora suas escassas reservas em moeda estrangeira numa situação que já parecia estar descendo pelo ralo. Mas achei que valia a pena correr o risco. A volta da hiperinflação teria sido devastadora. Levei a idéia a Goni, que estava assumindo o Ministério do Planejamento. Ele a comprou. Fomos ao presidente, que também aceitou.

A operação de moeda externa começou. Tal como a teoria monetária dizia, a taxa de câmbio se estabilizou e depois começou a se fortalecer. Era a primeira vez em muito tempo que a moeda boliviana se fortalecia de fato. O presidente anunciou: "Não haverá aumento de salário. Estamos comprometidos com a estabilidade e faremos de tudo para que nossa política monetária seja consistente com isso". Assim, o governo assumiu uma posição forte e, em conseqüência, ganhou muita credibilidade junto ao público. Depois dessa escaramuça, a hiperinflação nunca mais retornou, nem mesmo como ameaça.

A virada deu certo e eu, por ironia, fui chamado ao Fundo Monetário Internacional, em Washington, para explicar por que estava estimulando o governo boliviano a "desperdiçar" suas escassas reservas estrangeiras. Expliquei qual era a lógica. O FMI não conseguiu vê-la e achou que a venda de moeda estrangeira era injustificada. A oposição chegou tarde demais. A operação já terminara e obtivera êxito. Deixei Washington feliz no vôo noturno, depois de minha primeira escaramuça com o FMI. Eu começava a perceber que os "conselhos oficiais" que vinham de Washington podiam ter seus pontos fracos. Como eu sabia pouco naquela época!

A consolidação da vitória contra a hiperinflação

Comecei a descobrir também que não há momento de paz nessas crises. A Bolívia tinha quatro imensos obstáculos que permaneceram depois que a estabilização foi finalmente consolidada. Primeiro, o colapso de outubro de 1985 nos preços do estanho corroía o orçamento e a estabilidade macroeconômica. As minas de estanho não davam mais lucro. O setor mineiro lançava todo o orçamento num enorme déficit. O país empreendeu um imenso corte na mão-de-obra das minas, que foi chocante na escala e de partir o coração dos afetados. Quase cinco sextos dos mineiros perderam o emprego. A era da mineração em larga escala na Bolívia acabara com o colapso do cartel do estanho.

O segundo obstáculo era enfrentar a crise da dívida. O governo boliviano estava falido. Não podia pagar o serviço de suas dívidas externas aos bancos internacionais e aos governos estrangeiros e havia, com efeito, suspendido os pagamentos mais de um ano antes. Agora que o país se estabilizara, o FMI pressionava para retomar o serviço da dívida. Achei que tal passo, naquela altura, jogaria a Bolívia numa crise política e de volta à hiperinflação. Seria necessário impor um fardo politicamente explosivo e socialmente inaceitável aos bolivianos pobres por meio de mais cortes nos gastos públicos e mais aumentos de impostos (se ainda fosse possível coletá-los). Com meu decidido conselho e a firme concordância de Goni, a Bolívia disse não ao FMI: o país não retomaria o pagamento do serviço da dívida. A oposição da Bolívia e sua insistência no cancelamento da dívida ajudaram a pôr em movimento o processo de cancelamento da dívida dos países mais pobres.

O modo como o debate se desenrolou foi outro motivo para a abertura de meus olhos. A equipe do FMI e eu abrimos o debate certa noite na sala de estar da casa de Goni. Eu sustentei vigorosamente que a retomada do serviço da dívida esmagaria os padrões de vida de um povo já empobrecido e também desestabilizaria politicamente o país. Por seu lado, o FMI disse que não havia alternativa: era preciso retomar o serviço da dívida. Depois de uma discussão acalorada, concordamos em continuar o debate no almoço do dia seguinte. Quando o almoço começou, dei um pequeno sermão sobre como a retomada do serviço da dívida era totalmente inapropriada e como as crises de dívidas no passado haviam sido resolvidas com reduções substanciais da dívida por meio de um expediente ou outro. Com efeito, a Bolívia e muitos outros países haviam entrado em *default* na década de 1930 e tiveram suas dívidas canceladas na década seguinte. Anunciei, de modo um tanto impudente, que era assim que as coisas teriam de ser também nos anos 1980.

A equipe do FMI, é óbvio, tinha instruções opostas. O governo Reagan ainda não reconhecera a necessidade do cancelamento de dívidas e estava contente em espremer a Bolívia, nem que fosse apenas para dar um exemplo a devedores muito maiores, como Argentina, Brasil e México. Enquanto eu falava, o chefe da missão do FMI ficava cada vez mais vermelho. Ele estava profundamente irritado por escutar aquele tipo de papo radical de um consultor. Por fim, exasperado, ele disse: "Isso é inaceitável, professor Sachs. Jamais mandaremos tal programa para aprovação de nosso conselho". Diante de meus protestos, ele declarou então: "Quando eu voltar, telefonarei para Bill Rhodes, que também dirá que isso é completamente inaceitável". Eu quase caí da cadeira, porque Bill Rhodes era um executivo do Citibank com responsabilidade pela dívida latino-americana. Ali estava um chefe de missão do FMI, num país quebrado, com um povo faminto, fechando minas, hiperinflação e desordem, dizendo que o Citibank vetaria uma política do FMI de cancelamento da dívida.

Fiz uma pausa e depois repliquei com desdém: "Ah, agora eu entendi. Deixe-me explicar para meus amigos bolivianos o que você acaba de dizer. Você vai telefonar para o Citibank para saber se as políticas da Bolívia são apropriadas? Então, a estratégia do FMI em relação à dívida será determinada pelos bancos internacionais?". Ele ficou furioso, pegou seus papéis e se levantou; declarou a reunião encerrada e saiu da sala, com todo mundo seguindo-o desajeitadamente. Porém, o fato espantoso foi que, depois disso, o FMI nunca mais pediu à Bolívia que pagasse suas dívidas. Acho que eles ficaram confusos ao reconhecer que os governos credores que controlavam o FMI estabeleciam políticas em relação a dívidas de acordo com os principais bancos internacionais, em vez de seguir os ditados da boa política macroeconômica e os compromissos internacionais com as necessidades dos países extremamente pobres. O FMI reconhecera finalmente que a Bolívia estava realmente quebrada e precisava ter sua dívida cancelada para poder se reerguer.

A partir de então, a Bolívia permaneceu em suspensão de sua dívida. Em 1987, ajudei o país a negociar um acordo de cancelamento de dívida com seus maiores credores entre os bancos comerciais, o qual se tornou um modelo para posteriores operações de cancelamento de dívida. O conceito era radical, mas era o único modo sensato e realista de encarar as circunstâncias econômicas do país. Ele fez sentido no longo prazo tanto para os devedores como para os credores, pois — quando aplicado com sabedoria — possibilitou que os países se reerguessem e pagassem parte da dívida (onde isso era possível), ou pelo menos fossem um peso menor para o sistema internacional em termos de ajuda externa futura. A estratégia do cancelamento da dívida já foi aplicada em uma dezena de países, mas com demasiada freqüência a comunidade internacional chega tarde demais ou com excessiva má vontade ao alívio da dívida, para permitir que os países realmente pobres e dilacerados pela dívida restabeleçam o crescimento e o desenvolvimento econômico.

John Maynard Keynes, como sempre, tinha muitas coisas importantes a dizer sobre o serviço da dívida. No período posterior à Primeira Guerra Mundial, ele compreendeu e escreveu com brilho sobre a economia política de sociedades em profunda dificuldade econômica. Ele entendeu que havia pouca vantagem em empurrar os países para o abismo, fosse com exigências de reparações de guerra da Alemanha, fosse com pagamento de dívidas de guerra aos aliados vitoriosos. Keynes advertia que os sistemas políticos podiam estalar. Em *As conseqüências econômicas da paz*, ele corajosamente pediu o cancelamento das reivindicações do pós-guerra num apelo eloqüente que eu julgaria inestimável três quartos de século depois.

> Pode ser um exagero dizer que é impossível para os Aliados europeus pagar o capital e os juros devidos por eles sobre essas dívidas, mas obrigá-los a isso seria certamente impor um fardo esmagador. Portanto, deve-se esperar que eles façam tentativas constantes de evitar ou fugir do pagamento, e essas tentativas serão uma fonte constante de fricção internacional e má vontade por muitos anos. [...]
>
> Haverá um grande incentivo para que [os devedores] busquem seus amigos em outras direções e qualquer ruptura futura de relações pacíficas levará sempre consigo a enorme vantagem de escapar ao pagamento de dívidas externas. Se, por outro lado, essas grandes dívidas forem perdoadas, será dado um estímulo à solidariedade e à verdadeira amizade das nações ultimamente associadas. A existência das

grandes dívidas de guerra é uma ameaça à estabilidade financeira em toda parte.[...]

Jamais poderemos avançar de novo, a não ser que possamos libertar nossos membros dessas algemas de papel. Uma fogueira geral é uma necessidade tão grande que, se não fizermos dela um negócio ordenado e calmo, em que nenhuma injustiça grave seja cometida contra alguém, ela se tornará, quando chegar afinal, uma conflagração que pode destruir muita outra coisa também.[3]

Keynes advertia que o fracasso na questão da crise da dívida poderia levar à calamidade, como de fato aconteceu na Europa com a ascensão do bolchevismo e do nazismo: "A falência e a decadência da Europa, se permitirmos que continuem, afetarão todos no longo prazo, mas talvez não de um modo que seja surpreendente e imediato".[4]

O terceiro obstáculo crítico era a reforma tributária, o grande drama da primavera de 1986. Era o momento de a classe alta boliviana contribuir para o sistema tributário. Eu pressionei amigos do governo e aqueles que lhe davam apoio. Muitos dos latifundiários mais ricos da Bolívia não conseguiam entender por que suas fazendas de gado de mil hectares também precisavam ser tributadas. O debate político foi arriscado, mas no final a reforma passou e ajudou a consolidar uma base fiscal mais justa. A Bolívia continua a ser um lugar de grandes desigualdades. Mas o país deu um passo à frente no sentido de maior justiça em 1986, um passo que foi extremamente importante na manutenção da estabilização monetária e da civilidade política no país.

A última iniciativa importante daquele ano foi criar um fundo social de emergência que pudesse cuidar de pelo menos alguns dos problemas sociais urgentes do país. Eu começava a entender que o fim da hiperinflação não significava o fim do sofrimento ou da miséria. Longe disso. Eu disse com pesar aos membros da equipe econômica do governo que, se eles fossem corajosos, heróicos, firmes, diligentes e honestos, poderiam ter esperança de transformar seu país pobre e hiperinflacionário em um país pobre com preços estáveis. O fim da hiperinflação poderia ao menos propiciar a base para o desenvolvimento econômico.

Goni Sánchez de Lozada compreendeu que a Bolívia teria de se reinventar, uma vez que as minas de estanho jamais ofereceriam prosperidade de novo. Mas as transformações e reinvenções demoram. Enquanto isso, os bolivianos precisavam sobreviver. As pessoas precisavam de empregos, saúde e escolas para seus filhos. O cancelamento da dívida era parte da resposta. Trabalhar duro para obter mais ajuda externa era outra. E descobrir novas formas de direcionar a ajuda de emergência aos mais pobres era absolutamente essencial. Um dia, no escritório de Goni, estávamos discutindo idéias e sugestões e chegamos à proposta de criar um fundo social de emergência que direcionaria o dinheiro para as comunidades mais pobres a fim de ajudar a financiar a infra-estrutura local, coisas como irrigação ou melhoria das estradas. Peguei o telefone e liguei para o Banco Mundial. Katherine Marshall, que chefiava a equipe da Bolívia, respondeu imediatamente: "Você tem razão; façamos isso". Dentro de pouco tempo, conseguimos criar o fundo de emergência com apoio do Banco Mundial. O fundo ofereceu um pouco de rede de segurança — empregos, infra-estrutura para as aldeias — em circunstâncias extremamente difíceis e frágeis.

Meu último envolvimento intenso com a Bolívia nessa época aconteceu um ano depois, quando um esforço militar americano para interditar o tráfico de drogas andino atingiu a Bolívia de modo muito duro. A chegada das forças militares americanas pôs em fuga os traficantes bolivianos. Logo em seguida, veio uma crise financeira. Goni e eu decidimos aproveitar a oportunidade para promover uma erradicação muito mais profunda da coca (cujas folhas são usadas para produzir cocaína). Acreditávamos que, se os Estados Unidos investissem significativamente no desenvolvimento de opções para as dezenas de milhares de *cocaleros* (cultivadores de coca) organizados e politicamente mobilizados, seria possível mudar a Bolívia para outras exportações agrícolas e industriais.

Goni e eu reunimos um grupo de antropólogos, especialistas em agricultura e no cultivo da coca para elaborar um programa que usaria uma crescente ajuda externa a fim de oferecer alternativas realistas à produção de coca, em parte para ajudar as pessoas a sair das regiões de plantio da coca com um emprego e em parte para substituir por outros cultivos. Como em muitos outros casos, o governo americano acabou por adotar algumas dessas idéias, aos poucos e de modo intermitente, ao longo dos quinze anos seguintes. Como acontece com freqüência, fez isso somente depois de dividir por dez o alcance do seu financiamento. Os Estados Unidos, então como agora, procuravam uma saída barata, tentando empurrar os custos para os povos mais pobres, jamais fazendo um investimento suficiente para comprometer-se com uma solução.

Fui com Goni a Washington para apresentar a análise. A falta de apoio americano à Bolívia era estarrecedora. Em essência, disseram a Goni que não havia dinheiro disponível para oferecer ajuda que não fosse por meios militares. O pior encontro de todos foi com George Shultz, secretário de Estado na época, que passou meia hora explicando ao ministro do Planejamento boliviano como os Estados Unidos tinham problemas de orçamento e que simplesmente não havia dinheiro para ajudar os bolivianos. Essa lição veio de um país cuja renda per capita era talvez trinta vezes maior que a da Bolívia, numa época em que este país estava obedecendo às ordens americanas para interditar a coca, com grande risco para sua estabilidade econômica e política.

DESPERTANDO PARA A GEOGRAFIA

Foi uns três anos após meu trabalho na Bolívia que despertei para o realismo econômico, durante uma conversa com David Morawetz, consultor afável e perspicaz do Banco Mundial. Ele era um especialista em comércio internacional que escrevera um livro excelente sobre o colapso do setor têxtil e de vestuário da Colômbia na década de 1970. Ele estava em sintonia com as coisas práticas do negócio. O banco o enviara para tratar de uma questão central: o que a Bolívia poderia exportar depois de estanho e coca?

Morawetz começou a conversa com uma observação direta: "Trata-se de um país sem saída para o mar, no alto dos Andes, que enfrenta custos de transporte incrivelmente altos. Os únicos produtos que a Bolívia conseguiu exportar até hoje foram commodities com um valor muito alto por peso unitário porque somente esses produtos podem superar com sucesso o alto preço dos transportes". Morawetz observou que a nação boliviana nascera no período colonial espanhol, primeiro como exportadora de prata, depois de ouro. Teve um *boom* da borracha na metade do século XIX, o *boom* do estanho no começo do século XX, um breve *boom* dos hidrocarbonetos nos anos 1960 e 1970 e a explosão da coca nos anos 1980. Com efeito, todas as exportações da Bolívia eram commodities com um alto valor por peso. "O que este país pode exportar agora?"

A observação de Morawetz sobre as dificuldades geográficas da Bolívia foi algo verdadeira e incrivelmente novo para mim. É claro que eu sabia que o país era montanhoso e não tinha saída para o mar. As paisagens das montanhas aumentavam muito o encanto da Bolívia, e a elevada altitude aumentava a minha crônica falta de ar em La Paz; por sua vez, a falta de saída para o mar alimentava velhas suspeitas e ressentimentos em relação ao Chile, que havia tomado o território costeiro boliviano em 1884. Não obstante, eu não havia refletido sobre como essas condições eram fatores geográficos essenciais, talvez o fator mais determinante da pobreza crônica do país. Em toda a minha formação, as idéias de geografia física e da distribuição espacial da atividade econômica jamais foram mencionadas.

Os problemas de dificuldade geográfica se tornaram centrais em meu pensamento nos quinze anos seguintes, porque depois que comecei a pensar sobre as forças econômicas da geografia foi difícil não pensar sobre isso. Os países são profundamente moldados por sua localização, vizinhança, topografia e base de recursos. Adam Smith havia pensado muito sobre isso, mas havia anos que eu não o lia. Minha conversa com Morawetz realmente me pôs a pensar e percebi que quase todos os comentários internacionais e escritos acadêmicos sobre a Bolívia negligenciavam esse ponto básico. Incomodou-me muito que os traços básicos e centrais da realidade econômica pudessem ser negligenciados por economistas acadêmicos que teciam suas teorias a milhares de quilômetros de distância.

Felizmente, em minha primeira incursão na assessoria a um país, esse grave erro não causou muitos problemas. Minha missão fora, em larga medida, acabar com a hiperinflação e restabelecer uma base fiscal e financeira para o desenvolvimento econômico. A teoria monetária, graças a Deus, também funcionava a 4 mil metros acima do nível do mar. Minhas idéias básicas sobre como acabar com uma hiperinflação e superar uma crise da dívida ainda eram válidas. Porém, quando mudei minha atenção da estabilização para o desenvolvimento, um foco renovado sobre a geografia física e suas conseqüências econômicas tornou-se crucial.

PRIMEIRAS LIÇÕES DE ECONOMIA CLÍNICA

A Bolívia deu-me as primeiras lições sobre os problemas do desenvolvimento econômico. Comecei a entender com clareza quanto eu teria de aprender para ser capaz de dar orientação correta em questões críticas do desenvolvimento. Eu jamais voltaria a ser um economista que pudesse esquecer um "detalhe" fundamental de um país, tal como ser montanhoso ou não ter saída para o mar, ou estar em guerra com um vizinho. Fiquei cada vez mais atento à base de recursos, clima, topografia, relações políticas com vizinhos, divisões internas étnicas ou políticas e proximidade dos mercados mundiais. Em suma, comecei a perceber que precisava ser um clínico com a capacidade de fazer um diagnóstico diferencial. Ainda não pensava explicitamente nesses termos, mas a noção geral de que eu era um economista que atendia em domicílio começou a se enraizar.

Aprendi várias coisas específicas que se revelariam úteis no futuro.

- A estabilização é um processo complexo. Acabar com um grande déficit orçamentário pode ser o passo imediato, mas controlar as forças subjacentes que causaram o déficit é um processo mais complexo e de longo prazo. Na Bolívia, muitos fatores tinham de mudar para consolidar sua nova estabilidade de preços: os preços internos do petróleo, o fechamento de minas de estanho não lucrativas, uma reforma tributária, o cancelamento da dívida e fundos sociais para reduzir a crise da miséria.
- As ferramentas macroeconômicas têm um poder limitado. Mesmo com o sucesso da estabilização macroeconômica, a Bolívia continuou a sofrer dificuldades de longo prazo devido a seus problemas intrínsecos: sua geografia; as grandes desigualdades sociais e econômicas que dividem o país; e as relações políticas regionais cheias de dificuldades, em particular com Chile, Brasil e Argentina.
- O sucesso das mudanças exige uma combinação de conhecimento tecnocrático, liderança política corajosa e ampla participação social. Sem o conhecimento tecnocrático, não haveria estabilização nem cancelamento da dívida. Sem a liderança forte do presidente Victor Paz Estensoro e de Goni Sánchez de Lozada, os mesmos planos teriam fracassado.
- O sucesso requer não somente reformas internas ousadas, mas também ajuda financeira de fora. A Bolívia precisava fazer reformas ousadas, coerentes e complexas. A comunidade internacional precisava dar a ajuda adequada e aceitar o cancelamento da dívida.
- Os países pobres devem exigir o que lhes é devido. A Bolívia teria sofrido anos de angústia causada pela dívida externa se Goni e eu não tivéssemos pressionado sem cessar pelo cancelamento das dívidas. O FMI, com certeza, não iria em auxílio à Bolívia. Talvez devido à minha inexperiência, eu acreditava que uma abordagem muito diferente da redução da dívida não

era somente necessária, mas também possível. Esse ponto de vista revelou-se correto. Desde então, empenhei-me em ser claro sobre o que é necessário e dei muito menos atenção ao que me dizem que é "politicamente possível". Quando algo é necessário, pode e deve se tornar possível!

A Bolívia melhorou significativamente desde 1985, com estabilidade social e política, obediência à Constituição, inflação baixa e crescimento econômico per capita positivo (embora esse crescimento tenha sido lento demais para consolidar o apoio público), grandes melhorias na alfabetização e nas matrículas escolares e importantes reduções nas taxas de mortalidade infantil. A tabela 1 mostra algumas dessas melhorias. Durante os primeiros anos da década de 1980, a renda per capita estava em declínio acentuado; depois da estabilização, houve um crescimento significativo, mostrado pela curva em forma de V da figura 3. Goni Sánchez de Lozada foi muito elogiado por essa virada e ganhou a eleição para a Presidência, que exerceu de 1993 a 1997. Porém, o crescimento da Bolívia estagnou no final dos anos 1990 e nos primeiros anos do novo século, não escapando de uma crise econômica generalizada em toda a América do Sul.

A Bolívia continua pobre e dividida até hoje. A estabilização e a abertura dos mercados não acabaram com a pobreza, mesmo uma geração depois. Permanecem as profundas divisões étnicas. Depois que Sánchez de Lozada foi eleito novamente para a Presidência, em 2002, explodiram protestos no ano seguinte contra a aquiescência do governo às exigências dos Estados Unidos para erradicar a produção de coca e em relação aos planos do governo de vender gás

TABELA 1 — PROGRESSO DA BOLÍVIA DESDE 1985

	1985	2002
PIB per capita (US$ constantes de 1995)	835	940
Taxa de alfabetização de adultos (% de pessoas com 15 anos ou mais)	74	87
Matrículas na escola primária (%)	91	94
Matrículas na escola secundária (%)	29	67
Matrículas na universidade (%)	21	39
Taxa de mortalidade infantil (por 1000 nascimentos vivos)	87	56
Taxa de mortalidade infantil abaixo dos 5 anos (por 1000)	122	71

Nota: Quando não havia dados disponíveis para 1985 ou 2002, a tabela mostra o ano mais próximo disponível.

Fonte: *Dados do Banco Mundial* (*2004*).

natural aos americanos. Em meio à violência e ao derramamento de sangue, Sánchez de Lozada foi forçado a renunciar. Apesar das notáveis realizações desde 1985, o fardo da geografia e o relativo esquecimento dos Estados Unidos e de outros países doadores ainda pesa muito sobre a Bolívia, assim como a crise econômica contínua em todo o resto da região andina.

A história da Bolívia mostra assim os êxitos das reformas macroeconômicas, bem como suas profundas limitações. A estabilidade dos preços e as reformas do mercado restabeleceram o crescimento, mas este foi muito pequeno e demasiado desigual em seu impacto para tirar toda a população da miséria. A transformação econômica da Bolívia continua parcial. O país pôs um pé na escada do desenvolvimento, mas o passo para o degrau seguinte foi dolorosamente lento e incerto.

Os sucessos da Bolívia em meados da década de 1980 na estabilização e na restauração do crescimento atraíram a atenção internacional para minhas idéias em evolução sobre alívio da dívida, estabilização e programas sociais. Fui convidado a trabalhar com líderes nacionais na Argentina, no Brasil, na Venezuela e no Peru e logo aprendi mais sobre a história, a geografia física, as condições sociais e as tendências econômicas da América do Sul. Esse trabalho, por sua vez, levou a um convite inesperado para ir à Polônia no começo de 1989, que deu início a outro capítulo de minha carreira.

FIGURA 3 — A RENDA BOLIVIANA

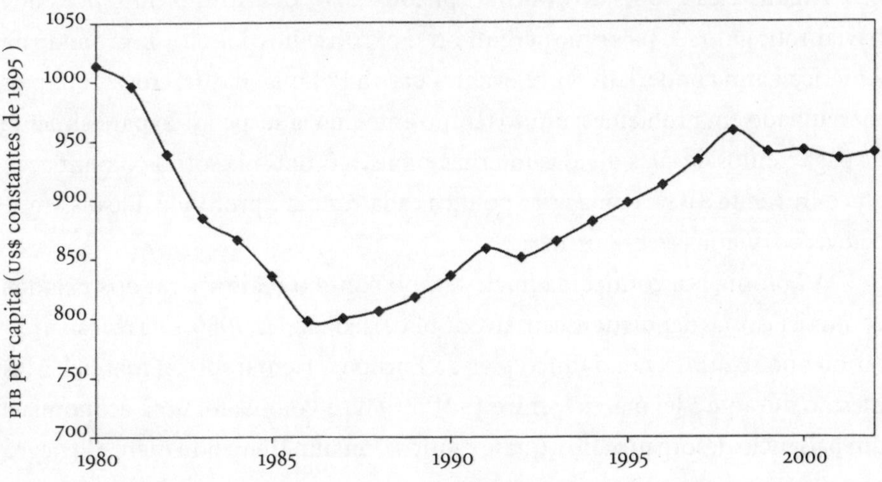

Fonte: *Dados do Banco Mundial (2004)*.

6. O retorno da Polônia à Europa

No início de 1989, recebi inesperadamente um telefonema de Krzysztof Krowacki, um funcionário da embaixada polonesa em Washington, que perguntava se podia me visitar em meu escritório, em Harvard. Concordei, embora não soubesse do que se tratava: um convite para participar dos eventos memoráveis que começavam a se desenrolar na Europa Oriental.

Alguns dias depois, Krowacki explicou-me os desastres econômicos que haviam atingido seu país e me perguntou se os conselhos que eu estava dando na América Latina poderiam ser relevantes para a Polônia. Ele descreveu um país mergulhado em problemas: muito tempo antes havia suspendido parcialmente os pagamentos de suas dívidas internacionais, a economia sofria com inflação alta e crescente e havia uma crise política cada vez mais profunda. Ele disse que o governo queria fazer reformas.

A Polônia era conhecida havia tempo como o mais liberal dos Estados comunistas, mas depois da ascensão do Solidariedade, em 1980, e da reação militar no ano seguinte, era o único país da Europa Oriental sob lei marcial. Mas mesmo durante a lei marcial, entre 1981 e 1989, a Polônia foi uma economia e um país meio desorganizado e quase caótico, com um tremendo mercado negro e muito contrabando. Embora muita gente fosse detida e presa, ainda se escutavam vozes dissidentes.

Escutei fascinado o relato de meu convidado durante mais de uma hora. Falamos sobre a crise da dívida dos países em desenvolvimento e o que recomendei na América do Sul. No final da conversa, ele perguntou se eu estaria disposto a ir à Polônia para discutir essas questões com alguns de seus colegas. Disse-lhe que estava interessado nos eventos poloneses, que visitara Wroclaw em 1976, logo depois das greves e protestos dos trabalhadores naquela cidade. Eu acompanhava os acontecimentos na Polônia e na Europa Oriental com grande interesse, em parte porque minha esposa e sua família haviam emigrado da então Tchecoslováquia.

Dito isso, recusei polidamente o convite, explicando que preferia não trabalhar para um governo comunista. Eu era um grande fã de Lech Walesa, que ainda estava em prisão domiciliar. Se chegasse um momento em que houvesse uma chance de falar tanto com o governo como com um Solidariedade legalizado, aí sim eu estaria interessado. Quando nos despedimos, eu disse: "Se alguma coisa mudar, se suspenderem a lei marcial, por favor, me telefone. Eu adoraria ir".

Quatro semanas depois, Krowacki telefonou-me de novo e disse: "Professor Sachs, o senhor disse para eu telefonar se alguma coisa mudasse. Bem, acontece que o governo vai legalizar o Solidariedade em um acordo de mesa-redonda no início de abril". Era uma notícia surpreendente. Eu não acreditei muito, pois essas coisas jamais estão seguras até que aconteçam realmente. Mas eu disse: "Se isso realmente acontecer, conte comigo. Por favor, assegure-se de que, quando eu chegar, possa me encontrar tanto com os economistas do governo como com os do Solidariedade. Quero ver se meu conhecimento e minha experiência podem, de alguma maneira, ajudar a diminuir a distância entre os dois lados".

A REVOLUÇÃO DEMOCRÁTICA DA POLÔNIA

Cheguei a Varsóvia no dia 5 de abril de 1989, depois de participar de uma curta conferência em Moscou. Um economista profissional do Instituto do Comércio Exterior foi meu anfitrião. Dei uma palestra sobre gestão da dívida, encontrei-me com alguns economistas do movimento Solidariedade, tal como planejado, e passei pelo palácio onde se completavam as negociações para a assinatura do acordo. Parti naquela noite. Foi uma visita de um dia, mas tive a impressão de ver a história em construção.

Algumas semanas depois, recebi um telefonema do notável investidor e filantropo George Soros, que disse que estava em contato com alguns líderes do Solidariedade e com o governo e que ia à Polônia. Estaria eu disposto a acompanhá-lo para me encontrar com esses grupos? Contei-lhe que, por estranho que parecesse, participara recentemente de discussões em Varsóvia e que tinha um convite em aberto para retornar. Soros compreendeu que seu apoio financeiro podia ajudar a alavancar a democratização em toda a Europa Oriental. Suas doações oportunas de aparelhos de fax, fotocopiadoras, passagens de avião e muito mais coisas teve um efeito catalítico sem paralelo sobre as revoluções democráticas em toda a região. Em maio de 1989, fui com Soros e nos encontramos com autoridades do governo e, de novo, com os economistas do Solidariedade.

Durante aquela primavera, todo mundo esperava a continuidade do regime comunista. Mas o caos econômico crescia e havia uma necessidade urgente de encontrar algum tipo de equilíbrio político e social em que as reformas pudessem prosseguir. Ninguém sabia o que fazer. A economia estava quebrada, o planejamento entrara em colapso: reinavam o mercado negro, a inflação e a escassez extrema. Na conclusão da viagem, eu disse ao grupo do Solidariedade e ao governo polonês que estaria disposto a me envolver mais para ajudar a enfrentar a crise econômica que se aprofundava. Perguntei a George Soros se sua Fundação Stefan Batory cobriria os custos de uma pequena equipe. Convidei meu amigo, ex-aluno e co-autor David Lipton, então no FMI, para trabalhar comigo. Começamos nosso trabalho de consultoria sem ter ainda nenhuma suspeita do que estava para acontecer.

O momento crucial da política na Polônia aconteceu em 4 de junho de 1989. No mesmo dia do massacre da praça da Paz Celestial na China, a Polônia realizou suas primeiras eleições parcialmente livres em meio século. Conforme o acordo da mesa-redonda, duas coisas aconteceram: primeiro, acrescentou-se uma Câmara Alta ao Parlamento, para criar um novo Senado. Segundo, um terço dos assentos da Câmara Baixa, o SEJM, foi aberto à eleição. O Solidariedade obteve uma vitória arrasadora, conquistando 99 das cem cadeiras do Senado e todos os 35% da Câmara Baixa levados às urnas. O resultado foi um terremoto político: uma abertura política parcial e um grito público em uníssono: "Fora os comunistas".

Os dois meses seguintes foram os mais notáveis de minha vida profissional. Quando voltei à Polônia, logo após a eleição, um jovem e dinâmico ativista,

Grzegorz ("Larry") Lindenberg, levou Lipton e a mim para encontrarmos, um por um, os principais estrategistas do movimento Solidariedade: Bronislaw Geremek, Jacek Kuron e Adam Michnik.[1] Os três são gigantes da luta mundial pelos direitos humanos; os três desempenharam um papel central no fim das divisões da Guerra Fria na Europa.

No final de uma tarde, sentei-me com Geremek, que me perguntou o que eu achava que o Solidariedade deveria fazer naquele momento. Disse que as eleições lhe haviam dado um mandato para governar. Eu não queria ser ingênuo, apressei-me a acrescentar, tendo em vista as repetidas tragédias da história recente da Europa Oriental, como as invasões soviéticas da Alemanha Oriental em 1953, da Hungria em 1956 e da Tchecoslováquia em 1968, para não mencionar a lei marcial na Polônia. Mesmo assim, o resultado das eleições era cristalino.

Geremek apresentou objeções. Eu podia ver o peso da história sobre suas espessas sobrancelhas. Além das dificuldades práticas de qualquer forma de compartilhamento do poder na Europa Oriental, Geremek duvidava que o Solidariedade pudesse realmente gerir a economia, que estava em completa desordem, se não em queda livre. Ele se perguntava se não seria melhor participar apenas de modo lateral, dando assessoria — talvez por meio de uma comissão de economia do novo Senado, dominado pelo Solidariedade —, mas sem tentar assumir a responsabilidade por uma confusão que não era obra deles e que não tinha remédio fácil.

Foi minha vez de apresentar objeções. Contestei a idéia de que uma economia podia ser dirigida da lateral do campo, que o Solidariedade poderia desempenhar um papel histórico por meio de uma comissão do Senado. Expliquei os sofrimentos e as tribulações de gerir um programa de estabilização. Expliquei como a vida real da reforma econômica, como acontecera na Bolívia, era "uma coisa danada após outra". Expliquei que pilotar uma economia em meio aos vendavais da hiperinflação e da crise da dívida externa era uma tarefa traiçoeira. Expliquei também por que achava que o Solidariedade poderia ter sucesso. As reformas econômicas funcionam, insisti. O povo estava com o Solidariedade. Agora era o momento de agir.

Após várias horas, Geremek levantou-se lentamente. "Sinto-me muito mal depois desta discussão porque acho que você tem razão. Talvez não tenhamos escolha."

Geremek sugeriu que nossa próxima visita fosse a Jacek Kuron. Alguns dias depois, fomos vê-lo no final da tarde. Entramos no pequeno apartamento de Kuron e o encontramos no seu estúdio, sentado a uma mesa atulhada num quarto cheio de livros empilhados por toda parte. Ele pegou o primeiro de muitos maços de cigarro que fumaria naquela noite e uma garrafa de bebida alcoólica. Ele mal falava inglês e entendia só um pouco melhor. Sorriu e disse: "Muito bem, por que vocês estão aqui?".

"Bem, me pediram que o visitasse e conversasse sobre como a Polônia pode sair desta confusão." "Muito bem, então o que você tem a dizer?", respondeu ele, com Larry servindo de intérprete. Comecei a tecer uma história sobre o que a reforma econômica poderia realmente significar. Disse que a Polônia precisava se tornar um país "normal" outra vez, com uma economia normal. Os revolucionários da Europa Oriental, inclusive Kuron, haviam carregado a bandeira do "Retorno à Europa". Não eram utopistas nem tinham pretensões de inventar um novo sistema social. Eles simplesmente exigiam que a Polônia e seus vizinhos voltassem a fazer parte de uma Europa unida "normal". Em termos econômicos, isso significava uma economia mista, como a dos vizinhos ocidentais do país.

Continuei a improvisar, esboçando uma estratégia econômica para o retorno da Polônia à Europa, baseando-me um pouco em minha experiência na Bolívia, uma vez que esse país havia "retornado" à economia mundial após décadas de protecionismo imposto a si mesmo. Também comparei a situação da Polônia à da Espanha e Portugal na década de 1970, depois de seus longos períodos de regime militar com Franco e Salazar. Esses países haviam se isolado política e economicamente e depois encontraram o caminho de volta ao coração da Europa, por meio de reformas políticas e econômicas. O retorno deles à Europa fora marcado por consideráveis realizações econômicas, com altas taxas de crescimento e sucesso na atração de investimentos externos dos outros países europeus, criando empregos.

Eu disse que a essência do retorno da Polônia à Europa seria comerciar com base no mercado com o resto do continente; ter pessoas, bens e empresas indo e voltando da Europa; e fazer a Polônia adotar as leis, instituições e padrões de governança da Europa Ocidental, de tal forma que mais cedo do que se imaginaria — talvez em cinco anos — o país pudesse se tornar membro da Comunidade Européia (a União Européia, criada em 1992, ainda estava distante três anos). Porém, para chegar lá, seria preciso um programa de estabilização decisivo, uma vez que a crise imediata era de escassez, mercado negro e hiperinflação. A montanha de dívidas externas impagáveis também teria de ser reduzida mediante uma negociação para o cancelamento de parte da dívida, como a Bolívia acabara de obter, em 1987.

Essa conversa ocorreu muito antes de haver um governo liderado pelo Solidariedade, então eu estava improvisando. Com freqüência Kuron batia na mesa e dizia: "Tak, rozumiem! Tak, rozumiem" — "Sim, eu compreendo! Sim, eu compreendo!". A fumaça enchia o estúdio e a garrafa não parava de esvaziar. Falei e falei, provavelmente por três ou quatro horas. Não sei quantos maços de cigarro ele fumou naquela noite, esmagando baganas num cinzeiro lotado. No final da noite, ele disse: "Certo, compreendo isso. Vamos fazer. Escreva um plano".

Pensei comigo: "Isso é excitante. Ele gostou das idéias". E disse: "Senhor Kuron, vamos para casa e mandamos por fax alguma coisa dentro de uma ou duas semanas sobre essas idéias". Ele bateu na mesa: "Não! Precisamos do plano agora". Eu disse: "Como assim?". Ele respondeu: "Preciso disso amanhã de manhã". Lipton e eu nos entreolhamos. E Kuron repetiu: "Preciso disso amanhã de manhã". Eram provavelmente onze e meia da noite. Larry disse: "Tudo bem, vamos para o escritório da *Gazeta*. Há um computador lá. Vocês podem digitar um plano". Larry Lindenberg era gerente comercial da *Gazeta Wyborcza*, o recém-legalizado jornal do Solidariedade, sob a liderança do novo editor-chefe, Adam Michnik.

UM PLANO PARA ESTABELECER UMA ECONOMIA DE MERCADO

Chegamos à meia-noite à redação, que até recentemente era uma sala de aula de um jardim-da-infância. Sentei-me ao teclado e Lipton e eu começamos a escrever um plano para a transformação da Polônia, de uma economia socialista na órbita soviética em uma economia de mercado no interior da Comunidade Européia. Trabalhamos até o amanhecer, quando então imprimimos quinze páginas com os conceitos fundamentais e uma cronologia planejada das reformas. Creio que foi a primeira vez que alguém escreveu um plano abrangente para a transformação de uma economia socialista em economia de mercado. Ele tocava brevemente nas questões de comércio exterior, taxas de câmbio, liberalização dos preços, conversibilidade da moeda, estabilização, política industrial, cancelamento da dívida e um pouco sobre privatização, que era a área de maior incerteza.

Nossa proposta compreendia a transformação rápida em economia de mercado — um salto através do abismo institucional — com a introdução de forças do mercado antes mesmo que fosse possível realizar uma privatização ampla. Nossa hipótese, que se revelou correta, era que as empresas estatais funcionariam de algum modo como empresas comuns se pudessem operar de acordo com as forças de mercado, apesar de serem entidades burocráticas sem proprietários além do Estado. Enfatizamos que mais cedo do que tarde o Estado teria de achar donos para essas empresas, mediante vários métodos de privatização.

Numa taquigrafia econômica que se repetiria muitas vezes nos anos vindouros, nosso programa, em essência, repousava sobre cinco pilares:

- Estabilização — acabar com a inflação alta e estabelecer uma moeda estável e conversível.
- Liberalização — permitir que os mercados funcionassem, por meio da legalização da atividade econômica privada, do fim do controle de preços e da criação das necessárias leis comerciais.
- Privatização — identificar proprietários privados para ativos atualmente nas mãos do Estado. Esses ativos podem ser privatizados na forma de empresas inteiras, ou em pedaços (máquinas, prédios, terras), dependendo das circunstâncias.
- Rede de previdência social — pensões, saúde e outros benefícios para os idosos e pobres, especialmente para ajudar a amortecer os efeitos da transição.
- Harmonização institucional — adotar, passo a passo, as leis econômicas, os procedimentos e as instituições da Europa Ocidental, a fim de ser um candidato bem-sucedido à União Européia (que em 1989 ainda era a Comunidade Européia).

Os desafios da Polônia apresentavam algumas semelhanças com os problemas da América Latina, mas também algumas diferenças profundas. As semelhanças eram principalmente macroeconômicas. Tal como a América Latina, a Polônia tinha inflação alta, um grande déficit orçamentário e um grande estrangulamento [*overhang*] da dívida externa. Tal como em partes da América Latina, a moeda polonesa era instável e não tinha liberdade de conversão à taxa oficial de câmbio, havendo uma enorme distância entre a taxa oficial e a do câmbio negro. A distância, por sua vez, levava ao contrabando maciço e à evasão fiscal.

As diferenças talvez fossem mais importantes. A Polônia era uma sociedade alfabetizada e etnicamente homogênea. As tensões étnicas e de classe que dividiam a Bolívia felizmente não estavam presentes. A Polônia também não era pobre. Sim, sua infra-estrutura estava dilapidada e precisava de uma revisão completa; o ar e a água estavam poluídos após décadas de industrialização com uso intensivo de energia e falta de controle ambiental; e as fábricas da era soviética não eram competitivas nos mercados ocidentais. Mas, ainda assim, a Polônia era, em larga medida, urbana, alfabetizada e equipada com a infra-estrutura básica (estradas, eletricidade, água encanada e saneamento, portos marítimos e aeroportos). A geografia também era favorável. Sua proximidade com a Alemanha, pela primeira vez na história moderna, seria uma coisa positiva porque facilitaria o comércio de mão dupla entre a Polônia e a maior economia da Europa Ocidental. (No passado, a mesma proximidade significara repetidas invasões e conquistas por forças externas.)

A maior diferença da América Latina, de longe, era que a sociedade polonesa sabia para onde queria ir: para a Europa Ocidental. Antes de 1945, o país tivera uma economia de mercado e parte das reformas seria tirar o pó dos códigos comerciais dos anos 1930. Outra parte seria adotar as leis comerciais mais modernas que constituíam a base legal comum da Comunidade Européia. Em sua busca de retorno à Europa, a Polônia tinha também um modelo valioso, pelo menos em parte: a Espanha, após a morte do ditador Francisco Franco.

Os dois países tinham em comum uma posição semelhante na Europa. Ambos são católicos com cerca de 40 milhões de habitantes. Ambos estão na periferia da economia européia continental, mais ou menos eqüidistantes do centro da região industrial do Reno, com a Espanha ao sul e a Polônia a leste, como mostra o mapa 6. Nessa condição, ambos tiveram uma industrialização tardia.

Em 1955, o PIB per capita das duas economias era mais ou menos do mesmo tamanho: o da Espanha era US$ 516 per capita, o da Polônia, US$ 755. Os dois países haviam sido danificados pela guerra (civil, no caso da Espanha); a Polônia estivera sob o controle político da União Soviética. A Espanha liberalizou-se gradualmente, ainda quando Franco estava vivo, e acelerou sua integração com a Europa após a morte do ditador, em 1975. Tornou-se finalmente membro da

Comunidade Européia em 1986. O retorno à Europa provocou maravilhas em seu crescimento econômico. A Espanha atraiu turistas e investimentos da Europa Ocidental e gozou de um *boom* de exportações para os países vizinhos, tornando-se uma das economias de crescimento mais rápido do continente. Em 1989, o PIB per capita espanhol era cerca de quatro vezes o da Polônia.

Minha esperança e crença explícita era que a Polônia pudesse ter um tipo espanhol de *boom*, para começar a compensar quase quarenta anos de tempo perdido. Porém, ao elaborarmos o plano, havia uma grande incerteza. O que aconteceria com a velha indústria pesada construída no país com base nas ligações de comércio e energia com a União Soviética? Logo descobriríamos. O começo da transição implicou um declínio dramático da produção industrial, e as primeiras mudanças causaram a falência das empresas da era soviética. Foi só em 1991, depois de dois anos do início da reforma, que começou a haver uma recuperação do PNB. Felizmente, essa recuperação logo ganhou ímpeto e levou o PIB e a produção industrial para níveis acima dos de 1989, como mostra a figura 1.

FIGURA 1 — PIB E PRODUÇÃO INDUSTRIAL NA POLÔNIA

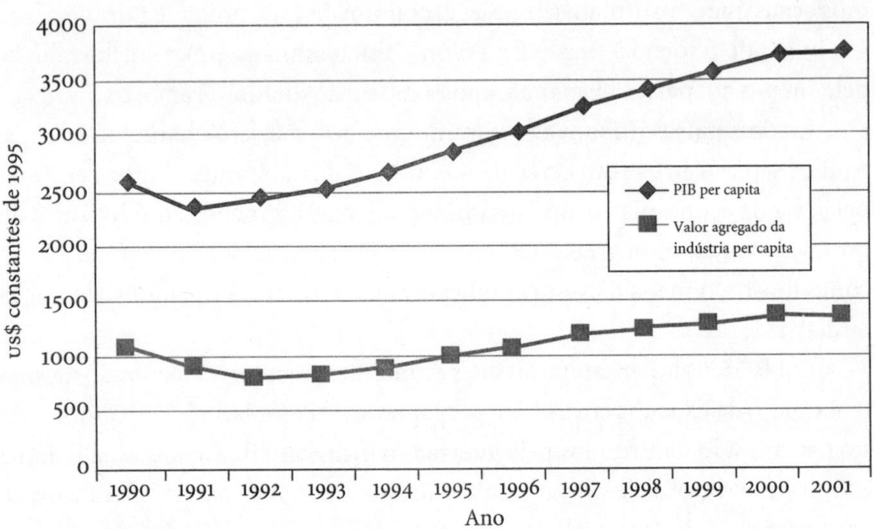

Fonte: *Cálculo com base em dados do Banco Mundial* (2004).

O lançamento do plano

Levamos o documento para Jacek Kuron na manhã seguinte. "Bom, isto é bom", disse ele. "Vão ver Michnik." Adam Michnik, o editor da *Gazeta*, era o terceiro membro do triunvirato intelectual do Solidariedade. Corajoso e visionário, pensava com tanta clareza quanto todos os outros que encontrei nos levantes democráticos da Europa Oriental e da ex-União Soviética.

Apresentei-lhe o plano. Conversamos um pouco. Ele repetia: "Não sou economista. Não entendo dessas coisas". No final de nossa conversa, ele perguntou: "Isso vai funcionar? É o que quero saber. Isso vai funcionar?". Eu disse: "Sim, isso vai funcionar". Ele insistiu: "Você acredita realmente que isso vai funcionar?". Eu reafirmei: "O plano é bom. Vai funcionar". Michnik disse: "Certo, então você colocou a última peça de meu quebra-cabeça. Eu sei o que fazer politicamente. Agora você me diz que há também uma estratégia econômica. Nesse caso, partiremos para o governo".

Em poucos dias, Michnik escreveu um editorial na *Gazeta Wyborcza* que definiu a transformação política da Polônia: "Wasza Prezydentura, Nasz Premier" ("Presidência de vocês, primeiro-ministro nosso"). O poder seria compartilhado. O Solidariedade formaria o governo; os comunistas manteriam a Presidência e os "ministérios do poder" (Defesa, Interior, Inteligência, Polícia). Foi um lance brilhante, que criou confiança entre facções políticas divididas havia meio século. A proposta de compromisso de Michnik baseava-se não somente no realismo político, mas também na percepção fundamental de que os líderes do Solidariedade e os do Partido Comunista polonês eram todos patriotas, com muito mais coisas a uni-los do que a separá-los. Com os ministérios militares em mãos comunistas, era muito mais provável que os soviéticos aceitassem a liderança do Solidariedade nos ministérios civis.

A essa altura, Michnik, Kuron e Geremek nos aconselharam que era hora de nos encontrarmos com Lech Walesa. Alguns dias depois, Lipton e eu tomamos um pequeno avião que nos levou de Varsóvia a Gdansk. Ao chegar, tomamos um táxi até um prédio quase vazio e cavernoso que ficava na frente do famoso estaleiro de Gdansk, o lugar onde Walesa saltara o muro em 1980 para começar a revolução da liberdade na Europa Oriental.

Fomos conduzidos até o escritório dele. As paredes estavam cobertas de fotos de Martin Luther King Jr. e de John e Robert Kennedy, além de várias proclamações e prêmios. Pela janela, podíamos ver a grande âncora na entrada do estaleiro. Walesa entrou e o cumprimentamos. Ele começou abrupto: "O que vocês estão fazendo aqui? O que querem?". Eu disse: "Senhor Walesa, estamos aqui para falar sobre o fato de que Polônia está se encaminhando para a hiperinflação. Temos um plano para a estabilização econômica e reformas que gostaríamos de apresentar". Ele interrompeu-me imediatamente: "Não vim aqui para uma discussão abstrata; quero saber como fazemos para ter bancos em Gdansk".

Fiquei perplexo, mas reagi com firmeza: "Senhor Walesa, a hiperinflação não é uma questão abstrata. A crise econômica atual pode realmente destruir a sociedade polonesa". Tentei descrever o que eu achava que estava acontecendo. Ele escutou, fez uma ou duas perguntas e depois disse: "Quero saber como fazemos para trazer bancos estrangeiros para cá. Temos bons prédios aqui. Precisamos de bancos. Quero que você me ajude a trazer bancos para Gdansk". Eu disse: "Bem, com certeza vou tentar ajudá-lo nisso". Discutimos um pouco mais, ele nos agradeceu a visita e fomos conduzidos para fora. Fiquei desnorteado.

Alguns anos depois, eu estava na embaixada da Bélgica em Moscou, falando para vários embaixadores. O embaixador belga me puxou para um canto e disse: "Você vai ficar um pouco surpreso ao saber disso, mas fui o visitante seguinte de Lech Walesa depois de seu encontro com ele, no verão de 1989. Eu era embaixador na Polônia naquela época". Expressei meu espanto. Ele continuou: "Bem, o senhor Walesa disse para mim: 'Não sei do que aquele sujeito estava falando, mas certamente parecia interessante'".

Tive muitos encontros subseqüentes com Lech Walesa. Minha admiração por ele era e continua altíssima. Antes de mais nada, foi ele que me inspirou a ir à Polônia. Sendo um eletricista que saltou um muro de estaleiro e levou a liberdade ao seu país, Walesa não teve muito tempo para aprender macroeconomia. Mas ele compreendia claramente a natureza humana e a política e aprendi muito com ele sobre as duas coisas, assim como todo o mundo. Walesa foi um grande presidente da Polônia no começo dos anos 1990 e é um dos heróicos lutadores pela liberdade do mundo.

Lipton e eu voltamos para os Estados Unidos. Cerca de uma semana depois, na metade de julho, falei com Michnik pelo telefone. "Então, o que vai acontecer?". Ele respondeu: "Esta tudo bem; vai funcionar". "O que você quer dizer com isso?", perguntei. Ele disse: "Gorbatchov nos telefonou e concordou com a mudança proposta". A União Soviética aceitaria um primeiro-ministro do Solidariedade e um presidente comunista. Essa decisão foi mais uma das extraordinárias contribuições de Gorbatchov para a paz mundial e o fim da Guerra Fria. Ele ajudou ativamente a intermediar a chegada do Solidariedade ao poder na Polônia, cuja ascensão não foi um *fait accompli* aceito com relutância pelo líder soviético. Foi algo que Gorbatchov promoveu no interesse da paz.

Lipton e eu voltamos à Polônia no início de agosto e apresentamos o plano de reformas aos membros do Solidariedade do Parlamento polonês. A *Gazeta Wyborcza* também publicou várias matérias que promoviam o "Plano Sachs" como forma de tirar a Polônia da crise econômica. Em 24 de agosto, dia em que o primeiro-ministro Mazowiecki assumiu o poder, fui convidado a falar para os membros do Solidariedade do Parlamento. Foi o primeiro dia de liberdade política da Polônia em quase meio século. A imprensa nacional e internacional estava lá, assim como o líder da maioria no Senado americano, Bob Dole, e sua esposa, Elizabeth Dole.

O senador Dole falou em primeiro lugar. Ele trouxe os votos de felicidade do presidente dos Estados Unidos e do povo americano. Dole queria que o povo polonês soubesse que os americanos estavam com ele naquele momento de liberdade. Os Estados Unidos ajudariam a garantir que a Polônia tivesse êxito em seu caminho para a democracia e a liberdade. Ele sentou-se após aplausos prolongados. Fui chamado ao pódio em seguida.

Comecei por dizer que a crise econômica da Polônia era muito profunda, que havia uma hiperinflação em fermentação e que o sistema socialista estava em colapso. A Polônia teria de mudar com audácia e urgência para o sistema de mercado. Depois disse que havia uma enorme questão que estava na mente de todo mundo: os esmagadores 40 bilhões de dólares que o país devia ao mundo. Muita gente temia que essa dívida se tornasse uma verdadeira barreira a separar a Polônia da Europa e da prosperidade.

"Quero lembrar vocês do que o senador Dole acabou de dizer. Ele disse que o povo americano está com vocês. Não tenho dúvida de que isso é verdade. Nós, americanos, compreendemos que depois de quarenta e cinco anos de dominação, a Polônia tem hoje um dos eventos mais importantes e positivos da história moderna. Os americanos estarão com vocês; a Europa estará com vocês. Então, estou certo de que o senador Dole concorda que a dívida da Polônia deveria ser simplesmente cancelada. A dívida da era soviética não deveria, de forma alguma, pôr em risco a liberdade do povo polonês."

Então usei a frase que seria repetida com freqüência depois: "A crise da dívida de vocês acabou. Tudo o que precisam fazer é mandar um cartão-postal para seus credores dizendo: 'Muito obrigado, mas agora estamos na era da democracia e da liberdade e não podemos pagar as dívidas da era soviética'". E eu acrescentei: "Não se preocupem com isso de novo; está feito". Não surpreende que uma salva de palmas trovejante tenha explodido, junto com algum choque.

Depois daquela noite, houve muita gente em Washington que tentou dizer aos novos líderes poloneses que eu era perigoso. Pelo menos, um polonês muito bem situado em Washington aconselhou o primeiro-ministro a me expulsar do país antes que eu causasse danos sérios às reformas da economia polonesa. Fiquei preocupado, é claro. Embora achasse que meus conceitos estavam corretos, meu apoio como consultor era precário. A Polônia precisava de uma transformação decisiva em economia de mercado, combinada com estabilização, conversibilidade da moeda e cancelamento da dívida. Era um pacote atraente de reformas que tinham uma boa chance de funcionar, apesar do aprofundamento da crise.

Na noite seguinte, Lipton e eu nos encontramos com o novo primeiro-ministro, Tadeusz Mazowiecki. Fomos levados tarde da noite ao prédio stalinista do Conselho de Ministros. Ele nos recebeu com ar cansado; a pressão a que estava submetido era evidente. Era um homem idoso e os meses difíceis que estavam pela frente seriam extenuantes. Eu não sabia o que esperar da sua opinião sobre a crise econômica, mas em uma frase ele desfez minha preocupação e deixou as coisas claras. Ele me disse: "Estou procurando um Ludwig Erhard para a Polônia".

Ludwig Erhard foi o ministro dos Assuntos Econômicos da Alemanha Ocidental no pós-guerra que pôs o país decisivamente na trilha da reforma de mercado. Foi um administrador econômico de sucesso, corajoso e famoso que se tornou um chanceler não tão bem-sucedido no começo dos anos 1960. Erhard ficou especialmente famoso por ter acabado com o controle de preços da noite para o dia na Alemanha, um lance que permitiu que as mercadorias saíssem do mercado negro e voltassem às lojas. Eu vinha recomendando esse tipo de medida dramática que mais tarde seria chamada de terapia de choque. Erhard também fora uma importante inspiração para Gonzalo Sánchez de Lozada na Bolívia.

Conversamos mais. Descrevi minhas idéias e ele respondeu que os planos se pareciam muito com o que ele queria fazer. Precisava encontrar alguém que fosse capaz de realmente liderar um esforço tão dramático. Mencionou um companheiro que eu não conhecia: Leszek Balcerowicz, que acabou por chefiar o esforço econômico. Ele foi o verdadeiro Ludwig Erhard da Polônia — um líder corajoso, brilhante e decisivo.

Lipton e eu nos encontramos com Balcerowicz duas semanas depois. Gastei alguns minutos descrevendo nosso plano, com o qual ele já estava familiarizado. Ele pegou então um grande diagrama de fluxo, desdobrou-o sobre a mesa e disse: "Vamos fazer isso, e vamos fazê-lo com muitíssima rapidez". Balcerowicz era professor da Escola de Economia e Planejamento de Varsóvia. Era um estudioso politicamente independente e respeitado que fizera mestrado em administração na St. John's University, em Nova York. Falava inglês perfeito, entendia de economia de mercado e era um corredor de longa distância. Ele precisaria dessa habilidade para o que iria enfrentar.

Começamos a trabalhar com Balcerowicz e sua equipe para transformar conceitos em políticas. Uma coisa era esboçar algumas idéias, outra elaborar um programa, e outra ainda montar uma agenda legislativa, orçamentária e financeira. Os detalhes são assoberbantes e inevitáveis. Por isso, as reformas não podem ser lideradas dos corredores do Parlamento. Elas precisam ser comandadas por uma equipe executiva, com um verdadeiro líder executivo. A primeira apresentação do plano de Balcerowicz seria em Washington, no final de setembro de 1989, nas reuniões anuais do FMI. Ajudamos a redigir o plano que ele fez circular entre os líderes financeiros na ocasião. Foi um momento importante. O mundo estava esperando para saber o que a Polônia planejava fazer.

Certa manhã, durante as reuniões com o FMI, telefonei para Balcerowicz e disse: "Leszek, tenho uma idéia. Quero conseguir para você um bilhão de dólares hoje. Quero levantar dinheiro para um fundo de estabilização da moeda polonesa, o Fundo de Estabilização do Zloty. Se vamos fazer do zloty uma moeda conversível, acho que devemos tentar fixar o zloty a um valor estável desde o início das reformas. Para isso, a Polônia vai precisar de reservas em moeda estrangeira, que poderiam ser postas num fundo de estabilização bem visível". Balcerowicz retrucou: "Você acha que pode levantar esse dinheiro? Se você conseguir um bilhão de dólares, ótimo".

Como já estávamos acostumados a fazer, Lipton e eu instalamos um computador na mesa da sala de jantar dele e digitamos um memorando de uma página explicando a idéia do Fundo de Estabilização do Zloty de 1 bilhão de dólares.

O memorando explicava o conceito de conversibilidade e estabilidade da moeda como eixo essencial para o retorno da Polônia à Europa. Fomos então visitar o senador Dole. Explicamos a idéia, ele gostou dela e nos convidou a voltar ao seu escritório dentro de uma hora para nos encontrarmos com o general Brent Scowcroft, o conselheiro de Segurança Nacional. Apresentamos o conceito ao general Scowcroft e ele também gostou. No final do dia, o plano havia sido aceito na Casa Branca e, no final da semana, o governo Bush anunciava seu apoio ao Fundo de Estabilização, para o qual os Estados Unidos contribuiriam com US$ 200 milhões e buscariam os outros 800 milhões junto a outros governos. O fundo foi reunido no final do ano e estava instituído no começo das reformas da Polônia, em 1º de janeiro de 1990.

Do plano à ação

O Big Bang da Polônia, ou terapia de choque, como veio a ser chamada, começou no primeiro dia do ano. Quase todos os controles de preço foram eliminados. A moeda foi violentamente desvalorizada e depois fixada na nova taxa de 9500 zlotys por dólar. A moeda foi sustentada pelo Fundo de Estabilização do Zloty, e o Banco Central da Polônia anunciou que estava preparado para intervir no mercado de câmbio para manter a taxa a 9500 por dólar. Uma nova legislação econômica entrou em vigor, em especial leis que permitiam a abertura de empresas privadas. Eliminaram-se as barreiras comerciais com a Europa Ocidental e permitiu-se que negociantes viajassem aos países ocidentais vizinhos para comprar e vender mercadorias.

Os primeiros dias foram assustadores. Com o fim do controle de preços, a demanda reprimida em excesso da era socialista provocou um enorme aumento dos preços, da ordem de cinco vezes. O preço de um determinado corte de carne, por exemplo, podia aumentar de mil para 5 mil zlotys em questão de dias. Mas, na época anterior à reforma, o preço de mil zlotys era, em geral, uma ficção. Somente as pessoas que faziam fila de madrugada e tinham a sorte de escolher as lojas certas conseguiam carne por esse preço; os outros consumidores encontravam prateleiras vazias. Se realmente quisessem carne, teriam de pagar os preços do mercado negro, que podiam ser até mais altos do que 5 mil zlotys. Assim, o que parecia ser um salto chocante de cinco vezes era, em muitos casos, um declínio real dos preços, se fossem comparados com os do mercado negro anteriores a 1º de janeiro de 1990. Após as reformas, as mercadorias estavam disponíveis nas prateleiras das lojas, não nas vielas do mercado negro. Essa mudança também baixou os preços das mercadorias ao diminuir o tempo e o esforço gastos na sua compra.

A teoria é uma coisa, a prática é outra bem diferente. Embora eu confiasse que o fim do controle de preços poria as mercadorias de volta nas lojas, a preços acessíveis, os primeiros dias de 1990 foram de estraçalhar os nervos. Eu telefonava periodicamente para a Polônia. Larry Lindenberg estava ficando cada vez mais nervoso. "Faz uma semana e não vemos ainda mercadorias nas lojas." E então, de repente, aconteceu a virada. "Jeff, há mercadorias nas lojas! Na verdade, a loja de departamentos da esquina está fazendo uma liquidação, cortando os preços que estava cobrando por alguns utensílios. É a primeira vez em minha vida adulta que vejo uma liquidação. Alguma coisa está começando a acontecer."

Com efeito, em poucas semanas os mercados estavam cheios de novo. Em nossas visitas à Polônia nessa época, Lipton e eu mantivemos um controle sobre a disponibilidade de *kielbasa* em uma loja próxima do Ministério das Finanças. Nos últimos meses de 1989, não havia lingüiças. Na metade de janeiro, as lingüiças duravam até às onze da manhã. Algumas semanas depois, elas estavam à venda durante todo o dia. Começou também um extraordinário comércio de ida e volta entre Alemanha e Polônia. Os poloneses iam com seus pequenos automóveis ao outro lado da fronteira para comprar mercadorias e revender na Polônia. Vendiam direto do porta-malas do carro, convertiam zlotys em marcos (operação legal a partir do início do ano) e depois usavam os marcos alemães para a próxima rodada de compras. Outros vendiam mercadorias polonesas — tais como carnes industrializadas — ou mão-de-obra em construções da Europa Ocidental, aumentando o fluxo de marcos e outras moedas européias para o mercado polonês.

Esse comércio não enriqueceu a Polônia da noite para o dia. As mercadorias agora disponíveis eram caras e as rendas eram baixas. Ainda assim, os poloneses pararam de passar a vida buscando mercadorias no mercado negro ou fazendo filas diante de lojas vazias. A liberdade de comércio se tornaria uma escora do crescimento econômico nos anos seguintes. Houve, é claro, algumas mudanças muito agudas nos padrões de consumo, algumas altamente desejáveis, outras bem dolorosas. Uma mudança para melhor ocorreu na composição da dieta polonesa. Até 1990, ela estava sobrecarregada de produtos lácteos gordurosos, em conseqüência dos fortes subsídios aos produtores de leite e derivados. No início de 1990, os subsídios foram retirados e a dieta mudou para frutas e verduras, diminuindo o consumo de produtos com alto teor de colesterol. Frutas que simplesmente não eram encontradas na Polônia, como bananas, estavam agora disponíveis graças ao comércio fronteiriço. A nova dieta levou, em poucos anos, a uma queda significativa das doenças cardíacas.

O maior transtorno, de longe, aconteceu nas indústrias estatais. Muitas somente haviam sobrevivido graças ao planejamento central. Não fabricavam produtos que pudessem ser vendidos no mercado, em especial depois que as mercadorias ocidentais se tornaram acessíveis. Muitas faziam produtos que eram vendidos à União Soviética, que era agora um cliente insignificante. A maior parte da indústria pesada dependera durante décadas do fornecimento de energia soviética muito barata e abundante. No início de 1990, com o fim do regime comunista na Polônia, a União Soviética passou a vender petróleo e gás à Europa Oriental estritamente dentro dos preços de mercado, levando a uma enorme queda dos suprimentos. As grandes firmas industriais polonesas foram forçadas a diminuir sua força de trabalho, e algumas fecharam as portas para sempre. O peso maior recaiu sobre os trabalhadores de meia-idade, que haviam sido formados para uma economia soviética que não existia mais. A maioria desses trabalhadores despedidos acabou no seguro-desemprego durante algum tempo e, depois, nas pensões de uma aposentadoria precoce. A história os iludiu e impediu que tivessem treinamento e conhecimento para uma vida plena de emprego produtivo.

Por felicidade, o investimento externo da Alemanha e de outros países europeus ocidentais começou a entrar relativamente cedo. No final de 1989, pediram-me que me encontrasse com uma executiva sênior da Asea Brown Boveri no aeroporto de Zurique, quando eu estava viajando de volta para Boston. Ela me disse que a empresa estava pensando em investir na Polônia: assumir uma fábrica estatal de turbinas mecânicas. Perguntou-me se eu me encontraria com o conselho diretor da empresa, e quando isso aconteceu, eles ficaram muito surpresos com meu otimismo em relação à Polônia. Felizmente, uma boa parte da direção da ABB compartilhava desse otimismo e o investimento proposto foi adiante. Foi um grande sucesso e a empresa acabou vendendo turbinas em todo o mundo, por meio da rede de produção global da ABB. Seu sucesso foi um exemplo claro de como a integração da Polônia na economia mundial podia criar empregos no país, aumentar a produtividade da indústria local, ajudar sua integração na economia européia e começar o longo processo de elevar a produtividade e os padrões de vida.

Em geral, as empresas européias ocidentais começaram a investir na Europa Oriental depois de 1989, muitas com instalações de produção, a fim de exportar bens manufaturados para os mercados da Europa Ocidental, aproveitando-se dos salários mais baixos do Leste. Esse mesmo padrão alimentou o rápido progresso econômico da Espanha depois que o país se integrou à Comunidade Européia nos anos 1970 e 1980. A geografia, como sempre, mostrou seu poder ao influir nos eventos econômicos do Leste. Quanto mais distante estava um país pós-comunista dos mercados europeus ocidentais, menor o investimento externo direto (IED) por pessoa que entrava no país. A figura 2 ilustra esse padrão. A distância entre cada capital de país pós-comunista e Stuttgart, no coração da economia européia, está plotada no eixo horizontal, e a quantidade de investimento externo direto por pessoa em 1996 no eixo vertical. Embora não seja uma aná-

FIGURA 2 — IED E LOCALIZAÇÃO NA EUROPA ORIENTAL E EX-UNIÃO SOVIÉTICA

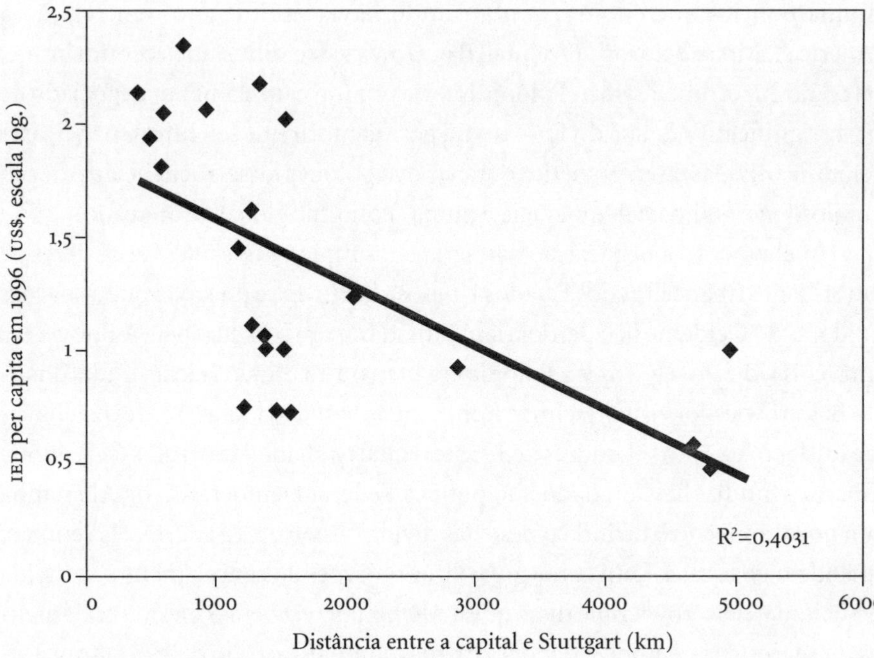

Nota: *Calculado com dados do Banco Mundial (2004).*

lise rigorosa, a linha em declive mostra uma forte relação: quanto mais perto da Europa Ocidental, mais alto o IED.[2]

Em dois anos, muita gente começou a perceber que a Polônia estava salva do desastre e, na verdade, começava a crescer. Esse ressurgimento foi o primeiro caso de crescimento pós-socialista em todos os países da Europa Oriental. Uma dose de otimismo começou a se insinuar, mesmo num meio que era historicamente tão marcado pelo pessimismo. No entanto, o verdadeiro renascimento do otimismo esperava uma solução para a dívida externa, que pairava sobre o futuro da Polônia como uma persistente nuvem carregada.

O FIM DO SUFOCO DA DÍVIDA DA ERA SOVIÉTICA

Balcerowicz não seria capaz de administrar a briga e o transtorno causados pelas violentas reformas econômicas se os benefícios delas fossem engolidos pelo aumento do serviço da dívida. Os ganhos da reforma tinham de ir para o povo polonês, não para os credores externos da Polônia, um ponto básico de economia política que eu vinha enfatizando havia muitos anos em relação à América Latina e à Europa Oriental. Balcerowicz decidiu estabelecer um limite, tal como eu recomendara. A Polônia lutaria por um cancelamento negociado de parte significativa de sua dívida externa para garantir que seu futuro não ficasse refém das dívidas da era soviética e que o povo polonês fosse o beneficiário de seu corajoso mergulho na democracia e numa economia global de mercado.

Infelizmente, a negociação não seria tão simples. Eu escutei várias vezes de autoridades financeiras dos Estados Unidos, da Europa e do Japão que as nações credoras do Ocidente não perdoariam a dívida de um país europeu. A Bolívia era uma coisa, diziam eles, mas a Polônia era bem outra. Então veio a virada, quando Balcerowicz foi visitar Helmut Kohl. Antes de sua ida, sugeri a ele que lhe seria útil ler o Acordo de Londres de 1953, no qual os aliados vitoriosos da Segunda Guerra Mundial haviam dado à República Federal Democrática da Alemanha um novo começo, reduzindo o peso das dívidas anteriores à guerra. Na reunião, quando o chanceler Kohl começou a fazer objeções ao cancelamento da dívida da Polônia, Balcerowicz lhe disse que a Alemanha recebera o mesmo tratamento que ele estava pedindo e depois fez um resumo do acordo de 1953. Kohl acabou por concordar em fazer pela Polônia o mesmo que fora feito pela Alemanha, chamando a ocasião de momento histórico. Assim se abriu novo horizonte. No final, a Polônia conseguiu um cancelamento de 50% de sua dívida, cerca de 15 bilhões de dólares.

Com freqüência, dizem às nações que, se suas dívidas forem canceladas, elas não merecerão mais crédito. Esse argumento é retrógrado. Se um país deve muito, não pode ser merecedor de crédito. Os investidores racionais não farão novos empréstimos. Se o cancelamento da dívida é justificado por realidades financeiras, negociado com boa-fé e o país pratica políticas econômicas saudáveis depois, então o cancelamento da dívida aumenta a "creditabilidade", em vez de reduzi-la. Afinal, um país bem governado com dívida baixa pode assumir novas dívidas. O cancelamento da dívida não pode se dar por travessura ou capricho. Não deve ser um jogo para evitar obrigações passadas. Ele deve refletir realidades sociais, econômicas e políticas. Nessas circunstâncias, um cancelamento negociado pode dar nova esperança e novas oportunidades econômicas ao país devedor e um renovado merecimento de crédito. Foi exatamente isso que aconteceu na Polônia, que retornou aos mercados de capital nos anos 1990.

Infelizmente, a Iugoslávia não teve a mesma sorte. Na época em que eu estava assessorando a Polônia, pediram-me que ajudasse também aquele país a escapar de condições semelhantes de hiperinflação, excesso de dívida externa e colapso socialista. O último primeiro-ministro da Federação Iugoslava, Ante Markovic, lançou um plano de estabilização em janeiro de 1990 que eu ajudei a criar. Esse plano teve um começo maravilhoso e poderia ter funcionado, não fossem as medidas deliberadas e desastrosamente bem-sucedidas de Slobodan Milosevic de solapar o governo federal e seu programa econômico. Markovic, que precisava de apoio em sua luta com Milosevic, então líder da Sérvia, apelou às potências ocidentais para adiar — não perdoar — o pagamento das dívidas da Iugoslávia. Um adiamento daria espaço para a economia respirar e prestígio político a Markovic, o que teria fortalecido o plano de estabilização, cujo sucesso o fortaleceria ainda mais.

Mas, enquanto Milosevic ganhava força em sua batalha para derrubar a Iugoslávia, o primeiro governo Bush, a União Européia e o FMI negavam até mesmo o pedido modesto de reescalonar as dívidas da Iugoslávia. Essa recusa refletia, em minha opinião, a estupidez de divorciar política externa de política econômica internacional. Embora se deva atribuir a Milosevic, e não ao Ocidente, a culpa do colapso da Iugoslávia, não houve nenhum esforço de qualquer tipo para ajudar a manter o país unido. O embaixador dos Estados Unidos na época, Warren Zimmerman, com quem tratei brevemente, escreveu um relato do colapso da Iugoslávia — *Origem de uma catástrofe: a Iugoslávia e seus destruidores* — que chegou à mesma conclusão.

LIÇÕES DAS REFORMAS DA POLÔNIA

Em 2002, a Polônia já estava mais de 50% mais rica em termos per capita do que em 1990 e havia registrado o maior crescimento entre os países pós-comunistas da Europa Oriental e da antiga União Soviética. No dia 1º de maio de 2004, quinze anos depois do início da democratização, o país tornou-se membro da União Européia. A Polônia voltou realmente à Europa. Suas reformas econômicas tiveram sucesso, ainda que o país continue a enfrentar muitos desafios e precise de décadas para diminuir a distância em renda e riqueza que o separa de seus vizinhos da Europa Ocidental.

Fui convidado a ir à Polônia graças à minha experiência na Bolívia e em seus vizinhos da América do Sul. As lições latino-americanas da estabilização e do cancelamento da dívida revelaram-se, de fato, úteis para o país, como Krzysztof Krowacki esperava quando veio pela primeira vez ao meu escritório em Harvard, em janeiro de 1989. Aprendi muito depois de chegar à Polônia, e as lições foram vitais não somente para entender o que era necessário nesse país (e seus vizinhos), mas também para compreender eventos e estratégias de desenvolvimento econômico na América Latina e em outras regiões do mundo. Fiquei cativado ao mesmo tempo com as semelhanças e as diferenças com a Bolívia. Comecei a entender o modo como a geografia, a história e a dinâmica social interna moldavam seu desempenho econômico. A economia clínica começava a se desenvolver.

Em primeiro lugar, tive mais consciência do que nunca de que o destino de um país é fundamentalmente determinado por suas ligações específicas com o resto do mundo. A história, as crises e as perspectivas econômicas da Bolívia refletiam totalmente sua situação de país montanhoso e sem saída para o mar, que vive de exportar seus recursos naturais. Em contraste, a história, as crises e as perspectivas econômicas da Polônia refletiam sua situação de país plano comprimido entre a Alemanha e a Rússia. Durante os dois séculos decorridos entre

1763 e 1989, a longa planície pomerana esteve entre os piores, se não o pior, bens imobiliários do planeta. Exércitos alemães e russos invadiram a Polônia muitas vezes. O país desapareceu do mapa na segunda metade do século XVIII, tomado por seus vizinhos, e só reapareceu em 1919, como parte do acordo de paz após a Primeira Guerra Mundial. Mas a independência não significou uma verdadeira liberdade. A Polônia foi invadida no mesmo mês de setembro de 1939 por Alemanha e União Soviética, no início da Segunda Guerra, e depois ficou sob domínio soviético de 1945 a 1989.

Embora a geografia polonesa tenha sido, talvez, a mais adversa do mundo durante dois séculos, eu acreditava que ela estaria provavelmente entre as mais afortunadas depois de 1989. Com a paz na Europa, aquela larga planície entre a Alemanha e a Rússia seria perfeita para que caminhões carregassem mercadorias e carros levassem turistas, em vez de tanques levando exércitos conquistadores. Com efeito, a geografia funcionou a favor da Polônia depois de 1989, com uma explosão do comércio externo e do investimento estrangeiro. A ABB, a Volkswagen e dezenas de outras empresas européias ocidentais viram na Polônia uma base de operações extremamente conveniente para a produção destinada ao mercado europeu. Desse modo, o país recebeu bilhões de dólares de investimento externo com os quais a Bolívia, lá no alto das montanhas, só podia sonhar.

Em segundo lugar, aprendi novamente sobre a importância de uma diretriz básica para a transformação econômica de base ampla, um conceito suficientemente poderoso para enquadrar os grandes debates de uma sociedade e dar orientação a milhões de indivíduos sobre as mudanças que vão acontecer. Na Bolívia, os conceitos básicos eram democracia, o fim da hiperinflação e a reinvenção do país, de produtor de estanho e coca para alguma coisa nova. Na Polônia, o princípio orientador, acima de todos os outros, era o retorno à Europa. A Europa Ocidental e, em particular, a Comunidade Européia (e mais adiante, a União Européia) proporcionavam o ponto de referência, os princípios organizadores e até mesmo as tarefas específicas para a transformação da Polônia. As dificuldades e a incerteza seriam toleradas pela sociedade polonesa se o objetivo final parecesse alcançável. Com efeito, a promessa de participação na União Européia foi cumprida catorze anos depois do começo das reformas.

Em terceiro lugar, e de modo crucial, vi novamente as possibilidades práticas do pensamento conceitual em larga escala. A Polônia precisava de uma transformação fundamental, de uma economia socialista moribunda para uma economia de mercado. O ponto final estava claro, mas o caminho não. Certos fatos pareciam se atravessar na rota. O país precisava integrar-se com as economias de mercado vizinhas, especialmente com a alemã. Para isso, necessitava de uma moeda estável e conversível para o comércio externo. Mas a conversibilidade do zloty parecia muito distante, a não ser que a confiança nessa moeda pudesse ser restaurada rapidamente. Daí a idéia do Fundo de Estabilização do Zloty. A Polônia precisava voltar a ser digna de crédito, mas a projeção da dívida da era soviética parecia impedir o caminho; daí a idéia de um cancelamento negociado da dívida. Ao mostrar como essas iniciativas políticas específicas se enquadravam numa visão maior, e com precedentes históricos práticos (como o acordo da dívida alemã de 1953), pude vender as idéias pragmáticas necessárias para abrir o caminho da Polônia de volta à Europa.

Em quarto lugar, aprendi a não aceitar um não como resposta. Durante quase dois anos, altos funcionários das finanças do G7, que reúne os sete países mais ricos, me disseram que as dívidas da Polônia não seriam canceladas.[3] No final, elas foram. A lógica prevaleceu, como costuma acontecer. Às vezes, no entanto, a lógica fracassa, como no caso da Iugoslávia, assim como aconteceu também nas reformas da Rússia. Ainda assim, a experiência de escutar não, não, não, seguida depois por um sim, afetou profundamente minha visão da defesa de políticas. Não aceito por certo o que é considerado politicamente impossível e estou preparado para defender de modo incansável e maçante o que precisa ser feito, mesmo quando sustentam que é impossível. Isso leva a alguns sucessos notáveis, bem como a alguns desapontamentos profundos, algo que eu experimentaria no caso das reformas russas.

Por fim, a experiência da Polônia confirmou ainda mais uma lição fundamental que eu vira claramente na Bolívia. Quando entra em crise profunda, uma sociedade quase sempre precisa de alguma ajuda externa para voltar aos trilhos. Os países são como indivíduos com problemas que precisam da ajuda da família, dos amigos, conselheiros e programas públicos, e raramente conseguem se erguer somente pelas próprias forças. As sociedades em crise estão sujeitas a forças poderosas de desordem. Mesmo quando os líderes querem comandar, as sociedades podem se fraturar, deslizando para a violência, a guerra ou a anarquia, como aconteceu com a Iugoslávia no início dos anos 1990. Os investidores fogem do país, não apenas devido a debilidades fundamentais, mas também porque vêem os outros fugindo. O desastre pode se tornar uma profecia autocumprida.

Nessas circunstâncias, a ajuda externa é vital pelo menos por dois motivos. Primeiro, a ajuda pode ser necessária para pôr os fundamentos em ordem. O cancelamento da dívida é um caso assim. Em segundo lugar, a ajuda pode ser precisa para reforçar a confiança nas reformas. O Fundo de Estabilização do Zloty é um exemplo claro disso. O simples fato de ter 1 bilhão de dólares no banco foi suficiente para convencer os poloneses de que o zloty poderia ser uma moeda estável e conversível (em especial porque o resto da política macroeconômica foi gerido com responsabilidade). Quase todos os países receberam ajuda importante em algum momento. Os Estados Unidos receberam apoio francês durante a Guerra da Independência. A Europa e o Japão receberam ampla ajuda americana depois da Segunda Guerra Mundial, assim como a Coréia, uma década depois. Israel tem recebido vasto suporte financeiro dos Estados Unidos. Alemanha e Polônia tiveram suas dívidas canceladas. Deveríamos ter cautela com o moralismo excessivo e evitar dizer aos povos mais pobres, mais vulneráveis ou atingidos por crises, que resolvam sozinhos seus problemas.

7. Colhendo tempestades: a luta pela normalidade na Rússia

Depois do ano excitante e difícil na Polônia, de abril de 1989 a meados de 1990, planejei retornar ao meu trabalho acadêmico. Viajei com freqüência pela Europa Oriental em 1990 e passei a conhecer melhor a região e muitos de seus novos líderes democráticos. Em breve, comecei a me encontrar com jovens economistas soviéticos que estavam interessados na transformação em andamento na Polônia e nos países vizinhos.

No verão de 1990, David Lipton e eu fomos convidados para um encontro com a liderança do Gosplan, o órgão de planejamento econômico da Rússia. Fomos falar sobre as reformas na Polônia. Disseram-nos que éramos os primeiros estrangeiros a receber um convite para ir ao último andar do Gosplan, que está repleto de bustos e retratos de Marx, Lênin e outras figuras do panteão comunista. Fizemos um relato detalhado aos planejadores soviéticos sobre a lógica e os princípios fundamentais das reformas de mercado. A perestróica de Gorbatchov estava em andamento, mas a economia não estava respondendo, afora cair cada vez mais no mercado negro, na escassez e na inflação crescentes que havíamos testemunhado no verão anterior, na Polônia.

Os problemas econômicos da União Soviética, em seu cerne, refletiam o colapso do sistema socialista, tal como ocorrera na Europa Oriental. Mas havia características imediatas especiais que exacerbavam a crise soviética. A mais importante era que a União Soviética dependia quase inteiramente de suas exportações de óleo e gás para obter moeda estrangeira e de seu próprio uso de óleo e gás na indústria pesada, de uso intensivo de energia, para manter a economia industrial. Porém, a partir de meados da década de 1980, no momento em que Gorbatchov chegava ao poder, o país foi atingido por dois grandes choques. Primeiro, o preço mundial do petróleo despencou, diminuindo os ganhos de sua exportação. Em segundo lugar, a produção soviética de petróleo atingiu um pico

FIGURA 1 — A TESOURA DE PETRÓLEO E DÍVIDA DA RÚSSIA

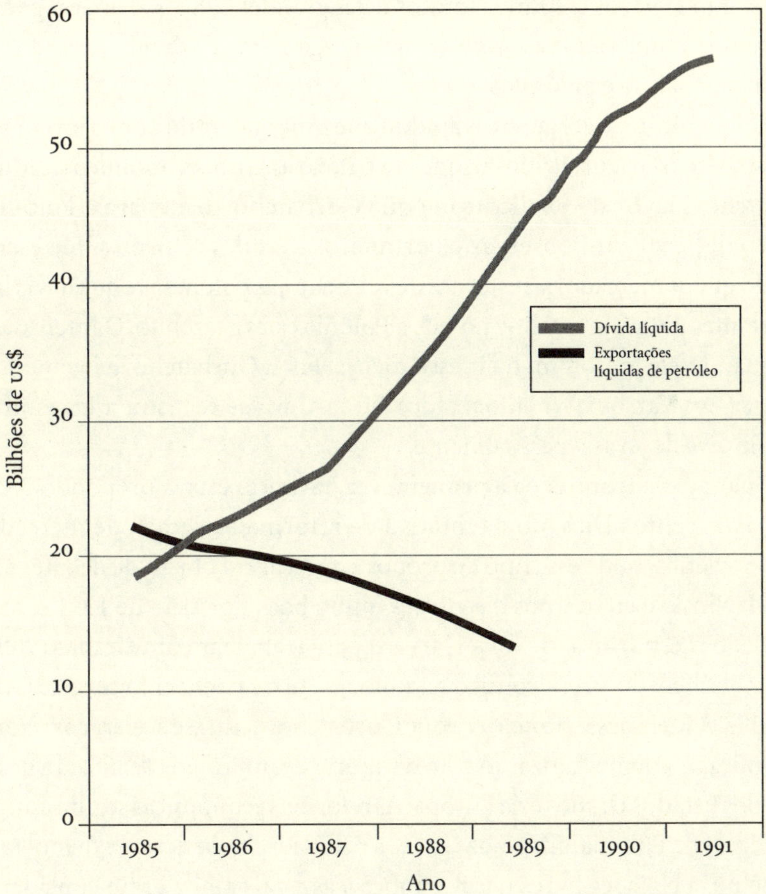

Fontes: *Dados sobre a dívida de Aslund (1995); receita da exportação de petróleo calculada com base nos dados do FMI (1991).*

e depois começou a cair fortemente devido ao esgotamento de campos petrolíferos e à falta de investimento em novos campos na tundra, mais difíceis de atingir. A URSS começou a tomar empréstimos no exterior, tanto para cobrir a queda dos ganhos com exportação como para tentar modernizar a economia. Tudo isso foi inútil: o velho sistema não podia ser salvo. Na segunda metade dos anos 1980, a economia soviética ficou presa na tesoura da queda da receita da exportação de petróleo e da elevação da dívida externa, como mostra a figura 1. A receita do petróleo estava acima da dívida líquida em 1985 (US$ 22 bilhões contra US$ 18 bilhões), mas em 1989 a dívida[1] já subira para US$ 44 bilhões (a caminho dos 57 bilhões, em 1991), enquanto a receita do petróleo despencara para meros US$ 13 bilhões.[2] Em 1991, os credores (muitos deles grandes bancos alemães) pararam de dar empréstimos e começaram a exigir o pagamento da dívida, abrindo caminho para o colapso econômico.

Àquela altura, George Soros ajudou-me a me encontrar com o jovem reformista soviético Grigori Iavlinski, que era o novo assessor econômico de Mikhail Gorbatchov. Iavlinski explicou-me que Gorbatchov o enviara à Polônia no começo de 1990 para observar os primeiros dias das reformas. Ele escreveu dizendo que as mercadorias estavam de volta às lojas polonesas e que havia lições importantes para Gorbatchov no que a Polônia estava fazendo. O interessante é que, quando ele tentou mandar essa mensagem a Gorbatchov via embaixada soviética em Varsóvia, o embaixador linha-dura se recusou a transmiti-la. Iavlinski teve de levá-la pessoalmente.

Quando o encontrei pela primeira vez, Iavlinski estava propondo o Plano dos Quatrocentos Dias, uma tentativa de reforma acelerada de mercado na União Soviética, onde esse tipo de proposta radical era objeto de debates acalorados. Iavlinski e eu tivemos discussões muito boas no início de 1991 e, na primavera do mesmo ano, ele foi a Harvard para trabalhar com Graham Allison, Stanley Fischer (do MIT) e comigo naquilo que ficou conhecido como a Grande Barganha. A idéia desse projeto era que Gorbatchov tentasse acelerar as reformas econômicas e a democratização com o suporte de uma ajuda financeira de larga escala dos Estados Unidos e da Europa. As reformas econômicas seguiriam, grosso modo, as da Polônia, adaptadas para as realidades soviéticas, e a democratização incluiria eleições livres nas repúblicas, as quais ainda eram consideradas estados cada vez mais autônomos dentro da união.

Uma lufada de atividade política cercou esse trabalho em Harvard. Allison tentou vender a idéia em Washington ao primeiro governo Bush, mas seus assessores não compraram a noção de uma ajuda financeira de larga escala. Gorbatchov foi à reunião de cúpula do G7 em 1990, realizada em Houston, em busca desse tipo de ajuda, mas não conseguiu nenhum apoio. A crise soviética estava cada vez mais profunda. Iavlinski voltou para a União Soviética e eu parti para a Europa para umas férias de verão muito necessárias em agosto de 1991. Porém, na primeira noite, recebi um telefonema para ligar a tevê na CNN. Uma tentativa de golpe contra Gorbatchov estava em andamento. Ela fracassou, mas deu a Boris Ieltsin vantagem em seu desafio político a Gorbatchov. A Rússia seria em breve um Estado independente, junto com catorze outros Estados sucessores de uma União Soviética já moribunda.

Em novembro de 1991, Boris Ieltsin pediu a Iegor Gaidar, um importante jovem economista russo, que criasse uma equipe econômica. Gaidar convidou David Lipton e a mim para ir a uma *datcha* nas cercanias de Moscou, a fim de trabalhar com a nova equipe econômica na montagem de um plano de reformas para a Rússia. O país ainda era uma república da União Soviética, mas parecia claro que logo ganharia a independência, e Ieltsin se tornaria presidente de um Estado soberano. O *timing* e a complexidade dessa transformação eram assustadores. Passamos vários dias na *datcha*. Com a experiência do caso polonês e o conhecimento dos eventos econômicos em toda a Europa Oriental, começamos uma discussão muito longa e intensa com a nova equipe sobre as reformas russas.

RÚSSIA, UM MUNDO À PARTE

As diferenças entre a Rússia e o que havíamos visto em outros lugares eram desconcertantes. Tudo nesse país era muito mais complexo do que na Polônia: a escala dos problemas; a amplitude da camisa-de-força socialista na sociedade; os milhares de anos de autocracia; os onze fusos horários; a população quase quatro vezes maior do que a polonesa; e as profundas diferenças geográficas, culturais, religiosas e lingüísticas dentro da Rússia e entre esse país e o Ocidente. Até o conhecimento do que era uma economia de mercado era imensamente maior na Polônia do que na Rússia. O ministro das Finanças polonês, Leszek Balcerowicz, estudara nos Estados Unidos durante dois anos e completara o mestrado. Ninguém na liderança russa tinha algo parecido com essa experiência. Gaidar passara apenas algumas semanas no Ocidente e era, de longe, quem tinha mais experiência internacional entre os líderes russos que surgiram na época.

A Rússia era realmente um mundo à parte. Percebi que, embora não pudesse organizar suas reformas em torno do conceito de retorno à Europa, como a Polônia, o país poderia seguir o chamamento de Ieltsin para que a Rússia se tornasse uma potência "normal" — sem buscar um império, mas que abraçasse a democracia e adotasse uma economia de mercado. À sombra da história russa, normalidade era um conceito excitante e revolucionário, mas quem, na Rússia, sabia realmente o que ele significava? Ninguém no país jamais vivera dentro da normalidade. Os russos haviam vivido sob o controle de Stálin, 75 anos de planejamento central, mil anos de autocracia e séculos de servidão, em que a maioria avassaladora da população era composta de camponeses sem liberdade. A normalidade não seria fácil de alcançar. Eu jamais disse que seria, somente que era possível.

Essa transformação seria a mais difícil da história moderna, porque a distância entre o ponto em que a Rússia estava e aonde ela precisaria chegar — para ter paz interna, estabilidade e desenvolvimento econômico — era tão vasta quanto era possível imaginar. Toda a base de instituições econômicas e políticas precisaria de uma retificação. A estrutura econômica — as interconexões de indústrias, pessoas, recursos naturais e tecnologia — já havia chegado a um beco sem saída. As pessoas estavam literalmente nos lugares errados. Estavam na Sibéria, vivendo em grandes cidades secretas que haviam sido criadas com propósitos militares. Trabalhavam em indústrias pesadas totalmente dependentes do uso maciço das reservas de gás e petróleo, como se não houvesse limites para essas reservas. Em 1989, por exemplo,[3] a União Soviética produziu 557 quilos de aço per capita, em comparação com apenas 382 quilos nos Estados Unidos, apesar de a renda per capita soviética ser menos de um terço da americana em termos de poder de compra. Não obstante, no mesmo período, final dos anos 1980 e início dos 1990, sua produção de gás e petróleo estava em declínio acentuado. Os reservatórios existentes se exauriam e os soviéticos não investiam adequadamente em novos poços de localização difícil, muitas vezes na tundra. De acordo com estimativas da Agência de Informações sobre Energia dos Estados Unidos, a produção soviética total de petróleo caiu de 12 milhões de barris por dia em 1989 para 10,3 milhões de barris em 1991.

Nenhuma política econômica pode ser suficientemente poderosa para realocar pessoas, fábricas e recursos em questão de dias, semanas ou mesmo alguns anos. A transformação de que a Rússia precisava seria complexa e controversa. A expressão "terapia de choque", uma criação jornalística para descrever a reforma radical, estava totalmente errada. Não haveria um tranco único para acabar com as atribulações da Rússia. Os choques iniciais de retirada do controle de preços, conversibilidade da moeda e liberalização do mercado poderiam ajudar, como aconteceu na Polônia, mas não resolveriam os problemas da desordem estrutural subjacente, das falhas de suprimento de energia e uma miríade de outras crises interligadas. Na melhor das hipóteses, as medidas reformistas ajudariam a levar o país para o caminho de uma imensa transformação social e econômica cujo processo duraria uma geração. Contudo, a Rússia precisaria de considerável ajuda internacional para fazer tudo isso com êxito, inclusive os agora conhecidos componentes de reserva financeira para a estabilização do rublo e de cancelamento de parte da dívida da era soviética.

Poderia funcionar? Eu achava que sim. Certamente achava que valia a pena tentar. Afinal, quais eram as alternativas? Guerra civil? Uma rápida queda em outra tirania? Anarquia? Um novo conflito com o Ocidente? Assumi o encargo de assessorar Gaidar e sua equipe não porque tivesse certeza, ou mesmo confiança, de que as reformas iriam funcionar, mas porque pensei que era necessário tentar fazê-las. Elas ofereciam a melhor chance para a paz, a democracia e a prosperidade econômica.

Meu conselho essencial à Rússia foi avançar com rapidez nas reformas fundamentais que eram possíveis — tais como estabilização e liberalização do mercado — e avançar definitivamente, embora não da noite para o dia, na privatização. Busquem a normalidade, em vez da singularidade, repetíamos sempre. Também instamos a obter toda ajuda financeira externa possível. Gaidar concordava com isso. Ele designou um grupo de assessores de fora e nos pediu que preparássemos um documento sobre estratégia que pudesse ser apresentado ao presidente Ieltsin em dezembro. Tornei-me o principal redator e porta-voz do grupo e nos encontramos duas vezes com Ieltsin, em dezembro de 1991, no Kremlin.

Na segunda reunião, na manhã de 11 de dezembro, Ieltsin entrou com um sorriso largo, braços abertos e sentou-se feliz e radiante. "Senhores, quero lhes dizer, na verdade, posso ser o primeiro a lhes contar, que a União Soviética não existe mais." E continuou: "Acabei de me encontrar com os generais soviéticos e eles concordaram com a dissolução da União Soviética". Nosso trabalho ganhou mais urgência. A União Soviética acabara: a Rússia logo seria independente e as reformas econômicas teriam início dentro de semanas.

A Rússia lançou as reformas em 2 de janeiro de 1992, dois anos depois da Polônia. Gaidar tornou-se o primeiro-ministro provisório durante 1992, até ser substituído por Viktor Tchernomirdyn, no fim do ano. Ao final da primeira semana, as diferenças entre Rússia e Polônia no que dizia respeito às atitudes sociais e políticas ficaram claras. Na Polônia, os primeiros dias da reforma foram recebidos com apreensão e aceitação penosa. Na Rússia, os ataques a Gaidar e sua equipe começaram de imediato, inclusive de dentro do gabinete e de seu rival e depois sucessor, Tchernomirdyn, mas com mais força dos líderes da Duma (Parlamento), que logo pediram a demissão de Gaidar. Seria assim durante anos, com os reformistas mal conseguindo se manter nos cargos e, ainda mais raramente, no poder. A maioria das reformas implementadas não passou de pálida sombra do que fora planejado.

TENTATIVAS DE OBTER AJUDA EXTERNA

Para mim, a questão da ajuda externa à Rússia foi o tema dominante nos dois anos seguintes. Eu achava que o país precisava de algo parecido com o que a Polônia recebera, mas multiplicado por quatro para estar à altura do tamanho de sua economia e de um desafio muito maior. Solicitei repetidamente um programa de ajuda de US$ 15 bilhões de dólares por ano para permitir que a Rússia estabilizasse a moeda, introduzisse uma rede de previdência social para pensionistas e outros grupos vulneráveis e ajudasse a reestruturar a indústria. Eu achava que 15 bilhões por ano não era pedir muito, uma vez que era uma fração minúscula de 1% da renda do mundo rico e uma fração mínima dos gastos anuais com armamentos da Guerra Fria. Se com isso fosse possível acabar com a Guerra Fria, seria uma fração minúscula dos dividendos da paz.

Essa visão não foi aceita em Washington. Só me dei conta da dimensão da rejeição muitos anos depois, porque sempre achei na época que havia uma chance de obter a ajuda. De certo modo, eu ficara mal-acostumado pelos sucessos improváveis que ajudara a construir na Polônia e na Bolívia, onde me haviam dito muitas vezes que as dívidas não seriam canceladas, ou que os vários pacotes de ajuda não viriam, para depois vê-los chegar com velocidade surpreendente. Passara a achar, posteriormente, que "não" significava "sim".

Eu defendia três ações imediatas de apoio do Ocidente à transformação da Rússia:

- Um fundo de estabilização para o rublo, como houvera para o zloty polonês.
- Uma suspensão imediata dos pagamentos da dívida, seguida por um profundo cancelamento das dívidas russas.
- Um novo programa de ajuda para a transformação, com foco nos setores sociais mais vulneráveis da economia russa.

Mais tarde, muitos críticos me acusaram de mascatear uma forma cruel de ideologia do mercado livre na Rússia. Não foi o caso. Minha principal atividade durante dois anos foi tentar sem sucesso mobilizar o auxílio internacional para ajudar a amenizar as inevitáveis dificuldades que acompanhariam a tentativa russa de superar o legado soviético.

A saga em torno de um fundo de estabilização do rublo oferece um caso ilustrativo da obtusidade ocidental. O caso polonês mostrara o valor de um fundo desse tipo. Ele havia permitido que a Polônia avançasse de modo decisivo e rápido para uma moeda conversível que, por sua vez, foi a chave financeira do comércio internacional com base no mercado. O Fundo de Estabilização do Zloty conseguiu de tal modo sustentar a confiança na nova moeda que o Banco da Polônia jamais precisou sacar contra o fundo para defendê-la. (Alguns anos depois, o US$ 1 bilhão foi convertido em suporte orçamentário para outras iniciativas de reforma.) Argumentei que, se a Polônia precisara de US$1 bilhão, a Rússia precisaria de um fundo em torno de US$ 5 bilhões. De início, o FMI torceu o nariz, em parte por motivos técnicos errados (queria manter o rublo soviético em circulação em toda a antiga União Soviética, em vez de substituí-lo por moedas nacionais), e também devido à resistência política dos Estados Unidos e de outros líderes do G7.

Por ironia, em meados de 1992, o conceito de fundo de estabilização fora finalmente aprovado pelo G7, mas nunca foi posto em funcionamento. Quando houve essa aceitação do princípio pelo Grupo, Gaidar já perdera ímpeto, o Banco Central estava nas mãos de opositores das reformas e, na prática, o G7 parecia contente em deixar a proposta na geladeira. No meio da hiperinflação e do tumulto político, o *timing* é tudo, e o *timing* do fundo de estabilização foi menosprezado pelo Ocidente.

Havia mais um importante tropeço a enfrentar. No sistema soviético, o rublo fora usado em toda a economia. Com a União Soviética nesse momento dividida em quinze Estados, seria necessário haver outras tantas moedas. Senão, cada Estado, com seu banco central agora independente, iria emitir rublos. A única alternativa plausível às quinze moedas nacionais separadas seria um único rublo sustentado por um único banco central supranacional, semelhante ao Banco Central Europeu. Porém, nas condições políticas de 1992, esse nível de cooperação entre os Estados sucessores estava fora de questão. Eles estavam fugindo uns dos outros o mais rápido possível.

A conversão do rublo soviético em quinze moedas nacionais era uma operação técnica bastante complicada, mas ainda assim administrável, que achei possível e desejável de realizar nos primeiros seis meses de 1992. No final, levou mais de dois anos, em parte porque o FMI tinha enormes objeções à criação de moedas nacionais separadas. Os analistas dessa instituição esperavam contar com uma visão cooperativa de uma moeda compartilhada, em que bancos centrais separados estabeleceriam uma política monetária comum. Essa avaliação era um erro de diagnóstico, revertido em 1993, apenas mais um dos muitos erros que eles cometeram nos primeiros anos das reformas russas.

Tal como acontecera na Polônia em 1989, havia grande ceticismo entre as autoridades russas em relação à possibilidade de tornar logo o rublo conversível. O presidente do Banco Central da Rússia na época, Gueorg Matiukhin, me disse: “Sabe, não acredito em nada dessa conversibilidade rápida, mas, se você conseguir um fundo de estabilização do rublo de US$ 5 bilhões, é claro que apoiarei essa política”; era quase a mesma coisa que o presidente do Banco Central da Polônia me dissera dois anos antes. É óbvio que a posição de Matiukhin era um motivo poderoso para a criação do fundo de estabilização, que não convenceria apenas a população, mas também os céticos da reforma dentro do próprio governo, exatamente como acontecera na Polônia!

Fiz uma campanha sem sucesso em favor do fundo de estabilização do rublo nos primeiros meses de 1992, com crescente incredulidade e desespero diante da passividade e teimosia do FMI e do G7. Em abril daquele ano, compareci a um programa de televisão sobre a Rússia com o secretário de Estado

Lawrence Eagleburger, que me ofereceu uma carona de volta à cidade. Nessa ocasião, ele disse: "Jeff, quero explicar uma coisa para você. Sabe aquele fundo de estabilização de que você tanto fala? Suponha que eu acredite no que você disse. Suponha que eu concorde com você. Suponha que Leszek Balcerowicz, o ministro das Finanças polonês, tenha me dito a mesma coisa na semana passada. Quero que você entenda uma coisa: isso não vai acontecer". Fiquei confuso, especialmente tendo em vista a premissa de que ele concordava com meu argumento. "Você sabe em que ano estamos?" "Claro, em 1992." "Este é um ano eleitoral. Quero que você compreenda que isso não vai acontecer neste ano. Então esqueça."

Bem, devo admitir que não acreditei nele. Eu vira demasiadas vezes um não se transformar em sim. Os fatos mostraram que Eagleburger estava meio certo: a proposta foi retardada tempo suficiente para se tornar improvável. A mensagem dele parecia refletir processos que estavam em andamento em Washington. Primeiro, Patrick Buchanan escarnecia do presidente Bush por ser um "presidente da política externa", o tipo de ataque para motivar os assessores políticos a se oporem a qualquer iniciativa importante em política externa. Além disso, foi nesse período que Richard Cheney, então secretário da Defesa, e seu vice, Paul Wolfowitz, redigiram o controvertido Guia de Planejamento da Defesa, cujo objetivo era assegurar o domínio militar americano no longo prazo sobre todos os rivais, inclusive a Rússia.

Na minha visão, eu havia tratado a Rússia do mesmo modo que a Polônia. Era apenas quatro vezes maior, mas talvez dez vezes mais difícil em termos estruturais e culturais. Tal como Iavlinski e Gaidar, eu achava que as reformas polonesas ofereciam um conjunto valioso de lições e marcos para as reformas russas, inclusive as medidas necessárias da comunidade internacional. Em 1991 e 1992, supus que os Estados Unidos torceriam pelo sucesso da Rússia como haviam feito em relação à Polônia. Olhando em retrospecto, duvido que isso tenha alguma vez acontecido. A Polônia era considerada pelos estrategistas americanos, entre eles, os do primeiro governo Bush, o flanco oriental da aliança ocidental. Ela era, sem a menor dúvida, candidata à União Européia e até à OTAN. Apoiar a Polônia significava, portanto, favorecer também, sem a menor dúvida, os interesses ocidentais. Eu acreditara que o mesmo valia para a Rússia, mas agora duvido que Cheney e Wolfowitz tenham alguma vez compartilhado dessa percepção. A Rússia não estava destinada a se tornar membro da União Européia e certamente não seria candidata à OTAN. Ainda era um país com mais de 20 mil armas nucleares. Tendo em vista o pensamento de soma zero que Cheney e Wolfowitz propunham, parece-me plausível agora que o apoio à recuperação rápida da Rússia era considerado contrário aos interesses americanos pela Casa Branca de George Bush pai e pelo *establishment* da defesa.

O tratamento pelo G7 da dívida da era soviética da Rússia foi um fracasso similar. Eu defendia uma suspensão imediata e unilateral do serviço da dívida enquanto se decidia um acordo de longo prazo entre o país e seus credores. Quando Gaidar teve seu primeiro encontro com as autoridades financeiras do G7, no final de novembro de 1991, David Mulford, que era subsecretário do Tesouro americano, o advertiu: "Não pare de pagar a dívida. Continue pagando". Outros representantes fizeram coro, avisando Gaidar que o envio de alimentos de emergência poderia ser suspenso se a Rússia tentasse parar de pagar o serviço de sua dívida externa. Pior ainda, o G7 negociou uma cláusula especial de "obrigação conjunta e particular" com os Estados sucessores, na qual todos prometiam pagar, se necessário, toda a dívida da era soviética. Isso levou a um emaranhado de problemas políticos e financeiros que demorou anos para ser desfeito. A insistência do G7 no pagamento da dívida foi imprudente e míope. Ela simplesmente garantiu que a Rússia ficaria sem reservas em moeda estrangeira no início de 1992, o que aconteceu exatamente em fevereiro daquele ano.

Sempre achei irônico que a Rússia e a loja de departamentos R. H. Macy & Co. tenham suspendido o serviço da dívida mais ou menos no mesmo dia de fevereiro de 1992. A Macy's, no entanto, tinha o benefício da lei de falências americana, o que possibilitou que obtivesse proteção legal contra seus credores, uma suspensão formal do serviço da dívida e uma quase imediata injeção de novos empréstimos do mercado, sob proteção da lei de falências. (O código de falência americano permite que o novo empréstimo tenha prioridade de pagamento sobre a dívida antiga.) Essa proteção da lei manteve a Macy's intacta e possibilitou que ela se recuperasse, beneficiando assim os credores, que de outro modo teriam saído em louca corrida para as saídas e acabado com bens menos valiosos de uma loja defunta. Ao contrário, a Rússia não recebeu nenhum desses privilégios. Não havia proteção legal contra os credores, nenhuma suspensão legal do serviço da dívida e, com certeza, nenhuma injeção rápida de capital novo. Desse modo, tanto a Rússia como seus credores sofreram as conseqüências.

Quanto à concessão de ajuda, o Ocidente anunciou em abril de 1992 um pacote de US$ 24 bilhões para a Rússia. Foi apenas um de uma corrente sem fim de anúncios enganadores que vieram dos países ricos em relação aos países pobres. Na verdade, quase não havia dinheiro vivo para a Rússia naquele anúncio. Boa parte dele compreendia empréstimos de curto prazo, a juros de mercado, para permitir que a Rússia comprasse mercadorias que, de fato, não queria, de fornecedores americanos e europeus que tinham forte influência política em seus governos. O assim chamado pacote de ajuda de US$ 24 bilhões contrastava vivamente com o Plano Marshall, que havia reconstruído a Europa. De acordo com esse plano, os Estados Unidos fizeram doações à Europa, em vez de empréstimos de curto prazo.

No fim das contas, 1992 foi um ano terrível para as reformas e os reformistas da Rússia. Depois do primeiro momento de liberalização dos preços, as outras reformas nunca se efetivaram, ou o fizeram de forma truncada. Muitos controles de preços continuaram em vigor. O comércio internacional foi aberto apenas parcialmente. A moeda era apenas parcialmente conversível. E, o que foi pior, não se conseguiu a estabilização monetária. A inflação galopante continuou durante todo o ano. Em parte, isso foi conseqüência das pressões políticas em andamento, que impediram uma política monetária mais decisiva, e foi também resultado das políticas desastrosas do novo presidente do Banco Central, Viktor Gerashchenko, a quem chamei na época de "pior presidente de banco central do mundo". Porém, foi também conseqüência de o FMI não ter promovido uma moeda nacional russa. A confiança dos quinze países soberanos no rublo da era soviética foi ruinosa, tal como previsto. Uma vez que os custos inflacionários se difundiriam amplamente, cada país sentiu-se incentivado a emitir créditos, em outras palavras, a "imprimir dinheiro".

Diante da inflação galopante dos últimos meses de 1992 — ao contrário das previsões e promessas de sua equipe econômica —, Gaidar perdeu sua vantagem política. Ieltsin não pôde salvá-lo quando os adversários da reforma pediram sua cabeça. Em dezembro de 1992, ele foi substituído pelo antigo *apparatchik* da era soviética Viktor Tchernomirdyn, que resistira às reformas quando era ministro da Energia. Quando Gaidar saiu, eu pretendia desistir da consultoria à Rússia. Estava em férias de Natal quando recebi um telefonema de Boris Fedorov. Era um reformista jovem, firme e forte que me chamava para dizer que, apesar de Tchernomirdyn ocupar o posto de primeiro-ministro, ele acabara de ser nomeado ministro das Finanças. Poderia me reunir com ele em Washington na semana seguinte?

Encontramo-nos num escritório do Banco Mundial. Fedorov disse que tinha uma grande batalha pela frente e que estava decidido a manter as reformas em andamento. Não estava muito otimista em relação a Tchernomirdyn e ainda menos otimista em relação a Gerashchenko. E me perguntou se eu o ajudaria. Será que eu poderia abrir um pequeno escritório no Ministério das Finanças e continuar a servir de consultor? Apesar de Gaidar estar fora e de a situação política ser um tanto aflitiva, pensei uma vez mais que a luta valia a pena.

O ano de 1993 não foi melhor que o anterior. Os reformistas agüentavam-se como podiam. Fedorov durou doze meses: foi posto na rua no fim do ano. Gaidar teve um breve retorno perto do final de 1993. Dessa vez, durou cerca de um mês e meio, e em dezembro foi mandado embora de novo. Foi um ano de luta para evitar que a hiperinflação decolasse. Para mim, foi um ano de tentar persuadir o governo Clinton a fazer mais do que Bush fizera. Infelizmente, quando Clinton assumiu a Presidência, Gaidar e boa parte da equipe reformista já estavam fora do poder. O primeiro-ministro Tchernomirdyn não tinha a menor simpatia pelas reformas.

Logo no começo da transição de Bush para Clinton ficou claro que não haveria um grande aumento da ajuda à Rússia. Michael Mandelbaum, que fora um dos assessores de Clinton para a Rússia durante a campanha eleitoral, desligou-se da equipe presidencial, dizendo que não faria parte do novo governo. Explicou-me que a equipe de Clinton se decidira contra qualquer programa de larga escala para a Rússia e que continuaria a confiar nos esforços liderados pelo FMI. Clinton elevou os níveis de apoio à Rússia e deu a Ieltsin importante suporte político, mas as manchetes sobre ajuda à Rússia foram exageradas. Pouco auxílio veio em forma útil para sustentar as necessidades orçamentárias, como pensões e serviços médicos. Boa parte foi apenas na forma de créditos comerciais, e o FMI deu continuidade a um conjunto de políticas inadequadas para a Rússia que restringiram a eficácia de qualquer ajuda que chegasse.

Em geral, os anos Clinton foram um período de queda da ajuda externa. Os Estados Unidos faturaram os dividendos da paz, com redução dos gastos militares, sem investir em ajuda às regiões pobres e em crise do mundo. O presidente Clinton tentou fazer mais, em especial perto do fim de seu mandato, mas foi impedido por um Congresso resistente. No final do governo, assumiu a causa do perdão da dívida para os países mais pobres e voltou sua atenção para a luta contra a aids, que levou adiante depois que deixou a Casa Branca.

Do meu ponto de vista, na Rússia, 1993 foi outro ano de esperanças frustradas. Por fim me demiti no final do ano, quando Gaidar e Fedorov foram postos na rua de novo. Meu desligamento foi anunciado em janeiro de 1994, e esse foi o fim de meu envolvimento com a Rússia na qualidade de consultor. Continuei durante um ano a fazer algumas pesquisas e ajudei a Fundação Ford a criar um instituto de pesquisas em Moscou. Não vou à Rússia desde o início de 1995. Meu papel de assessor durou dois curtos e aflitivos anos. Tive pouco sucesso em levar adiante iniciativas em que acreditava, em particular na idéia de usar o apoio financeiro externo para dar suporte às reformas russas.

A ausência de ajuda do Ocidente teve custos muito altos. Os russos estavam otimistas no início. Eles haviam se tornado profundamente cínicos e desmoralizados no final dos anos 1990. A democracia teve uma grande chance no início desse período, com novas instituições de livre manifestação e meios de comunicação independentes. No final da década, o otimismo desaparecera e os russos estavam de novo em busca de um líder forte com poder centralizado. Quando não conseguiram a ajuda de que precisavam, os reformistas foram substituídos por *apparatchiks* cinzentos e caçadores de fortuna corruptos.

O pior aconteceu em 1995 e 1996, época em que eu já era um mero observador de fora. Nesses dois anos, a privatização no país se tornou uma atividade desavergonhada e criminosa. Em essência, um grupo corrupto de assim chamados empresários, que depois ficaram conhecidos coletivamente como os novos oligarcas da Rússia, conseguiram pôr as mãos em dezenas de bilhões de dólares de riquezas naturais, principalmente nas indústrias estatais de petróleo e gás. As melhores estimativas dizem que cerca de US$ 100 bilhões em petróleo, gás e outras commodities valiosas foram transferidos para mãos privadas em troca de talvez não mais que US$ 1 bilhão pagos ao Tesouro. Criaram-se bilionários da noite para o dia — os orgulhosos (e novos-ricos) donos da indústria de petróleo e gás da Rússia.

Quando o falso processo de privatização foi anunciado, dentro de um programa vergonhoso de ações-por-empréstimos, em que pessoas com acesso privilegiado obteriam participação nas empresas em troca de empréstimos ao governo, tentei avisar o governo americano, o FMI, a Organização para Cooperação e o Desenvolvimento Econômico (OCDE) e outros governos do G7. Disse-lhes que conhecia os atores desse jogo e que o processo era absolutamente indecoroso. No fim das contas, recursos valiosos do Estado seriam saqueados e o Tesouro russo sofreria muito. Em vez de usar a receita do petróleo e do gás para sustentar pensionistas, por exemplo, a renda do setor energético iria direto para bolsos privados.

O Ocidente deixou isso acontecer sem emitir um pio. Consta que muita gente do governo Clinton achava que ações por empréstimos representava um negócio inteligente: Ieltsin daria os ativos do Estado e os camaradas — os novos oligarcas — ajudariam a financiar sua reeleição em 1996. Que maneira mais desastrosa e ineficiente de financiar uma campanha de reeleição! Dezenas de bilhões de dólares saíram provavelmente dos cofres do governo e algumas centenas de milhões de dólares voltaram para a campanha de Ieltsin.

Em 1997, o governo dos Estados Unidos descobriu que meu colega do Departamento de Economia de Harvard Andrei Shleifer fazia investimentos pessoais na Rússia ao mesmo tempo que estava sob contrato do governo americano para assessorar a liderança russa sobre privatização. Essa ação levou a um protesto público. Sem ter conhecimento prévio das atividades de Shleifer, rejeitei-as então, e agora, como quebra inquestionável da ética profissional. Quando o tribunal tomou finalmente uma decisão sobre a questão, em 2004, considerou Shleifer culpado de fraudar o governo americano. O tribunal deixou claro que Harvard não tinha como saber o que Shleifer fizera por conta própria. Porém, fiquei irritado com o comportamento dele e com qualquer questionamento implícito da integridade daqueles que trabalharam na Rússia durante o mesmo período. Muitos de meus colegas de Harvard compartilharam o mesmo sentimento.

LIÇÕES DA RÚSSIA

Mesmo passados doze anos do início das reformas, ainda é muito cedo para fazer um julgamento final sobre as perspectivas da democracia e da economia de mercado na Rússia. Lembremos do gracejo do primeiro-ministro chinês Chou En-lai quando lhe perguntaram se a Revolução Francesa fora um sucesso ou um fracasso: "É muito cedo para dizer". Ainda não sabemos se a Rússia vai se tornar um país "normal", com democracia e economia de mercado em funcionamento.

Porém, sabemos que muitas oportunidades foram desperdiçadas. A Rússia poderia ter se estabilizado com muito mais facilidade se tivesse contado com o benefício de um fundo de estabilização, uma suspensão da dívida, um cancelamento parcial das dívidas e um verdadeiro programa de ajuda. Os reformistas teriam podido manter seu lugar na mesa do poder. A corrupção teria sido menor e os oligarcas talvez jamais se tornassem nomes familiares. E com a receita do petróleo e do gás entrando no Tesouro russo, em vez de nos bolsos privados, a situação dos pensionistas, desempregados e outros que dependem das receitas públicas poderia ter sido melhorada e o país teria feito os investimentos públicos necessários para retomar o crescimento econômico.

Ainda assim, apesar do tumulto, muita coisa também deu certo. O mundo teve sorte. Apesar dos tumultos dos anos 1990 e da falta de ajuda conseqüente de fora, a Rússia permaneceu em paz e em cooperação com o resto do mundo. Na Tchetchênia, a violência explodiu a um custo enorme e continua a grassar, mas as coisas poderiam ter sido muito piores. Fizeram-se previsões de guerra civil, proliferação nuclear, *pogroms* e muito mais, mas felizmente nenhum desses cenários se confirmou.

A Rússia tornou-se uma economia de mercado, embora fortemente enviesada no sentido de produtos primários, em especial petróleo e gás. A estabilização só foi conseguida no final da década de 1990, depois de anos de inflação alta seguidos por uma forte crise do balanço de pagamentos em 1998. Depois disso, porém, a economia começou a crescer, com bastante rapidez, baseada nos altos preços internacionais da energia e de uma moeda desvalorizada que promoveu as exportações.

A maior questão é se a Rússia vai se tornar uma democracia, superando uma história de mil anos de autoritarismo. As tendências no sentido de um governo autoritário continuam fortes. Embora o presidente Vladímir Pútin governe com os adornos de uma Constituição e uma democracia multipartidária, ele também conseguiu centralizar o poder, subjugar os meios de comunicação e amordaçar a oposição independente. Como sempre aconteceu na história russa, muita coisa continua sombria. Os ataques de Pútin aos oligarcas em 2003 e 2004 podem ser considerados uma contestação totalmente apropriada à riqueza ilícita. Ou então podem ser vistos como um ataque ao tipo de riqueza independente que poderia desafiar a supremacia do Estado. É provavelmente um pouco das duas coisas. O tempo dirá.

A Rússia, tal como a Bolívia e a Polônia, traz a marca poderosa de suas condições físicas e assim acrescenta outra peça ao quebra-cabeça da geografia econômica global. O país possui duas características geográficas dominantes que determinam seu destino. Primeiro, possui um território enorme, é o maior país do mundo. A população russa vive no interior da Eurásia, em sua maioria, longe de portos, rios navegáveis e do comércio internacional. Desse modo, ao longo de sua história, o país teve apenas relações econômicas relativamente fracas com o resto do mundo. Em segundo lugar, a Rússia é um país de alta latitude, marcado por estações de cultivo curtas e um clima freqüentemente rigoroso. Ao longo da história russa, a densidade populacional tem sido baixa porque a produção de alimentos por hectare também tende a ser baixa. Em conseqüência, durante boa parte de sua história, mais de 90% da população viveram como agricultores em aldeias esparsamente habitadas, produzindo alimentos com safras muito pequenas. As cidades eram poucas e distantes entre si. A divisão do trabalho que depende da vida urbana e do comércio internacional jamais foi um traço dominante da vida social.

Adam Smith deixou isso claro há 228 anos, quando observou em *A riqueza das nações*:

> Toda a parte da Ásia que se situa a uma distância considerável ao norte dos mares Negro e Cáspio, a antiga Cítia, a moderna Tartária e a Sibéria, parecem em todas as eras do mundo ter vivido no mesmo estado bárbaro e incivilizado que as encontramos no presente. O mar da Tartária é o oceano congelado que não admite navegação, e, embora alguns dos maiores rios do mundo atravessem aquele país, estão a uma distância demasiada uns dos outros para transportar comércio e comunicações através de boa parte deles.[4]

Olhando em retrospecto, teria eu dado conselhos diferentes à Rússia, sabendo o que sei hoje? Eu teria sido menos otimista em relação a obter ajuda em larga escala dos Estados Unidos — especialmente com Richard Cheney e Paul Wolfowitz em posições de liderança, com suas visões da Rússia como uma ameaça constante, em vez de uma parceira futura de comércio e política externa. Sabendo disso, eu teria sido menos animado quanto às chances de sucesso. Mas os conselhos teriam sido diferentes? Em larga medida, a resposta é não. Eu considerava a ajuda externa uma necessidade para escorar as reformas, mas mesmo sem ajuda estrangeira era necessário fazê-las. Sem ajuda adequada, o consenso político em torno delas foi profundamente prejudicado e o processo reformista ficou então comprometido e aumentou o risco de fracasso. Mas, quanto às recomendações relacionadas com equilíbrio orçamentário, conversibilidade monetária, comércio internacional e coisas semelhantes, essas mudanças faziam sentido com ou sem ajuda externa. A maioria das coisas ruins que aconteceram — como o roubo em massa dos ativos estatais sob a rubrica de privatização — era exatamente oposta ao conselho que dei e aos princípios de honestidade e eqüidade que prezo muito.

A China teve uma saída muito menos tumultuada de sua economia socialista, como mostrarei em seguida, mas a ascensão meteórica da economia chinesa é resultado mais de suas geografia, geopolítica e demografia muito diferentes do que de uma diferença de escolhas políticas.

8. China: saindo do atraso depois de meio milênio

No início da década de 1990, comecei a entender por experiência própria os contornos do desenvolvimento econômico e do subdesenvolvimento na América Latina, na Europa Oriental e na ex-União Soviética, mas meu conhecimento da Ásia continuava muito limitado. Eu havia ido à Ásia muitas vezes e morara no Japão em minhas férias sabáticas de 1986. Naquele ano, encontrei-me periodicamente com o novo governo de Corazón Aquino, nas Filipinas, e também viajei por outros lugares da Ásia. Essas visitas aprofundaram minha decisão de compreender as grandes transformações econômicas asiáticas que estavam ganhando força, em especial porque, em seu processo, essas mudanças estavam transformando toda a economia mundial. De 1992 a 2004, tive a sorte de aproveitar várias oportunidades de trabalhar direta e intensivamente sobre os desafios da reforma econômica da Ásia.

Fui atraído pela China também por razões mais específicas. Desde 1978, esse país vinha empreendendo imensas reformas no sentido da economia de mercado. Sem dúvida, essas reformas alcançaram um sucesso espetacular, ajudando a promover as taxas de crescimento econômico mais rápidas jamais vistas em uma grande economia. Tornou-se uma questão política séria e também um jogo de salão acadêmico fazer comparações entre as reformas na China e na Rússia. Eu precisava entender por que a China estava fazendo as coisas de modo diferente e se havia lições profundas a tirar da experiência chinesa para a Europa Oriental e a ex-União Soviética, e talvez vice-versa. A partir de 1992, comecei a viajar com regularidade para a China e me tornei consultor da Sociedade Chinesa de Economistas, um grupo de chineses que estudava intensamente sua economia numa perspectiva comparativa. Mais recentemente, tornei-me consultor de autoridades chinesas em uma variedade de questões, entre elas o sistema de saúde pública e os problemas do desenvolvimento econômico das províncias mais remotas do oeste do país.

Sempre contemplei os desafios que a China tinha pela frente com admiração especial. Sua população de 1,3 bilhão de habitantes constitui mais de um quinto da humanidade. A população total da Ásia compreende 60% dos habitantes do planeta. O destino do continente é realmente o destino do mundo. Mas, muito além do simples número de pessoas envolvidas, há algo de profundamente irônico no fato econômico básico de que China e Índia são países pobres que procuram alcançar os padrões do mundo rico. Afinal, ambas são civilizações antigas que, em muitos aspectos importantes, estavam muito à frente da Europa

FIGURA 1 — RENDA PER CAPITA NA CHINA EM RELAÇÃO À DA EUROPA OCIDENTAL

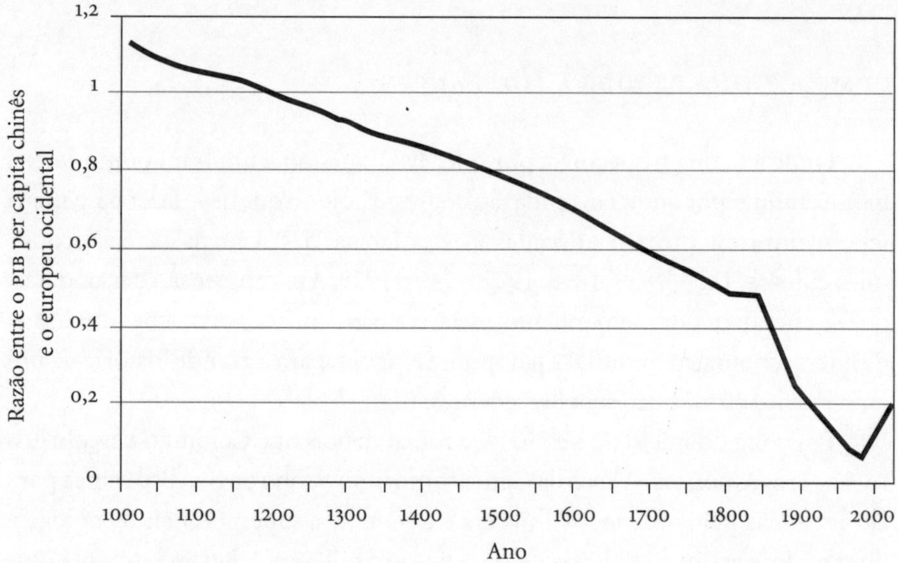

Fonte: *Calculado com base em Maddison (2001).*

há não muitos séculos. A ascensão do Ocidente — a parte ocidental da massa continental da Eurásia — foi uma das grandes rupturas da história humana, subvertendo um milênio ou mais em que a Ásia esteve na liderança tecnológica. A Ásia não está apenas se pondo à altura da Europa e dos Estados Unidos, mas também de seu próprio passado de líder tecnológico.

A longa queda em renda relativa no decorrer dos séculos e a rápida recuperação em décadas recentes é mostrada na figura 1, que representa a renda per capita da China em relação à da Europa Ocidental ao longo de mil anos! As estimativas, cortesia do historiador econômico Angus Maddison, podem não ser exatas para séculos mais antigos, mas mostram os fatos básicos. A China esteve outrora na frente. Ela perdeu a liderança por volta de 1500. Caiu ainda mais ao ficar estagnada, enquanto a Europa decolava. Na verdade, a China ficou para trás não apenas em termos relativos, mas também absolutos, entre a metade do século XIX e a do XX. Em 1975, a renda per capita chinesa era meros 7,5% da renda da Europa Ocidental. Desde então e, em especial, no último quarto de século, a China disparou, atingindo cerca de 20% do nível da renda européia em 2000. Embora esse crescimento possa parecer pouco — e no gráfico não parece muito —, ele é de grande importância histórica. A China está acabando com a miséria e a caminho de reverter séculos de declínio relativo.

COMO A CHINA PERDEU A LIDERANÇA

Onde a China tropeçou, e por quê? Essa questão é um bom ponto inicial para examinar por que o país anda tão depressa hoje e o que deve fazer para manter esse ritmo nas próximas décadas. Certas datas se destacam na história econômica chinesa: 1434, 1839, 1898, 1937, 1949 e 1978. A compreensão dessas datas, que se estendem por meio milênio, esclarece o enigma das oscilações da China, de líder tecnológico mundial a país pobre e, agora, para a grande história de um crescimento econômico sem precedentes.

Por volta do início do século XVI, pouco depois que Colombo descobriu a rota para as Américas e Vasco da Gama contornou o cabo da Boa Esperança para chegar à Ásia pelo oceano, a China era claramente a superpotência tecnológica do mundo, e assim o era havia pelo menos um milênio. A Europa conquistou a Ásia depois de 1500 com a bússola, a pólvora e a imprensa, todas inovações chinesas. Não havia nada de predeterminado nessa virada. Parece que o domínio chinês foi desperdiçado e cada vez mais se admite que 1434 foi um ano decisivo. Naquele ano, o imperador Ming fechou efetivamente a China ao comércio internacional, desmantelando a mais avançada frota de barcos oceânicos. Entre 1405 e 1433, a frota chinesa, sob o comando do famoso almirante eunuco Zheng He, visitara os portos do oceano Índico até a África Oriental, mostrando a bandeira, transmitindo a cultura e o conhecimento chineses e explorando as vastas terras dessa região. Então, de súbito, a corte imperial decidiu que as viagens eram caras demais, talvez devido às crescentes ameaças das incursões nômades na fronteira setentrional do país. Qualquer que fosse a razão, o imperador acabou com o comércio e a exploração marítima, fechou estaleiros e impôs severas limitações ao comércio exterior chinês que durariam séculos. A China jamais voltaria a gozar da liderança tecnológica na construção naval e na navegação, ou dominar os mares, mesmo em sua vizinhança.

Quando escreveu sobre a China, em sua obra-prima de 1776, Adam Smith observou um país que era rico, mas estático. O dinamismo da China era exaurido por sua orientação para dentro e falta de interesse no comércio. São os custos do protecionismo comercial! A China renunciara à liderança mundial voltando-se para dentro. Como disse Smith, de modo sucinto e sábio:

> A China parece estar estacionada há muito tempo e provavelmente adquiriu de há muito aquele pleno complemento das riquezas que é consistente com a natureza de suas leis e instituições. Mas esse complemento pode ser muito inferior ao que, com outras leis e instituições, a natureza de seu solo, seu clima e sua situação poderiam admitir. Um país que negligencia ou despreza o comércio externo e que admite os navios de nações estrangeiras somente em um ou dois de seus portos não pode transacionar a mesma quantidade de negócios que poderia se tivesse leis e instituições diferentes.[1]

O ano de 1839 é o marco crucial seguinte da história econômica chinesa. O isolamento econômico do país acabou nesse ano, mas do pior modo. Como acontecera no resto do mundo, a intrepidez industrial da Europa colidiu de frente com todas as outras civilizações, derrubando as muralhas, como Marx previra. Na China, a incursão européia foi especialmente desastrosa. A Grã-Bretanha atacou o país em 1839 para promover o tráfico de narcóticos britânico, iniciando a primeira das Guerras do Ópio de 1839-42 para forçar a China a se abrir ao comércio. Entre outras coisas, a Inglaterra insistia que a China concordasse com a importação de ópio que os interesses comerciais ingleses estavam produzindo e comercializando na Índia. As autoridades econômicas britânicas estavam interessadas no vasto mercado chinês, inclusive para resolver o quebra-cabeça de como pagar pela mania nacional inglesa: o chá chinês. A solução foi engenhosa e totalmente destrutiva. A Inglaterra venderia ópio à China e assim teria os recursos para comprar o chá. É como se hoje a Colômbia travasse uma guerra com os Estados Unidos pelo direito de vender cocaína.

Na segunda metade do século XIX, a China passou a ter algum desenvolvimento comercial e até uma industrialização incipiente, sob o controle efetivo das potências européias. A colisão entre a Europa e uma China voltada para dentro foi tumultuada e violenta. Ela ajudou a deflagrar levantes sociais de massa, entre elas a violência interna da rebelião Taiping, que ceifou milhões de vidas. A pressão sobre a China para que reformasse a economia e seu sistema político continuou a crescer ao longo das décadas. Quando o Japão começou seu processo de industrialização rápida, com a grande revolução de 1868, conhecida como a Restauração Meiji, a pressão sobre a China intensificou-se ainda mais e o Japão tornou-se ao mesmo tempo um estímulo à reforma e uma fonte de aconselhamento.

O ano de 1898 é ao mesmo tempo simbólico e sintomático do destino da China. Ele representou talvez a última chance da moribunda dinastia Ching de se salvar do colapso político e poupar o país de décadas de tumulto. Naquele ano, vários reformistas jovens, muito influenciados pelo sucesso do Japão na transformação e industrialização capitalista, apresentaram um programa de cem dias de reformas radicais para a China. A imperatriz viúva não quis saber do plano. Os reformistas foram presos e mortos, exceto alguns que fugiram para o Japão. O episódio foi uma triste advertência a quem pensasse em reformas econômicas. Os eventos posteriores mostraram que a China pagou um preço terrível pela ausência de reformas.

Às vésperas da revolução de 1911, o regime chinês não tinha mais legitimidade nem dinheiro. Não podia resistir aos avanços dos estrangeiros em seu território nem às pressões do Japão e da Europa. A industrialização estava em andamento nas principais cidades costeiras, cujos portos, abertos à força por canhoneiras européias, se tornaram centros de investimentos japoneses e europeus. Xangai já era uma cidade industrial que crescia com o sucesso de suas exportações têxteis para o mundo. A dinastia Ching caiu diante dos apelos esperançosos de uma revolução nacional. Mas as coisas não andaram de modo tão tranqüilo. A revolução não conseguiu promover a unidade política nem as reformas econômicas e, em 1916, a China entrou na agitação civil e na desordem política, com o poder se dividindo cada vez mais entre exércitos regionais. Seguiu-se o declínio econômico. Pelas estimativas de Maddison, a China tinha 22% da renda per capita do Reino Unido em 1850, 14% em 1900 e 19% em 1930. Em contraste, as proporções correspondentes da renda per capita do Japão eram de cerca de 31% da do Reino Unido em 1850, 25% em 1900 e 42% em 1930.

As divisões internas da China e sua debilidade econômica proporcionaram a oportunidade para ganhos militares de seu cada vez mais poderoso e industrializado vizinho, o Japão. Em 1937, os japoneses invadiram a China continental, seis anos depois que haviam ocupado as terras contestadas da Manchúria. A invasão japonesa não foi somente destrutiva e cruel, mas também um golpe esmagador na ordem política interna da China. À invasão seguiu-se a guerra civil e, depois, o triunfo das forças comunistas insurgentes lideradas por Mao Tsé-tung. Em 1949, surgia a República Popular da China.

DO TUMULTO À DECOLAGEM

É provável que nenhum país do mundo, nem mesmo a Rússia, tenha experimentado um grau de tumulto e oscilações da miséria ao triunfo, tanto do ponto de vista econômico como do político, como a China, desde sua revolução de 1949. Olhando em retrospecto, o período maoísta obteve alguns êxitos imensos, principalmente a tremenda melhoria da saúde pública básica do país, e muitos fracassos enormes, em especial no desenvolvimento industrial socialista, que fracassou de modo similar ao da economia soviética. Os sucessos na saúde pública são notáveis e merecem uma observação cuidadosa, porque eles certamente fazem parte dos alicerces do *boom* econômico da China posterior a 1978.

Na época da independência, a expectativa de vida era de 41 anos e a mortalidade infantil (mortes antes do primeiro ano por mil nascimentos) atingia espantosos 195. As mulheres davam à luz uma média de seis filhos. Em 1978, quando começaram as reformas de mercado, a expectativa de vida aumentara para 65 anos, a mortalidade infantil caíra para 52 e a taxa de fertilidade estava em torno de 3. Esses êxitos eram resultado de várias medidas importantes tomadas durante a era maoísta. Primeiro, grandes campanhas de saúde pública reduziram ou eliminaram a transmissão de várias moléstias infecciosas, entre elas malária, ancilostomose, esquistossomose, cólera, varíola e peste bubônica. Em segundo lugar, houve a inovação do médico descalço, um trabalhador da saúde comunitária para áreas rurais, com treinamento básico em serviços de saúde essenciais, como a prevenção e o tratamento de doenças infecciosas. Em terceiro lugar, melhorias importantes na infra-estrutura básica (estradas, energia, água potável e latrinas) aumentaram a segurança do ambiente físico. Em quarto lugar, obtiveram-se importantes aumentos da produção agrícola, em parte com a introdução de culturas de alta produtividade durante a Revolução Verde na China. A produção de cereais, por exemplo, saltou de 1,2 tonelada por hectare, em 1961, para 2,8 toneladas por hectare em 1978, de acordo com os dados oficiais.

A China também teve sua parcela de desastres trágicos causados pela loucura do governo autocrático. Os dois maiores desastres foram o Grande Salto Adiante, entre 1958 e 1961, e a Revolução Cultural, entre 1966 e 1976. O Grande Salto Adiante foi um plano maluco de Mao para acelerar a industrialização mediante a introdução das assim chamadas siderurgias de quintal. Milhões de camponeses de todo o país receberam ordens de parar de plantar e começar a produzir aço em usinas minúsculas, ineficazes e totalmente mal concebidas. Essa política acabou por provocar uma fome em massa, cujas notícias não chegavam aos que estavam no poder devido a relatórios falsos e ao mundo de fantasia da alta liderança na época, em particular de Mao. A conseqüência foram dezenas de milhões de mortes. A Revolução Cultural, que começou em 1966, foi uma tentativa de Mao de criar uma revolução permanente no planejamento normal e nos processos burocráticos. Ela virou a sociedade chinesa de cabeça para baixo, destruiu os meios de subsistência, levou ao suicídio e ao deslocamento da população e perturbou durante uma década ou mais a educação de toda uma geração de jovens chineses. Muitos dos atuais acadêmicos e líderes da China passaram aquela década no campo. Foram a morte de Mao, em 1976, a prisão da Gangue

FIGURA 2 — CRESCIMENTO ECONÔMICO E REDUÇÃO DA POBREZA NA CHINA

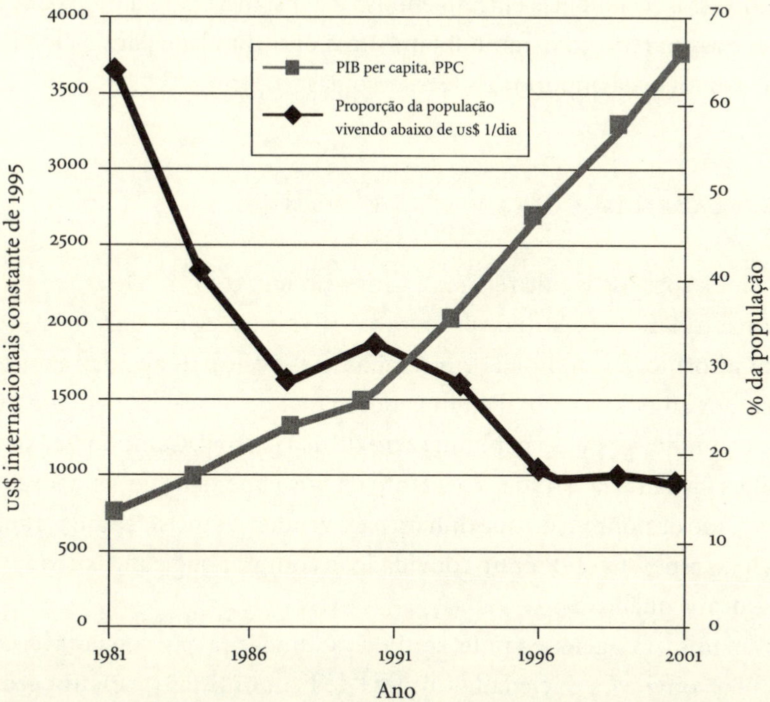

Fontes: *Chen e Ravaillon (2004)*; *Banco Mundial (2004)*.

dos Quatro no mesmo ano e a ascensão de Deng Xiaoping ao poder em 1978 que deram início à grande abertura da China.

Desde 1978 a China tem sido a economia mais bem-sucedida do mundo, crescendo a uma taxa média per capita de quase 8% ao ano. Nesse ritmo, a renda média dobrou a cada nove anos e assim havia aumentado quase oito vezes em 2003, em comparação com 1978. A redução da miséria no país foi tremenda, como mostra a figura 2. Em 1981, 64% da população vivia com uma renda abaixo de US$ 1 por dia. Em 2001, esse número foi reduzido para 17%. Os motores do desenvolvimento ainda estão potentes, com o crescimento per capita atual apenas um pouco mais lento do que há alguns anos. É típico de um país em desenvolvimento rápido como a China experimentar uma moderação gradual de seu crescimento ao longo do tempo, tal como aconteceu com o Japão na segunda metade do século XX. O motivo básico é que boa parte do crescimento significa sair do atraso, especificamente adotando as tecnologias dos países inovadores. Quando essas tecnologias entram em uso e a distância para a renda dos países líderes é assim reduzida, diminui também a oportunidade para o crescimento "fácil" por meio da importação de tecnologias.

A DECOLAGEM DA CHINA VISTA DE PERTO

Tive a sorte de ver de relance a China no início da era Deng, numa curta viagem em 1981. O país ainda procurava se livrar do legado de Mao. As roupas eram uniformes e monótonas, em geral túnicas e calças de algodão azul-escuro usadas por ambos os sexos. Pequim era um mar de bicicletas, com um punhado de caminhões e quase nenhum carro de uso pessoal. Camponeses vendiam repolhos na beira da estrada, sinal tanto da nova liberdade de vender seus produtos como da pobreza do que tinham para vender. Os turistas ainda eram levados a lojas especiais onde eram convidados a comprar bugigangas e roupas rústicas e de má qualidade.

Em minha viagem seguinte, em 1992, as mudanças já eram notáveis. Dessa vez, fui a convite da Sociedade Chinesa de Economistas (SCE), um grupo de jovens chineses, a maioria com estudos no Ocidente, que tentavam ardentemente encontrar as melhores escolhas para a reforma econômica e a mudança institucional. Parecia que todos os membros da SCE tinham uma história de vida apropriada para um grande drama ou romance. Eles encarnavam a turbulência da China moderna. A maioria vinha de famílias de classe média, filhos de médicos, professores e funcionários do governo. Na lógica retorcida do maoísmo, esse passado era considerado suspeito e suas famílias pagaram um alto preço durante a Revolução Cultural. Os pais perderam empregos e posição social; os filhos, com poucas exceções, foram mandados para o campo, onde ficaram muitos anos trabalhando como lavradores em aldeias pobres. Sua educação formal foi interrompida. Muitos jovens dessa geração não conseguiram retomar os estudos.

Porém, os membros da SCE constituíam um grupo seleto. Durante a Revolução Cultural, quase todos haviam estudado por conta própria matemática, línguas e até ciências, usando livros que circulavam informalmente entre a população deslocada. Eles se apresentaram para os exames universitários no final dos anos 1970 quando Deng reabriu as faculdades depois da Revolução Cultural.

Que filtro de talentos! Uns poucos milhares de estudantes ganharam lugares nos bancos universitários, numa competição entre centenas de milhares de jovens. Eles brilharam nos estudos, abriram caminho para programas de doutorado nos Estados Unidos e na Europa nos anos 1980 e devotavam agora a carreira e a vida a montar a decolagem econômica da China e expandir o espaço para a liberdade individual nos anos 1990.

A Conferência de 1992 da SCE foi na ilha Hainan, uma das novas Zonas Econômicas Especiais do país. Até a ida de carro do aeroporto para o local da conferência foi fascinante. Chegamos à noite e passamos por quilômetros de fogueiras e tochas às margens da estrada. Ficamos espantados ao perceber que cada uma daquelas luzes era um edifício em construção, com o turno da noite trabalhando duro, três ou quatro andares acima do solo, em precários andaimes de bambu. Havia pouco equipamento pesado e nenhum guindaste à vista. Os edifícios de muitos andares estavam subindo à mão, e como! Fiquei sabendo o que significa uma taxa de crescimento de 9%: uma economia que cresce 24/7 [24 horas por dia, sete dias na semana], com turnos de trabalho dia e noite, recuperando o tempo perdido. No caso da China, era um atraso de 550 anos.

Os participantes da conferência convidaram-me para falar sobre as reformas econômicas que acabavam de começar na Europa Oriental e na ex-União Soviética. Tinham voracidade de informações. A imprensa oficial chinesa havia criticado esses processos de reforma, principalmente porque combinavam reforma de mercado com democratização. A liderança chinesa estava decidida a fazer as reformas dentro do regime de partido único. Foi irônico, para dizer o mínimo, que a primeira eleição parcialmente livre da Polônia, em 1989, tenha-se realizado no dia 4 de julho, o mesmo dia do massacre da praça da Paz Celestial. Mas havia mais coisas envolvidas do que mera propaganda ou pose política. A China estava progredindo rapidamente no decorrer de suas reformas de mercado, enquanto a Europa Oriental e a ex-União Soviética passavam por uma enorme e muito dolorosa contração da indústria pesada. Teria a China escolhido um caminho de reformas superior? O que ela poderia ensinar à Europa Oriental? E o que a China precisava entender sobre os eventos na Europa e na ex-União Soviética? Essas questões me absorveriam nos anos seguintes.

Descobri aos poucos que a resposta-padrão a essas perguntas estava errada tanto nos fatos como na interpretação econômica. A visão comum é que a China avançou gradualmente, enquanto a Europa Oriental procedeu com radicalismo, aplicando uma terapia de choque (expressão horrível que continua a me perseguir). O gradualismo da China era humano; o radicalismo da Europa Oriental era desarticulador. A China, diziam muitos analistas, agira com sabedoria ao impedir a democracia e esperar até que a economia estivesse numa situação melhor para dar conta da liberdade política, enquanto a Europa Oriental entrara de cabeça na democracia.

Desde o início, essa linha de raciocínio não me satisfez por vários motivos. Primeiro, eu sabia que Gorbatchov tentara o gradualismo na União Soviética durante a perestróica e, de fato, tomara como modelo para muitas das reformas soviéticas os sucessos óbvios da China. Não obstante, isso não funcionara. Do mesmo modo, a Hungria era famosa por seu "socialismo gulache", outra variante das reformas graduais de mercado sob o comando de um partido único. Como no caso soviético, as reformas graduais da Hungria fracassaram por razões dissecadas definitivamente pelo principal economista húngaro, Janos Kornai. Ao contrário, o tão louvado gradualismo da China tivera episódios de velocidade e radicalismo impressionantes como, por exemplo, a fase inicial da descoletivização da agricultura. Havia algo mais causando a diferença de resultados do que uma simples diferença de velocidade!

Decidido a resolver o mistério por meio de uma aplicação detalhada do diagnóstico diferencial, fiz exatamente isso numa série de palestras e artigos, freqüentemente em colaboração com meu aluno e depois co-autor, professor Wing Thye Woo, da Universidade da Califórnia, em Davis. Nossas análises das diferenças entre os casos soviético (e europeu oriental) e chinês foram também muito fortalecidas por nosso trabalho com o falecido professor Xiaokai Yang, da universidade Monash, um brilhante economista chinês, membro da SCE.

Nosso diagnóstico começou com a observação de uma diferença fundamental entre as economias do Leste europeu e da União Soviética e a chinesa. Em 1978, quando começou suas reformas, a China ainda era, em larga medida, um país rural e agrícola. Cerca de 80% da população vivia na zona rural e 70% eram agricultores camponeses. Nos anos 1960 e 1970, esses camponeses estavam organizados em comunas, com propriedade comunal da terra e pagamento comunal. As famílias não eram recompensadas separadamente por seus esforços ou investimentos na terra. A produtividade era extremamente baixa, refletindo a ausência de incentivos às famílias. Somente 20% da população trabalhava nas cidades e cerca da mesma proporção da mão-de-obra trabalhava em empresas estatais de todos os tipos, as quais também eram muito ineficientes.[2] Os trabalhadores tinham garantia de salário e benefícios (inclusive, por exemplo, assistência médica) e não podiam ser demitidos. Eles tinham, de acordo com uma expressão comum, uma "tigela de arroz de ferro" que não poderia ser quebrada por uma queda econômica.

A Europa Oriental e a União Soviética tinham uma estrutura totalmente diversa. Ao contrário da China, cerca de 60% da população da região vivia em áreas urbanas em 1978, apenas 40% em zonas rurais. Cerca de 40% da força de trabalho estava na indústria, outros 40% no setor de serviços e o setor agrícola ocupava apenas 20% da mão-de-obra. A figura 3 compara as estruturas econô-

FIGURA 3 — DISTRIBUIÇÃO DO EMPREGO POR SETOR EM 1980

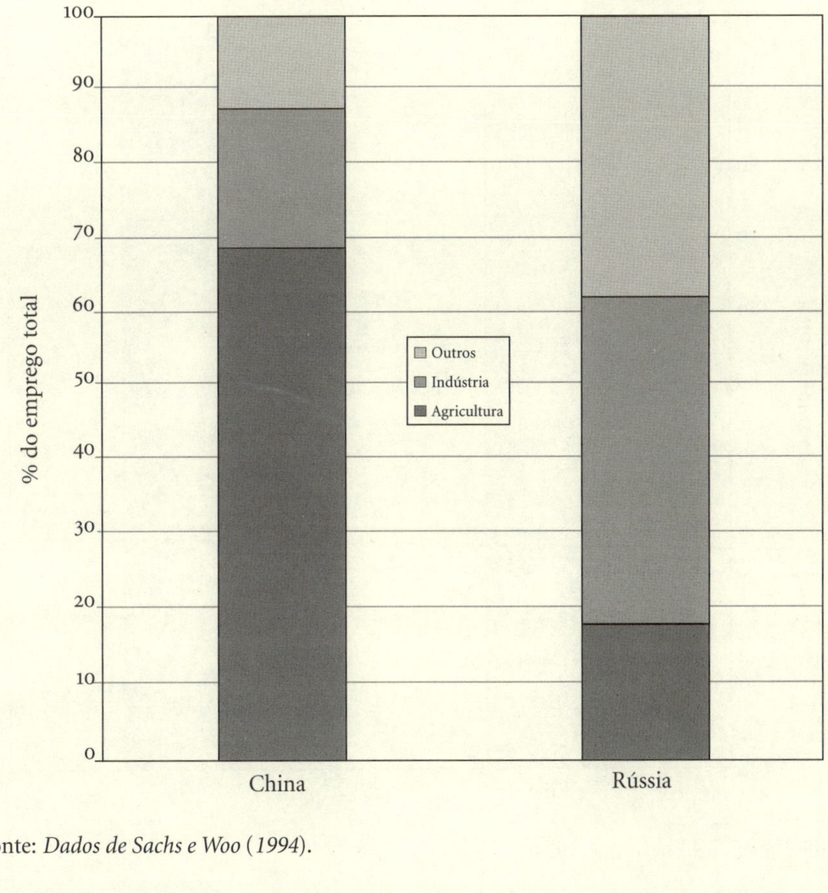

Fonte: *Dados de Sachs e Woo (1994).*

micas da China e da Rússia, mostrando as diferenças fundamentais nas porcentagens da força de trabalho empregadas na indústria e na agricultura. Na economia de estilo soviético, praticamente 100% da população trabalhava em empresas estatais, como mostra a figura 4.[3] Nem as fazendas eram organizadas como as comunas chinesas, mas como empresas estatais, com trabalhadores assalariados. Pode-se dizer que no sistema soviético 100% da força de trabalho gozava do equivalente em trigo da tigela de arroz de ferro.

A diferença nos pontos de partida fez toda a diferença. Em ambos os contextos, o setor estatal representava um enorme desafio. Com a garantia de salário, emprego e benefícios para os trabalhadores, as empresas estatais eram inefi-

FIGURA 4 — DISTRIBUIÇÃO DO EMPREGO POR TIPO DE ORGANIZAÇÃO EM 1984-5

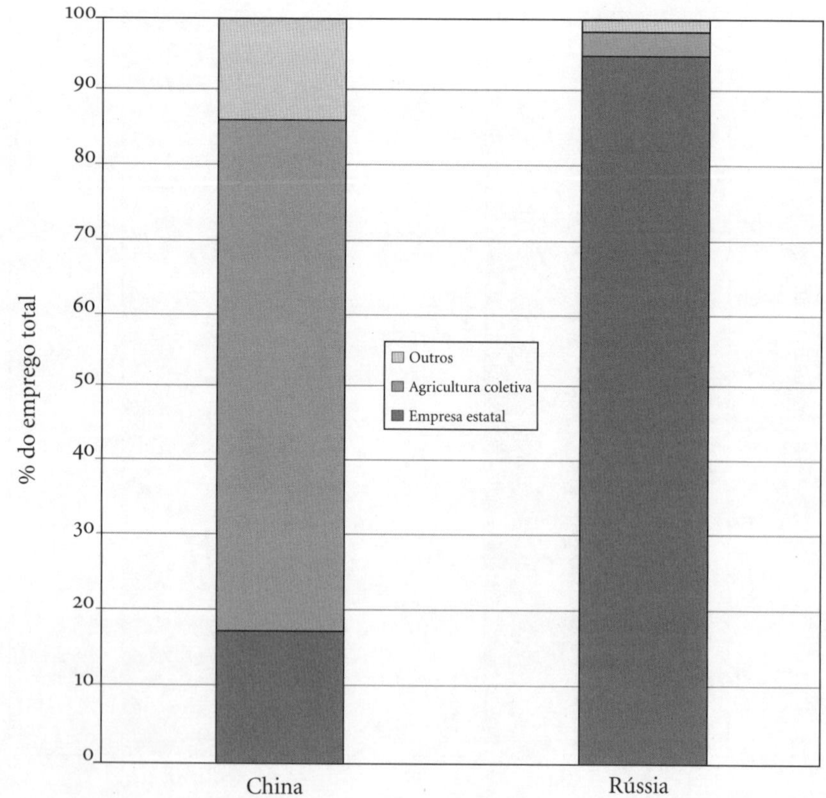

Fonte: *Dados de Sachs e Woo (1994).*

cientes e grandes sorvedouros do orçamento. Somente a força, ou a ameaça de força, mantinha sob controle as demandas por aumentos de salários, uma vez que os trabalhadores sabiam que podiam pressionar por ganhos mais altos sem temer demissões ou desemprego. Somente os subsídios do orçamento e dos bancos estatais possibilitavam que as empresas estatais se mantivessem em operação e cobrissem perdas implícitas ou explícitas.

Por outro lado, o setor de comunas da China era tributado pelo Estado, em vez de subsidiado. O governo comprava todos os alimentos dos agricultores a preços baixos, a fim de subsidiar os trabalhadores urbanos via preços baixos da alimentação. Ademais, os camponeses não tinham garantia de renda ou benefícios — em resumo, nenhuma tigela de ferro. Tal como acontecia desde tempos imemoriais, os camponeses chineses queriam apenas ver-se livres do Estado, em vez de ser tributados por ele. As comunas também eram muito ineficazes, com uma produção baixa de grãos devido à falta de incentivos apropriados. A renda de cada agricultor não dependia de seus esforços, mas da produção total da comuna. O retorno a um sistema de "responsabilidade familiar", em que cada família cuidaria de lotes familiares separados, e os benefícios iriam principalmente para essas famílias, aumentou dramaticamente os incentivos ao trabalho.

Desse modo, a China conseguiu começar suas reformas com um grande salto da produção agrícola e uma reforma radical do mercado no setor de alimentos. Entre 1977 e 1979, o sistema de comunas foi espontaneamente desmantelado, não tanto por ordens de cima, mas pela ação de baixo das aldeias de todo o país, na esteira do vácuo de poder ocorrido com a morte de Mao. Depois que a descomunização se espalhou como fogo sem controle, ela foi validada pelo Partido Comunista chinês em 1979, mas a verdadeira ação foi espontânea.

Não houve nada de gradual nessa mudança. Foi terapia de choque por excelência. Cerca de 700 milhões de indivíduos estavam de repente cultivando lotes atribuídos à família, em vez de à comunidade. Esse novo sistema de responsabilidade familiar deu imensos incentivos aos agricultores para trabalhar mais, aplicar insumos com mais cuidado e obter uma produtividade maior. A produção de alimentos cresceu rapidamente e o suprimento das áreas urbanas aumentou, em vez de diminuir, com a descomunização. Em suma, o primeiro estágio das reformas chinesas foi uma explosão de produção que significou ganhos tanto para o setor rural como para o urbano.

Os próximos passos da reformas chinesas, nos anos 1980 e início dos 1990, foram também bastante rápidos e obtiveram resultados altamente positivos. Primeiro, os camponeses ganharam a liberdade de sair das fazendas e começar a trabalhar nas indústrias rurais, conhecidas como empresas de municípios e aldeias. De repente, abriram-se milhões de empregos industriais em centenas de milhares dessas empresas. Em segundo lugar, o comércio e o investimento internacional foram liberados, de início em zonas de livre-comércio conhecidas como zonas econômicas especiais (ZEEs). Os investidores externos logo perceberam que havia negócios lucrativos ao seu alcance. Eles poderiam trazer tecnologia e capital para empregar mão-de-obra chinesa barata na produção de produtos de mão-de-obra intensiva a fim de exportar aos mercados mundiais. Os trabalhadores chineses afluíram do campo para as zonas de livre-comércio. Com efeito, a liberalização do setor agrícola liberou mão-de-obra para o setor manufatureiro de exportação. Em poucos anos da criação das zonas econômicas especiais, a China começou um *boom* de exportação baseado em produtos de mão-de-obra intensiva dos setores de roupas, têxteis, sapatos, plásticos, brinquedos e montagem de eletrônicos. Em duas décadas, a exportação de manufaturados explodiu, de poucos bilhões de dólares em 1980 para mais de 200 bilhões em 2000.

A escolha de algumas zonas de livre-comércio favorecidas tinha precedentes históricos na longa história da China com os mercados mundiais, em particular no século XIX. Aconteceu que as zonas econômicas especiais se localizaram, com um notável grau de coincidência, nos mesmos lugares da abertura inicial da economia chinesa em meados do século XIX, depois das Guerras do Ópio. A principal diferença entre os dois períodos era que na metade do século XIX a China estava sob domínio quase colonial, enquanto agora se tratava de uma escolha soberana. Isso deu às atuais zonas de livre-comércio uma legitimidade muito maior e tornou as reformas muito mais profundas. A idéia de usar centros de industrialização como estratégia de desenvolvimento, escolhendo áreas em que o investimento industrial seria estimulado, também tinha antecedentes bem-sucedidos na Ásia, do desenvolvimento econômico do Japão aos sucessos no pós-guerra de Coréia do Sul, Taiwan, Hong Kong, Cingapura, ilha Penang (Malásia) e muitos outros lugares do continente asiático.

O resto, como se diz, é história. Essas zonas decolaram. Elas combinavam mão-de-obra muito barata, disponibilidade de tecnologia internacional e uma torrente cada vez maior de fundos de investimento, primeiro da poupança interna, mas com um crescimento, nos anos 1990, do investimento externo direto.

Esse investimento estrangeiro tinha três componentes. Parte dele eram fluxos de capital internacional de longa distância, vindos dos centros financeiros e industriais da Europa e dos Estados Unidos. Outra parte muito importante era constituída por dinheiro das comunidades chinesas localizadas fora do continente, cujos líderes perceberam as excelentes oportunidades para negócios, muitas vezes centradas nas famílias. E uma terceira parte vinha do que era chamado dinheiro de ida-e-volta, fundos que eram tirados da China, em geral, de contas de empresas estatais, passavam por intermediários financeiros de Hong Kong e depois eram reinvestidos em empresas do continente. De qualquer forma que fosse feita, a combinação de milhões de trabalhadores baratos, tecnologia moderna, amplo capital e um ambiente de negócios seguro e saudável produziu uma das maiores máquinas de fazer dinheiro da história moderna.

Em uma determinada área as reformas chinesas foram, de fato, graduais: no setor das empresas estatais. O país liberalizou parcialmente, mas não privatizou, as empresas estatais nos anos 1980 e 1990. O governo não tentou quebrar a tigela de ferro e os resultados não foram bons, como se poderia prever. Os salários aumentaram, os lucros diminuíram e as pressões sobre o orçamento e o setor bancário se multiplicaram. Ainda assim, o governo manteve essas empresas em funcionamento, com poucas demissões ou mudanças de propriedade, até que as reformas do setor começaram para valer, no final da década de 1990. Só então o desemprego urbano começou a crescer, com a dispensa de centenas de milhares, e depois milhões, de trabalhadores das empresas estatais.

Gradualismo, então, ao estilo chinês significou radicalismo na reforma rural, uma abertura rápida da economia ao comércio externo e somente uma reforma gradual do setor estatal. Nesse sentido, a China deixou o mais difícil para o fim, na seqüência de reformas. Foi uma prerrogativa possibilitada pela estrutura da economia chinesa existente em 1978.

UMA COMPARAÇÃO DA CHINA COM A EUROPA ORIENTAL E A RÚSSIA

Examinemos agora a diferença entre a China e a Europa Oriental, em 1989, e a União Soviética, em 1991. Em ambos os casos, não havia setor de empresas não estatais a ser liberalizado. Todos contavam com uma tigela de arroz de ferro e todas as empresas recebiam subsídios do Estado. As pressões sobre o orçamento e a oferta de moeda já eram enormes e a instabilidade macroeconômica estava perto. Pior ainda, a URSS e a maior parte da Europa Oriental já estavam com excesso de empréstimos internacionais e não havia perspectiva de alívio fiscal por meio de novos empréstimos. Ao contrário, os credores estrangeiros exigiam os pagamentos soviéticos.

Gorbatchov tentou o gradualismo ao estilo chinês entre 1985 e 1990, liberando o setor não estatal, ao mesmo tempo que preservava a tigela de ferro do setor estatal. Mas os resultados foram desastrosos. Enquanto a China tinha 80% da mão-de-obra fora das empresas estatais, a proporção de trabalhadores soviéticos que não dependiam do Estado era de talvez 1%. Não havia assim um exército excedente de trabalhadores prontos para entrar no setor não estatal, como nas empresas locais chinesas ou em suas zonas de livre-comércio. Também não havia como engendrar um salto rápido na produção de alimentos soviética, uma vez que as fazendas estatais (e as quase equivalentes fazendas coletivas) não podiam ser entregues aos camponeses, como acontecera na China. As fazendas soviéticas eram de capital intensivo, operações de produção de trigo em larga escala, não um aglomerado de lotes familiares de pequena escala, como as comunas chinesas. Os agricultores soviéticos, ao contrário dos chineses, não queriam ficar livres do Estado. Queriam e esperavam a segurança garantida do emprego estatal.

Assim, quando Gorbatchov libertou o setor não estatal e liberalizou o setor estatal, só aconteceram coisas ruins. Não houve um surto de crescimento dos setores novos, mas um surto de demandas salariais e perdas nas empresas estatais. O déficit orçamentário piorou muito e não foi contrabalançado por um crescimento de manufaturas não tradicionais para o mercado local (como nas empresas municipais chinesas), ou um crescimento das exportações (como nas zonas de livre-comércio da China). Desse modo, o gradualismo de estilo soviético, sob a rubrica de perestróica, provocou a desestabilização fiscal, sem os resultados econômicos redentores das reformas chinesas.

O diagnóstico diferencial apontava para pelo menos cinco diferenças estruturais entre as economias soviética e da Europa Oriental, de um lado, e a chinesa, do outro.

- As economias da União Soviética e da Europa Oriental tinham imensas dívidas externas, a da China não.

- A China tinha um longo litoral que sustentava seu crescimento liderado pelas exportações, enquanto a União Soviética e a Europa Oriental não tinham esse benefício e o resultante acesso barato ao comércio internacional.
- A China contava com comunidades no exterior que agiram como investidores externos e exemplos, ao passo que a maior parte da União Soviética e da Europa Oriental não tinham comunidades comparáveis no exterior.
- A União Soviética passava por um drástico declínio na produção de petróleo no início das reformas, o que não acontecia na China.
- A União Soviética avançara muito mais no caminho da industrialização, usando tecnologias incompatíveis com as do Ocidente (Estados Unidos, União Européia e Japão), enquanto a China permanecia num nível baixo de tecnologia e podia adotar com mais facilidade as especificações ocidentais.

Todas essas diferenças tornaram as reformas muito mais duras na Europa Oriental e na ex-União Soviética do que na China. Nada disso significa que as reformas chinesas foram menos inteligentes ou que as reformas da Europa Oriental foram ótimas. Eu já expliquei como as coisas deram errado na Rússia. É apenas para dizer que comparações fáceis entre Rússia e China não têm nenhum fundamento. Não somente as reformas da China poderiam não funcionar na Rússia como, por ironia, o gradualismo de estilo chinês foi tentado e fracassou na União Soviética na segunda metade dos anos 80.

OS MAIORES DESAFIOS DA CHINA

Seria simpático anunciar que o sucesso econômico da China está garantido e que os triunfos dos anos recentes podem ser prolongados indefinidamente. Embora eu seja otimista, pois creio que a China terá de fato mais décadas de crescimento rápido e, portanto, vai diminuir a distância em renda per capita que se desenvolveu no decorrer de vários séculos, também estou consciente de alguns desafios significativos.

Em primeiro lugar, o crescimento chinês não é uniformemente alto. Como todas as outras economias do mundo, o país está determinado por sua geografia, no caso, uma divisão entre leste e oeste e entre norte e sul. A divisão leste-oeste é notável. A costa leste do país está no oceano Pacífico e algumas das cidades portuárias mais importantes do mundo ali se encontram, entre elas (do norte para o sul) Tianjin, Xangai, Guangzhou (Cantão), Hong Kong e a ilha de Hainan. As províncias litorâneas têm a vantagem da proximidade, tanto em tempo como em custos de transporte, dos principais mercados do mundo por via marítima. A fronteira oeste da China é o planalto do Tibete, a 4500 metros acima do nível do mar, e os desertos da Ásia Central. Ambos constituem fronteiras agrestes, com enormes custos de transporte e grandes distâncias para os principais centros de comércio do mundo. Não surpreende que as províncias ocidentais venham crescendo de forma muito menos rápida do que as províncias orientais e que os investidores estrangeiros se concentrem quase totalmente no litoral leste, como mostra o mapa 7.

Não há resposta fácil para essa divisão. Trata-se de geografia econômica e a divisão leste-oeste é natural. Ela não vai desaparecer. Pode ser enfrentada com uma migração interna de mão-de-obra que troque o oeste pelo leste. Essa tendência já produziu a maior migração mundial dos dias de hoje, com a mudança, permanente ou sazonal, de talvez 150 milhões de pessoas do interior para o litoral. Também será enfrentada parcialmente por meio de investimentos das províncias costeiras no interior. Esses investimentos ajudarão a melhorar a infraestrutura, o desenvolvimento industrial e social, por meio de escolas e serviços de saúde melhores.

A Europa Oriental e a ex-União Soviética também possuem uma divisão leste-oeste, mas lá os países situados mais para oeste estão mais perto dos principais mercados da União Européia. Do mesmo modo que as províncias orientais da China cresceram mais rápido do que as ocidentais, os países da Europa Oriental que fazem fronteira com a União Européia crescem mais rápido do que os países da antiga União Soviética, que estão muito mais distantes.

A divisão entre o norte e o sul chineses é um pouco menos clara, mas também é bastante significativa. O norte é seco, em comparação com o sul. A escassez de água no norte da China assumirá uma importância econômica e social cada vez maior nos próximos anos. O país já está falando em gastar dezenas de bilhões de dólares para desviar rios do sul para o norte em três grandes canais cujos custos, eficácia e efeitos ecológicos são difíceis de avaliar com precisão, mas cujos riscos são muito altos.

Um segundo desafio importante para a China é a decisão sobre o papel do setor estatal na proteção social e ambiental, no contexto das reformas de mercado. De certo modo, a China excedeu-se nessas reformas. Quando desmantelou o ineficiente sistema de comunas no campo, desmontou também o único sistema de saúde pública rudimentar que existia, que também se baseava na estrutura comunal. A partir dos anos 80, os pobres da zona rural chinesa tiveram de depender do próprio bolso para as despesas de saúde. Os resultados foram medonhos. Um imenso número de pobres não pode pagar pelos cuidados de saúde de que precisa. Em algumas zonas rurais, as taxas de mortalidade infantil aumentaram em anos recentes, apesar da crescente riqueza do país. Quando surgiu a epidemia de Sars, em 2003, a China descobriu que carecia totalmente de um sistema de saúde pública eficiente nas áreas rurais, capaz de vigiar e controlar doenças epidêmicas. Em suma, nos próximos anos, o país terá de montar um sistema de proteção social e, sobretudo, um sistema de saúde pública, especialmente nas zonas rurais.

Do mesmo modo, a China terá de levar muito mais a sério seu sistema de proteção ambiental. Com 1,3 bilhão de habitantes, que chegarão provavelmente a 1,4 bilhão na metade do século, e com uma das maiores densidades populacionais do mundo, seu potencial para destruição humana dos ecossistemas é enorme. O país já experimenta profundos custos de estresse ambiental, entre eles imensos desastres naturais como enchentes, enormes custos para a saúde decorrentes da poluição do ar urbana e intensificação rápida da demanda por água nas planícies secas do norte. Além disso, é provável que a China arrebate dos Estados Unidos o título de o maior contribuinte mundial para a mudança de clima provocada pelo homem, à medida que seu uso de combustíveis fósseis continue a crescer muito. Portanto, por motivos internos e internacionais, a China terá de se tornar um sério gestor de ameaças ambientais, tarefa que exigirá liderança do governo muito além das reformas de mercado.

Há uma terceira área de preocupação vital para a China nas décadas vindouras: a reforma política. Acredito que o país alcançará a democratização, mas não será necessariamente um processo suave, a não ser que seus líderes compreendam que essa democratização é vital para o bem-estar da China, tanto interno quanto externo. Uma razão para otimismo, em geral, é que, à medida que ocorre o crescimento econômico, aumenta a demanda por democratização e transparência. Esse fenômeno, embora não seja universal, é muito difundido e funcionará definitivamente na China. Sou tão enfático porque vimos com que força esse impulso aconteceu em Taiwan, na Coréia do Sul e em outras culturas e países vizinhos. A China experimentará poderosas forças internas a favor da democratização à medida que cresçam a taxa de alfabetização e o nível de riqueza privada, e à medida que os diferentes grupos de interesse da sociedade tenham mais prestígio e maior ânsia de participar da política, em parte para defender seus direitos de propriedade.

Não obstante, o que está claro é que a China vai precisar de um tipo diferente de sistema político. O existente hoje no país constitui provavelmente a estrutura estatal mais duradoura do mundo: suas raízes podem ser remontadas diretamente ao aparato administrativo da dinastia Han, há quase 2200 anos. A idéia de um Estado centralizado, com poder emanando do alto e se estendendo mediante a burocracia para os níveis regional, local e, por fim, até a aldeia, tem sido o modelo básico chinês desde a unificação do país, em 202 a.C. O que tornou possível o Estado centralizado foi uma vasta sociedade de aldeias em escala subcontinental. Essas aldeias se pareciam muito umas com as outras numa ampla variedade de espaços: eram comunidades de plantadores de arroz de centenas de milhões de pessoas, que viviam em centenas de milhares de aldeias, com características econômicas e culturais comuns. Nesse cenário assim homogêneo, floresceu uma estratégia de administração centralizada, em que as ordens emanavam do alto, filtravam-se pelos vários níveis e chegavam aos pontos finais em comunidades muito semelhantes em sua organização interna básica.

O sucesso do Estado centralizado chinês vai complicar a democratização. Ele reinou por mais de 2 mil anos como um modelo funcional de organização política. Ao longo de sua extensa história, com poucas exceções temporárias, a China permaneceu um Estado unificado, notável pela pouca violência interna, levando-se em conta a área vasta e populosa. Essa arte de governar teve um tremendo sucesso porque, afinal, qual é a medida do sucesso dela? A capacidade das pessoas de viver juntas. Mas, apesar desse surpreendente êxito, ela não favoreceu o desenvolvimento econômico da China. A centralização contribuiu para quase quinhentos anos de decisões do topo que tiveram imensas repercussões econômicas negativas. Tal processo teria sido impossível na Europa Ocidental, onde o poder político e, portanto, econômico, sempre foi descentralizado.

Mesmo com mais de 2 mil anos de sucesso, o Estado centralizado durou mais do que sua utilidade. Por quê? O aparato centralizado chinês, que se estende por uma área tão grande, não é compatível com o dinamismo de uma economia de mercado descentralizada e diversificada e com uma sociedade baseada no mercado, que depende de migração, bases múltiplas de poder e riqueza e diversidade regional. Esse dinamismo já está provocando enormes tensões no governo chinês.

Dois milênios de organização social estão sendo derrubados pela urbanização, com grande diversidade nos tipos de atividade econômica que diferentes partes do país estão desenvolvendo. Essas atividades diversas, junto com variada representação cultural, étnica e lingüística, dão origem a diferentes necessidades infra-estruturais, educacionais e outras. Não é mais possível dar uma ordem do topo que fará sentido para 1,3 bilhão de pessoas. Parte do sucesso econômico da China dos últimos vinte anos deveu-se à concessão de poder aos governos provinciais e locais para experimentar em seus níveis, abrindo espaço para a diversidade, criando uma divisão mais complexa do trabalho e permitindo a mobilidade — em suma, para ver o que funciona.

A necessidade de governos locais legítimos é maior do que nunca, porque mais decisões estão sendo tomadas no nível local. Mas se essas decisões importantes são tomadas por pessoas designadas do topo que não podem ser efetivamente administradas ou que não são consideradas nomeações legítimas pelos de baixo, o modelo se rompe. Já está se rompendo, com muita corrupção nos governos regionais e locais. O sistema de partido único está perdendo adesão e, contudo, a China quer evitar a desordem interna, mesmo que caia em conflito. Os líderes do país precisam evitar isso, mas devem também encontrar maneiras de descentralizar o poder.

Creio que um sistema democrático federalista será a solução mais provável, mas chegar lá será muito complicado. Neste exato momento, há impulsos precoces de democracia como, por exemplo, eleições não partidárias em aldeias, em que indivíduos concorrem por cargos, em vez de representantes de partidos políticos organizados. Hu Jintao, secretário-geral do Partido Comunista, declarou recentemente: "A democracia é a busca comum da humanidade e todos os países devem proteger sinceramente os direitos democráticos do povo".[4] Há uma enorme distância entre palavras e ações, mas é muito provável que ela diminua significativamente nos próximos anos.

A questão é se essa mudança pode ser administrada gradualmente e em paz ou se os linhas-duras, funcionários corruptos e sicofantas do sistema de partido único retardarão a mudança gradual até o ponto de ruptura. Uma evolução gradual para o governo democrático seria o mais desejável e é possível. Os exemplos de Taiwan e da Coréia do Sul mostram que se pode fazer uma transição ao mesmo tempo que se mantém a integridade nacional e o bom desempenho econômico. Esses são os desafios políticos para o futuro da China.

A OPORTUNIDADE HISTÓRICA DA CHINA

É provável que a China venha a ser o primeiro dos países pobres do século XX a acabar com a pobreza no século XXI. Sua taxa de miséria já despencou e as proporções continuam a cair rapidamente. Discuti anteriormente a queda ao longo dos séculos da renda relativa chinesa e os inícios de sua recuperação. A

FIGURA 6 — PERSPECTIVAS PARA A RECUPERAÇÃO DO ATRASO DA CHINA

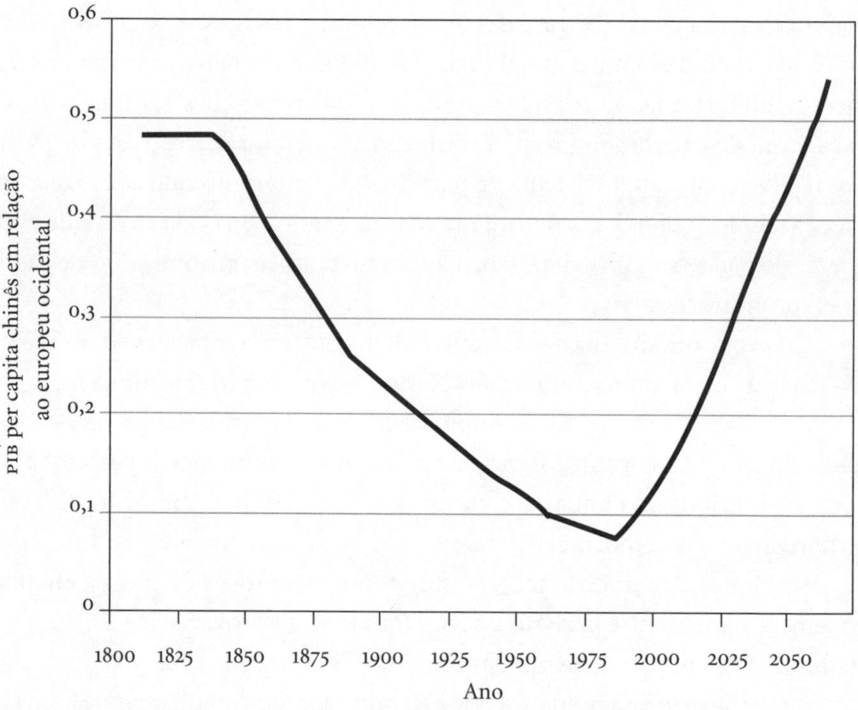

Fonte: *Cálculo baseado em dados de Maddison (2001) e em projeções do autor.*

virada do último quarto de século, embora impressionante, parece modesta quando vista contra o pano de fundo de mil anos de declínio. A boa notícia para a China e para o mundo — creio firmemente nisso — é que as perspectivas para uma rápida recuperação do atraso são as melhores dos últimos séculos. No curto período de meio século, a China pode diminuir substancialmente a distância existente. Uma conclusão baseada na experiência dos economistas do desenvolvimento diz que a distância de renda entre países ricos e pobres tenderá a diminuir cerca de 2% ao ano se todas as outras coisas (geografia, políticas e semelhantes) forem mais ou menos as mesmas. Essa diminuição não ocorre porque o país mais rico fica mais pobre, mas porque o país atrasado consegue mobilizar capital e tecnologias para promover um crescimento mais rápido. De acordo com isso, a figura 6 mostra a possibilidade para a China na primeira metade deste século. No ano 2050, é razoável supor que esse país atingirá cerca da metade da média de renda da Europa Ocidental, restaurando a posição relativa que detinha no começo da era industrial.

As reformas chinesas estão remodelando a economia e a política globais. As reformas soviéticas iniciadas na década de 1980 e as mudanças na Índia no início dos anos 1990 foram, sem dúvida, inspiradas em parte no sucesso chinês. Enquanto meu envolvimento com a China se aprofundava na última década, o mesmo acontecia com minha experiência de consultor e pesquisador na Índia. A China já demonstrou que um país de mais de 1 bilhão de habitantes pode conseguir um desenvolvimento sem precedentes. Muita gente em todo o mundo, inclusive eu, se pergunta naturalmente se a Índia fará em breve o mesmo. Em 1994, eu já começava a pensar intensamente nessa questão.

9. As reformas de mercado na Índia: o triunfo da esperança sobre o medo

A Índia começou a introduzir reformas de mercado de amplas conseqüências em 1991. Essas reformas eram semelhantes, em vários aspectos importantes, às que estavam varrendo a China, a Europa Oriental e a ex-União Soviética. Na metade de 1994, fui convidado a ir a Nova Délhi para me encontrar com membros do governo e dar várias palestras públicas sobre globalização e reformas econômicas em todo o mundo. Fiquei particularmente emocionado com a oportunidade de me encontrar com o ministro das Finanças indiano, o dr. Manmohan Singh, um economista do desenvolvimento formado em Oxford e Cambridge e respeitado mundialmente que comandava as reformas econômicas de seu país. Desde então, tive a honra e o prazer de trabalhar com Singh, primeiro-ministro da Índia desde maio de 2004, e com outros líderes indianos, entre eles Atal Bihari Vajpayee, que foi primeiro-ministro por curto período em 1996, e depois de 1998 a 2004.

A primeira visão que tive da pobreza extrema foi em 1978, numa viagem de um mês que fiz à Índia, durante meus estudos de pós-graduação. Desde o momento em que pus os pés no país, fiquei absolutamente petrificado. A Índia era visualmente emocionante e de uma dissonância incompreensível: mulheres graciosas vestidas com sáris coloridos, mercados fervilhantes, vacas soltas nas ruas, macacos que saltavam de telhado em telhado, procissões funéreas atravessando lentamente bazares lotados, homens santos de tanga, templos de todas as variedades, gente velha e miserável pedindo esmolas nas esquinas, siques de turbante. Aquilo tudo representava o mais total desafio da miséria que eu jamais imaginara. Por que aquela vasta e antiga civilização estava tão empobrecida? O que poderia ser feito? A Índia seria capaz de se alimentar? Naquela viagem, carreguei comigo o gigantesco tomo *Asian drama*, do prêmio Nobel Gunnar Myrdal. Pensei que seria uma sorte extraordinária se um dia eu pudesse ajudar a entender e até mesmo ajudar a resolver tais problemas.

Quase vinte anos depois, eu estava de volta à Índia um pouco mais preparado do que da primeira vez. Eu já conhecera boa parte do mundo e estudara e participara de problemas do desenvolvimento econômico por mais de uma década. Estava ansioso para confirmar meu compromisso pessoal dos tempos da pós-graduação de entrar, de alguma forma, na batalha contra a miséria na Índia. Estava também otimista. Se a China podia sair da pobreza num ritmo sem precedentes, por que a Índia não poderia fazer o mesmo? Claro que poderia, disse a mim mesmo, e Manmohan Singh e sua equipe cuidariam disso.

Poucos dias depois de minha chegada, em 1994, enfrentei um novo enigma. Os líderes do governo, entre eles Singh e sua equipe, estavam bastante otimistas em relação às reformas, e a comunidade dos negócios também manifestava um entusiasmo cauteloso. Porém, os intelectuais universitários não estavam. Em palestra após palestra, escutei observações céticas dos professores de economia. A pobreza iria piorar; o crescimento se revelaria ilusório. O ceticismo era enervante, mas também servia para abrir os olhos. Ele acabou por me fazer apreciar o peso da história na Índia.

Eu estava no meio de uma palestra no Centro Internacional da Índia, local de vibrantes reuniões acadêmicas, tecendo loas às oportunidades de crescimento oferecidas pelo investimento externo direto. Olhei para os rostos reticentes do público e, de repente, me dei conta da mancada. Ali estava eu, descrevendo com eloqüência as maravilhas do investimento estrangeiro num país que, na verdade, havia perdido sua soberania para uma empresa privada! A Índia tivera a notável experiência de cair nas mãos da Companhia Britânica das Índias Orientais, sociedade privada por ações, antes de sucumbir ao próprio Império Britânico. Do século XVII ao XIX, a história indiana foi marcada pelos exércitos privados que, impulsionados pela cobiça, atropelaram uma grande civilização. A globalização não seria aceita facilmente por intelectuais profundamente conscientes das tribulações do país no passado.

TRÊS MIL ANOS DE ÍNDIA E O MUNDO

A longa e notável história da Índia exerce forte presença ainda hoje. Os historiadores acreditam que a estrutura social tradicional do país, com sua meticulosa estratificação por casta, reflete a marca de sua formação histórica. Embora haja muita coisa obscura e muito discutida em relação aos primórdios da história da Índia, mapeamentos genéticos recentes da população indiana indicam que os antigos Vedas podem ser um relato correto sobre uma população indiana indígena (dravidiana) conquistada por tribos invasoras da Ásia Central que se tornaram a casta alta dos brâmanes. Estudos recentes sugerem que estes trazem marcas genéticas mais próximas das da Ásia Central e da Ásia Menor (Anatólia) do que das do sul da Índia. Portanto, as diferenças e tabus de casta talvez reflitam as primeiras relações sociais entre conquistadores e conquistados. Seja qual for o motivo, a Índia constitui uma mistura sem paralelo de culturas, etnias, línguas, alfabetos e religiões. A diversidade é sua primeira e dominante característica.

A história indiana oferece um panorama incomparável de competição entre impérios e conquistas. Embora sua população tenha sido esmagadoramente hindu desde o tempo dos Vedas, no último milênio seus governantes foram, com mais freqüência, muçulmanos ou cristãos. As regiões muito populosas das planícies do rio Ganges, centralizadas em torno de Délhi e Agra, foram conquistadas por invasores muçulmanos a partir do século XI. Os famosos imperadores mogóis,* que construíram o Taj Mahal e o Forte Vermelho de Délhi, eram invasores muçulmanos da Ásia Central. Eram eles que dominavam o norte da Índia em 1602, quando um pequeno bando de mercadores com concessão da rainha Elizabeth I chegaram à costa de Coromandel, perto de onde é hoje a grande cidade de Chennai, até recentemente conhecida como Madras. Enquanto os

* Por mogóis (em inglês, *moguls*) entendem-se os descendentes dos invasores mongóis que criaram um império na Índia (N. T.).

mogóis dominavam as planícies do Ganges, uma hoste de marajás, príncipes e reis guerreiros dominava o resto do subcontinente indiano.

Mediante engenhosidade política e pura crueldade, as forças britânicas conseguiram controlar a Índia com o uso da estratégia de dividir para conquistar. De que outro modo uma pequena companhia comercial de um país de talvez 5 milhões de habitantes poderia pensar em criar uma cabeça-de-ponte, muito menos um império, no outro lado do mundo, num subcontinente de 110 milhões de habitantes ou mais? Passo a passo, de sua infausta chegada em 1602 à conquista final do subcontinente, em 1857, a Companhia Britânica das Índias Orientais, apoiada pela Coroa inglesa, ludibriou e abriu caminho para o poder, ficando ao lado de um governante, depois de outro, traindo seus aliados e derrotando seus inimigos no campo de batalha, comprando, subornando e lutando até obter o controle completo.

O modo exato como isso aconteceu deve ser certamente considerado uma das grandes perplexidades da história. Sim, a Inglaterra tinha armas mais avançadas. Os britânicos dominavam os mares de uma forma que os governantes da Índia jamais tentaram. A Inglaterra era a potência industrial mundial inconteste do século XIX. Contudo, quando a Companhia das Índias Orientais começou sua expansão, no século XVII, a população da Índia era talvez vinte vezes maior do que a da Grã-Bretanha e tinha a vantagem do próprio campo. Nessa época, a Índia também superava a Inglaterra como potência industrial e manufatureira. Seus tecidos e roupas eram valorizados em todo o mundo, e suas exportações têxteis constituíam o grosso do comércio mundial de produtos têxteis e vestuário. A ascensão da Inglaterra ao poder refletiu não apenas sua crescente intrepidez industrial e militar, mas também as profundas debilidades das estruturas sociais e políticas indianas. Em termos políticos, um império mogol extenso demais começou a se desintegrar no início do século XVIII, quando não conseguia governar todo o vasto subcontinente e não tinha o apoio da população hindu. O império mogol dissolveu-se num número crescente de Estados sucessores soberanos, e os ingleses manipularam essas divisões políticas para servir a seus próprios interesses. Ao mesmo tempo, as estratificações sociais indianas e hierarquias de casta — tão extremas que era tabu para indianos de casta alta até caminhar à sombra de indianos de casta baixa ou sem casta — desempenharam papel importante. Uma sociedade sem uma forte coesão interna e companheirismo era muito mais fácil de ser conquistada.

O RAJ BRITÂNICO E SEU LEGADO ECONÔMICO

Às conquistas militares combinaram-se as conquistas econômicas. Do início ao fim do século XVIII, a Inglaterra passou de importadora de tecidos e roupas indianas para exportadora significativa para a Índia. Em meados do século XIX, a Grã-Bretanha já vestia a Índia, com as fiações mecânicas britânicas substituindo milhões de operadores indianos de teares manuais. Os livros escolares costumam pintar esse quadro como se tratasse de forças do mercado criadas puramente pelo avanço tecnológico. Mas os livros esquecem de acrescentar que a Inglaterra impôs restrições comerciais às exportações têxteis da Índia durante o século XVIII, dando a si mesma tempo para que suas manufaturas menos eficientes ganhassem vantagem. Em suma, aplicou uma política industrial agressiva para derrubar a predominância da Índia no comércio têxtil.

A conquista militar britânica completou-se em 1857, quando a Companhia das Índias Orientais, que já estava sob controle estatal, transferiu formalmente a autoridade legal sobre a Índia para a Coroa britânica. A Índia era obviamente a jóia do Império Britânico, e boa parte da política externa da Inglaterra no Oriente Médio, na Ásia Central e em outros lugares estava devotada a proteger essa jóia. A Inglaterra investiu também pesadamente no subcontinente indiano, financiando estradas, ferrovias, redes elétricas e conexões telegráficas para ajudar a desenvolver a economia indiana a partir do final do século XIX. Contudo, uma avaliação adequada do Raj britânico deve também levar em conta os lados negativos do império, que foram graves.

O aspecto mais importante talvez seja o desprezo que o Raj mostrou pela educação da população indiana, tanto primária como da elite. Embora houvesse pessoas de elite indiana, como Mohandas Gandhi e Jawaharlal Nehru, que receberam educação de classe internacional e que liderariam a luta por uma Índia independente, elas eram poucas. Sob domínio britânico, o país continuou a ser um continente de camponeses analfabetos. Na época da independência, sua taxa de alfabetização era de apenas 17%.[1] A saúde pública também foi seriamente negligenciada. A expectativa de vida em 1947 era de meros 32,5 anos.[2] A Inglaterra também desdenhou a industrialização indiana, pelo menos do tipo que poderia ameaçar os interesses industriais britânicos. A infra-estrutura foi construída para explorar as matérias-primas, como algodão para as tecelagens inglesas, e não para industrializar a própria Índia. Houve exceções, mas mais uma vez elas servem para confirmar a regra. Como observa Angus Maddison: "Os capitalistas indianos que surgiram dependiam fortemente do capital comercial britânico e muitos setores industriais eram dominados por firmas inglesas, como nos setores de transporte marítimo, bancos, seguros, carvão, agricultura de exportação e juta".[3]

A maior ilustração da irresponsabilidade imperial britânica foi sua reação às repetidas fomes e epidemias da segunda metade do século XIX e a primeira metade do século XX. Como narra vividamente Mike Davis em seu livro espantoso *Late Victorians holocausts*, a Índia foi vítima de várias falhas de monções, que estavam provavelmente ligadas às flutuações climáticas da oscilação meridional do El Niño no Pacífico ocidental. A falta de uma monção causava seca e fome em um ano e depois uma grave epidemia de malária, quando as chuvas reapareciam e a proliferação de mosquitos atacava uma população debilitada. As obras de infra-estrutura dos britânicos — barragens, canais de irrigação, estradas — intensificavam a vulnerabilidade do país à malária ao multiplicar os locais de reprodução dos mosquitos anófeles na proximidade de povoamentos humanos.

Não se podem culpar os ingleses pela falta de monções ou pelo aumento do número de locais de procriação. O papel dos mosquitos na transmissão da malária só foi compreendido em 1898 (foi o grande cientista britânico Ronald Ross, que trabalhava na Índia, o primeiro a elucidar o ciclo vital do parasita da malária, independentemente do cientista italiano Giovanni Battista Grassi). A falha da Grã-Bretanha foi sua resposta à fome. Os britânicos deixaram repetidamente de organizar campanhas de auxílio contra a fome e outros serviços sociais diante do sofrimento em massa. Davis cita lorde Curzon, o vice-rei britânico, que assim se dirigiu aos indianos famintos:

> Qualquer governo que pusesse em risco a posição financeira da Índia no interesse da filantropia pródiga estaria aberto a sérias críticas; mas qualquer governo que, por indiscriminada doação de esmolas, enfraquecesse a fibra e desmoralizasse a autoconfiança da população, seria culpado de um crime público.[4]

No fim, milhões de pessoas morreram enquanto a autoridade imperial observava sem fazer nada.

Vale a pena notar que a última grande fome da Índia ocorreu em 1943, em Bengala, nos últimos anos do domínio imperial. As monções não vieram de novo na década de 1960, mas dessa vez o Estado indiano soberano foi em auxílio das massas famintas por meio da distribuição de rações de emergência. Esse resgate do desastre levou Amartya Sen a seu grande *insight* de que as fomes têm muito ou mais a ver com a política autoritária do que com as flutuações de clima e a produtividade das safras. (Porém, a percepção de Sen é levada às vezes longe demais, quando se afirma que as democracias nunca sofrem fomes. Nas condições climáticas e demográficas extremas da África, onde populações altamente vulneráveis dependem da agricultura irrigada por chuva em regiões áridas, as secas podem causar fomes mesmo em democracias.)

Algumas obras históricas recentes, em especial *Empire*, de Niall Ferguson, louvam a difusão de tecnologia e conhecimento do Império Britânico na Índia e outras colônias. Na minha opinião, são relatos enganosos, pois, embora tenha propagado infra-estrutura e tecnologia, o império o fez em proveito da Inglaterra. Sem império, as mesmas tecnologias poderiam ter sido difundidas de várias outras formas: comércio de bens de capital, imitação e engenharia reversa, compra de consultoria técnica (sempre disponível a certo preço) e a disseminação do conhecimento científico por meio de livros, conferências globais, intercâmbio de estudantes e academias científicas. O Japão, por exemplo, não caiu nas malhas de um império para alcançar os benefícios tecnológicos da era industrial. Ao manter sua soberania, esse país obteve um acesso ainda mais rápido à industrialização do que as colônias. Com efeito, como observa Maddison, "a eficiência industrial indiana foi dificultada pelo descaso da administração britânica para com a educação técnica e pela relutância das firmas britânicas e das agências administradoras em oferecer treinamento ou experiência gerencial aos indianos".[5]

O desempenho econômico da Índia durante o domínio do Raj britânico foi desastroso. Segundo dados de Maddison, o país não teve crescimento per capita de 1600 a 1870. O crescimento econômico per capita durante o período de 1870 até a independência, em 1947, foi de mero 0,2% ao ano, em comparação com o 1% do Reino Unido.

A INDEPENDÊNCIA E AS ESCOLHAS ECONÔMICAS DA ÍNDIA

Tal como o resto do mundo colonizado, a Índia desgastou-se sob o domínio estrangeiro. Quando a Europa sangrou até a exaustão em duas guerras mundiais e uma Grande Depressão, as colônias européias estavam prontas para afirmar sua independência. A Índia foi a primeira, ao dar a meia-noite de 15 de agosto de 1947. Assim começou o "encontro marcado com o destino" do país, na expressão evocativa de Nehru, bem como seu encontro com os próprios demônios gêmeos — domínio colonial, que deixou o país alérgico ao comércio internacional e aos investimentos estrangeiros, e divisões sociais extremas, que deixaram o país debilitado tanto internamente como em termos de competitividade, em comparação com o resto do mundo.

Quando se tornou primeiro-ministro, Nehru introduziu rapidamente uma estratégia de socialismo democrático. Tal como outros construtores de nações pós-coloniais de seu tempo, ele procurou um caminho de desenvolvimento econômico auto-suficiente, que não se baseasse em mercados globais, comércio internacional e investimentos externos diretos. Depois de uma longa luta contra a dominação colonial, Nehru e seus companheiros de outros países na mesma situação não estavam dispostos a ter um novo período de subjugação a forças econômicas estrangeiras. Eles também tinham outros motivos para escolher uma estratégia de desenvolvimento voltada para dentro (autárquica). Os mercados mundiais mal funcionavam em 1947, e a Grande Depressão deixara um sentimento de que as forças de mercado não eram confiáveis. Além disso, os aparentes triunfos da industrialização soviética, muito exagerados por dados falsos e repressão escondida, reforçavam a idéia de que o planejamento estatal científico atingira a maioridade.

Por essas razões, Nehru optou por um sistema de fortes controles estatais. Era preciso licença para tudo na Índia: para comerciar, investir, expandir a capacidade fabril. As grandes unidades industriais eram contidas, aparentemente para preservar espaço às empresas pequenas e tecnologicamente atrasadas. Os tecelões manuais foram protegidos dos teares industriais. Os operários da indústria não podiam ser demitidos. Os terrenos urbanos não podiam ser convertidos para novos usos industriais sem permissão. Contas bancárias, transferências de dinheiro e investimentos externos, para tudo era preciso pedir licença. A economia, em resumo, estava amarrada em nós terríveis e tão apertados que mal podia crescer, dando origem à taxa de crescimento "hindu" de cerca de 3,5% ao ano, ou apenas 1,9% per capita, durante o período de 1950 a 1970.

A primeira abertura econômica importante ocorreu no final dos anos 1960 e início dos 1970, com a introdução da Revolução Verde no país. Cientistas agrícolas puderam criar novas variedades de milho, trigo e arroz em que o crescimento da planta era canalizado para o grão, e não para o caule. O aumento resultante da produção de alimentos libertou a Índia do sufoco da fome. Depois da Revolução Verde, o país conseguiu se alimentar mesmo em anos sem monção. A saga aparentemente sem fim da luta contra a inanição em massa acabou de repente, muito antes de as reformas de mercado deflagrarem uma aceleração sustentada do crescimento econômico.

A Revolução Verde criou bolsões de aumento de renda, em especial no Punjab, onde a irrigação e as ferrovias existentes deram suporte à rápida introdução de novas variedades agrícolas de alta produtividade. Mas, de modo mais geral, a Índia continuava presa ao crescimento lento e errático. No final dos anos 1980, Rajiv Gandhi introduziu algumas reformas de mercado limitadas que pareciam acelerar o progresso econômico, mas na verdade empréstimos externos insustentáveis alimentaram boa parte dessa aceleração. O ciclo de empréstimos externos acabou na metade de 1991, quando os investidores estrangeiros perceberam que o nível do endividamento externo do país estava subindo rapidamente, sem um aumento equivalente em suas exportações. À medida que os investidores começaram a retirar fundos e exigir o pagamento de seus empréstimos, as reservas em moeda estrangeira da Índia despencaram. Pairava no horizonte uma crise na balança de pagamentos. Entrou então em cena Manmohan Singh, que compreendeu claramente que estava na hora de acabar com o Raj da Licença. A partir de meados de 1991, a Índia entrou para a onda global de reformas do mercado, ao lado de China, Europa Oriental, União Soviética e América Latina.

O INÍCIO DAS REFORMAS

As primeiras medidas de Singh foram para acabar com as restrições burocráticas mais prejudiciais ao comércio e ao investimento internacional. As empresas que pudessem encontrar oportunidades lucrativas ganharam subitamente liberdade para ir atrás delas. O governo baixou as barreiras tarifárias e retirou cotas de importação de milhares de mercadorias. Os não-economistas temiam que essas medidas simplesmente abrissem as comportas das importações, afogando ainda mais os produtores indianos no mar de importações baratas. Eles não compreendiam que, ao liberalizar as importações, o governo estava também promovendo as exportações. De repente, os produtores indianos podiam comprar bens de capital e insumos intermediários nos mercados mundiais a preços competitivos, o que lhes possibilitava vender as próprias mercadorias acabadas nos mercados mundiais também a preços menores. Com mais cautela e depois gradualmente, o governo começou também a tornar mais fácil o investimento de empresas estrangeiras na Índia. Para estimular os investidores externos, o governo liberalizou o número de aprovações necessárias, a porcentagem de uma empresa que podia ser de propriedade estrangeira e a variedade de setores em que os estrangeiros tinham permissão para investir.

Talvez não surpreenda que quando cheguei à Índia, em meados de 1994, apenas três anos depois do início dessas grandes mudanças e com o país ainda se livrando dos restos de uma crise financeira, os economistas acadêmicos ainda estivessem pessimistas. Como a Índia poderia competir nos mercados mundiais? Como poderia evitar a dominação de uma nova Companhia das Índias Orientais? Minhas afirmações solenes de que a liberalização do comércio funciona — que as exportações indianas estavam destinadas a crescer — foram recebidas com advertências de que "a Índia é diferente". Em que setores o país poderia competir? — era o que me perguntavam repetidamente. Graças a Deus, a escolha foi feita pelos mercados, não por mim! Eu teria apostado em manufaturas de mão-de-obra intensiva — sapatos, brinquedos, roupas, eletrônicos —, tal como aconteceu na China. Mas, embora tenham conseguido ganhos notáveis, esses setores não estavam destinados a ser os motores do crescimento do país na primeira década das reformas. Para espanto de quase todo o mundo, a Índia tornou-se um centro de exportações em larga escala do setor de serviços, nas novas tecnologias da informação.

Na metade da década de 1990, com a afirmação do domínio da Microsoft em softwares e o surgimento da internet como ferramenta revolucionária dos negócios, bem como da educação e do entretenimento, o fato de que havia um grande número de engenheiros de software indianos nas empresas de vanguarda começou a ficar óbvio. O vale do Silício, epicentro da revolução da tecnologia da informação (TI) estava cheio de indianos com alta formação e motivação. Pequenas empresas de TI de propriedade de indianos e lideradas por indianos tornaram-se rapidamente grandes negócios de indianos, com considerável marca na indústria, entre elas a Sycamore e a Infosys. A própria Microsoft começou a investir pesadamente em engenheiros indianos de software, que já eram uma legião na empresa, e na própria Índia, como um lugar de produção de softwares, com freqüência os mais avançados.

Os fatores que sustentavam a capacidade da Índia de competir efetivamente na indústria de TI ficaram cada vez mais óbvios. Primeiro, por mais de uma geração, o país vinha produzindo empreendedores e engenheiros de alta qualidade nos Institutos Indianos de Tecnologia (IITs), um grupo de sete campi de classe mundial, frouxamente integrados, em todo o país. Devido à economia relativamente estagnada, os formados pelos IITs migraram em grande número para os Estados Unidos. Em meados dos anos 1990, eles se tornaram os líderes empresariais de sua geração, assumindo posições de comando na Microsoft, McKinsey & Company, Citigroup, numerosos bancos de investimento, firmas de TI e outras importantes companhias internacionais.

Em segundo lugar, muitos desses indianos no exterior começaram a estabelecer relações empresariais na Índia, um processo que foi muito facilitado pelas novas tecnologias da informação. Décadas de fechamento econômico e crescimento lerdo haviam deixado a infra-estrutura física da Índia em estado de decrepitude, em especial no que tange às exportações. As instalações portuárias estavam abarrotadas, eram mal administradas e de difícil acesso. As estradas estavam entupidas e cheias de buracos ameaçadores. Mas a revolução da TI significava que a exportação de informações, por meio de satélites em meados da década de 1990 e por fibra óptica alguns anos depois, podia passar ao largo dos engarrafamentos de portos e estradas. Uma antena de satélite no teto de um prédio era tudo de que se precisava para fazer contato quase instantâneo com o resto do mundo.

Em 1994, fiz minha primeira visita a uma operação de *back-office* no exterior, visita que repeti inúmeras vezes depois. Visitamos a Zona de Processamento de Exportação Eletrônica Santa Cruz, em Mumbai, e o escritório da Swiss Air. Havia fileiras de mulheres jovens que classificavam fichas de embarque e formulários de pedidos de passageiros freqüentes e introduziam no computador as milhagens ganhas das viagens dos últimos meses. A Swiss Air simplesmente juntava seus documentos em papel em Zurique e Genebra, colocava-os num vôo para a Índia e os processava naquele escritório por uma minúscula fração de seus custos na Suíça. Os dados eram colocados em planilhas eletrônicas e enviados de volta à sede através de uma linha de satélite exclusiva. No final dos anos 1990, os centros de operações de TI nas cidades de Bangalore, Chennai, Hyderabad e Mumbai eram os novos destinos de empresas importantes que buscavam engenharia de software, serviços de transcrição de dados, computação gráfica, processamento de *back-office*, design computadorizado e uma miríade de outras atividades baseadas em TI.

Do ponto de vista das reformas econômicas, estava claro que a Índia era competitiva no mercado internacional. Uma explosão das exportações, embora inicialmente de serviços, em vez de manufaturas, como muitos de nós esperávamos, alimentava o crescimento econômico mais rápido de toda a história indiana. O medo de que uma onda de empresas multinacionais conquistaria o país parecia um tanto tolo. Ao contrário, o grande êxito em atrair contratos de terceirização se tornara uma questão política nos Estados Unidos, com acusações sem fundamento de que a Índia tirava os empregos dos americanos de forma injusta. De um modo abençoado pelo tempo, os empresários do país usavam as forças da globalização para ajudar a diminuir o abismo tecnológico que os separava das principais economias mundiais. E com sucesso.

Portanto, o resultado das reformas indianas implicava outro passo acima na tendência de crescimento do país. Vista de uma perspectiva de longo prazo, a Índia passou por quatro fases de crescimento no século XX: crescimento baixo sob o Raj britânico (1900-47), crescimento baixo sob o Raj da Licença de Nehru (1947-70), crescimento mais rápido com o advento da Revolução Verde (1970-91)

FIGURA 1 — CRESCIMENTO ECONÔMICO NA ÍNDIA DESDE 1900

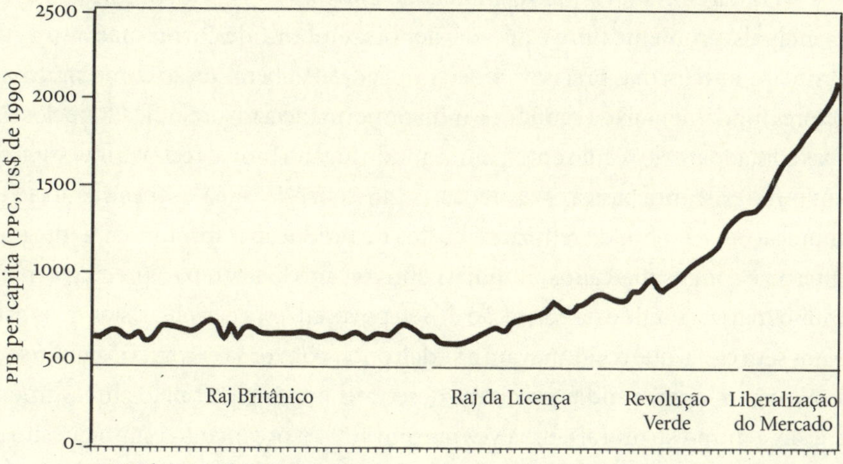

Fonte: *Dados de Maddison* (*1995*).

e crescimento alto sustentado com liberalização do mercado nos anos 1990 (1991-2000). Esses passos aparecem na figura 1.

Os temores quanto à globalização foram imensamente exagerados, mas há bons motivos para permanecer vigilante em relação à política das empresas multinacionais. Um exemplo notável disso aconteceu durante uma de minhas visitas a Nova Délhi, no final do segundo governo Clinton. O embaixador americano na Índia convidou-me a fazer uma visita de cortesia à embaixada um dia ou dois antes de eu me encontrar com o primeiro-ministro indiano. O embaixador olhou-me nos olhos e disse: "Por favor, insista com seus amigos para que resolvam a disputa deles com a Enron". Ele se referia a um desacordo comercial em andamento entre a empresa americana e o estado indiano de Maharashtra sobre o preço da eletricidade de uma usina construída pela Enron. "Se eles não resolverem, isso vai prejudicar a posição da Índia em relação a muitas outras empresas americanas." Sempre me indignei com esse tipo de *lobby* pesado feito por um funcionário graduado dos Estados Unidos em favor de uma empresa americana e fico ainda mais indignado agora, quando a Enron se tornou o exemplo acabado do comportamento imoral corporativo americano.

OS DESAFIOS ECONÔMICOS DA ÍNDIA

A Índia enfrentava quatro grandes desafios em 1994 e eles continuam a ser os principais problemas uma década depois, embora de forma não tão aguda. Primeiro, as reformas precisavam ser ampliadas. A liberalização começara, mas os setores fundamentais da economia indiana permaneciam prejudicados pelos sistemas adotados meio século antes. Em segundo lugar, a Índia precisava investir muito em infra-estrutura básica — estradas, portos, energia, água e saneamento, telecomunicações — a fim de reduzir os custos de produção e aprofundar a integração interna e com os mercados mundiais. Em terceiro lugar, o país precisava investir muito mais na saúde e na educação de seu povo, em especial nas castas mais baixas e nos sem casta, que continuavam a se defrontar com uma extrema exclusão social. Em quarto lugar, a Índia precisava descobrir como pagar pelos investimentos sociais e infra-estruturais, uma vez que em 1994 o orçamento estava em situação perigosa, com grandes déficits tanto do governo central como dos estaduais.

Após minha visita de 1994, fiz um relatório detalhado sobre esses desafios;

esse trabalho, por sua vez, levou ao aprofundamento das discussões com o governo e a comunidade acadêmica. Em 1996, meu colega Nirupam Bajpai e eu nos tornamos consultores do governo central, bem como do governo de Tamil Nadu, um estado de crescimento rápido no sul do país. Em anos recentes, tivemos a satisfação de ver adotadas muitas de nossas recomendações. Nosso argumento básico era que a Índia podia atingir a taxa de crescimento da China se ampliasse e aprofundasse suas reformas. Os acontecimentos não nos desapontaram. Em 2004, o país estava crescendo cerca de 7% ao ano, aproximando-se da taxa chinesa. Os resultados favoráveis também eram evidentes na redução da miséria. Por padrões nacionais, a taxa de pobreza declinou de 42% da população em 1990 para estimados 35% em 2001. Como mostra a figura 2, o forte crescimento econômico foi acompanhado pela diminuição da taxa de pobreza.

As exportações da Índia continuaram a crescer, ampliando-se das atuações tradicionais de TI (software básico, transcrição de dados, centros de tele-

FIGURA 2 — CRESCIMENTO ECONÔMICO E REDUÇÃO DA POBREZA NA ÍNDIA

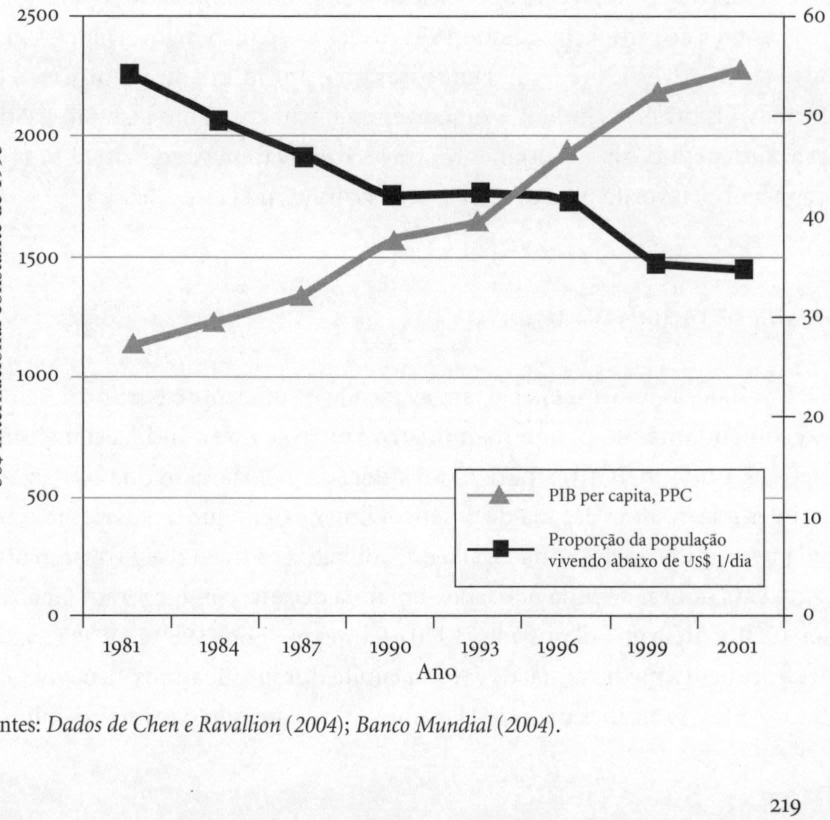

Fontes: *Dados de Chen e Ravallion* (*2004*); *Banco Mundial* (*2004*).

fonia) para cada vez mais sofisticados centros de BPO ([*business process outsourcing*] — terceirização da gestão operacional). Empresas americanas e européias dos setores de saúde, seguros e bancos recorrem cada vez mais à BPO para cortar seus custos. E o *boom* da exportação não é somente em TI. Um dos novos setores exportadores mais dinâmicos é o de autopeças, em que a Índia está se tornando o local escolhido por muitos produtores globais de automóveis. As peças são produzidas na Índia e depois enviadas para unidades de montagem no resto do mundo.

A Índia ainda não se equiparou à China na profundidade e amplitude da modernização econômica, mas é fácil subestimar o que já foi realizado. A China oferece a aparência de um mecanismo de reforma bem azeitado, mas sob a superfície existem tensões poderosas de etnias em choque, desigualdades regionais, migração em larga escala e corrupção disseminada. Na Índia, nada está sob a superfície. A política acontece com exuberância, a céu aberto. Em qualquer dia, um visitante de língua inglesa pode escolher entre uma dúzia de jornais, todos publicando críticas políticas veementes, bem como sinistras histórias de crimes. A todo momento, parece que um governo estadual está cambaleante, ou a coalizão nacional fragilizada. A crise política está sempre à mão, mas de alguma forma o país avança aos tropeços. Desde 1991, todas as coalizões governamentais (e houve cinco governos federais) endossaram e aprofundaram o processo das reformas. Os próprios indianos descrevem seu país como um elefante asiático, que avança pesada e laboriosamente através da selva, em vez de um tigre asiático, a metáfora favorita para descrever seus vizinhos do Leste Asiático.

DÉCADA DE DESENVOLVIMENTO

Em 2000, as reformas já haviam avançado o suficiente e Nirupam Bajpai e eu recomendamos ao primeiro-ministro Vajpayee que a Índia estabelecesse objetivos ainda mais altos para a nova década e declarasse que os dez anos seguintes seriam uma década de desenvolvimento, em que o país dobraria sua renda per capita e daria uma virada em alfabetização, saúde e infra-estrutura básica. Para dobrar a renda per capita em uma década, como fizeram Japão nos anos 1960, Coréia do Sul nos anos 1970 e China nos anos 1980 e 1990, é preciso um crescimento médio anual de 7% per capita durante dez anos, taxa que acreditamos estar ao alcance da Índia. Ficamos felizes quando o primeiro-ministro proclamou esses objetivos em sua mensagem à nação de 15 de agosto de 2000. A meta de crescimento econômico anual de pelo menos 8% (portanto, em torno de 7% em termos per capita) foi depois endossada pela Comissão de Planejamento da Índia.

Apesar do crescimento econômico rápido durante 2001-3, as eleições da primavera de 2004 tiraram o governo de Vajpayee do poder. O resultado foi uma grande surpresa e representou um voto maciço a favor de mudanças que veio do campo indiano. Em parte, foi um reflexo de fatores de curto prazo. A seca disseminada de 2003 deixou muitas comunidades agrícolas sem dinheiro e famintas, ainda que a fome em larga escala tenha sido facilmente evitada. Mas os resultados foram mais fundo do que isso. Ficou claro que o crescimento econômico indiano era urbano e que a distância entre os padrões de vida da cidade e do campo havia aumentado em anos recentes. Meus estudos com Nirupam Bajpai descobriram que a taxa de urbanização nos estados era o mais forte responsável pelas taxas de crescimento relativas entre os estados indianos e que os estados mais urbanizados em 1981 eram os lugares onde o crescimento era mais rápido. A figura 3 mostra como o crescimento estadual entre 1981 e 1991 está relacionado com a extensão da urbanização conforme verificada em 1981. Fica claro que as partes urbanizadas da Índia tiveram o crescimento mais rápido. Isso não surpreende. Nos anos 1970, a Revolução Verde teve seu maior impacto sobre a renda rural, ao passo que o crescimento econômico desde então se centrou na indústria urbana de TI, bem como em manufaturas também situadas na zona urbana. Nas eleições de 2004, o setor rural disse que estava farto, que as áreas rurais deveriam colher mais benefícios do crescimento econômico do país.

Com Manmohan Singh no posto de primeiro-ministro, o governo está voltando sua atenção para o atraso do crescimento rural. A abordagem básica, que acredito estar correta, é aumentar o investimento público nas áreas rurais a fim de garantir que cada aldeia conte em breve com os benefícios de infra-estrutura básica e serviços sociais. O governo proclamou corajosamente a meta de "eletricidade para todos", bem como serviços de saúde essenciais e água tratada para todos. No contexto indiano, não se trata de meros slogans populistas. São metas alcançáveis e a base para investimentos muito necessários. Elas atingem o âmago das divisões sociais indianas, além de representar o compromisso do Estado de que todos os indianos, não apenas as castas mais altas, receberão os benefícios dos serviços sociais básicos e da infra-estrutura essencial. Os novos compromis-

FIGURA 3 — TAXA DE CRESCIMENTO (1981-91) E DE URBANIZAÇÃO POR ESTADO (1981)

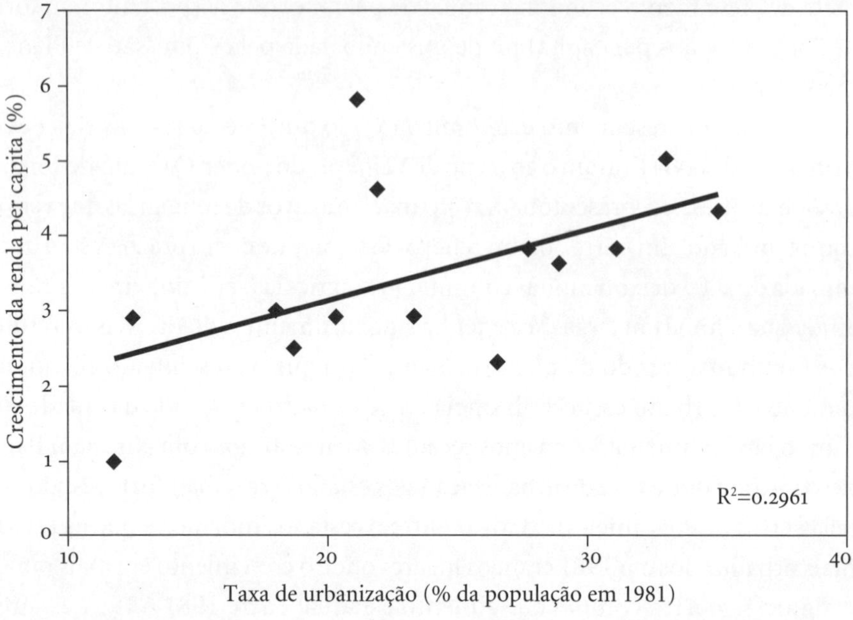

Fonte: *Dados de Sachs, Bajpal, Ramiah (2002)*.

sos do governo constituem uma parte necessária de uma década bem-sucedida de desenvolvimento e, ainda mais, da fuga histórica da pobreza. O ministro das Finanças, P. Chidambaram, concluiu seu discurso sobre o orçamento de 2004 com o seguinte comentário entusiasta:

> Os países do mundo, inclusive a Índia, estabeleceram para eles mesmos as Metas de Desenvolvimento do Milênio. Nosso encontro com o destino não está no fim do milênio, mas no ano de 2015. Atingiremos essas metas? Nos onze anos que restam, está em nossas mãos moldar nosso destino. O progresso nem sempre é uma linha reta, nem é inevitável. Há dois mil anos, santo Tirvalluvar disse: "Aran Izhukkathu Allavai Neeki Maran Izhukka Maanam Udayathu Arasu" (O bom governante é aquele que observa a ética, não comete crime e anda pela trilha da honra e da coragem).
>
> Se levarmos pensamento e paixão para nosso governo e andarmos pela trilha da honra e da coragem, podemos fazer o futuro acontecer. E este século será o século da Índia.[6]

O ministro das Finanças Chidambaram está certo. Como para a China, é provável que o século XXI para a Índia seja um período em que séculos de declínio econômico relativo serão substancialmente recuperados. Manifestei esse otimismo desde o início dos anos 1990 e os eventos provaram que eu estava correto. O argumento pessimista que conheci nos anos 1970 e escutei novamente na metade da década de 1990 — que a Índia está de alguma forma condenada pela cultura, história ou geopolítica a continuar na pobreza — é falso. Ao contrário do que pensam os pessimistas, esse país não teve uma irreparável taxa de crescimento "hindu". A Revolução Verde e depois as reformas de mercado se sobrepuseram ao crescimento lento dos anos 1950 e 1960. Até a arraigada rigidez das castas, que impedia a mobilidade social e mantinha grande parte da população indiana privada de saúde, nutrição e educação adequadas, está se mostrando maleável diante de poderosas forças econômicas e políticas. À medida que o desenvolvimento econômico avança e o país se torna cada vez mais urbanizado, muitas das distinções de casta que ainda avultam nas aldeias têm significação fugaz no mercado de trabalho urbano. A democracia também está desgastando as velhas hierarquias sociais. O sistema de uma pessoa, um voto transformou a cena política em meados de 2004, quando as aldeias indianas clamaram alto e bom som por uma participação maior nos investimentos públicos.

A Índia também está ensinando ao mundo muita coisa sobre a riqueza da divisão internacional do trabalho e como ela muda em resposta às possibilidades tecnológicas. Quem adivinharia, 25 anos atrás, que esse país pobre irromperia na economia mundial nos anos 1990 graças aos serviços de informação high-tech? Ninguém. As possibilidades tecnológicas da programação de softwares propiciadas pela internet, as operações de negócio *offshore*, a transcrição de dados a longa distância e várias outras indústrias baseadas em TI ainda nem tinham atingido o estágio de conceito. Testemunhei várias vezes como a capacidade da Índia de aproveitar as novas possibilidades da TI resultou de seus investimentos duradouros em educação avançada, em especial nos Institutos Indianos de Tecnologia. Essas instituições se tornaram os centros distribuidores das novas indústrias baseadas em TI. Em minhas visitas às várias partes do país, encontrei amiúde cientistas notáveis que dão contribuições importantes para o desenvolvimento econômico indiano graças à sua excelente formação e décadas de estudo.

A variada geografia da Índia também aprofundou meu conhecimento de como o ambiente físico ajuda a moldar a atividade econômica. Como na China, a Revolução Verde levou a um curto período, nos anos 1970 e 1980, de desenvolvimento liderado pela agricultura, em que o estado de Punjab se tornou o mais rico do país. Mas essa fase de crescimento rural foi relativamente curta. A partir dos anos 1980 e, em especial, dos anos 1990, manufaturas e serviços urbanos assumiram a liderança. Em conseqüência, as grandes cidades portuárias — Mumbai, Calcutá, Chennai — se tornaram as estrelas do crescimento econômico indiano. O interior, especialmente as planícies do Ganges, ficou para trás, do mesmo modo que o oeste da China ficou atrás das províncias costeiras. A geografia — com seus elementos derivados de chuva, temperatura, solo, recursos naturais e vetores infecciosos — continua a afetar o desenvolvimento regional indiano em incontáveis e sutis maneiras, por meio da ecologia das doenças, turismo, produção de alimentos e outros fatores.

O retorno da China e da Índia à proeminência econômica mundial no século XXI vai provavelmente remodelar a política e a sociedade globais. É provável que o domínio avassalador do Ocidente, que durou meio milênio, esteja ultrapassado. Devemos ver esses desdobramentos não somente com admiração, mas com prelibação. Adam Smith considerava a união de Europa e Ásia via comércio marítimo e a descoberta da América "os dois maiores e mais importantes eventos registrados na história da humanidade". Sustentava que "ao unir, em certa medida, as partes mais distantes do mundo, ao possibilitar que aliviassem reciprocamente as carências, para aumentar o contentamento mútuo e estimular as respectivas indústrias, a tendência geral parecia ser benéfica".[7] Porém, Smith tinha a consciência dolorosa de que a "superioridade de força" da Europa permitira que os europeus "cometessem com impunidade toda sorte de injustiça naqueles países remotos".[8] Ele esperava o dia em que a igualdade de coragem e força conduziria ao "respeito dos direitos uns dos outros" e acreditava que o "comércio amplo" apressaria a chegada desse dia. Se agirmos com sabedoria, uma era de respeito mútuo e intercâmbio benéfico entre Ocidente e Oriente estará, finalmente, ao alcance da mão.

10. Os agonizantes sem voz: a África e as doenças

Eu nunca estivera na África Subsaariana antes de 1995. Depois de trabalhar em todas as outras regiões do mundo, senti uma urgência crescente de entender os desafios do desenvolvimento na área mais desgraçada do mundo. O que encontrei foi uma crise muito mais grave do que esperava, com causas muito diferentes das que comumente se supõem. Uma década de trabalho na região ensinou-me uma quantidade considerável de coisas sobre a miséria, o poder e os limites da globalização e a força indomável do espírito humano diante da adversidade.

Quando comecei a trabalhar na África, estava preparado para ver as coisas de modo mais claro do que alguns anos antes. De 1985 a 1995, uma década de intensa assessoria econômica ensinou-me um pouco da arte do diagnóstico diferencial; com isso eu podia apreciar melhor como a crise de desenvolvimento africana refletia as interações entre história, geografia, políticas internas e geopolítica. Essas interações haviam deixado a África presa na armadilha da pobreza. Pior ainda, em meados da década de 1990, o continente entrava de cabeça numa pandemia de HIV/aids, uma das doenças contagiosas mais ferozes da história.

O mundo exterior tem respostas engatilhadas em relação à crise prolongada da África. Tudo se resume sempre à corrupção e ao mau governo. As autoridades ocidentais, inclusive as incontáveis "missões" do FMI e do Banco Mundial aos países africanos, argumentam que o continente precisa simplesmente comportar-se melhor, permitir que as forças do mercado funcionem sem interferência de governantes corruptos. O apresentador de televisão americana Bill O'Reilly refletiu essa visão comum quando declarou recentemente que a África "é um continente corrupto; é um continente caótico. Não conseguimos entregar muitos dos programas que mandamos para lá. O dinheiro é roubado. Então, quando se tem uma situação como essa, em que os governos não se comportam com consistência, onde há corrupção por toda parte, como se pode acabar com isso?".[1]

Os governos ocidentais impuseram políticas orçamentárias draconianas nos anos 1980 e 1990. O FMI e o Banco Mundial praticamente dirigiam as políticas econômicas do continente atolado em dívidas, recomendando regimes de aperto de cinto conhecidos tecnicamente como programas de ajuste estrutural. Esses programas tinham pouco mérito científico e produziram ainda menos resultados. No início do século XXI, a África estava mais pobre do que no final dos anos 1960, quando o FMI e o Banco Mundial chegaram à cena africana pela primeira vez, com doenças, crescimento populacional e degradação ambiental fora de controle.

Quando se trata de acusações de mau governo, o Ocidente deveria ser um pouco mais discreto. Pouca coisa supera o mundo ocidental na crueldade e espoliação que impôs à África há muito tempo. Aos três séculos de tráfico de escravos, de 1500 ao início do século XIX, seguiu-se um século de colonialismo brutal. Longe de ajudar economicamente, a era colonial deixou o continente sem cidadãos nem líderes educados, sem infra-estrutura nem instalações de saúde pública. As fronteiras dos novos Estados independentes seguiram as linhas arbitrárias dos antigos impérios, dividindo de forma arbitrária grupos étnicos, ecossistemas, bacias hidrográficas e recursos naturais.

Assim que acabou o período colonial, a África tornou-se um peão na Guerra Fria. Os guerreiros ocidentais dessa guerra e os agentes da CIA e de agências equivalentes da Europa se opuseram aos líderes africanos que pregavam o nacionalismo, buscavam ajuda da União Soviética ou exigiam termos melhores nos investimentos ocidentais em minérios e energia. Em 1960, numa demonstração da posição ocidental em relação à independência africana, a CIA e agentes belgas assassinaram o primeiro e carismático primeiro-ministro do Congo, Patrice Lumumba, e instalaram no poder o tirano Mobutu Sese Seko. Nos anos 1980, os Estados Unidos sustentaram Jonas Savimbi em sua violenta insurreição contra o governo de Angola, sob o pretexto de que ele era um anticomunista, quando, na verdade, se tratava de um bandido violento e corrupto. Os Estados Unidos apoiaram durante muito tempo o regime sul-africano do apartheid e deram sustentação tácita para que esse regime armasse os rebeldes da Renamo, no vizinho Moçambique. A mão da CIA esteve presente na derrubada violenta do presidente Kwame Nkrumah, de Gana, em 1966. Enfim, quase todas as crises políticas africanas — Sudão, Somália e muitas outras — têm uma longa história de ingerência ocidental entre suas muitas causas.

A única coisa que o Ocidente não fez foi investir no desenvolvimento econômico africano de longo prazo. A sorte foi lançada nos anos 1960, quando as autoridades americanas decidiram que os Estados Unidos não apoiariam um plano do tipo Marshall para a África, ainda que tal esforço fosse exatamente o necessário para construir a infra-estrutura de um crescimento de longo prazo. Não se tratava de uma rejeição do diagnóstico pelas autoridades americanas — elas sabiam o que era preciso —, mas a liderança política não estava disposta a pagar o preço.

Em abril de 1965, o diretor da Agência Central de Inteligência apresentou uma Avaliação da Inteligência Nacional sobre os "Problemas e perspectivas na África Subsaariana".[2] A apreciação concluía com correção sobre as perspectivas de crescimento da África:

> O crescimento econômico na maioria das áreas será muito lento; com efeito, retrocessos são prováveis em vários países. Há uma escassez desesperada de quase todos os tipos de habilidades técnicas e administrativas; de fato, as instituições básicas e o pessoal para o desenvolvimento econômico são amiúde inadequados ou inexistentes. *Ademais, é altamente improvável que a maioria dos países africanos venha a obter ajuda ou investimentos externos em volume que se aproxime da escala exigida para o desenvolvimento econômico sustentado.* (grifos meus)

Como um membro da equipe do Conselho de Segurança Nacional observou em junho de 1965, ao instruir McGeorge Bundy, assessor especial do presidente Lyndon Johnson para assuntos de segurança nacional, o mandato do presidente para o Departamento de Estado "adverte que aumentos substanciais nos gastos com ajuda externa dos Estados Unidos [à África] não estão previstos".[3]

AS CAUSAS MAIS PROFUNDAS DA POBREZA AFRICANA

Tanto os críticos da governança africana como os da violência e intromissão ocidentais estão errados. No fim das contas, a política simplesmente não consegue explicar a prolongada crise econômica do continente. A afirmação de que a corrupção é a fonte básica do problema não se sustenta diante da experiência prática ou do exame sério. Durante a última década, testemunhei de perto como países relativamente bem governados, como Gana, Malaui, Mali e Senegal, não conseguiram prosperar, enquanto sociedades da Ásia vistas como amplamente corruptas, tais como Bangladesh, Índia, Indonésia e Paquistão, gozaram de um crescimento econômico rápido. A tabela 1 compara o grau de "percepção de corrupção" da Transparência Internacional para esses países africanos e asiáticos e suas taxas de crescimento econômico. Vemos que os países africanos estão atrasados em crescimento mesmo quando são vistos como menos corruptos do que os asiáticos. Utilizando testes estatísticos formais, revela-se que o crescimento econômico per capita da África é significativamente menor, por volta de 3% ao ano, do que em outros países em desenvolvimento com níveis comparáveis de corrupção e renda.[4]

Ao mesmo tempo, o duro legado colonial africano e as pilhagens muito reais do Ocidente no período pós-colonial também não explicam a crise de longo prazo. Outras regiões do mundo que agora estão crescendo rapidamente também experimentaram sérios danos causados por décadas ou séculos de domínio colonial e ingerências pós-coloniais. O Vietnã é um caso típico: um país que teve de lutar pela independência durante décadas e, contudo, emergiu dessa experiência brutal para alcançar um crescimento econômico muito rápido.

Portanto, na África Subsaariana, é urgentemente necessário um diagnóstico diferencial. As histórias contadas tanto pela esquerda como pela direita refletem chavões e preconceitos, com pouco poder de explicação para o desenvolvi-

TABELA 1 — CORRUPÇÃO E CRESCIMENTO ECONÔMICO

		Grau de percepção da corrupção	Crescimento anual médio do PIB per capita, 1980-2000
África Subsaariana	Gana	70	0,3
	Senegal	76	0,5
	Mali	78	-0,5
	Malaui	83	0,2
Leste Asiático	Índia	83	3,5
	Paquistão	92	2,4
	Indonésia	122	3,5
	Bangladesh	133	2,0

Fonte: *Transparência Internacional*, Global corruption report 2004 (*Londres: Pluto Press, 2004*).

mento econômico. Eu estava decidido a encontrar uma abordagem melhor. Meu trabalho na África foi uma aventura ao mesmo tempo intelectual e humana e penso que o esforço valeu a pena ao ajudar a revelar algumas das raízes mais profundas dos problemas africanos, bem como algumas soluções promissoras.

PRIMEIROS ENCONTROS

Desde a primeira vez que cruzei a fronteira do Zimbábue para a Zâmbia e nas inúmeras visitas que fiz desde então, o que mais me impressionou foi a ecologia física característica e como ela ajudou a moldar a história econômica recente da África. Creio que o grande biólogo E. O. Wilson está correto quando afirma que os seres humanos são evoluídos biologicamente para sentir uma ressonância especial ("biofilia") em relação à savana africana, o lugar onde nossa espécie surgiu, há cerca de 150 mil anos.[5] Não obstante, por mais cativantes que sejam as savanas, elas apresentam inúmeros e inigualáveis desafios para o desenvolvimento econômico moderno: doenças, secas e distância dos mercados mundiais, para citar apenas três. Adam Smith, mencionei antes, já havia apontado o terceiro elemento citado em *A riqueza das nações*, quando observou em 1776 que a África era pobre desde tempos imemoriais porque carecia de rios navegáveis e enseadas naturais que possibilitassem os benefícios do comércio marítimo de baixo custo.

Ao passar de carro pelas choças de barro nas áreas rurais esparsamente povoadas do sul da Zâmbia, fiquei impressionado com o extremo isolamento econômico dessas moradias rurais, até mesmo daquelas relativamente próximas da estrada pavimentada em que eu estava. O povoado típico era constituído por um círculo de poucas choças ao redor de uma área para galinhas e lenha. Não havia eletricidade nem telecomunicações, porém, mais do que isso, não havia tipo algum de transporte motorizado ou mesmo carroças de tração animal. A baixa densidade populacional refletia o magro rendimento agrícola, cuja produção de alimentos dava para sustentar apenas uma população pequena. (E essa região era de chuvas relativamente estáveis e solos razoáveis; outras partes da África que visitei logo depois ainda eram menos favoráveis.) Eu viria a saber que o solo dessa região estava esgotado e que as propriedades estavam desvinculadas demais de mercados organizados para vender safras ou comprar fertilizantes. Mas minha compreensão detalhada desses problemas ainda estava a anos de distância no futuro e eu certamente não adquiri esse conhecimento lendo comentários econômicos!

Dei-me conta de que o isolamento e a falta de infra-estrutura são as condições predominantes da maior parte da África rural e que é lá que a maioria dos africanos vive. Esses fatos talvez devessem ser óbvios para mim desde o começo. Informações relevantes sobre densidade populacional, estradas, veículos, acesso a eletricidade e telecomunicações e dados similares estão certamente disponíveis em publicações. Mas sem o benefício de visitar as comunidades rurais africanas eu não teria sabido o que procurar nos dados, ou o que eles realmente significavam.

Quando cheguei a Lusaka, naquela primeira visita ao continente, eu sabia que as coisas eram muito diferentes, mas ainda não tinha idéia de quão diferentes eram. Uma força onipresente, que me acabrunharia na década seguinte, ainda não marcara sua presença. Eu estava no Banco da Zâmbia, no segundo ou terceiro dia de minha estada, quando meu colega da Universidade Harvard me informou que um colaborador zambiense no projeto de reforma financeira havia morrido recentemente. "Que idade ele tinha?", perguntei. "Ah, a nossa idade", foi a resposta. "Mas por quê?", perguntei. "Aids, Jeff, aids."

Essa foi minha apresentação às realidades da aids na África. Havia três anos que uma equipe de Harvard liderava um projeto para ajudar a Zâmbia a se reerguer, depois de uma desastrosa crise financeira. Infelizmente, os zambienses não estavam se reerguendo, mas morrendo em quantidade incrível, inclusive aqueles com alta formação que trabalhavam no projeto. Era um projeto que pretendia ser de "capacitação", mas o país estava claramente mais perdendo do que ganhando capacitação.

A aids já era implacável em meados da década de 1990, mas o pior ainda estava por vir: infindáveis faltas ao trabalho, funerais e conversas sussurradas. A morte estava à espreita. A aids não estava sozinha em seu impacto devastador sobre a sociedade africana. Logo tomei consciência de outra assassina insidiosa: a malária. De início, essa moléstia não me preocupou muito; achei que pudesse ser tratada com minha dose semanal de mefloquina. Depois, aos poucos me dei conta do óbvio. Quase todos os meus colegas africanos perdiam alguns dias por ano devido a um ataque de malária semelhante à gripe. De vez em quando, ficava sabendo que um de nossos estudantes africanos de pós-graduação que fora visitar seu país voltara com um acesso muito mais grave da doença. Vários acabavam no hospital, alguns perto da morte. O que mais me surpreendia, no entanto, era o poder da malária sobre as crianças. Os filhos de todos — ricos e pobres — contraíam a moléstia. E todos corriam o risco de complicações graves.

Por ser casado com uma médica, acostumei-me a discussões freqüentes sobre doenças. Mas, muito além de qualquer coisa que eu tivesse experimentado ou pudesse imaginar, doença e morte se tornaram o tema constante de minhas visitas à África. Nunca, nem mesmo no altiplano da Bolívia, onde as doenças são coisa corriqueira, eu me defrontara com tanta doença e morte. A Índia jamais evocara o mesmo sentimento de morte no ar. Na virada do novo milênio, a expectativa de vida na África Subsaariana estava em 47 anos, mais de vinte anos menos que na Ásia Oriental (69 anos) e 31 anos mais baixa do que a média dos países desenvolvidos (78 anos). Em partes da África, a expectativa de vida estava despencando em quase vinte anos, em conseqüência da difusão da aids. O mapa mundial da expectativa de vida (Mapa 8) põe em destaque a situação única e extraordinária da África.

Comecei a suspeitar que a onipresença de doença e morte havia desempenhado um papel profundo na prolongada incapacidade africana de se desenvolver economicamente. O desafio não resolvido para os economistas do desenvolvimento é compreender por que foi tão difícil ter desenvolvimento econômico na África, não apenas nos tempos modernos, mas durante séculos, e não somente em alguns lugares, mas em quase toda a África tropical (sem incluir os cinco países do norte do continente e a África do Sul).[6] Mesmo antes da Revolução Industrial, o continente tinha a menor taxa de urbanização de qualquer parte do mundo e claramente os mais baixos padrões de vida nas vésperas do crescimento econômico moderno. De acordo com o historiador Angus Maddison, a taxa de crescimento da África esteve entre as mais baixas de qualquer região do mundo durante cada subperíodo importante desde 1820.[7] Isso inclui um longo tempo antes de cair sob o domínio colonial europeu na década de 1880 e o período posterior à independência. O fardo excepcional da doença poderia ser uma razão significativa disso?

Decidi enfrentar a questão da falta de desenvolvimento econômico da África numa série de projetos de pesquisa e cargos de assessoria. Parte da resposta, com certeza, estava nas escolhas de governança feitas pelos regimes africanos. Visitei o Zimbábue várias vezes e vi com meus próprios olhos a devastação causada por Robert Mugabe. Esse país é um caso em que a explicação tradicional de governo ruim é suficiente para seus males (embora não reste dúvida de que também sofre de outros problemas sérios). Em 1997, fui convidado a falar em um fórum nacional em Harare, Zimbábue; era o único convidado estrangeiro na ocasião. Fiz uma firme advertência de que o país estava girando à beira de um abismo financeiro. Oportunamente, as luzes logo se apagaram no hotel e no centro de convenções. Desci dezessete lances de escada à luz de vela quando o gerador de emergência também falhou. Infelizmente, a dolorosa metáfora das luzes se apagando em Zimbábue revelou-se verdadeira demais nos anos seguintes.

Outra parte da resposta, é verdade, está na implementação das reformas tradicionais de mercado, em especial no que diz respeito à promoção de exportações. A Ásia deu seu primeiro passo na escada do desenvolvimento graças à exportação de vestuário. Eu me perguntava por que os países africanos não faziam o mesmo. Um país era a exceção que comprovava a regra: Maurício, uma ilha no oceano Índico, ao largo da costa oriental da África. Durante a era colonial, a ilha foi uma colônia inglesa de escravos para a produção de cana-de-açúcar, mas depois da independência, em 1968, um professor de origem chinesa da ilha foi visitar seu irmão em Taiwan. Esse irmão desempenhava um papel importante nas novas zonas de processamento de exportações que acabavam de ser criadas em Taiwan e outros lugares da Ásia. O professor trouxe o conceito para o primeiro-ministro, Seewoosagur Ramgoolam, que criou uma zona de livre-comércio em Maurício em 1971. O resto é história. Em 1996, apresentei ao secretário do Tesouro dos Estados Unidos, Robert Rubin, a idéia de expandir o número de zonas de livre-comércio africanas oferecendo acesso garantido ao mercado americano para exportações africanas de produtos têxteis. Esse conceito encaixou-se no projeto do Departamento do Tesouro de uma reforma da legislação comercial para a África, que se tornou a Lei de Crescimento e Oportunidade da África, no final de 2000. Essa lei está agora ajudando a criar emprego em manufaturas nas zonas urbanas de vários países africanos.

Não obstante, quanto mais eu via, mais eu percebia que, embora a governança predatória pudesse derrotar o desenvolvimento econômico, o bom governo e as reformas de mercado não eram suficientes para garantir o crescimento se o país estivesse preso na armadilha da pobreza. Visitei e trabalhei em muitos lugares com bons governos que lutavam vigorosamente em condições de inferioridade. Botsuana, Etiópia, Gana, Malaui, Moçambique, Nigéria (com o presidente Olusegun Obasanjo), Senegal, Tanzânia, Uganda, para citar apenas alguns, todos têm governança melhor do que se poderia esperar, tendo em vista as dificuldades da miséria, do analfabetismo, da falta de recursos financeiros, das dívidas imensas, da aids, da malária e das secas constantes. Em todos esses casos, mas em especial nos países sem saída para o mar (que chegam a quinze na África, de longe o maior número de qualquer continente), zonas de livre-comércio não seriam suficientes nem aliviariam a pobreza extrema dentro de qualquer cronograma realista.

O que, então, poderia ser feito por esses lugares, onde a luta contra a pobreza e a doença era mais elementar do que as escolhas quanto à privatização, déficits orçamentários ou política comercial? Para compreender — e superar — tais crises seria necessário desenredar as interconexões de miséria, doenças galopantes, condições climáticas duras ou instáveis, altos custos de transporte, fome crônica e produção inadequada de alimentos. Minha primeira investida nessa mistura complexa foi via doença — principalmente aids e malária —, que comecei a estudar em detalhe em 1997. Mais recentemente, em especial no contexto do Projeto Milênio da ONU, também concentrei minha atenção sobre as questões de infra-estrutura e aumento da produção de alimentos.

O mistério da malária

Eu tinha muito a aprender sobre doenças e saúde pública. Demorei um pouco para entender o calamitoso estado das coisas. Ainda lembro de perguntar:

"Como assim, eles não vão ao médico? Têm aids, mas não vão ao médico? Seus filhos sofrem de anemia causada pela malária e não são tratados? Como isso é possível?". "Vocês sabem, existem tratamentos para Aids e malária", falei com veemência. "Como assim, não há medicamentos aqui? Como assim, não há programa de tratamento? Como assim, a USAID não está fazendo nada? Como assim, o Banco Mundial não tem um programa de aids ou malária neste país há anos?" Essas eram perguntas básicas que eu jamais fizera antes de ir à África. Por estranho que pareça, os outros economistas também não as haviam feito, inclusive aqueles que lideravam missões do FMI e do Banco Mundial à África.

A malária tornou-se meu primeiro alvo de estudo. Trata-se de uma doença protozoária potencialmente fatal transmitida por um tipo específico de mosquito, o anófele. A malária é totalmente tratável e, contudo, ainda causa perto de 3 milhões de óbitos por ano, principalmente crianças pequenas, e cerca de 90% delas vivem na África.[8] O resto das mortes ocorre em regiões tropicais das Américas e da Ásia. Na verdade, há quatro tipos de malária humana. Aquela causada pelo patógeno *Plasmodium falciparum* é de longe a variante mais letal e é responsável pela vasta proporção de casos de malária na África. A malária causada pelo *P. vivax*, muito menos letal, é amplamente distribuída em regiões tropicais e subtropicais fora da África. Vale a pena insistir num fato essencial: essa moléstia é totalmente tratável, mas ainda causa cerca de 3 milhões de mortes por ano, a imensa maioria na África. Há tratamentos baratos, mas eles não chegam aos pobres. Esses dados estatísticos me deixaram atônito, assim como a estimativa atual de que malária causa até 5 bilhões de casos clínicos por ano. Quase todos os habitantes da África tropical contraem a doença pelo menos uma vez no ano. Em alguns lugares, toda a população vive o ano inteiro com o parasita da malária em seu corpo (embora sem sintomas clínicos na maior parte do tempo).

Sobrepus dois mapas mundiais, um de PIB per capita baixo e outro que mostra a transmissão da malária em três pontos no tempo: 1946, 1966 e 1994 (é possível ver as áreas em que a malária foi eliminada nesses cinqüenta anos). As regiões pobres eram, em larga medida, as mesmas da malária, como mostram os mapas 9 e 10. Isso provocou quatro perguntas: primeira, a malária contribui para a pobreza, ou a pobreza causa incidência mais alta de malária, ou ambas? Segunda, por que a situação da malária era tão pior na África? Terceira, o que estava sendo feito para romper a ligação entre malária e pobreza? E quarta, é claro, o que mais poderia ser feito? A formulação dessas perguntas abriu meus olhos para uma quantidade de questões que eu mal podia imaginar em meados dos anos 1990. Elas me levaram da malária à aids, da aids à saúde pública e daí às Metas de Desenvolvimento do Milênio.

A primeira coisa que tentei descobrir foi se malária e pobreza estão interligadas porque os países pobres não têm recursos para combater a doença, ou se também porque a malária contribui para a miséria. Os indícios sugerem mão dupla de causalidade. A pobreza certamente agrava a malária ao deixar famílias e governos sem meios financeiros de combater a moléstia. Famílias e governos mais ricos têm condições de pulverizar as casas com inseticida, intervenção altamente eficaz em muitos contextos; têm condições de instalar telas nas portas e janelas para impedir a entrada dos mosquitos nas casas; têm condições de usar mosquiteiros tratados com inseticida que podem reduzir substancialmente a transmissão da malária numa aldeia; e podem assegurar o acesso a serviços de saúde e medicação eficazes quando surge a necessidade.

Não obstante, a malária também causa pobreza, e por motivos que vão muito além dos óbvios, como causar absenteísmo no trabalho e na escola. Vale a pena lembrar como a malária e a febre amarela atrasaram a construção do canal do Panamá por mais de trinta anos. A primeira tentativa, liderada pelo engenheiro francês Ferdinand de Lesseps, acabou em tragédia, quando essas doenças transmitidas por mosquitos derrubaram a força de trabalho. Somente depois que os Estados Unidos investiram pesadamente no combate aos mosquitos, sob a orientação do coronel William C. Gorgas, foi que conseguiram construir o canal. Até hoje, a malária pode obstruir um bom projeto de investimento, seja uma nova mina, uma região agrícola ou um local de turismo.

A malária tem também efeitos extremamente perniciosos sobre os investimentos em capital humano. As crianças que sofrem ataques repetidos da doença podem apresentar pelo resto da vida os efeitos da anemia crônica e as conseqüências de casos complicados. Com tantos episódios repetidos da doença, podem abandonar a escola cedo devido ao alto índice de absenteísmo e à baixa capacidade para aprender. Mas há um canal ainda mais profundo, ainda que indireto, que leva direto à pobreza. Em regiões de alta incidência da malária, ela impede a transição demográfica e o investimento em capital humano. Quando os filhos morrem em grande número, os pais procuram compensar e têm prole exageradamente grande, com resultados devastadores. Pobre demais para investir na educação de todos os filhos, a família talvez ponha apenas um deles na escola, em geral o mais velho. Nessas regiões, se as crianças conseguem sobreviver, elas entram na idade adulta sem a educação adequada para ter sucesso.

Mas por que a África era tão mais vulnerável à malária do que outras regiões do planeta? Perguntavam-me com freqüência por que a malária não prejudicara os Estados Unidos, que teve a doença até a década de 1940 (como mostra o mapa 10), enquanto deixava aleijada a África. Demorei um pouco para entender alguns elementos básicos da ecologia das doenças, mas, depois que consegui, a resposta ficou clara. A malária nos Estados Unidos — e em todos os outros lugares do mundo — era mais fácil de controlar. Na África era pior, não devido à má governança e à falta de serviços de saúde pública, mas graças a um ambiente patológico sem par. A malária desenvolveu-se junto com os seres humanos nesse continente e o resultado foi uma intensidade especial de transmissão sem igual em outras regiões do mundo.

Aprendi que a malária é transmitida quando um anofelino fêmea se alimenta do sangue de alguém já infectado pela doença. Depois de ingerido pelo mosquito, o parasita se instala no seu estômago, onde sofre uma transformação no ciclo de vida, após a qual migra de volta para as glândulas salivares do mosquito e pode ser injetado em outra vítima. Mas aqui está o segredo. A transformação, chamada esporogonia, demora cerca de duas semanas, mais ou menos o tempo de vida do próprio mosquito. Se o mosquito morre antes do término da esporogonia, ele jamais se torna contagioso. O ponto ecológico central é que quanto mais alta a temperatura, mais rápida a esporogonia — e mais provável que o mosquito se torne infeccioso. A malária é, em larga medida, uma doença tropical e, se a alta temperatura é um pré-requisito, a África o possui!

Outra questão importante é que alguns tipos de mosquito preferem picar pessoas, enquanto outros se alimentam do gado. A transmissão da malária requer duas picadas consecutivas no homem: a primeira para o mosquito ingerir o parasita e a segunda para que o mosquito infecte outra pessoa, mais ou menos duas semanas depois. Se o mosquito se alimenta com mais freqüência de gado que de gente, a probabilidade é que pelo menos uma das picadas, se não ambas, atingirá o gado. Na Índia, por exemplo, o tipo predominante de mosquito anofelino tende a picar os seres humanos em cerca de um terço das vezes, preferindo o gado no resto. Infelizmente, na África predomina outro tipo de anofelino, que prefere picar os seres humanos quase sempre. Matematicamente, a probabilidade de um mosquito indiano picar dois seres humanos em seguida é cerca de uma em nove, enquanto na África é cerca de uma em uma, ou seja, quase certa. A força da transmissão da malária nesse continente é, portanto, cerca de nove vezes a da Índia, devido à diferença de espécie de mosquito.

Desse modo, a África é realmente azarada no que tange à malária: temperaturas altas, grande quantidade de locais de reprodução e mosquitos que preferem os seres humanos ao gado. Quando todos esses fatores foram postos em um modelo matemático formal, surgiu o mapa 11. As áreas mais escuras na África significam que a transmissão da doença é mais alta simplesmente devido à ecologia. A crise africana é incomparável e somente algumas poucas partes da Ásia (notadamente a Papua-Nova Guiné) compartilham o mesmo fardo ecológico.[9]

Tudo isso ajuda a explicar por que a África sofre com a malária como nenhuma outra região do globo, mas não significa que a situação seja irremediável. Longe disso. A pulverização das casas, os mosquiteiros tratados com inseticida e medicamentos contra a malária funcionam na África do mesmo modo que em outros lugares do mundo. Embora essas tecnologias não eliminem a doença como aconteceu na Europa e nos Estados Unidos, elas a controlarão, reduzindo decisivamente o número de mortes causadas pela malária. Nenhuma criança precisa morrer e nenhuma morrerá se tiver acesso a todas as ferramentas modernas de prevenção e tratamento da doença! Contudo, a malária monta a armadilha perfeita: ela empobrece um país, tornando caros demais sua prevenção e o tratamento. Desse modo, a malária continua e a pobreza aumenta, em um círculo verdadeiramente vicioso.

Esse conhecimento me levou à terceira pergunta: o que fazer? Tenho de admitir que não tinha a menor idéia quando procurei pela primeira vez por possíveis soluções. Lá estava eu, um macroeconomista, razoavelmente capaz em questões de comércio internacional, déficits comerciais, inflação e taxas de câmbio. Eu entendia um bocado, creio, de reformas de mercado e globalização. E acreditava que essas questões eram bem importantes. Não obstante, eu presumia que a malária era uma questão ainda mais urgente, realmente uma preocupação de vida ou morte. Esperava descobrir que aquilo que podia ser feito — o que quer que fosse — para combater a malária já estava sendo feito. Com certeza, pensei, a comunidade mundial não estaria apenas observando, enquanto milhões de crianças morriam por ano. Mas quando meu colega Amir Attaran e eu começamos a procurar os dados sobre ajuda ao combate da malária, não encontramos quase nada. A ajuda dos países ricos à África com esse objetivo era mínima, na casa das dezenas de milhões de dólares por ano, quando o necessário era 2 ou 3 bilhões.[10]

Fiquei chocado. Comecei a esquadrinhar os sites do FMI e do Banco Mundial e descrições de projetos na internet. Eu certamente não havia percebido um esforço maciço para ajudar a África a combater a doença. Mas não, os cálculos originais estavam corretos. A malária não aparecia no radar da política dessas instituições. O FMI e o Banco Mundial estavam aparentemente ocupados demais em discutir cortes de orçamento e privatização de engenhos de açúcar para ter tempo de tratar da malária.

O cataclismo africano da aids

Dessas lições, não faltava mais do que um pequeno passo até o HIV e a aids. As mesmas três perguntas da malária se aplicavam à aids. Que conseqüências tem a doença para o crescimento econômico e a pobreza? O que explica as circunstâncias especiais da África? E o que precisa ser feito? As respostas são semelhantes, mas há uma grande diferença: ainda não há uma explicação sólida de por que a prevalência da aids na África é pelo menos um grau de magnitude maior do que no resto do mundo.

A resposta mais simples, de ampla aceitação, é que na África há mais atividade sexual fora das relações estáveis de longo prazo. Porém, os dados lançam dúvidas sobre essa hipótese tão aceita. Talvez a rede de relações sexuais seja diferente (por exemplo, há mais relações entre homens mais velhos e mulheres mais jovens e mais relações simultâneas, embora não mais parceiros de toda a vida). O HIV talvez seja transmitido com mais facilidade porque a população africana tem outras moléstias não tratadas (malária, outras doenças sexualmente transmissíveis), ou porque a circuncisão seja menos freqüente, ou porque as camisinhas sejam menos usadas em relações sexuais ocasionais. Talvez os subtipos do vírus sejam diferentes na África. A verdade é que ninguém tem certeza. A única certeza é que o HIV e a aids constituem uma tragédia implacável em todo o continente, em especial nas regiões mais duramente atingidas do sul e do leste africano.

Quanto aos custos econômicos da doença, eles certamente rivalizam ou superam os da malária no desastre que se anuncia. A África está perdendo seus professores e médicos, seus funcionários públicos e agricultores, suas mães e seus pais. Já existem mais de 10 milhões de crianças órfãs. Os custos dos negócios explodiram devido à desorganização causada pelas despesas médicas com trabalhadores, pela inassiduidade ao emprego e por uma avalanche de mortes de trabalhadores. Os investidores externos são desencorajados a pisar no pântano da aids africana. E milhões de famílias lutam contra a doença de seu chefe, resultando num incrível custo de tempo e dinheiro, sem falar do trauma emocional para a família.

Uma vez mais, fui ver o que estava sendo feito e o que poderia ser feito. No final dos anos 1990, nos países ricos, a aids era tratada, com sucesso crescente, com drogas anti-retrovirais ministradas em combinações de três medicamentos, a assim chamada terapia anti-retroviral de alta atividade (HAART) ou simplesmente terapia anti-retroviral (TAR). Esse tratamento mudou a face da moléstia nos países ricos. Os indivíduos infectados com o HIV passaram a ter esperanças. Outros que achavam que poderiam estar infectados estavam dispostos a se apresentar para exames. As perspectivas do tratamento com o coquetel de drogas e, portanto, a disposição de mais gente para se submeter a aconselhamento e exames voluntários significaram que os programas de prevenção e de tratamento passaram a se reforçar mutuamente.

Com certeza, pensei eu, o mesmo deve estar acontecendo no mundo de baixa renda. Com toda a atenção mundial voltada para a aids e todos os artigos e palestras, o mundo dos países doadores estava certamente armando para ajudar o mundo pobre a lutar contra essa epidemia terrível. Uma vez mais minhas pressuposições estavam erradas. Attaran e eu fomos atrás dos números dos doadores e ficamos perplexos com o que encontramos. Seria possível que o mundo estivesse dando apenas US$ 70 milhões a todo o continente africano para lutar contra a aids? Seria isso ao menos concebível? Quando pusemos para circular esses dados, mostrados na tabela 2, não houve declaração de correção ou reclamação dos doadores. Essas estimativas correspondiam aos números corretos, e logo depois Attaran e eu os publicamos em uma das principais revistas médicas inglesas, *The Lancet*.

Muitas vezes vi a diferença entre retórica e realidade no modo como a comunidade mundial encarava a aids e a malária. A certa altura, uma autoridade do FMI publicou uma carta no *Financial Times* em que dizia que os gastos de programas do FMI com saúde e educação nos países pobres tinham crescido 2,8% ao ano entre 1985 e 1996.[11] Na verdade, embora o funcionário do FMI estivesse correto no sentido técnico estrito, os gastos com saúde eram desastrosamente, ou melhor, chocantemente baixos nos países africanos com programas do FMI. Na maioria dos casos, os gastos com saúde pública em 1996 estavam

TABELA 2 — ORÇAMENTOS PARA DESENVOLVIMENTO EXTERIOR VOLTADOS PARA O CONTROLE DE DOENÇAS SEXUALMENTE TRANSMISSÍVEIS, INCLUSIVE HIV/AIDS, NA ÁFRICA SUBSAARIANA (1990-8) (EM MILHÕES DE DÓLARES)

Ano	Total de todas as fontes	Fontes de doação				Empréstimos do Banco Mundial
		Total	Vinculada	Não vinculada	Coop. técnica	Total
1990	28,9	28,9	10,8	18,1	9,9	0,0
1991	38,4	38,4	18,8	9,3	10,3	0,0
1992	53,7	53,7	14,8	22,6	2,6	0,0
1993	39,1	39,1	28,1	3,4	3,1	0,0
1994	162,5	86,2	46,4	28,3	28,1	76,3
1995	139,3	99,3	25,7	43,1	28,2	40,0
1996	43,3	43,3	25,6	10,5	8,9	0,0
1997	88,3	88,3	49,0	22,3	18,1	0,0
1998	73,9	73,9	24,7	20,6	17,2	0,0

Fonte: *Attaran e Sachs (2001).*

abaixo de US$ 10 por pessoa, e o aumento fora de quase nada para quase nada. De início fiquei espantado com que o FMI usasse esses truques com o público, mas depois percebi que o Fundo não tem muita sensibilidade para esses números. A direção e a equipe do FMI sabem muito pouco sobre saúde pública e tradicionalmente não lhes chama muito a atenção se os gastos com saúde de seus países clientes são de US$ 10, US$ 100 ou US$ 1 mil ou mais por pessoa (como acontece nos países ricos que dominam o conselho diretor da instituição).

Mais ou menos na mesma época, fiz uma palestra em que observei que o Banco Mundial não fizera doações ou empréstimos no período 1995-2000 para o controle da aids na África. Um porta-voz do banco atacou-me vigorosamente. "Você não sabe do que está falando. Temos vários países com programas de aids." "Pode ser, mas verifiquei e não achei um único empréstimo." De novo, eles estavam tecnicamente corretos, de uma maneira que distorcia totalmente a verdade. Havia provavelmente uma dúzia de países em que a aids era mencionada numa frase, ou talvez num parágrafo, num empréstimo para o setor da saúde. O componente da aids era, em geral, minúsculo, talvez uns poucos milhões de dólares ao longo de vários anos. Até 2000, esses esforços mínimos jamais contemplaram o uso de drogas anti-retrovirais para tratar a aids.

No final dos anos 1990, na esteira de minhas discussões públicas com o FMI a respeito da má administração deles da crise financeira asiática de 1997-8, entrei em guerra com a comunidade financeira internacional por causa da aids e da malária.[12] Bradei pelo fim da negligência da comunidade internacional em relação às doenças que devastavam a África. Reclamei que o FMI e o Banco Mundial estavam nesse continente havia décadas, mas continuavam cegos às suas realidades mais elementares e à crescente catástrofe humana e econômica.

Àquela altura, uni-me ao presidente Olusegun Obasanjo, da Nigéria, para ajudar a preparar uma grande reunião de cúpula sobre malária, em Abuja, Nigéria, em abril de 2000. Meus colegas, inclusive vários especialistas em malária de Harvard — Andy Spielman, Awash Teklehaimanot (em visita da OMS) e Anthony Kiszewski —, e eu escrevemos um relatório de base que demonstrava o imenso peso da malária no desenvolvimento econômico da África e também enfatizava as oportunidades disponíveis para controlar a doença.[13]

Na mesma época, recebi um telefonema da dra. Gro Harlem Brundtland, que fora nomeada recentemente diretora-geral da Organização Mundial da Saúde. Ex-primeira-ministra da Noruega, Brundtland era, sem dúvida, uma das líderes mais capazes da política mundial. Em meados da década de 1980, ela presidira a famosa Comissão Brundtland, que lançara o conceito de desenvolvimento sustentável. Ela me disse: "Se você quer chamar a atenção de alguém para a crise da saúde na África, 'mostre a eles o dinheiro'. Ajude-os a compreender os custos econômicos das pandemias, bem como a economia do controle das moléstias. Sobretudo, proponha soluções práticas baseadas numa ênfase precisa nos custos e benefícios econômicos".

Brundtland sugeriu que eu presidisse uma comissão de macroeconomistas e especialistas em saúde pública para fazer exatamente isso. Nascia a Comissão da OMS de Macroeconomia e Saúde (CMH) [Commission on Macroeconomics and Health}. Presidi a comissão durante dois anos, do início de 2000 ao final de 2001. Em dezembro de 2001, a CMH publicou seu relatório, *Investimento em saúde para o desenvolvimento econômico.* Era o resultado do trabalho de dezoito membros da comissão, entre eles Harold Varmus, prêmio Nobel e ex-diretor dos Institutos Nacionais da Saúde dos Estados Unidos; Supachai Panitchpakdi, que viria a ser diretor-geral da Organização Mundial do Comércio; Robert Fogel, prêmio Nobel e historiador econômico da Universidade de Chicago; e Manmohan Singh, ex-ministro das Finanças e futuro primeiro-ministro da Índia. Além dessa comissão estelar, contamos com seis forças-tarefa que incluíam mais de cem especialistas de todo o mundo. A comissão e as forças-tarefa tinham representantes graduados do FMI, do Banco Mundial e de várias agências doadoras.

A comissão proporcionou uma excelente oportunidade para eu testar minha hipótese favorita sobre racionalidade coletiva: se você põe pessoas de opiniões fortemente opostas juntas numa sala e infunde a discussão com dados, estudos e tempo livre para debate, é possível superar posições aparentemente irreconciliáveis dos membros do grupo. Passei a chamar esse processo de deliberação analítica. Ele funciona. No início, a comissão estava profundamente dividida em relação a quem "culpar" pela crise perturbadora da saúde na África: os africanos, pela má administração; a indústria farmacêutica, por sua ganância; o mundo rico, por sua negligência maligna. A África precisava de mais recursos, ou apenas de um uso melhor dos recursos que tinha à mão? O tratamento de drogas contra aids podia ser aplicado na África? Em relação a essas e dezenas de outras questões, o primeiro dia do processo de dois anos foi litigioso, para dizer o mínimo. No último dia, quando o relatório foi divulgado, havíamos alcançado um consenso que abrangia não apenas os dezoito membros da comissão e os cem ou mais especialistas dos grupos de trabalho, mas também representantes importantes da indústria farmacêutica e da comunidade de ONGs. Trabalhamos com diligência e assiduidade para apresentar provas e um consenso sobre três questões básicas.

Primeiro, a doença é uma causa da pobreza, uma conseqüência da pobreza ou ambas? A comissão concluiu que há mão dupla. A saúde ruim causa pobreza e a pobreza contribui para a má saúde.

Em segundo lugar, por que os países pobres têm uma expectativa de vida várias décadas menor que a dos países ricos? Por que, em especial, a expectativa de vida na África, de 47 anos em 2000, é mais de três décadas menor do que a de 78 anos dos países ricos? A comissão identificou oito áreas que respondiam pelo enorme abismo em responsabilidade de doenças: aids, malária, tuberculose, doenças diarréicas, infecção respiratória aguda, doenças passíveis de prevenir com vacinas, deficiências nutricionais e partos inseguros.

Em terceiro lugar, quanto o mundo rico deveria ajudar o mundo pobre a investir em saúde? A comissão calculou que as doações deveriam subir de cerca de US$ 6 bilhões por ano para US$ 27 bilhões por ano (em 2007). Uma vez que o PNB combinado dos países doadores estava em torno de US$ 25 trilhões em 2001, a comissão estava defendendo um investimento anual de cerca de um milésimo da renda do mundo rico. A comissão mostrou, com base nos melhores dados epidemiológicos, que tal investimento poderia evitar 8 milhões de mortes por ano.

O relatório da Comissão de Macroeconomia e Saúde teve excelente recepção. Os relatórios vêm e vão. Esse, acho que é justo dizer, veio e ficou. Ele conseguiu mostrar que nossa geração pode fazer algo extremamente importante para melhorar nosso mundo. Ele atingiu um grande público em parte porque estava baseado num consenso amplo e surpreendente. Foi lançado com o tipo de badalação que merecia, com o apoio entusiástico de Brundtland, de Clare Short, ministra do Desenvolvimento Internacional do Reino Unido, de Ray Gilmartin, CEO da Merck, e de Bono.

Por volta da mesma época do início das reuniões da comissão, comecei a propor a criação de um "fundo global" para combater a aids e a malária. Na Conferência Internacional sobre Aids, em Durban, em julho de 2000, fiz uma palestra em que pedia isso. A notícia se espalhou e a idéia de um fundo global ganhou força. Encontrei-me com o secretário-geral da ONU, Kofi Annan, que considero o melhor estadista mundial, para discutir os aspectos práticos e o projeto de tal fundo. Ele ficou muito interessado e me pediu que trabalhasse junto com sua equipe nos meses posteriores para refinar o conceito.

Faltava uma peça do quebra-cabeça. No início de 2001, o mundo dos doadores ainda recusava a idéia de usar drogas antiaids em países de baixa renda para salvar a vida de pessoas nos últimos estágios da doença. Eles consideravam esses medicamentos muito caros e tecnicamente impraticáveis — em suma, não eram eficazes em termos de custo. A obtenção de financiamento global para eles na África ainda era uma longa luta morro acima. A afirmação mais comum era que, de qualquer maneira, o tratamento contra a aids não iria funcionar mesmo. Pacientes pobres e analfabetos não seriam capazes de seguir tratamentos tão complicados.

Meu colega Paul Farmer sepultou esses argumentos para mim e, de certa forma, para o mundo. Professor de medicina em Harvard e um santo da saúde mundial, Paul dirigia uma clínica no miserável planalto central do Haiti desde 1985. Usando contribuições de caridade e doações de medicamentos de pacientes infectados com HIV cujos regimes de tratamento haviam mudado (deixando os pacientes com comprimidos desnecessários), Paul começara a tratar seus pacientes com drogas antiaids com resultados clínicos maravilhosos. Em janeiro de 2001, ele convidou minha esposa e a mim para visitar sua clínica e ver os resultados. Fomos a aldeias e encontramos mães e pais que haviam estado às portas da morte, mas que agora cuidavam orgulhosamente de seus filhos. Aonde quer que fôssemos, éramos recebidos com a hospitalidade encantadora de gente que estaria morta não fossem alguns comprimidos por dia.

Nascimento do Fundo Global de Combate à Aids, Tuberculose e Malária

Estava na hora de levar esses benefícios aos mais pobres dos pobres em todo o mundo e, mais urgente ainda, à África. Junto com dois outros colegas da luta contra a aids — Bruce Walker, da Faculdade de Medicina, e Max Essex, da Faculdade de Saúde Pública, ambas de Harvard —, Paul Farmer e eu decidimos que prepararíamos um documento para mostrar que o tratamento de pacientes morrendo de aids era possível e podia ser levado para milhões de pessoas em poucos anos. No fim, nós quatro orientamos a Declaração de Consenso dos membros do corpo docente de Harvard: 128 professores assinaram o documento que delineava como o tratamento com o coquetel antiaids em larga escala era possível no mundo pobre.

Um de nossos pontos fundamentais era que o tratamento com o coquetel para os pobres custaria ao mundo dos doadores muito menos do que parecia ser o caso levando-se em conta o preço dos remédios nos países ricos. Sob o sistema de patentes, os medicamentos anti-retrovirais recebem um preço muito acima de seu custo real de produção. As indústrias farmacêuticas podem fazer isso porque a patente lhes dá um monopólio temporário. A teoria econômica é que os lucros que resultam desse sistema servem de incentivo para que as empresas invistam em pesquisa e desenvolvimento. Ainda assim, com os custos reais da produção de um regime anti-retroviral em torno de US$ 500 por ano ou menos (em comparação com o preço de mercado nos Estados Unidos de cerca de US$ 10 mil por ano), seria possível oferecer acesso aos pobres com ajuda dos doadores, supondo-se que as indústrias farmacêuticas suprissem os mercados de baixa renda ao preço de custo em vez de manter os preços de monopólio. Foi o que aconteceu. Os detentores de patentes concordaram em cortar seus preços nos mercados de baixa renda, ao mesmo tempo que os fabricantes de várias drogas genéricas proporcionaram uma concorrência adicional oferecendo medicamentos baratos em países onde as patentes não se aplicavam, ou onde eram dribladas por procedimentos especiais.

A Declaração de Consenso mostrou, portanto, que seria possível tratar milhões de pessoas pobres por ano com poucos bilhões de dólares de doações por ano. A declaração circulou imediatamente em todo o mundo, chegando a Anthony Fauci nos Institutos Nacionais de Saúde, à Casa Branca, à Comissão de Macroeconomia e Saúde, à OMS, às fundações, aos presidentes dos países da África e, é claro, ao secretário-geral da ONU, Kofi Annan.

Trabalhei com o secretário-geral e sua equipe nas semanas que precederam a Cúpula de Abuja sobre Aids, em abril de 2001, refinando os conceitos de um novo fundo global, bem como a economia que o sustentaria. O secretário-geral anunciou seu apoio ao plano do Fundo Global de Combate à Aids, Tuberculose e Malária num maravilhoso e histórico discurso feito na reunião de cúpula. No mês seguinte, Kofi Annan estava no Rose Garden, ao lado do presidente Obasanjo, para ouvir o presidente Bush anunciar que os Estados Unidos subscreveriam o Fundo Global. Em junho, a Assembléia-Geral da ONU endossou o fundo, seguida pelos líderes do G8, em julho. No final de 2001, o fundo já começara.

Como sempre, essas batalhas jamais são ganhas, apenas empurradas para a frente, para novo terreno. Desde o início do fundo, a batalha contínua tem sido obter os recursos para financiar as necessidades em base confiável de longo prazo, e ajudar os países de baixa renda a preparar e implementar planos que sejam proporcionais a seus desafios. De qualquer modo, depois de anos de extrema negligência, as batalhas contra a aids, a malária e a tuberculose finalmente se juntaram.

ALGUMAS LIÇÕES APRENDIDAS

Uma década de trabalho intenso na África aumentou minha determinação de lutar contra os preconceitos e percepções errôneas que deixam centenas de milhões de pessoas pobres presas a um sofrimento desnecessário. A África tem a fama ruim de ser o "continente corrupto". Mesmo quando esses sentimentos não são racistas na intenção, eles passam por verdade em nossas sociedades devido à existência de um racismo disseminado. Muitos governos africanos estão tentando desesperadamente fazer a coisa certa, mas se defrontam com enormes obstáculos de pobreza, doença, crises ambientais e negligência geopolítica ou coisa pior.

Desde a divulgação do Relatório de Macroeconomia e Saúde e a criação do Fundo Global, voltei minha atenção na África para questões que vão além da saúde pública. Esse continente precisa de soluções não apenas para o controle de doenças, mas também para a fome crônica, o isolamento rural e a crescente degradação ambiental, conseqüência muitas vezes de populações que ainda crescem demais. Como no caso das doenças, há razões especiais para que a África sofra grande pressão em cada uma dessas áreas. Em outras palavras, a geografia e a economia conspiraram para enfraquecer esse continente. Já observei que ele não tem rios navegáveis com acesso ao oceano para facilitar o transporte e o comércio. Ademais, boa parte da população africana vive no interior do continente, não no litoral. Com efeito, as mais altas densidades populacionais da África Subsaariana estão nas regiões mais altas, como Etiópia e Ruanda, porque a confiabilidade do regime de chuvas e do solo tende a ser um pouco melhor do que nas planícies do interior e na costa. Contudo, essas populações dos planaltos estão isoladas da divisão internacional do trabalho. Em geral, a África carece de irrigação e mais de 90% das plantações de alimentos são regadas pelas chuvas. O regime pluviométrico tende a ser muito variável na savana subúmida e no Sahel árido, perto do Saara. Os agricultores não têm acesso a estradas, mercados e fertilizantes. Os solos tiveram seus nutrientes esgotados há muito tempo, em conseqüência da repetição de colheitas sem os benefícios de nutrientes orgânicos ou químicos. Sem transporte, telecomunicações, clínicas e fertilizantes, o nexo fome-doença-pobreza só se aprofunda.

A combinação de geografia adversa e miséria cria a pior armadilha da pobreza do mundo. Não obstante, a situação africana não é irremediável. Longe disso. Meus colegas especialistas em malária me ensinaram sobre mosquiteiros, pulverização dentro de casa e medicamentos eficazes contra a doença, e meus colegas entendidos em HIV/aids me ensinaram o que pode ser feito mediante programas eficazes de prevenção que ofereçam acesso a drogas antiaids. Do mesmo modo, meus colegas de agricultura tropical, eletrificação rural, construção de estradas e água potável e saneamento começaram a me ensinar o que poderia ser feito nessas outras áreas de importância vital.

Vim a entender que os problemas da África são especialmente difíceis, mas ainda assim podem ser resolvidos com tecnologias práticas e comprovadas. As doenças podem ser controladas, a produtividade agrícola pode ser fortemente aumentada e a infra-estrutura básica de estradas e eletricidade pode ser levada às aldeias. Uma combinação de investimentos bem afinados com as necessidades e condições locais pode possibilitar que as economias africanas escapem da armadilha da pobreza. Essas intervenções precisam ser aplicadas sistematicamente, com diligência e em conjunto, uma vez que se reforçam mutuamente. Com a atenção concentrada dos países africanos e da comunidade internacional, a África pode ter em breve sua revolução verde e conseguir uma decolagem no crescimento liderado pela agricultura, poupando a próxima geração de africanos das misérias da fome provocada pelas secas. Mais cedo do que eu esperava, ganhei uma nova e importante oportunidade de pôr essas idéias em prática.

11. O milênio, o 11 de Setembro e as Nações Unidas

O novo milênio começou em tom esperançoso. O mundo sobreviveu ao amplamente temido "bug do milênio" sem incidentes. As comemorações em todo o mundo aconteceram sem transtornos. A economia americana continuou a crescer. O progresso econômico na China, na Índia e, finalmente, até na Rússia deu a sensação de que a globalização poderia ainda cumprir suas promessas. O *boom* da TI ainda estava em plena glória. Admirávamos o progresso estonteante da nova era da internet, a nova interconectividade global e o aparentemente interminável fluxo de novos produtos, novas formas de organizar os negócios e novos modos de ligar pessoas e sistemas de produção em todo o mundo. Embora continuasse a ser um lugar de crise sem alívio, até mesmo na África a difusão da democracia e a possibilidade de mobilizar novas tecnologias para combater a aids, a malária e outras moléstias davam esperanças.

O reflexo geopolítico mais vívido dessa esperança talvez tenha sido a Assembléia do Milênio, que se realizou nas Nações Unidas em setembro de 2000. Foi a maior reunião de líderes mundiais da história: 147 chefes de Estado e de governo foram a Nova York e fizeram mais do que provocar um engarrafamento de trânsito colossal. Em seu encontro histórico na ONU, os líderes do mundo expressaram de forma convincente uma determinação global para acabar com alguns dos problemas mais desafiadores e vexatórios herdados do século XX. Eles transmitiram a esperança de que a pobreza extrema, as doenças e a degradação ambiental poderiam ser aliviadas com a riqueza, as novas tecnologias e a consciência mundial com que havíamos entrado no século XXI.

Para a ocasião, o secretário-geral Kofi Annan presenteou o mundo com um documento notável. *Nós, os povos: o papel das Nações Unidas no século XXI* exprimia uma forte convicção de que a ONU representa não apenas seus 191 governos-membros, mas também cada um dos povos do mundo, que estão dotados de direitos e responsabilidades que têm alcance global. *Nós, os povos* expôs uma visão aguda dos grandes desafios com que se defronta a sociedade global: miséria, pandemias, danos ambientais, guerras e conflitos civis. O documento começava com uma visão panorâmica desses desafios e um diagnóstico vigoroso de suas causas profundas e terminava com um conjunto de recomendações para superar esses desafios por meio da cooperação e ação globais.

O documento tornou-se a base para a importante Declaração do Milênio, adotada pelos líderes reunidos e que deveria ser lida por todos nós. Apesar de nossas dificuldades nos anos seguintes, a Declaração do Milênio ainda inspira a esperança de que o mundo, mesmo com suas complicações e divisões, pode se unir para enfrentar grandes desafios. Tal como o relatório do secretário-geral, ela faz um levantamento das questões de guerra e paz, saúde e doença e riqueza e pobreza e compromete o mundo com um conjunto de iniciativas para melhorar a condição humana. Especificamente, estabelece uma série de metas quantificadas e com prazo determinado para reduzir a pobreza extrema, as doenças e a privação. Essas metas foram depois extraídas da Declaração do Milênio e se tornaram as oito Metas de Desenvolvimento do Milênio, ou MDMs.

A tabela 1 apresenta as oito metas e os dezoito objetivos que são compromissos corajosos para atingir o desenvolvimento sustentável dos povos mais pobres. As primeiras sete metas apontam para cortes pronunciados na pobreza, nas doenças e na degradação ambiental. A oitava meta é essencialmente um compromisso de parceria global, um pacto entre países ricos e pobres para trabalharem juntos a fim de alcançar as sete primeiras metas. As Metas de Desenvolvimento do Milênio reconhecem sabiamente que a miséria tem muitas dimensões, não apenas renda baixa, mas também vulnerabilidade a doenças, exclusão da educação, fome crônica e subnutrição, falta de acesso a comodidades, como água potável e saneamento, e degradação ambiental, como o desflorestamento e a erosão do solo, que ameaçam vidas e meios de subsistência.

TABELA 1 — AS METAS DE DESENVOLVIMENTO DO MILÊNIO

Meta	Objetivo
1. Erradicar a pobreza extrema e a fome	Reduzir pela metade, entre 1990 e 2015, a proporção da população com renda inferior a US$ 1 por dia
	Reduzir pela metade, entre 1990 e 2015, a proporção da população que sofre de fome
2. Atingir o ensino primário universal	Garantir que, até 2015, todas as crianças, de ambos os sexos, terminem um ciclo completo de ensino primário
3. Promover a igualdade entre os sexos e a autonomia das mulheres	Eliminar a disparidade entre os sexos no ensino primário e secundário, se possível até 2005, e em todos os níveis de ensino, o mais tardar até 2015
4. Reduzir a mortalidade infantil	Reduzir em dois terços, entre 1990 e 2015, a mortalidade de crianças menores de cinco anos
5. Melhorar a saúde materna	Reduzir em três quartos, entre 1990 e 2015, a taxa de mortalidade materna
6. Combater o HIV/aids, malária e outras doenças	Até 2015, ter detido a propagação do HIV/aids e começado a inverter a tendência atual
	Até 2015, ter detido a incidência da malária e de outras doenças importantes e começado a inverter a tendência atual
7. Garantir a sustentabilidade ambiental	Integrar os princípios do desenvolvimento sustentável nas políticas e programas nacionais e reverter a perda de recursos ambientais
	Reduzir pela metade, até 2015, a proporção da população sem acesso permanente e sustentável a água potável segura
	Até 2020, ter alcançado melhora significativa nas vidas de pelo menos 100 milhões de habitantes de bairros degradados (favelas)
8. Estabelecer uma parceria global para o desenvolvimento	Avançar no desenvolvimento de um sistema comercial e financeiro aberto, baseado em regras, previsível e não discriminatório. Inclui: um compromisso com a boa governança, desenvolvimento e redução da pobreza — tanto nacional como internacionalmente

(continuação)	Atender às necessidades especiais dos países menos desenvolvidos. Inclui: um regime isento de tarifas e não sujeito a quotas para as exportações dos países menos desenvolvidos; um programa melhorado de redução da dívida dos países pobres muito endividados (PPME) e anulação da dívida bilateral oficial; e uma ajuda pública mais generosa para o desenvolvimento dos países empenhados na luta contra a pobreza
	Atender às necessidades especiais dos países sem acesso ao mar e dos pequenos Estados insulares em desenvolvimento (mediante o Programa de Ação para o Desenvolvimento Sustentável dos Pequenos Estados Insulares em Desenvolvimento e as conclusões da 22ª sessão extraordinária da Assembléia-Geral)
	Tratar globalmente o problema da dívida dos países em desenvolvimento, mediante medidas nacionais e internacionais, de modo a tornar seus compromissos sustentáveis a longo prazo
	Em cooperação com os países em desenvolvimento, formular e executar estratégias que permitam aos jovens obter trabalho digno e produtivo
	Em cooperação com as empresas farmacêuticas, proporcionar o acesso a medicamentos essenciais, a preços acessíveis, nos países em desenvolvimento
	Em cooperação com o setor privado, tornar acessíveis os benefícios das novas tecnologias, em especial das tecnologias de informação e de comunicações.

As Metas de Desenvolvimento do Milênio poderiam, sem dúvida, engendrar cinismo, além de esperança. Em muitos casos, elas repetiam compromissos antigos da comunidade internacional que não foram cumpridos no passado. Afinal, um dos famosos compromissos do século passado foi a promessa de 1978 de "Saúde para Todos no Ano 2000". Não obstante, o mundo chegou a 2000 com a pandemia de aids, tuberculose e malária ressurgentes e bilhões de pobres sem acesso a serviços confiáveis de saúde, ou mesmo sem acesso algum. Na Cúpula Mundial da Infância, em 1990, o mundo prometeu acesso universal à educação primária até o ano 2000, mas 130 milhões ou mais de crianças em idade escolar ainda não estavam na escola naquele ano. É famoso o compromisso do mundo rico de destinar 0,7% do PNB à assistência oficial ao desenvolvimento, uma ajuda financeira direta aos países pobres; no entanto, a parte de ajuda financeira como proporção do PNB do mundo rico na verdade declinou de 0,3% para 0,2% durante a década de 1990.

Ainda assim, quando os líderes mundiais adotaram a Declaração do Milênio e suas metas de desenvolvimento, havia um sentimento palpável de que dessa vez — sim, dessa vez — eles talvez pudessem ser cumpridos. O mundo sentiu que, com a energia do *boom* econômico em andamento, o tremendo poder das tecnologias modernas e a nossa interconexão global sem par na história, dessa vez chegaríamos ao fim sem fraquejar.

Com que rapidez esse otimismo foi destruído! Ocorreram pequenas coisas que prejudicaram o otimismo — o trauma americano de uma eleição nacional empatada, o fim do *boom* das bolsas, uma enxurrada de escândalos em grandes empresas —, mas tudo isso parece insignificante agora, à sombra do 11 de Setembro. Muita coisa mudou naquele dia, em parte devido à reação insensata do governo dos Estados Unidos. Mais do que nunca, precisamos retornar aos propósitos e à esperança das Metas de Desenvolvimento do Milênio.

Como para quase todo o mundo, as imagens do 11 de Setembro permanecem vívidas em minha mente como se tivessem acontecido há poucos instantes. O que vivi naquela manhã continua a ser para mim uma marca da natureza de nossa sociedade global. Eu estava em meu escritório, na Universidade Harvard, numa videoconferência com a África do Sul, e dava uma palestra sobre aids para um grupo de líderes comunitários e homens de negócios de Durban. Enquanto falava, vi que as pessoas na África do Sul começavam a cochichar entre elas. Fiquei chocado quando uma delas se voltou para a câmara de vídeo e disse: "Professor Sachs, lamento lhe informar que seu país está sendo atacado e temos de terminar esta conferência imediatamente". Com isso, a transmissão se interrompeu e eu saí da sala para ver dezenas de colegas chocados e aturdidos andando pelos corredores. As pessoas se reuniram diante de uma tela de tevê gigante no foyer central. Daí a poucos minutos vimos, horrorizados, tombar as torres diante de nossos olhos.

Para todos nós, aquele foi um evento que jamais esqueceremos. Porém, seu significado ainda está por ser estabelecido. Em poucas horas, tornou-se uma crença imediata nos Estados Unidos de que tudo havia mudado, que aquilo que experimentamos naquele dia fora um grande ponto de inflexão da história. Thomas Friedman, um dos principais jornalistas norte-americanos, declarou imediatamente que o 11 de Setembro era o início da Terceira Guerra Mundial, uma idéia que encontrou ampla ressonância na população americana horrorizada. O próprio presidente Bush disse então, e repetiu muitas vezes depois, que o 11 de Setembro mudou tudo em relação à sua visão do cargo que ocupava, ao país, às suas vulnerabilidades e seu lugar no mundo. Com efeito, aquele evento marcou o início da autoproclamada guerra do governo Bush contra o terrorismo. O presidente declarou que a partir de então toda a sua gestão seria devotada à extirpação do terror.

A facilidade com que os entendidos falaram sobre Terceira Guerra me espantou profundamente. Eles estavam brincando com fogo, ou muito pior, com a destruição de nosso mundo numa nova conflagração. Será que não sabiam, perguntei-me, que a Primeira Guerra Mundial havia destruído a globalização um século antes? Naquele caso também, os entendidos haviam ficado felizes de ver partir os soldados para a guerra, certos de que aquele assunto seria resolvido em um mês. Porém, os demônios soltos por aquela guerra perseguiram o planeta até o fim do século XX, deixando sua marca na Grande Depressão, na Segunda Guerra Mundial, na Revolução Bolchevique e muito mais.

Para mim, os ataques de 11 de setembro de 2001 foram eventos terríveis, mas não mudaram tudo — a não ser que os Estados Unidos reagissem de forma irresponsável. Afinal, os americanos já haviam sofrido atos terroristas antes, e vão sofrê-los de novo. Vimos repetidos atos terroristas em todo o Oriente Médio, no Quênia e na Tanzânia, e em solo americano, no World Trade Center, em 1993, e em Oklahoma City, em 1995. O terrorismo é um flagelo que pode ser combatido, mas não pode ser eliminado completamente, assim como o mundo não eliminará totalmente o flagelo das doenças infecciosas. O presidente Bush disse a mesma coisa durante a campanha presidencial de 2004 — "Não penso que se possa vencê-la [a guerra contra o terrorismo], mas creio que se podem criar condições para que aqueles que usam o terror como arma sejam menos aceitáveis em partes do mundo" —, mas depois se desmentiu no dia seguinte.[1]

O terrorismo não é a única ameaça com que o mundo se defronta. Seria um enorme erro direcionar todas as nossas energias, esforços, recursos e vidas para a luta contra o terrorismo, deixando de lado desafios ainda maiores. Quase 3 mil pessoas morreram sem necessidade e tragicamente no World Trade Center em 11 de setembro de 2001; 10 mil africanos morrem sem necessidade e tragicamente *todo santo dia* — e vêm morrendo todos os dias desde o 11 de Setembro — de aids, tuberculose e malária. Precisamos manter o 11 de Setembro em perspectiva, em especial porque as 10 mil mortes diárias *são evitáveis*.

Além disso, o terrorismo tem causas complexas e variadas e não pode ser combatido apenas por meios militares. Para combatê-lo, precisaremos lutar também contra a pobreza e a privação. Uma abordagem puramente militar está fadada ao fracasso. Assim como o médico combate a doença receitando não apenas remédios, mas também reforçando o sistema imunológico da pessoa por meio da nutrição adequada e recomendando um estilo de vida saudável para seu paciente, do mesmo modo precisamos tratar as debilidades subjacentes das sociedades em que o terrorismo medra — pobreza extrema, necessidades em massa não atendidas de trabalho, renda e dignidade, e a instabilidade econômica e política que resulta da degradação das condições humanas. Se sociedades como a Somália, o Afeganistão e o oeste do Paquistão fossem mais saudáveis, os terroristas não poderiam agir com tanta facilidade em seu meio.

A resposta apropriada ao 11 de Setembro tinha, portanto, duas vias. As nações civilizadas precisavam certamente enfrentar o desafio de desmantelar as redes de terrorismo que realizaram os ataques. Os controles financeiros e as ações militares diretas contra a Al-Qaeda foram uma resposta necessária, mas dificilmente suficiente. Além disso, precisávamos tratar das raízes mais profundas do terrorismo em sociedades que não fazem parte da prosperidade global, que estão marginalizadas da economia mundial, que estão privadas de esperança e que são maltratadas e abusadas pelo mundo rico, como foram os Estados produtores de petróleo do Oriente Médio. O mundo rico, a começar pelos Estados Unidos, precisava se comprometer ainda mais com o desenvolvimento econômico do que com estratégias militares.

Os grandes líderes aliados da luta contra o fascismo na Segunda Guerra Mundial compreenderam que o sucesso no esforço de guerra exigia também sucesso na conquista da confiança do mundo. Franklin Delano Roosevelt liderou os Estados Unidos na guerra para defender quatro liberdades, não apenas de encontrar-se livre do medo, mas também as liberdades de expressão, crença e, crucialmente, a de se achar livre do medo. Suas palavras estimulantes ressoam ainda hoje:

"Uma mulher que encontramos diante de sua choça de barro tem quinze netos órfãos. Ao explicar sua situação para nós, ela aponta primeiro para as plantas secas que morreram no campo ao lado de sua choça." (p. 32) NTHANDIRE, MALAUI.

"Mais de duzentos membros da comunidade vieram nos encontrar numa tarde. Famintos, magros e doentes, eles ficaram durante três horas e meia falando com eloqüência, dignidade e clareza sobre seu infortúnio." (p. 267) SAURI, QUÊNIA.

"Muitos que passarão no exame não poderão ocupar um lugar na escola secundária por falta de dinheiro para a matrícula, uniformes e equipamentos. Não obstante, para reforçar a firmeza desses alunos durante o difícil ano dos exames, a comunidade lhes fornece uma refeição cozida ao meio-dia, para a qual eles trazem a lenha e a água de casa." (p. 267) SAURI, QUÊNIA.

"Cerca de um ano atrás, Sauri tinha uma pequena clínica. O médico foi embora e a clínica está fechada. Os moradores explicaram que não tinham recursos para pagar ao médico e comprar os remédios, então o médico se foi. Agora eles se viram sozinhos, sem atendimento médico nem medicamentos." (p. 270) SAURI, QUÊNIA.

"Um grupo que encontrei em junho de 2004 vem de uma comunidade que vive perto dos trilhos da ferrovia. Quando digo perto, não me refiro à distância de escutar o apito do trem quando ele atravessa a cidade, mas a três metros dos trilhos." (p. 278) MUMBAI, ÍNDIA.

"Uma assistente social enérgica e carismática chamada Sheela Patel, que abandonou a pesquisa acadêmica há anos para trabalhar com comunidades como essa, levou-me ao encontro do grupo. Ela é uma pioneira da causa da organização comunitária dentro das favelas mais pobres." (p. 278) ÍNDIA.

MAPA 1
POBREZA MODERADA E MISÉRIA

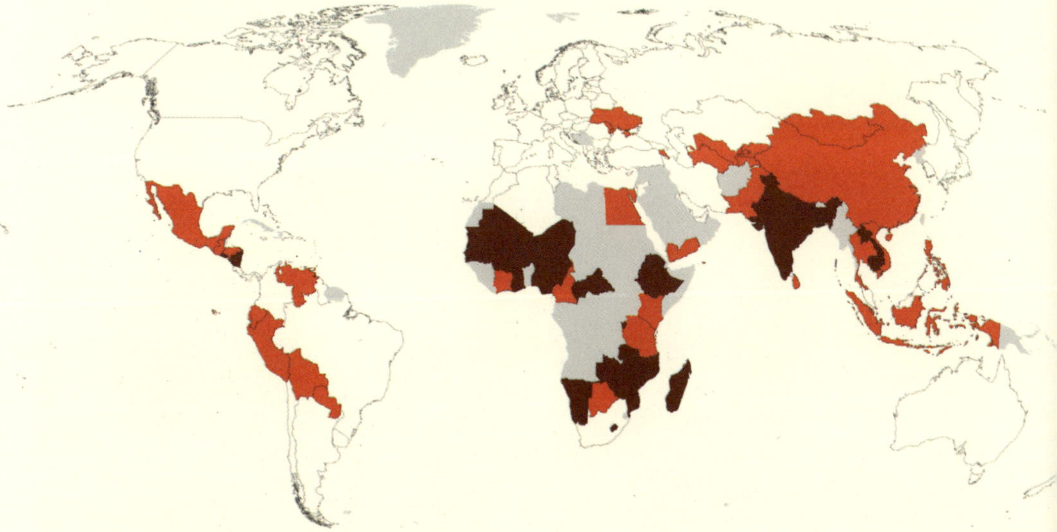

Moderadamente pobres
(mais de 25% da população vive com menos de US$ 2 por dia)

Miseráveis
(mais de 25% da população vive com menos de US$ 1 por dia)

Sem dados

Fonte: *Dados do Banco Mundial* (*2004*)
(O mapa utiliza os dados disponíveis mais recentes.)

MAPA 2

RENDA PER CAPITA EM 2002

(AJUSTADO PARA PPC — EM US$ CORRENTES)

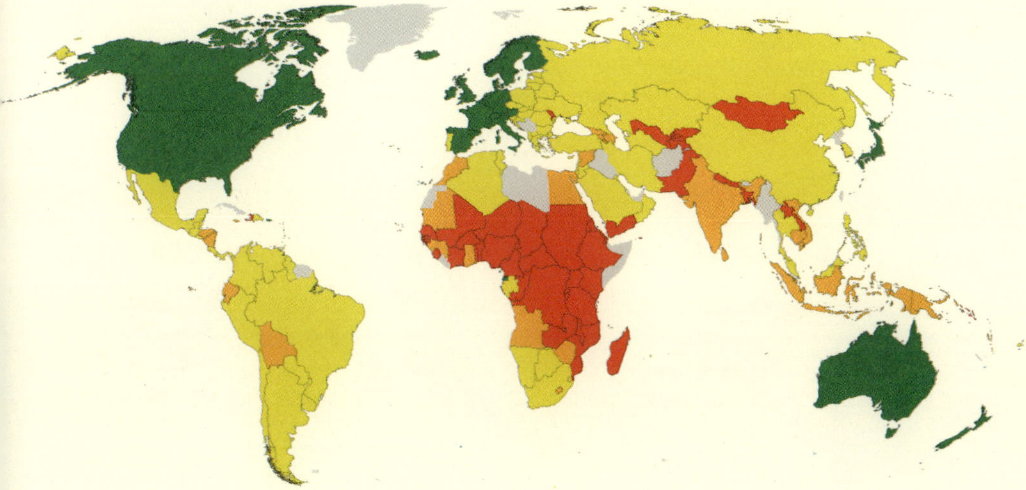

Abaixo de US$ 2 000

US$ 2 000 – US$ 4 000

US$ 4 000 – US$ 20 000

Sem dados

Fonte: *Dados do Banco Mundial* (2004)

MAPA 3
DISTRIBUIÇÃO DAS AFILIADAS ESTRANGEIRAS DAS DEZ MAIORES EMPRESAS MULTINACIONAIS DE ELETRÔNICA, 1999
PRODUÇÃO DE EQUIPAMENTOS E PARTES

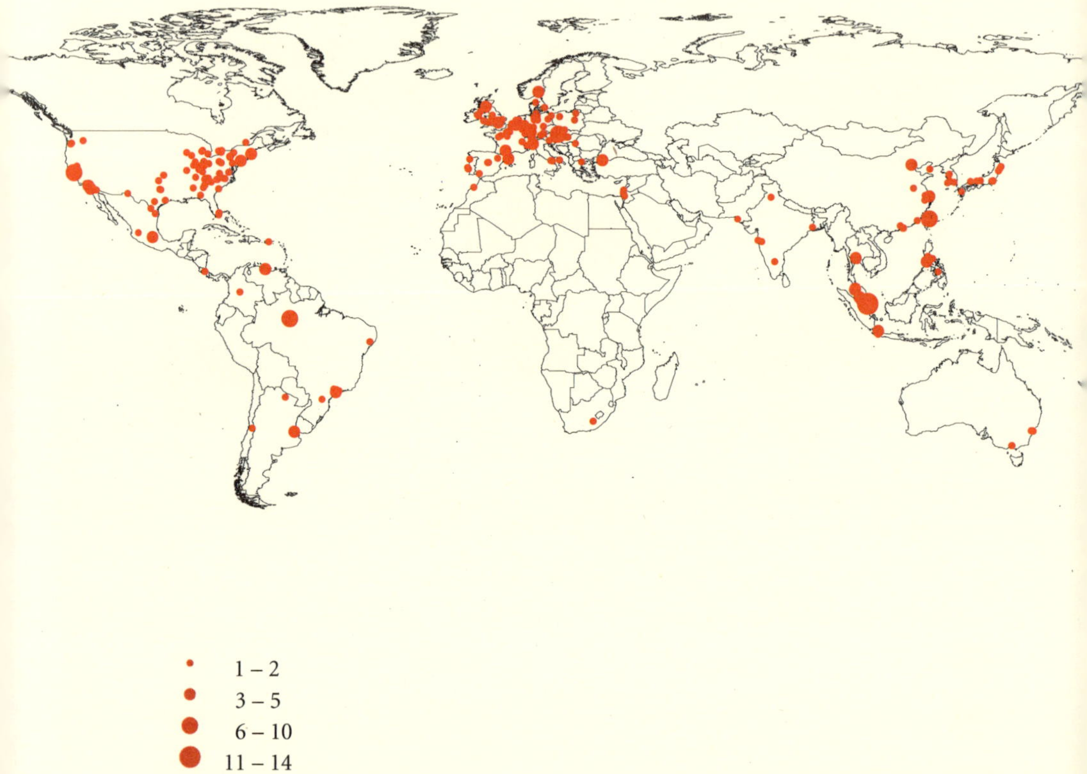

Fonte: UNCTAD, *World Investment Report* (*2001*)
Base de dados sobre FDI/TNC da UNCTAD, baseado em *Who owns whom CD Rom 2000* (Dun and Bradstreet) Com base n 1557 afiliadas estrangeiras de propriedade majoritária identificadas para as dez maiores multinacionais eletrônic (Hitachi, Intel, Matsushita, Mitsubishi, Motorola, NEC, Philips, Siemens, Sony e Toshiba).

MAPA 4
DISTRIBUIÇÃO DAS AFILIADAS ESTRANGEIRAS NA INDÚSTRIA TÊXTIL E DE VESTUÁRIO, 1999

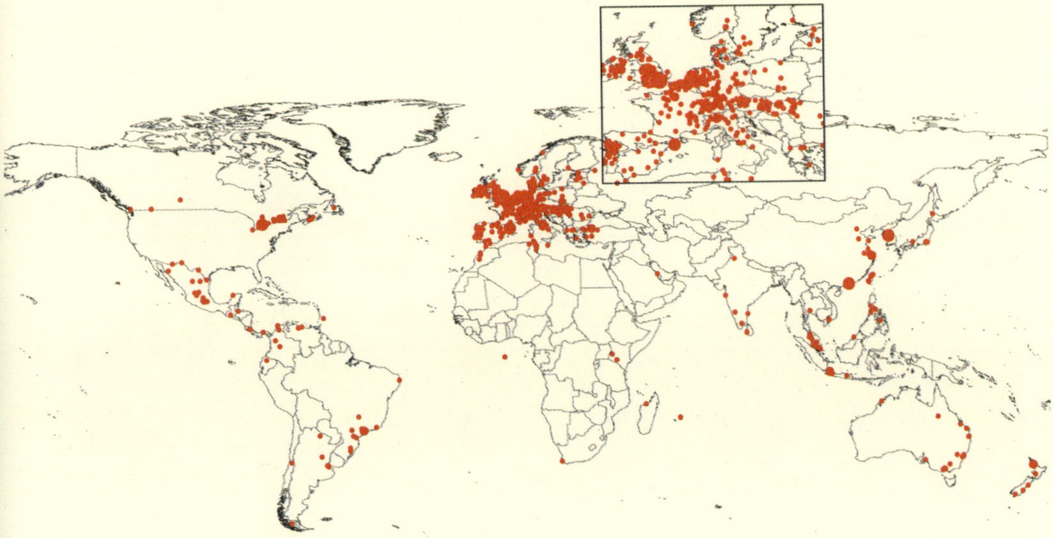

NÚMERO DE AFILIADAS ESTRANGEIRAS

- 1 – 4
- 5 – 11
- 12 – 18
- 19 – 30

Fonte: UNCTAD, *World Investment Report* (*2001*)
Base de dados sobre FDI/TNC da UNCTAD, baseado em *Who owns whom CD Rom 2000* (Dun and Bradstreet). Com base nas 1455 afiliadas identificadas.

MAPA 5
CRESCIMENTO MÉDIO ANUAL
DO PIB PER CAPITA, 1980-2000

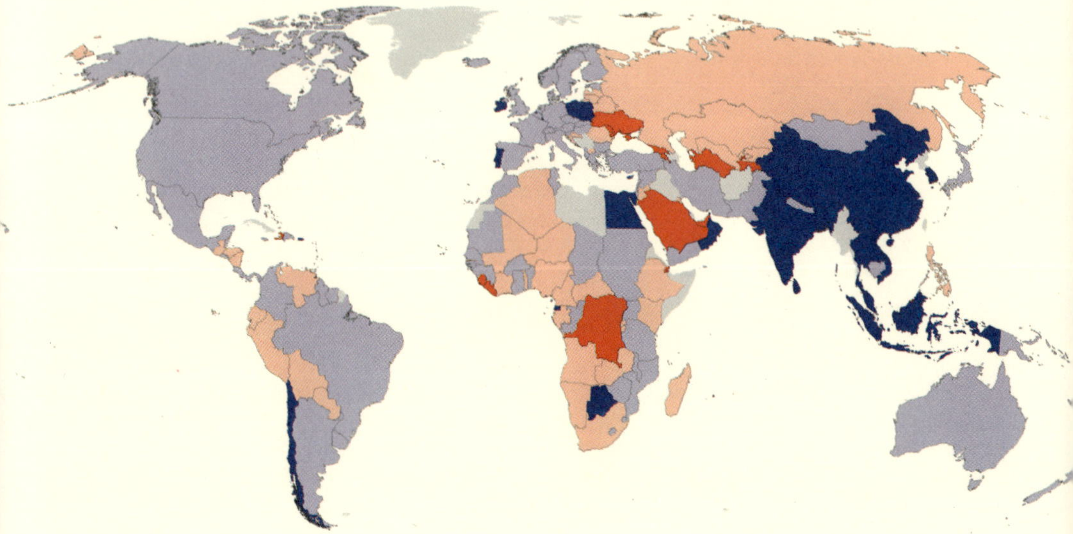

≤ 2,5 %

-2,5 % – 0 %

0 % – 2,5 %

≥ 2,5 %

Sem dados

Fonte: *Calculado com os dados do Banco Mundial* (*2004*)

MAPA 6
EUROPA OCIDENTAL

MAPA 7

DISTRIBUIÇÃO DO ESTOQUE DE IED NA CHINA, POR PROVÍNCIA E CIDADES GRANDES, 1999 (MILHÕES DE DÓLARES)

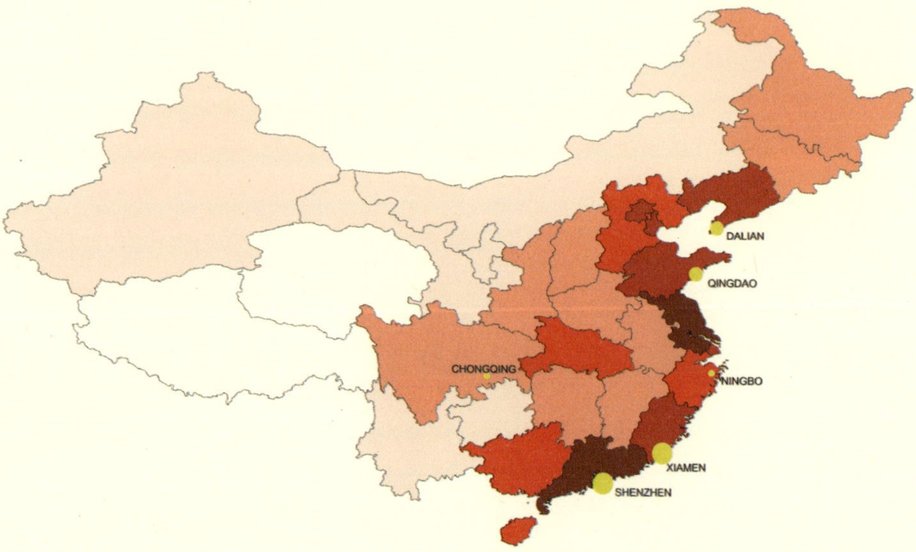

POR PROVÍNCIA	POR CIDADE GRANDE
0 – 99	2000 – 3400
100 – 1 000	5000 – 7500
1 001 – 5000	10 000 – 14 000
5 001 – 10 000	
10 001 – 30 000	
30 001 – 90 000	

Fonte: UNCTAD, *World Investment Report* (*2001*)
UNCTAD, baseado na China, MOFTEC, 2000.

MAPA 8
VARIAÇÃO DA EXPECTATIVA DE VIDA NO MUNDO

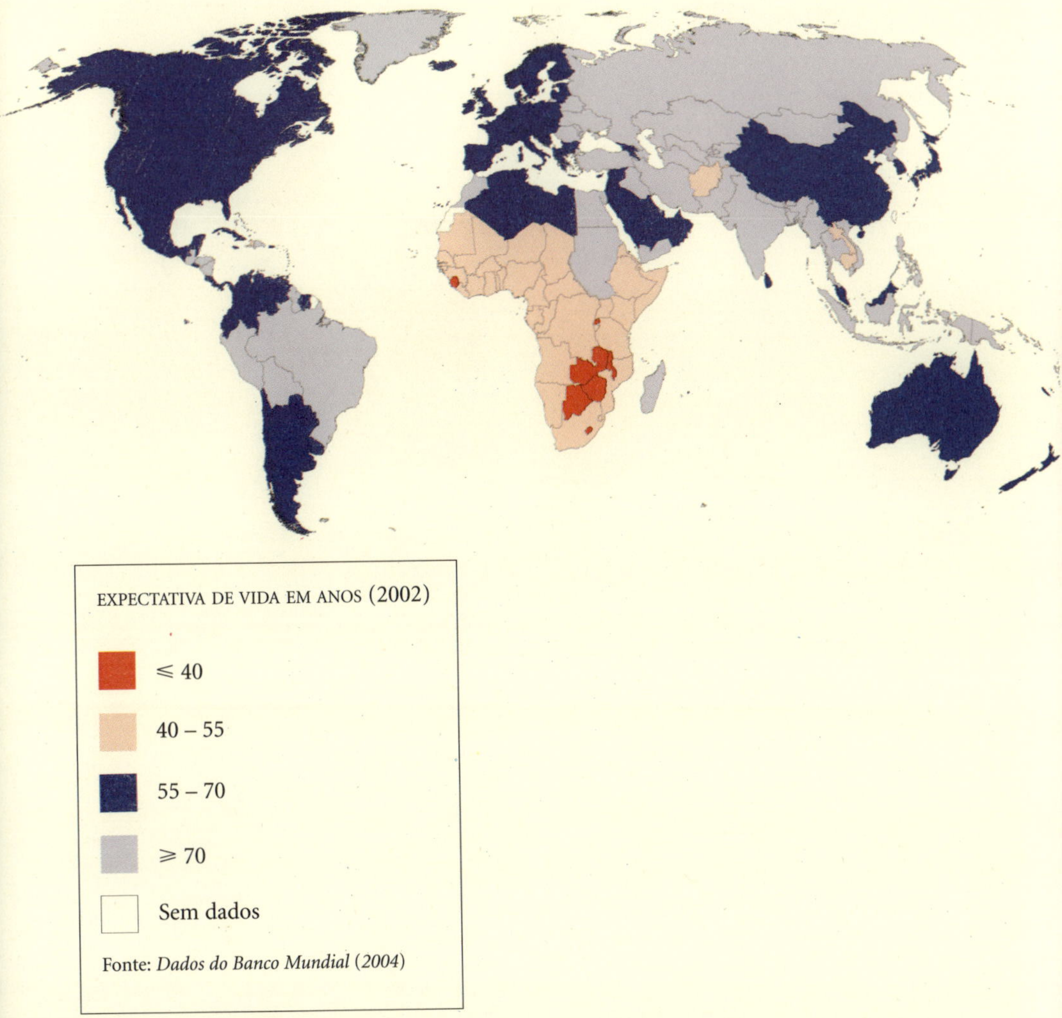

MAPA 9
PAÍSES DE BAIXA RENDA

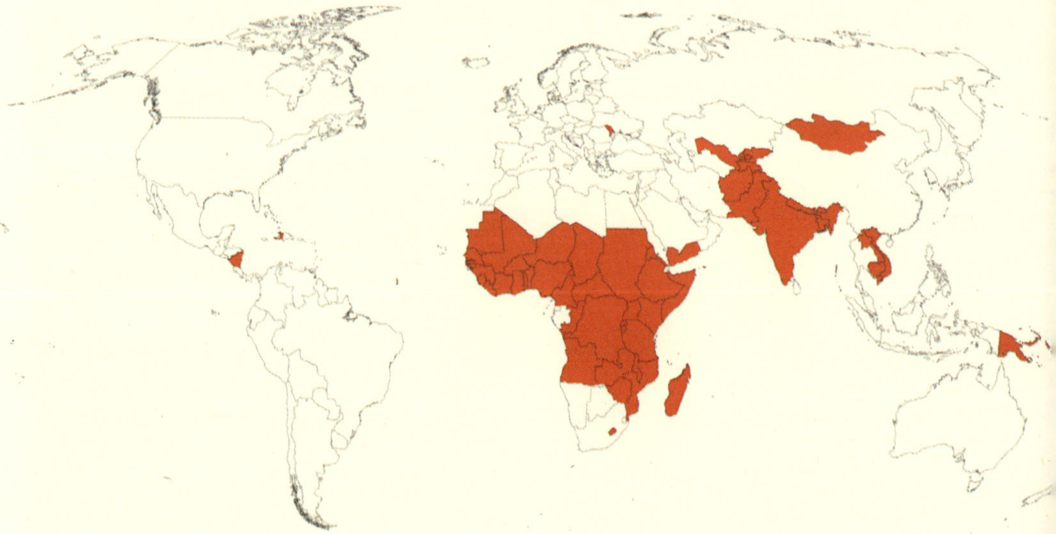

■ Países de baixa renda pela classificação do Banco Mundial (renda abaixo de US$ 765 *per capita*)

Fonte: *Dados do Banco Mundial (2004)*

MAPA 10

RISCO DE MALÁRIA EM 1946, 1965 E 1994

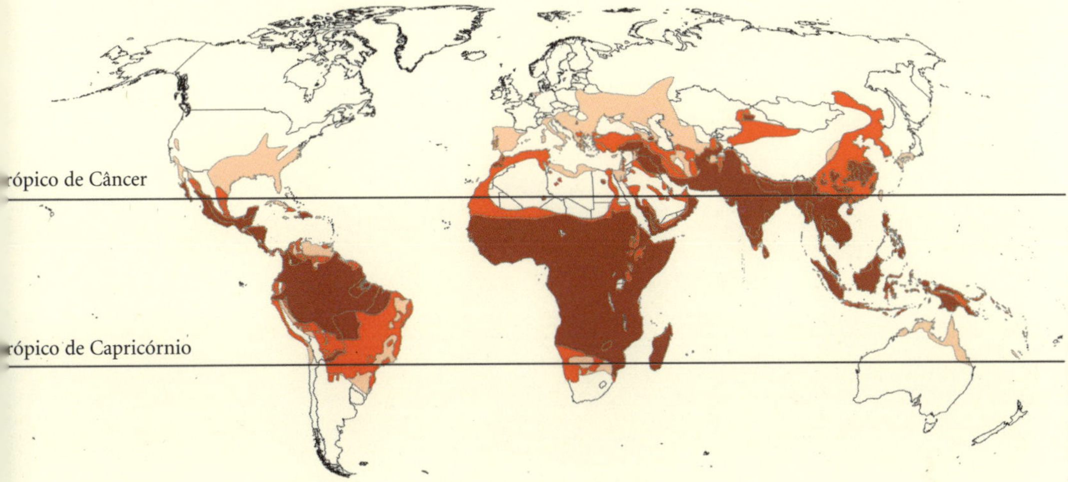

ALTO RISCO DE MALÁRIA

- 1994
- 1965
- 1946

Fonte: *Sachs e Gallup* (*2001*)

MAPA 11

ÍNDICE DA ECOLOGIA DA MALÁRIA

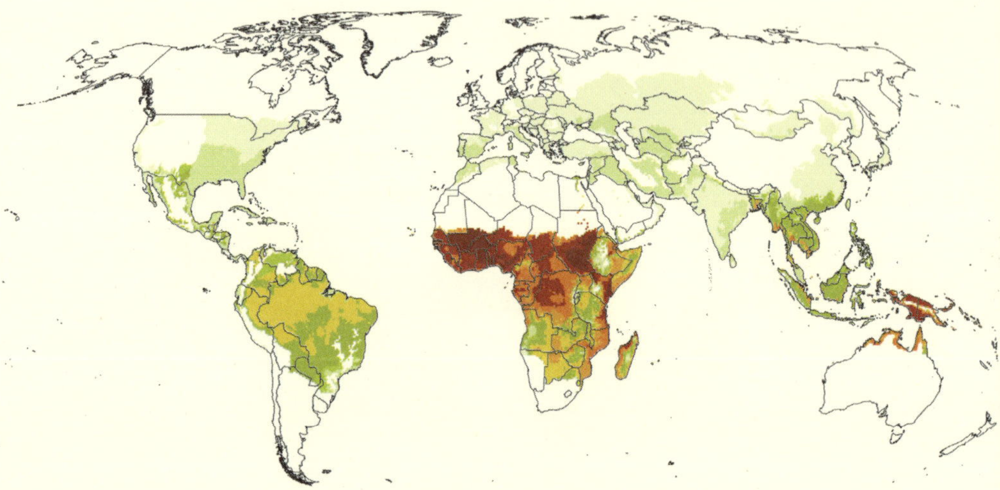

ÍNDICE DE ESTABILIDADE

- 0
- < 0,05
- 0,05 – 1,00
- 1,00 – 2,00
- 2,00 – 5,00
- 5,00 – 8,00
- 8,00 – 12,00
- 12,00 – 18,00
- 18,00 – 26,00
- > 26,00

Fonte: *Kiszewski et al.* (*2004*)

> No futuro, que procuramos tornar seguro, esperamos um mundo fundado em quatro liberdades humanas essenciais. A primeira é a liberdade da palavra e da expressão — em todo o mundo.
>
> A segunda é a liberdade de cada pessoa cultuar Deus à sua maneira — em todo o mundo.
>
> A terceira é a liberdade contra as privações, que, traduzida em termos mundiais, significa entendimentos econômicos que garantirão a cada nação uma vida em paz saudável para seus habitantes — em todo o mundo.
>
> A quarta é a liberdade contra o medo, que, traduzida em termos mundiais, significa uma redução mundial dos armamentos, a tal ponto e de tal modo completa que nenhuma nação estará em posição de cometer um ato de agressão física contra seu vizinho — em qualquer parte do mundo.[2]

Quando Roosevelt e o primeiro-ministro britânico Winston Churchill se encontraram para anunciar a Carta do Atlântico, a declaração conjunta dos objetivos de guerra dos Estados Unidos e do Reino Unido, eles também definiram a esperança de um mundo de prosperidade compartilhada como uma das metas críticas.

Esses objetivos de guerra mostraram ser muito mais do que retórica vazia. Eles foram também a base bem-sucedida de um mundo pacífico no pós-guerra. A ONU foi fundada em 1945 a fim de proporcionar uma estrutura institucional para a cooperação global. O Plano Marshall provou o compromisso dos Estados Unidos com a liberdade contra a privação, e essa tradição foi levada para outros programas de desenvolvimento na Ásia e na América Latina. Ao longo do tempo, esse esforço evaporou-se; a ajuda americana caiu de mais de 2% do PNB durante o auge do Plano Marshall para menos de 0,2% do PNB hoje.

Logo depois do 11 de Setembro, desenvolvi essas questões em um artigo para *The Economist*, "Armas de salvação em massa". Meu argumento era que não se pode travar uma guerra contra as armas de destruição em massa somente por meios militares.[3] As armas de salvação em massa a que me referia — drogas antiaids, mosquiteiros antimaláricos, perfuração de poços de água potável e coisas assim — podem salvar milhões de vidas e também ser um baluarte da segurança global.

Naquele outono, parecia que o governo Bush iria fazer mais do que tomar medidas militares. Em novembro de 2001, ele promoveu o início de uma nova rodada de negociações comerciais globais, em Doha, no Catar. A Declaração de Doha resultante enfatizava a reforma do sistema de comércio internacional a fim de satisfazer as necessidades dos países mais pobres. Um evento ainda mais importante ocorreu em março de 2002, em Monterrey, México, numa conferência internacional sobre financiamento para o desenvolvimento. Essa conferência dedicou-se ao desafio de proporcionar os meios financeiros para o progresso econômico. O Consenso de Monterrey gerado pela conferência destacou tanto o papel do investimento privado como a assistência oficial ao desenvolvimento.

O Consenso de Monterrey deixou claro que os países mais pobres não podem realmente esperar receber grandes influxos de capital privado porque carecem da infra-estrutura básica e do capital humano que podem atrair os investimentos privados internacionais, ou mesmo nacionais. Por outro lado, para países que estão muito mais avançados no desenvolvimento econômico — os assim chamados mercados emergentes — a ajuda talvez desempenhe um papel pequeno, enquanto o capital privado pode alimentar boa parte do desenvolvimento. O Consenso de Monterrey declara o seguinte:

> A assistência oficial ao desenvolvimento (AOD) desempenha um papel essencial como complemento às outras fontes de financiamento para o desenvolvimento, em especial naqueles países com menos capacidade de atrair o investimento privado direto. [...] Para muitos países da África, países menos desenvolvidos, pequenos Estados insulares em desenvolvimento, e países em desenvolvimento sem acesso ao mar, a AOD representa ainda a maior fonte de financiamento externo e é indispensável para alcançar as metas e objetivos de desenvolvimento contidos na Declaração do Milênio e outros objetivos de desenvolvimento acordados internacionalmente.[4]

Os Estados Unidos e os outros signatários concordaram com algo muito mais forte no seguinte parágrafo do Consenso de Monterrey: "*Incitamos os países desenvolvidos que ainda não o fizeram a adotar medidas concretas para dedicar 0,7% de seu produto interno bruto à AOD para os países em desenvolvimento*". Em 2002, a ajuda foi de US$ 53 bilhões, apenas 0,2% do PNB do mundo rico. Se os países ricos cumprissem o objetivo, a ajuda alcançaria US$ 175 bilhões por ano, equivalente a 0,7% dos US$ 25 trilhões do PNB do mundo rico naquele ano. Para os

Estados Unidos, a ajuda externa subiria de cerca de US$ 15 bilhões por ano em 2004 (0,14% do PNB) para em torno de US$ 75 bilhões (0,7% do PNB). Isso, sim, significaria uma mudança radical.

O presidente Bush foi pessoalmente a Monterrey para anunciar um aumento surpreendente e bem-vindo da assistência externa americana, em um novo projeto conhecido como Millennium Challenge Account (MCA) [Conta do Desafio do Milênio]. Ele prometeu que os Estados Unidos aumentariam sua ajuda externa a países que demonstrassem a vontade e a capacidade de usar esses fundos com eficácia. Prometeu US$ 10 bilhões ao longo dos próximos três anos fiscais, em incrementos de US$ 1,6 bilhão, US$ 3,2 bilhões e US$ 5 bilhões, respectivamente. Quando a notícia se espalhou entre os participantes da conferência, o embaixador americano na ONU John Negroponte veio até mim, deu um tapinha nas minhas costas e disse: "Você está ganhando o que pediu".

Por um breve momento, fui otimista. Sim, eu sabia que o aumento prometido na ajuda externa dos Estados Unidos era, de fato, bem pequeno em relação ao tamanho da economia americana, tão pequeno que a ajuda continuaria abaixo de 0,2% do PNB do país, mesmo depois dos três primeiros anos da MCA. Embora dificilmente pudesse ser considerado um passo concreto no sentido de atingir 0,7% do PNB, achei que fosse possível que o governo Bush viesse a ver na tragédia do 11 de Setembro a necessidade de uma nova relação com o mundo, na qual os Estados Unidos fossem de novo um defensor ativo da busca para eliminar a miséria. Mesmo que a conta do desafio fosse pequena no início, disse a mim mesmo, ela poderia crescer até a meta de 0,7% com a qual os Estados Unidos haviam concordado.

Infelizmente, minhas esperanças foram esvaziadas poucos meses depois. Uma vez mais, os líderes mundiais se reuniram para uma conferência internacional, dessa vez em Johannesburgo, África do Sul, na Cúpula Mundial sobre Desenvolvimento Sustentável. Essa reunião comemorava os dez anos da Cúpula da Terra, realizada no Rio de Janeiro em 1992, na qual se haviam tomado decisões fundamentais para proteger o meio ambiente mundial diante das crescentes ameaças de destruição causada pelo homem. Na mais importante delas, a Cúpula do Rio adotou a Convenção-Quadro das Nações Unidas sobre Mudança de Clima (UNFCCC), pela qual os governos do mundo se comprometeram a tomar medidas para diminuir a emissão dos gases de efeito estufa que contribuem para o aquecimento global de longo prazo e outras mudanças climáticas ameaçadoras. A UNFCCC foi a base da negociação do Protocolo de Quioto para limitar a emissão de gases.

Os dez anos decorridos não foram generosos com a Cúpula do Rio. O Protocolo de Quioto continuava sem ratificação e o governo Bush se retirou do acordo em seus primeiros meses, um ato carregado de especial ironia, uma vez que fora o primeiro presidente Bush que assinara a UNFCCC. Mesmo assim, quando o mundo se reuniu em Johannesburgo, ainda havia alguma esperança de que, tal como em Monterrey, o mundo voltaria aos trilhos, com um compromisso claro dos Estados Unidos e do resto do globo com a agenda ambiental.

Não foi o que aconteceu. O descaso do governo Bush em relação a essa agenda e seu diminuto interesse pela agenda do desenvolvimento em geral ficou muito claro em Johannesburgo de um modo profundamente irônico. Primeiro, o presidente Bush esquivou-se de comparecer ao encontro. E, enquanto o mundo se reunia para discutir os desafios do meio ambiente global, os Estados Unidos usaram a ocasião para lançar a campanha pública em favor de uma guerra contra o Iraque.

Enquanto eu estava na sala de imprensa de Johannesburgo, todos os olhos estavam voltados para a tela da televisão, onde o vice-presidente Dick Cheney, a 16 mil quilômetros de distância, falava na 103ª Convenção Nacional dos Veteranos de Guerras Externas. Foi o famoso discurso em que ele afirmou erroneamente que "não há dúvida de que Saddam Hussein possui agora armas de destruição em massa. Não há dúvida de que ele as está acumulando para usá-las contra nossos amigos, contra nossos aliados e contra nós".[5] Esse novo rufar de tambores guerreiros dos Estados Unidos logo distraiu nossa atenção de Johannesburgo e marcou o fim da abordagem de duas vias no combate ao terrorismo. A partir de então, os Estados Unidos colocaram praticamente toda a sua ênfase, as suas energias políticas e financeiras a serviço da via militar.

No mês que se seguiu à reunião de Johannesburgo, o presidente Bush e seus principais assessores fizeram literalmente centenas de discursos, entrevistas e apresentações sobre o Iraque, mas não disseram quase nada sobre os desafios da pobreza extrema, a mensagem de Monterrey e os compromissos com a MCA. A única exceção a essa mudança abrupta de foco foi o discurso do "Estado da União", em janeiro de 2003, no qual o presidente anunciou sua intenção de aumentar as contribuições americanas para o combate à aids na África, uma iniciativa importante e valiosa. Fiquei satisfeito ao ouvi-lo falar na quantia de US$ 15 bilhões em cinco anos — US$ 3 bilhões por ano —, que era exatamente a estimativa que eu apresentara à Casa Branca no início de 2001 (e que fora recebida com enorme ceticismo na época).[6] Afora isso, Washington estava totalmente voltada para a guerra, em vez de para o desenvolvimento, o meio ambiente e outras questões de preocupação humana urgente no resto do mundo.

Enquanto o país se preparava para a guerra, escrevi e falei amplamente sobre meu sentimento de que a política externa americana estava saindo totalmente dos trilhos, que a guerra no Iraque não resultaria em nada de valor duradouro, mas que poderia causar graves danos. Eis o que escrevi na *New Republic*, às vésperas da guerra:

> Um Exército convencional em campo não pode reprimir levantes locais e guerra de guerrilhas sem um tremendo derramamento de sangue e anos de agonia. Durante décadas, os ingleses não conseguiram conter o Exército Republicano Irlandês na Irlanda do Norte. O vasto poderio militar de Israel não consegue sufocar o levante palestino. Os russos não conseguiram esmagar os mujahidim no Afeganistão nos anos 1980 ou os tchetchenos nos anos 1990. Os Estados Unidos sofreram baixas e logo foram embora do Líbano e da Somália, e ainda agora lutam para conseguir o controle do Afeganistão fora de Cabul. Em circunstâncias muito piores, o país está prestes a se envolver por anos nas lutas mutuamente destrutivas e ferozes do Iraque, onde dezenas de milhares de jovens irados estarão ávidos para alvejar a força de ocupação. Nossas bombas inteligentes não serão de tão grande ajuda no nível do solo quanto o são a 10 mil metros de altura.

Adverti também sobre as ilusões de uma guerra que se financiasse a si mesma:

> O governo Bush e muitos americanos parecem esperar que o petróleo do Iraque pagará pela ocupação e reconstrução do pós-guerra e mais, que haverá contratos de reconstrução a oferecer, novas reservas para explorar e preços mundiais mais baixos do petróleo a caminho. Seria bom se assim fosse. Os novos campos de petróleo do Iraque demorarão anos para ser renovados e expandidos, provavelmente sob condições litigiosas políticas e de segurança. Os credores atuais do Iraque têm a receber mais de US$ 150 bilhões. Eles certamente vão insistir em manter seu lugar na fila.

Eu concluía com outro apelo pela segunda via na guerra contra o terrorismo:

> Portanto, além de aumentarmos nosso poderio militar, temos de traduzir nossa riqueza econômica e mestria tecnológica em um tipo diferente de poder — o poder de ajudar a moldar as instituições de cooperação mundial das quais dependeremos para nossa subsistência e nossa prosperidade de longo prazo.[7] A tão difamada ONU, a própria instituição que tanto ameaçamos com nosso atual unilateralismo, continua a ser a única esperança para criar um mundo como queremos no século XXI. Por meio das Nações Unidas e de agências especializadas como a Organização Mundial da Saúde, o Unicef ou a Organização para a Alimentação e a Agricultura, poderíamos mobilizar nossas forças econômicas para superar a pobreza, enfrentar os problemas da mudança climática e combater as doenças debilitantes. Poderíamos ajudar o mundo a se ver livre da pobreza que oferece campo fértil para a sublevação, a deslocamento e o terrorismo. No longo prazo, criaríamos boa vontade internacional e valores compartilhados que diminuiriam a fúria antiamericana que ameaça nossas vidas e nosso bem-estar econômico. A guerra contra o Iraque fará exata e tragicamente o oposto.

A guerra no Iraque começou em 20 de março de 2003, sete meses depois do discurso de Cheney, em Nashville. Os custos dessa malfadada aventura foram enormes — pelo menos US$ 130 bilhões em gastos militares diretos nos primeiros dezoito meses, mais de mil vidas americanas perdidas (número que continua crescendo), milhares de civis mortos no Iraque e uma devastação da credibilidade dos Estados Unidos em todo o mundo. Todos esses custos foram dramaticamente amplificados pela falta da segunda via na política externa americana. A guerra foi considerada em todo o mundo uma agressão não provocada, em especial depois que ficou provada a falsidade total das acaloradas alegações de que Saddam representava uma iminente ameaça ao mundo e de que possuía um imenso arsenal de armas de destruição em massa. Os custos continuam a crescer, a cerca de US$ 5 bilhões por mês, em comparação com apenas US$ 1 bilhão para a MCA em todo o ano de 2005.

A partir do 11 de Setembro, decidi redobrar meus esforços para ajudar de todas as maneiras que pudesse a preservar o espírito da cooperação global. Faltavam apenas dois meses para o final dos trabalhos da Comissão de Macroeconomia e Saúde. Nesse contexto, eu havia conversado freqüentemente com o secretário-geral Kofi Annan. No final de 2001, perguntei-lhe como poderia auxiliá-lo em sua tarefa cada vez mais ameaçada e complexa de ajudar a conduzir à realização das esperanças do novo milênio. Ele veio a mim com a idéia de que eu poderia desempenhar um papel como seu consultor especial para as próprias Metas de Desenvolvimento do Milênio e dar a ele e ao sistema da ONU conselhos sobre que medidas tomar para cumprir aquelas metas. Especificamente, ele não me pediu apenas que o aconselhasse sobre o que precisava ser feito, mas também que o ajudasse a traçar um plano operacional em que o sistema da ONU, governos participantes e a sociedade civil pudessem todos contribuir para a realização daqueles objetivos corajosos. Fiquei honrado e emocionado com esse convite, que aceitei de imediato, para ajudar as Nações Unidas e, em especial, seu secretário-geral, num momento de perigo global, a lançar um novo Projeto para o Milênio, a fim de cumprir as metas.

O secretário-geral estava interessado em resultados. Penso que ele tinha consciência plena do fato de que o sistema da ONU é muito melhor na articulação de metas do que em seu cumprimento. Ele pediu-me que fosse criativo. Para isso, baseei-me na experiência da Comissão de Macroeconomia e Saúde, mas agora no contexto de um conjunto de objetivos que eram ainda mais amplos em alcance e mais complexos em suas interconexões, e implicavam uma amplitude maior de esforço cooperativo financeiro e global.

A deliberação analítica — o processo de encontrar uma abordagem cooperativa para problemas complexos por meio da construção de um consenso em torno de uma visão e compreensão compartilhada dos desafios — está no cerne do Projeto Milênio da ONU. A Comissão de Macroeconomia e Saúde colocara líderes e especialistas de muitas perspectivas diferentes em torno de uma mesa e, mediante um processo detalhado de debate, discussão, investigação e pesquisa, atingira um consenso. Do mesmo modo, o Projeto Milênio da ONU traria para a mesa importantes formuladores de políticas e profissionais envolvidos na redução da pobreza para buscar, num processo cheio de fatos, um tipo semelhante de consenso. Dessa vez, no entanto, a quantidade de desafios era grande demais para uma única mesa, então organizamos nosso trabalho em dez forças-tarefa que cobriam o amplo espectro de problemas abrangidos pelas Metas de Desenvolvimento do Milênio.

Cada uma dessas forças-tarefa reuniu grandes pensadores, profissionais, especialistas em políticas públicas e outros interessados em empreender aquele esforço cooperativo, intenso e desafiador. Com dez forças-tarefa de mais ou menos 25 membros cada uma, montamos uma rede mundial de 250 participantes nesse processo de abertura de caminhos. Mas isso não era tudo. Diante de um desafio tão imenso que exigia interações tão complexas, nosso projeto envolveu todo o sistema da ONU por meio de um grupo de especialistas composto de representantes das agências da ONU: Organização Mundial da Saúde, Organização para a Alimentação e a Agricultura, Unicef, Programa das Nações Unidas para o Meio Ambiente, e assim por diante. Esse grupo garantiu uma conexão entre nossas deliberações e o trabalho efetivo de campo da ONU em todo o mundo.

Do mesmo modo, envolvemos de forma cada vez mais intensa as equipes da ONU existentes em vários países em desenvolvimento. Em quase todos os lugares do mundo, os países mais pobres contam com uma presença significativa de experts das agências especializadas da ONU que prestam assessoria em questões de saúde, água, saneamento, gestão ambiental, produtividade agrícola e temas similares. Esses especialistas reúnem-se com uma equipe da ONU para aquele país, que é dirigida por um coordenador residente, o qual, por sua vez, se tornou o contato para nós entre nosso esforço baseado em Nova York e as realidades de campo do engajamento da ONU nos países em desenvolvimento.

Em suma, o secretário-geral nos convidou a pensar grande — e o fizemos — e a criar um esforço em escala global que pudesse começar a tratar de problemas de enorme escopo e complexidade. Graças a esse processo, pudemos fazer grandes progressos na análise e num plano para cumprir as Metas de Desenvolvimento do Milênio, que descrevo no capítulo 15.

Eu mal havia assumido a tarefa da ONU quando recebi outro telefonema de Nova York, dessa vez do reitor George Rupp, da Universidade Colúmbia. Ele e seus colegas tinham ouvido falar do trabalho na ONU e estavam interessados em saber se eu poderia assumir simultaneamente a direção de uma grande instituição devotada ao desafio do desenvolvimento sustentável, o Instituto da Terra de Colúmbia. Encontrei-me com Rupp e fiquei sabendo mais sobre a iniciativa ousada e criativa da Colúmbia, que pretendia reunir muitos dos principais departamentos científicos da universidade para enfrentar os desafios interligados de clima, gestão ambiental, conservação, saúde pública e desenvolvimento econômico.

Ao final de duas horas de discussão cativante, aceitei a oferta de Colúmbia para ser diretor do Instituto da Terra, dependendo de uma conversa com o próximo reitor, Lee Bollinger. Nessa conversa, que ocorreu pouco depois, Bollinger me disse que, na sua concepção, Colúmbia deveria abrir caminho nos Estados Unidos para se tornar uma universidade realmente global. Convenci-me. Assim acabaram 32 anos de aprendizado e ensino na Universidade Harvard, e assim comecei um novo capítulo em Nova York, com novas e entusiasmantes responsabilidades em Colúmbia e na ONU. Eu adorava Harvard, mas combinar essas duas atividades e tomar esse novo caminho foi uma sorte incrível.

Todo o trabalho do Projeto Milênio da ONU dependeu totalmente do Instituto da Terra. O progresso no cumprimento das MDMs depende fundamentalmente de uma compreensão científica completa dos desafios subjacentes das doenças, da produção de alimentos, subnutrição, gestão das bacias hidrográficas e outras questões relacionadas. Estas, por sua vez, exigem expertise. A ciência moderna nos deu intervenções tecnológicas, ou técnicas específicas para tratar desses problemas, tais como mosquiteiros antimaláricos ou drogas anti-retrovirais. Para dar apenas alguns exemplos,[8] o Instituto da Terra

- é pioneiro no uso de sistemas de informação geográfica na Etiópia rural para monitorar, prever e reagir rapidamente a epidemias de malária;
- usa telefones celulares especialmente programados na zona rural remota de Ruanda para fornecer dados sobre saúde em tempo real ao Ministério da Saúde;
- introduz novas técnicas de agrossilvicultura para triplicar a produção de alimentos em solos da África exauridos de nitrogênio;
- projeta novos dispositivos movidos a bateria eficientes e de baixo custo para acender lâmpadas em aldeias pobres e distantes demais das redes de eletricidade;
- demonstra como previsões com uso de alta tecnologia das flutuações do El Niño podem ser postas a serviço de países pobres, a fim de determinar o melhor momento para o plantio e a colheita, a gestão dos reservatórios de água e dos viveiros de peixes e com outras finalidades;
- aplica hidrologia, geoquímica e saúde pública de última geração a fim de encontrar soluções para a crise de envenenamento por arsênico das fontes de água em Bangladesh.

O Instituto da Terra oferece uma base acadêmica incomparável para acumular o conhecimento científico e interdisciplinar necessário para enfrentar os desafios práticos do desenvolvimento sustentável. O instituto está montado sobre cinco agrupamentos — ciências da terra, ecologia e conservação, engenharia ambiental, saúde pública e políticas públicas e econômicas. Ao reunir essas disciplinas sob um único teto, o Instituto da Terra pode conectar melhor as ciências com as políticas públicas a fim de encontrar soluções práticas para os problemas em todas as escalas, de aldeias a tratados globais da ONU. A reunião desses cinco agrupamentos torna possível o tipo de pensamento rigoroso sobre os desafios das Metas de Desenvolvimento do Milênio, que de outro modo raramente acontece, mesmo numa perspectiva parcial. Um dos aspectos mais notáveis e profundamente animadores de dirigir essa instituição sem par tem sido o entusiasmo com que os cientistas se mobilizaram em torno da causa do combate à miséria. A grande disposição deles em usar o conhecimento científico de ponta para resolver alguns dos problemas mais danosos das pessoas mais vulneráveis do planeta é estimulante.

12. Soluções práticas para acabar com a pobreza

O fim da pobreza exigirá uma rede global de cooperação entre pessoas que nunca se encontraram e que não necessariamente confiam umas nas outras. Uma parte do quebra-cabeça é relativamente fácil. A maioria das pessoas do mundo, com um pouco de estímulo, aceitaria o fato de que escolas, clínicas, estradas, eletricidade, portos, nutrientes do solo, água potável limpa e coisas semelhantes constituem as necessidades básicas, não apenas para uma vida digna e saudável, mas também para a produtividade econômica. Elas aceitariam também o fato de que os pobres podem precisar de ajuda para satisfazer suas necessidades básicas, mas talvez sejam céticas quanto ao mundo ser capaz de encontrar uma maneira eficaz de dar essa ajuda.

Se os pobres são pobres porque são preguiçosos, ou porque seus governos são corruptos, como a cooperação global poderia ajudar? Felizmente, essas crenças comuns estão erradas e constituem apenas uma pequena — se é que alguma — parte da explicação de por que os pobres são pobres. Tenho dito sem parar que, em todos os cantos do mundo, os pobres enfrentam desafios estruturais que os impedem de pôr até mesmo o primeiro pé na escada do desenvolvimento. A maioria das sociedades com bons portos, contatos próximos com o mundo rico, climas favoráveis, fontes adequadas de energia e ausência de doenças epidêmicas escapou da pobreza. O desafio que resta ao mundo não é superar principalmente a preguiça e a corrupção, mas enfrentar o isolamento geográfico, as doenças, a vulnerabilidade aos choques climáticos, e assim por diante, com novos sistemas de responsabilidade política que possam cumprir a tarefa.

Nos próximos capítulos, delineio uma estratégia para acabar com a pobreza extrema até 2025. A estratégia concentra-se nos investimentos fundamentais — em gente e em infra-estrutura — que podem dar às comunidades miseráveis do mundo, tanto rurais como urbanas, as ferramentas para o desenvolvimento sustentável. Precisamos de planos, sistemas, responsabilidade mútua e mecanismos de financiamento. Mas, mesmo antes de termos todo esse aparato — ou encanamento econômico — instalado, devemos entender primeiro de modo mais concreto o que essa estratégia significa para o bilhão de pessoas que podem ser ajudadas. São a coragem, a firmeza, o realismo e o senso de responsabilidade dos pobres e impotentes para com eles mesmos e, em especial, para com seus filhos, que nos dão esperança e nos estimulam a acabar com a pobreza em nosso tempo.

UM ENCONTRO COM OS POBRES DA ZONA RURAL: SAURI, QUÊNIA

Junto com colegas do Projeto Milênio da ONU e do Instituto da Terra, passei vários dias de julho de 2004 em um grupo de oito aldeias quenianas conhecido como a sublocalidade Sauri, no distrito de Siaya da província de Nyanza, distante cerca de 44 quilômetros de Kisumu, no oeste do Quênia. Visitamos fazendas, clínicas, um hospital distrital e outro subdistrital e escolas em Sauri e arredores. Encontramo-nos com organizações internacionais que trabalham na região, entre elas o ICRAF (Centro Mundial de Agrossilvicultura), o PNUD (Programa das Nações Unidas para o Desenvolvimento) e os Centros para Controle e Prevenção de Moléstias dos Estados Unidos. A visita deixou claro por que a miséria persiste nas áreas rurais e como é possível acabar com ela.

Encontramos uma região assediada pela fome, aids e malária. A situação é muito mais sinistra do que sua descrição nos documentos oficiais. Ela é também passível de salvação, mas a comunidade internacional precisa de uma compreensão muito melhor de sua gravidade, sua dinâmica e suas soluções se quisermos resolver a crise em Sauri e no resto da África rural.

A situação é mais bem compreendida quando se escutam as vozes dos batalhadores residentes de Sauri. Em resposta a um convite de nosso grupo, mais de duzentos membros da comunidade vieram nos encontrar numa tarde (ver fotografia 2). Famintos, magros e doentes, eles ficaram durante três horas e meia falando com eloqüência, dignidade e clareza sobre seu infortúnio. Eles são pobres, mas capazes e engenhosos. Embora lutando para sobreviverem no momento, não estão desanimados, mas determinados a melhorar sua situação. Eles sabem muito bem como poderiam voltar a viver melhor.

O encontro aconteceu na Escola Primária Bar Sauri, sob os auspícios de uma notável diretora de escola, Anne Marcelline Omolo, que conduz centenas de escolares famintos e empobrecidos, muitos deles órfãos, pelos caminhos da educação primária e dificuldades da vida diária. Apesar das doenças, da orfandade e da fome, todos os 33 alunos da oitava série do ano passado foram aprovados nos exames nacionais para o curso secundário. Em um domingo de julho, nós vimos por quê. Em seu dia de "folga" da escola, os alunos da oitava série de 2004 ficaram em suas carteiras das seis e meia da manhã às seis da tarde se preparando com meses de antecedência para os exames nacionais, que se realizariam em novembro. Lamentavelmente, muitos que passarão no exame não poderão ocupar um lugar na escola secundária por falta de dinheiro para a matrícula, uniformes e equipamentos. Não obstante, para reforçar a firmeza desses alunos durante o difícil ano dos exames, a comunidade lhes fornece uma refeição cozida ao meio-dia, para a qual eles trazem a lenha e a água de casa (mostradas nas fotografias 3 e 4). Infelizmente, no momento a comunidade não tem condições de oferecer almoço para as crianças mais jovens, que precisam arranjar-se sozinhas. Muitas passam todo o dia escolar com fome.

A reunião com a aldeia aconteceu numa tarde de segunda-feira e os moradores vieram a pé de vários quilômetros de distância. Apresentei meus colegas e contei à comunidade sobre a missão do Projeto Milênio de entender a situação de comunidades como Sauri e trabalhar com seus habitantes para identificar maneiras de ajudá-las a atingir as Metas de Desenvolvimento do Milênio de reduzir a miséria, a fome, as doenças e a falta de acesso à água potável e ao saneamento. Também anunciei que, graças a uma notável doação da Fundação Lenfest, dos Estados Unidos, o Instituto da Terra da Universidade Colúmbia[1] poderia pôr algumas idéias em prática em Sauri e ajudar a comunidade internacional a aprender com a experiência naquele lugar, para o benefício de aldeias de outras regiões da África e de outros lugares. Várias horas depois, por volta das cinco e meia da tarde, terminamos uma discussão que foi angustiante, encorajadora e profundamente desafiadora — desafiadora sobretudo para o mundo rico.

Não importa o que os dados oficiais mostrem sobre renda rural "estagnada" em lugares como Sauri; estagnação é eufemismo para declínio e morte prematura. A produção de alimentos por pessoa está caindo; a malária está disseminada e cresce; a aids ronda a comunidade e a região, atingindo 30% ou mais da população adulta. As fontes rudimentares de água para uso das famílias são amiúde sujas, em especial no fim do dia, depois do uso constante. Uma ONG inglesa ajudou a instalar alguns pontos de água protegidos, mas são insuficientes, longe de muitas moradias e muito congestionados, filetes de água que demoram muitos minutos para encher uma jarra. O crescimento rápido da população no passado fez com que o tamanho das fazendas ficasse pequeno. As taxas de fertilidade andam ao redor de seis filhos por mulher, e os habitantes não têm nenhum acesso a planejamento familiar e serviços de saúde reprodutiva nem a anticoncepcionais modernos.

Perguntei ao grupo sobre as condições materiais da comunidade e ouvi relatos muito lúcidos da situação horrível. Somente dois dos cerca de duzentos lavradores presentes à reunião usavam fertilizantes. Em torno de 25% deles usam pousios melhorados com árvores que fixam nitrogênio no solo, um método agrícola científico desenvolvido e introduzido em Sauri pelo ICRAF. Com essa técnica nova, eles plantam árvores que fixam naturalmente o nitrogênio, ou seja, que convertem o nitrogênio da atmosfera, que a maioria das plantas para alimentação não pode usar diretamente, em um composto de nitrogênio que elas podem usar como nutriente. As árvores leguminosas podem ser plantadas ao lado do milho e de outros produtos. Ao escolher o momento certo para plantar e a combinação correta de árvores e safras, o lavrador obtém um substituto natural para o fertilizante nitrogenado químico.

Até agora, apenas um quarto dos agricultores de Sauri usa o novo método. A introdução da técnica custa dinheiro e perde-se uma estação de plantio. Os agricultores talvez precisem também acrescentar alguns fertilizantes não nitrogenados, especialmente potássio, que também é caro, caro demais para eles. Todas essas complicações adicionais poderiam ser facilmente resolvidas e a técnica do ICRAF poderia ser estendida para toda a aldeia, se houvesse recursos financeiros adicionais disponíveis para dar a largada no processo.

O resto da comunidade planta em terrenos minúsculos, muitas vezes com não mais de 0,1 hectare, dotados de solos totalmente esgotados e, portanto, biologicamente incapazes de produzir uma safra adequada. Os solos estão tão depauperados de nutrientes e matéria orgânica que, mesmo que as chuvas sejam boas, com produções de cerca de uma tonelada de milho por hectare, ainda assim as famílias passam fome. Se a chuva cai, elas correm o risco de morrer de imunossupressão, devido à grave subnutrição. A atrofia, ou seja, o tamanho pequeno para a idade, é difusa, um sinal da subnutrição crônica e disseminada das crianças.

O verdadeiro choque veio com minha próxima pergunta. Quantos agricultores haviam usado fertilizantes no passado? Todos presentes na sala levantaram a mão. Um por um, eles contaram como o preço do fertilizante estava agora fora do alcance deles e como seu empobrecimento atual os impossibilitava de comprar o que haviam usado no passado. Um saco de cinqüenta quilos de fosfato diamônio (DAP) é vendido por cerca de 2 mil KSh (xelins quenianos) (US$ 25). A US$ 500 a tonelada, é pelo menos o dobro do preço de mercado mundial. Uma aplicação adequada pode exigir de dois a quatro sacos por hectare, ou US$ 50 a US$ 100 por hectare, um custo muitíssimo acima do que a família pode pagar. Créditos para comprar fertilizantes não estão disponíveis ou não são sensatos para esses agricultores: o fracasso de uma única colheita, um episódio de malária imprevisto ou alguma outra calamidade pode jogar a família numa espiral sem fim de endividamento e privações.

Em minha cabeça, comecei os cálculos enquanto a conversa prosseguia. Uma combinação apropriada de agrossilvicultura e insumos químicos para toda a aldeia custaria algumas dezenas de milhares de dólares. Essa quantia estava fora do alcance dos seus habitantes, mas representaria um custo baixo por pessoa em aldeias como Sauri se os doadores se mostrassem à altura das circunstâncias. Felizmente, naquela circunstância, o Instituto da Terra estava em condições de dar uma resposta.

À medida que a discussão da tarde se desdobrava, a gravidade da situação se tornava cada vez mais clara. A aids está devastando a aldeia e ninguém teve até agora acesso à terapia anti-retroviral. Perguntei quantas famílias tinham um ou mais filhos órfãos por causa da pandemia. Quase todas as mãos se ergueram. Perguntei quantas famílias estavam recebendo remessas de dinheiro de membros que viviam em Nairóbi ou outras cidades. A resposta foi que a única coisa que vinha das cidades eram caixões e órfãos.

Perguntei quantas famílias tinham alguém sofrendo atualmente de malária. Cerca de três quartos das mãos se ergueram. Quantas usavam mosquiteiros antimaláricos? Duas pessoas, em duzentas, levantaram a mão. Quantas sabiam sobre esses mosquiteiros? Todas as mãos. E quantas gostariam de usá-los? Todas as mãos permaneceram erguidas. O problema, explicaram muitas das mulheres, é que elas não podem comprar mosquiteiros, que custam alguns dólares, caros demais mesmo quando parcialmente subsidiados por agências internacionais. Quantas pessoas da comunidade estavam usando remédios para tratar um ataque de malária? Algumas mãos se levantaram, mas a vasta maioria permaneceu abaixada. Uma mulher começou uma explicação de que os medicamentos custam muito mais do que eles podem pagar.

Cerca de um ano atrás, Sauri tinha uma pequena clínica (fotografia 5). O médico foi embora e a clínica está fechada. Os moradores explicaram que não tinham recursos para pagar ao médico e comprar os remédios, então o médico se foi. Agora eles se viram sozinhos, sem atendimento médico nem medicamentos. Quando a malária piora e seus filhos têm taquicardia provocada pela anemia e falta de ar em seus corpos pequenos e devastados, privados da hemoglobina que transporta o oxigênio, eles os levam correndo para o hospital do subdistrito, na vizinha Yala. As mães carregam os filhos nas costas ou os transportam em carrinhos de mão por vários quilômetros de trilhas de terra. Quando visitamos esse hospital em nossa viagem de volta da aldeia, encontramos pacientes deitados em macas pelos corredores, falta de água corrente, um médico residente (outro aparece apenas duas tardes por semana) e nenhum kit cirúrgico completo.

Há poucos anos, os moradores de Sauri cozinhavam com lenha colhida no local, mas o declínio do número de árvores deixou o local desprovido de lenha suficiente. As famílias que estão usando o sistema ICRAF de pousios melhorados, baseado em árvores leguminosas, têm um suprimento dedicado a fazer lenha. As outras famílias não contam com esse recurso. Os aldeões disseram que agora compram lenha em Yala ou Muhanda (ambas a poucos quilômetros de distância); um feixe de sete gravetos custa por volta de 25 xelins (US$ 0,30). Esses sete gravetos mal chegam para cozinhar uma refeição. Em nosso encontro com os moradores locais, manifestei espanto diante do preço, trinta centavos por refeição, para uma comunidade que praticamente não ganha dinheiro algum. Uma mulher respondeu que muitos deles tinham voltado a cozinhar com esterco de vaca ou comiam alimentos crus.

Enquanto essa aldeia morre de fome, aids e malária, seu isolamento é assombroso. Não há automóveis ou caminhões de propriedade deles, ou mesmo usados por eles, e apenas um punhado de moradores disse que havia andado em algum tipo de veículo motorizado no último ano. Somente três ou quatro dos duzentos presentes disseram que vão todos os meses à cidade regional de Kisumu, e mais ou menos o mesmo número disse que esteve uma vez no ano anterior em Nairóbi, a capital política e comercial do Quênia, distante quatrocentos quilômetros. Não há praticamente remessas de fora que cheguem à aldeia. Na verdade, não há praticamente renda em dinheiro de tipo nenhum na aldeia. Tendo em vista a magra produção dos agricultores, a quase-totalidade das colheitas precisa ser usada no consumo da própria família, em vez de ser vendida no mercado. A comunidade não tem dinheiro para fertilizantes, medicamentos, taxas escolares ou outras necessidades básicas que precisam ser compradas fora das aldeias. Cerca de metade dos indivíduos presentes à reunião disse que jamais deu um telefonema em toda a sua vida. (Por ironia, e de forma promissora, nossos telefones celulares funcionaram bem na aldeia, graças a uma torre em Yala. Portanto, estender telefonia de baixo custo para a aldeia, baseada, por exemplo, em um telefone móvel compartilhado pela comunidade, não teria problemas de infra-estrutura.)

Neste ano, as chuvas estão ausentes de novo, outro desastre em um clima cada vez mais errático, que mostra possivelmente os efeitos de longo prazo das mudanças climáticas provocadas pelo homem que emanam do mundo rico. As duas cisternas da escola que colhem água da chuva estão vazias, e os agricultores temem o desastre na colheita do próximo mês. O governo queniano já fez um apelo mundial por ajuda de emergência a fim de combater a iminente fome em várias províncias, inclusive Nyanza.

Essa aldeia poderia ser resgatada e poderia atingir as Metas de Desenvolvimento do Milênio, mas não por si mesma. A sobrevivência depende de enfrentar uma série de desafios específicos: solos depauperados, regime pluviométrico errático, malária holoendêmica, pandemia de HIV/aids, falta de oportunidades educacionais adequadas, falta de acesso a água potável e latrinas e a necessidade não satisfeita de transporte básico, eletricidade, combustíveis de cozinha e comunicações. Todos esses desafios podem ser vencidos, com tecnologias e intervenções *conhecidas, provadas, confiáveis e apropriadas.*

O xis da questão para a sublocalidade de Sauri pode ser declarado de forma simples e direta: as aldeias Sauri e todas as aldeias, no mundo inteiro, tão empobrecidas como elas, podem ser salvas e colocadas no caminho do desenvolvimento a um custo que é minúsculo para o mundo, mas alto demais para seus habitantes e para o governo queniano sozinho.

Os guias de safári africanos falam dos Cinco Grandes animais que se devem observar na savana. A comunidade internacional do desenvolvimento deveria falar das Cinco Grandes intervenções para o desenvolvimento que poderiam transformar um cenário de fome, doença e morte em uma perspectiva de saúde e desenvolvimento econômico. As Cinco Grandes de Sauri, identificadas por seus habitantes,[2] bem como pelo Projeto Milênio da ONU, são:

- *Insumos agrícolas.* Com fertilizantes, pousios melhorados (com as tecnologias comprovadas do ICRAF), adubos verdes e cultivos de cobertura, captação de água e irrigação em pequena escala e sementes aperfeiçoadas, os agricultores de Sauri poderiam triplicar a produção por hectare e acabar rapidamente com a fome crônica. Além disso, instalações de armazenagem permitiriam que a aldeia vendesse o grão ao longo de vários meses, em vez de em uma única vez, obtendo assim preços mais favoráveis. Os grãos poderiam ser protegidos em celeiros de armazenamento feitos no local a partir da espécie de pousio melhorado tefrósia, que tem propriedades inseticidas. Essas melhorias seriam de particular vantagem para as mulheres, que fazem a parte do leão do trabalho agrícola e doméstico na África.
- *Investimentos em saúde básica.* Uma clínica na aldeia, com um médico e uma enfermeira para 5 mil habitantes, proporcionaria mosquiteiros antimaláricos gratuitos; medicamentos eficazes contra a malária; tratamento para infecções oportunistas causadas por HIV/aids (inclusive Bactrim, altamente eficaz e de baixo custo); terapia anti-retroviral para os estágios avançados de aids; e uma variedade de outros serviços essenciais de saúde, entre eles parteiras habilitadas e serviços de saúde sexual e reprodutiva.
- *Investimentos em educação.* Refeições para todas as crianças na escola primária poderiam melhorar a saúde delas, a qualidade da educação e a freqüência à escola. O ensino vocacional expandido para os estudantes poderia ensinar-lhes técnicas da agricultura moderna (por exemplo, usar pousios melhorados e fertilizantes), o uso da computação, manutenção de infra-estrutura básica (eletricidade, uso e manutenção de geradores a diesel, colheita de água da chuva, construção e manutenção de poços), carpintaria e coisas assim. Como são apenas mil residências familiares

em Sauri, uma vez por mês poderia haver aulas para adultos, sobre: higiene, HIV/aids, controle de malária, uso de computador e telefone celular e uma miríade de outros tópicos técnicos e muito urgentes. Sem dúvida, a aldeia está pronta e ansiosa por aumento de informação e conhecimento tecnológico.

- *Energia, transportes e serviços de comunicação.* A eletricidade poderia ser colocada à disposição da aldeia via linha de força (de Yala ou Nyanminia) ou um gerador a diesel. A eletricidade alimentaria a iluminação e talvez um computador para a escola; as bombas de poços de água potável; energia para moer grãos e outros processamentos de alimentos, refrigeração, carpintaria; cargas para as baterias das casas (que poderiam ser usadas para a iluminação residencial); e outras necessidades. Os moradores da aldeia enfatizaram que os alunos gostariam de estudar depois do pôr-do-sol, mas não podem fazer isso sem iluminação elétrica. Um caminhão da aldeia poderia trazer fertilizantes, outros insumos agrícolas e combustíveis modernos de cozinha (por exemplo, os bujões de gás liquefeito de petróleo, tão comuns no Brasil) e levar as colheitas para o mercado, transportar bens perecíveis e leite para vender em Kisumu e aumentar as oportunidades de emprego fora da agricultura para os jovens. O caminhão poderia levar as mulheres com complicações de parto e crianças com problemas de anemia aguda ao hospital. Um ou mais telefones celulares compartilhados pela aldeia poderiam ser usados para emergências, informações do mercado e, em geral, para ligar Sauri ao mundo exterior.
- *Água potável e saneamento.* Com um número suficiente de pontos de água potável e latrinas para a segurança e conveniência de toda a aldeia, as mulheres e crianças economizariam incontáveis horas de labuta diária para buscar água. A água poderia ser fornecida por meio de uma combinação de fontes protegidas, poços, colheita de água da chuva e outras tecnologias básicas. Há mesmo a possibilidade de estabelecer ligações com um tanque de armazenamento e estação bombeadora de larga escala existente a alguns quilômetros de distância.

A ironia é que os custos desses serviços para os 5 mil habitantes de Sauri seriam muito baixos. Eis algumas rápidas estimativas, que os colegas do Instituto da Terra estão refinando.

Os fertilizantes e pousios melhorados para os cerca de quinhentos hectares aráveis custariam mais ou menos US$ 100 por hectare por ano, ou US$ 50 mil por ano para a comunidade.

Uma clínica, com um médico e uma enfermeira, que oferecesse prevenção gratuita da malária e outros serviços básicos de graça, além dos anti-retrovirais, custaria em torno de US$ 50 mil por ano. (Os anti-retrovirais seriam fornecidos pelo Fundo Global de Combate a Aids, Tuberculose e Malária, pelo Plano de Emergência dos Estados Unidos e por outros programas.) As refeições na escola poderiam ser pagas pela comunidade, com uma parte pequena do aumento de produção de grãos conseguido graças à aplicação de fertilizantes.

Um caminhão para a aldeia teria um custo corrente anual de talvez US$ 15 mil se amortizado ao longo de vários anos (ou obtido por leasing de um fabricante). Combustíveis modernos para os estudantes da escola primária e secundária (cerca de mil) em toda a sublocalidade custariam mais US$ 5 mil por ano. Alguns telefones celulares comunitários e um local de armazenagem acrescentariam talvez US$ 5 mil por ano, num total de US$ 25 mil por ano.

Uma combinação de fontes protegidas (com acesso melhorado), poços (com bombas) e torneiras comunitárias ligadas a um sistema de armazenamento de larga escala proporcionaria acesso à água em dez locais convenientes e custaria por volta de US$ 25 mil.

Seria possível fornecer eletricidade para a escola, a clínica próxima e cinco pontos de água por um gerador independente da rede ou por uma linha de força de Yala ou Nyanminia por um custo inicial de cerca de US$ 35 mil. Por outros US$ 40 mil de custos iniciais e custos periódicos de US$ 10 mil, cada residência poderia ter um conjunto de bateria/lâmpada para acender uma pequena lâmpada durante algumas horas todas as noites, com a estação de recarga da bateria ligada ao gerador da aldeia. Anualizado, o custo seria de US$ 25 mil.

As despesas adicionais incluiriam um aumento de escala das atividades educacionais, custos variados de gerenciamento local, assessoria de técnicos agrícolas e outros serviços relacionados.

Meus colegas do Instituto da Terra e eu estimamos que os custos combinados dessas melhorias ficariam em torno de US$ 350 mil por ano, ou mais ou menos US$ 70 por pessoa por ano em Sauri, durante alguns anos. Os benefícios seriam espantosos: controle decisivo da malária (com uma redução de talvez 90% na transmissão da doença, a julgar por recentes ensaios do uso de mosquiteiros numa área vizinha), uma duplicação ou triplicação da produção de alimentos por hectare, com uma redução drástica da fome crônica e da subnutrição, melhoria na freqüência à escola, redução das doenças transmitidas pela água, aumento da renda por meio da venda do excedente de grãos e culturas comerciais, crescimento da renda em dinheiro via processamento de alimentos, carpintaria, manufatura de roupas em pequena escala, horticultura, aqüicultura, criação de animais e uma miríade de outros benefícios. Com o fornecimento de drogas antiaids pela clínica, as mortes em massa causadas por ela, bem como o dilúvio de crianças órfãs, poderiam ser estancados.

Mais cedo do que se imagina, esses investimentos se pagariam, não somente em vidas salvas, crianças educadas e comunidades preservadas, mas também em retornos comerciais diretos. Vejamos o caso dos fertilizantes, que não são usados atualmente, uma vez que as famílias não têm acesso a armazenagem, transporte, crédito e seguro contra o risco de fracassos nas colheitas, mesmo se o crédito é disponibilizado. Uma aplicação de fertilizantes de US$ 100 por hectare (como a de duzentos quilos de DAP), combinada com ou substituída por pousios melhorados (como deve ser), poderia aumentar a produção de uma safra normal de uma tonelada por hectare para três toneladas por hectare, com um valor de mercado do incremento de US$ 200 a US$ 400 por hectare, supondo-se disponibilidade de transporte e preço estável para o milho. Em um ano de seca, fertilizantes e/ou pousios melhorados significariam a diferença entre colher uma tonelada e uma safra perdida (com a conseqüente fome, se não morte por inanição). Nos primeiros anos, *os fertilizantes e pousios melhorados devem ser fornecidos, em larga medida, de graça aos moradores da aldeia*, a fim de dar um impulso à nutrição e saúde deles e para constituir um pequeno respaldo financeiro. Mais tarde, será possível compartilhar os custos com a comunidade e, talvez dentro de uma década, fornecer esses insumos em base plenamente comercial.

OS DOADORES INTERNACIONAIS E ALDEIAS COMO SAURI

A comunidade internacional de doadores deveria estar pensando 24 horas em uma questão: *como podem as Cinco Grandes intervenções ser redimensionadas para áreas rurais similares a Sauri?* Com uma população de cerca de 33 milhões de habitantes, dos quais dois terços vivem em áreas rurais, o Quênia exigiria investimentos anuais da ordem de US$ 1,5 bilhão por ano para suas Sauris, que em sua maioria deveriam vir de doadores, uma vez que o governo nacional já gasta acima de seus recursos. (Estimativas de custo mais precisas teriam de ser feitas no contexto dos planos detalhados de desenvolvimento descritos no capítulo 14.) Em vez disso, o apoio dos doadores ao Quênia está em torno de US$ 100 milhões, ou apenas um quinze avos do que é necessário. O serviço da dívida do país para com o mundo rico está em torno de US$ 600 milhões por ano, ou seja, seu orçamento, em vez de ser escorado pela comunidade internacional, é sugado por ela.

Isso é ainda mais notável porque o Quênia é uma democracia jovem e frágil que deveria receber ajuda considerável de seus parceiros de desenvolvimento. Por ironia, o país é também vítima do terrorismo internacional, surpreendido no meio de uma guerra com a qual nada tem a ver. Alvos americanos e israelenses em solo queniano foram atingidos em anos recentes, provocando uma queda acentuada na indústria de turismo do país e causando centenas de mortes de quenianos e imensos danos à propriedade privada.

O Projeto Milênio da ONU está trabalhando com o governo do Quênia para que seus esforços de redução da pobreza sejam suficientemente ousados para atingir as Metas de Desenvolvimento do Milênio. Essa estratégia exigirá uma assistência ao desenvolvimento muito maior e um cancelamento mais profundo da dívida por parte do mundo rico para que o país possa investir nas Cinco Grandes — agricultura, saúde e educação, eletricidade, transporte e comunicações e água potável — não somente nas aldeias de Sauri, mas em toda a sua zona rural empobrecida. No entanto, quando o governo queniano propôs recentemente um fundo social nacional de seguro-saúde, exatamente o que é preciso para aumentar a escala do acesso aos serviços básicos de saúde, os doadores logo fizeram objeções, em vez de aproveitar a oportunidade para examinar como esse fundo poderia ser implementado.

A questão da corrupção paira sobre as relações dos doadores com o governo queniano. Boa parte dela reflete resquícios do regime anterior, de mais de duas décadas, funcionários corruptos que ainda não foram defenestrados. Parte da corrupção é nova e perfeitamente evitável, mas somente se os doadores ajudarem o Quênia a aperfeiçoar o funcionamento da administração pública, não com moralismo e dedo apontado, mas com a instalação de sistemas informatizados, publicação de contas, treinamento e modernização do trabalho, salários melhores para os administradores seniores, de tal modo que não precisem viver de subornos e pagamentos por fora, apoio contínuo aos esforços já existentes do governo para melhorar o sistema judicial, transferência de poder às aldeias para supervisionar o fornecimento de serviços públicos e alguma autocrítica por parte dos doadores. A maioria dos países doadores tem corrupção dentro do próprio governo e até no fornecimento de ajuda externa (que está amiúde ligado a poderosos interesses políticos dentro dos países doadores). O problema é disseminado e precisa ser atacado de forma sistemática e inteligente, mas sem moralismo falso e inútil.

Os doadores deveriam sentar-se com a liderança do governo e dizer: "Nós gostaríamos de ajudá-los a aumentar a escala das Cinco Grandes nas aldeias quenianas a fim de possibilitar que vocês possam garantir que todos os pobres das zonas rurais do país tenham acesso a insumos agrícolas, saúde, educação, eletricidade, comunicações, transporte, água potável e saneamento. Juntos, vamos projetar um sistema orçamentário e de gestão que alcançará as aldeias e assegurará um conjunto de intervenções monitorável, governável e multiplicável em todo o país. Estamos preparados para pagar se vocês estiverem preparados para oferecer boa governança nesse projeto histórico". Firmas de consultoria internacionais poderiam ser convocadas para ajudar a projetar esses programas e dar credibilidade a sua implementação e execução.

Com um pouco mais de reflexão prévia, doadores e governos poderiam aproveitar o fato crucial de que aldeias como Sauri possuem um monitoramento de grupo e um mecanismo de execução automaticamente embutidos na sua vida que podem ajudar a garantir que a ajuda será bem utilizada. Assim como a experiência de empréstimo em grupo no microfinanciamento foi muito bem-sucedida, projetos que dão a organizações comunitárias o poder de fiscalizar os serviços locais também têm sido um sucesso. Experiências recentes com governança das aldeias na Índia, baseadas nos *panchayats* (conselhos locais) são apenas um dos exemplos notáveis. Em Sauri, seus moradores se dispuseram imediatamente a formar vários comitês (escola, clínica, transporte e eletricidade, agricultura) para ajudar a preparar a recepção dos investimentos efetivos e garantir a governança adequada quando estiverem em funcionamento. A diretora da escola Omolo, que supervisionou a formação dos comitês, também providenciou para que as mulheres, com suas necessidades e dificuldades especiais e até obstáculos legais, estivessem bem representadas em cada um dos comitês.

Se os representantes dos doadores participassem junto com o governo do Quênia de reuniões com os moradores das aldeias e debatessem livremente sugestões com autoridades governamentais, eles poderiam chegar a dezenas de idéias frutíferas para garantir que a ajuda atinja realmente as aldeias. Precisamos ser mais criativos a fim de salvar a vida de milhões de pessoas que lutam agora para sobreviver — e muitas vezes fracassam — nas aldeias empobrecidas de todo o mundo. Os doadores e o governo do Quênia podem e devem entrar em acordo sobre uma estratégia adequada e ousada. A nova democracia do Quênia, do governo nacional até às aldeias, está preparada para gerir o uso da ajuda internacional com transparência, eficácia e eqüidade, se pusermos em funcionamento os mecanismos corretos de entrega e investirmos na informação de suporte e nas tecnologias de acompanhamento.

UM ENCONTRO COM OS POBRES DA ZONA URBANA: MUMBAI, ÍNDIA

A milhares de quilômetros de Sauri, Quênia, uma comunidade pobre de Mumbai, Índia, luta com a face urbana da mesma miséria. Um grupo que encontrei em junho de 2004 vem de uma comunidade que vive perto dos trilhos da ferrovia. Quando digo perto, não me refiro à distância de escutar o apito do trem quando ele atravessa a cidade, mas a três metros dos trilhos. Pode parecer impossível, mas os barracos de papelão, folhas de metal corrugado, sapê e qualquer outra coisa que esteja à mão ficam ao lado da ferrovia, como mostra a fotografia 6. As crianças e os idosos costumam caminhar ao longo dos trilhos, muitas vezes a centímetros dos trens que passam. Elas defecam na ferrovia, por falta de alternativa de saneamento. E faz parte da rotina que sejam estropiadas e mortas pelos trens.

Uma assistente social enérgica e carismática chamada Sheela Patel, que abandonou a pesquisa acadêmica há anos para trabalhar com comunidades como essa, levou-me ao encontro do grupo. Ela é uma pioneira da causa da organização comunitária dentro das favelas mais pobres, como aquelas mostradas nas fotos 7 e 8. A ONG que fundou, a Sociedade para a Promoção de Centros de Recursos de Áreas (SPARC), é nossa anfitriã hoje. As cinqüenta e poucas pessoas reunidas em torno da sala são, em sua maioria, mulheres de mais de trinta e quarenta anos, mas parecem muito mais velhas depois de décadas de trabalho físico duro e exposição aos elementos. Elas vieram para se encontrarem comigo e com um grupo de visitantes de Durban, África do Sul, que estão aqui a fim de aprender sobre organização comunitária de moradores de favelas e posseiros.

O tema dominante de nossa discussão não é água corrente, latrinas e segurança em relação aos trens, mas o poder da cidadania (*empowerment*): especificamente, o grupo está discutindo como os favelados que não têm praticamente nada encontraram uma voz, uma estratégia para negociar com o governo municipal. Nos últimos anos, esse grupo em particular, com apoio da SPARC, tem negociado arranjos para se mudar para local mais seguro, longe dos trilhos, em assentamentos com comodidades básicas, tais como água corrente, latrinas, sarjetas e até estradas. Milhares já foram transferidos, embora outros tantos ainda esperem por novos locais de moradia.

A idéia de grandes comunidades de pessoas que vivem a poucos metros de ferrovias é suficientemente chocante para mim nessa manhã. Trata-se, é claro, de uma medida do desespero dos mais pobres dos pobres, que chegam às cidades para fugir do empobrecimento rural, até mesmo da fome, e depois batalham para criar condições de sobrevivência para si mesmos e os filhos. Mas fico ainda mais chocado ao saber que existe uma Federação dos Moradores de Favelas da Ferrovia (RSDF), que foi organizada pelos membros da comunidade, com a ajuda da SPARC, para negociar com a municipalidade e a Indian Railways seus interesses e necessidades. Além da SPARC e da RSDF, uma terceira ONG está representada na reunião, Mahila Milan (Mulheres Unidas), que se concentra especificamente nas necessidades das faveladas.

Quando as mulheres começam a falar, as realidades da miséria urbana e a amplitude das soluções aparecem vivamente em primeiro plano. Cada mulher inicia com uma espécie de testemunho do poder da ação em grupo. Esse testemunho poderia ter sido encenado, não fossem os sorrisos genuínos, o comportamento calmo e a maneira direta e simples do grupo. Elas explicam como não tiveram educação — talvez dois ou três anos de freqüência escolar intermitente há várias décadas. Não sabem ler nem escrever, mas sabem muito bem que seus filhos precisam e merecem mais. Antes de se reunirem graças à iniciativa conjunta de SPARC, RSDF e Mahila Milan, estavam resignadas a suas terríveis circunstâncias, vivendo em constante perigo, barulho, dilaceração e imundície.

Mas a ação grupal ensinou-lhes que, na verdade, elas têm direitos legais dentro da cidade e até a possibilidade de acesso aos serviços públicos se agirem em conjunto. Por sua vez, o governo municipal e a Indian Railways ficaram muito felizes por realocar o grupo para longe dos trilhos da ferrovia, uma vez que a presença da favela ao lado deles leva a acidentes freqüentes e força os trens a diminuir muito a marcha, elevando os custos e limitando o serviço. A cidade e a companhia ferroviária aprenderam com experiências amargas que qualquer tentativa de remover pela força famílias separadas pode desencadear um protesto violento, como ocorreu em fevereiro de 2001, quando 2 mil barracos foram demolidos ao longo da linha férrea do porto e a federação mobilizou seus membros para paralisar os trens da cidade.

Tal como nas aldeias de Sauri, o que a comunidade precisa são investimentos em indivíduos e infra-estrutura básica que sejam capazes de dar poder às pessoas a fim de que possam ser mais saudáveis, mais bem instruídas e mais produtivas como força de trabalho. Essas famílias empobrecidas querem comodidades básicas — viver longe dos trilhos, com acesso a água, saneamento, estradas e até eletricidade. Elas precisarão ter novos cartões de ração para alimentos subsidiados e óleo de cozinha fornecidos pelo governo nos novos bairros onde vão viver. Seus filhos precisarão de acesso a uma escola e uma clínica. Elas gostariam de ir para o trabalho em transporte público ou a pé, se morarem suficientemente perto do emprego. Todos são trabalhadores diligentes que ganham seus magros salários de criadas, cozinheiras, varredores, guardas, lavadeiras ou em outras atividades de baixa qualificação e de trabalho intensivo. Os membros mais jovens e mais alfabetizados do grupo retomaram a instrução básica, motivados por seu ativismo político. Aqueles que se alfabetizam plenamente têm a chance de encontrar trabalhos que pagam duas ou três vezes os seus salários de agora, talvez numa fábrica de roupas.

Um relatório recente das favelas de Mumbai e Pune, Índia, deixa claro como a falta de infra-estrutura básica — nesse caso, de água potável — tem conseqüências devastadoras para a dignidade e o bem-estar físico das mulheres:

> São tipicamente as mulheres que buscam água em bicas públicas, tendo muitas vezes de ficar em fila durante longos períodos e levantar-se muito cedo ou ir tarde da noite para conseguir água. São tipicamente as mulheres que precisam carregar a água em recipientes pesados por longas distâncias e em encostas escorregadias. São tipicamente as mulheres que precisam se virar com o suprimento de água amiúde inadequado para limpar a casa, preparar a comida, lavar os utensílios e a

roupa e dar banho nos filhos. São também as mulheres que têm de filar, comprar ou implorar por água, em particular quando suas fontes usuais secam. É importante não subestimar esse lado do fardo da água. Não há estatísticas internacionais convincentes, comparáveis com as da saúde, que documentem o peso do fornecimento inadequado de água. É difícil para aqueles que nunca dependeram de torneiras públicas ou de outras pessoas apreciar quão humilhante, cansativo, estressante e embaraçoso isso pode ser. Não ter banheiros ou ter de esperar em longas filas para usar toaletes imundas traz riscos para a saúde e é também uma fonte de ansiedade.[3]

Sob vários pontos de vista, as necessidades logísticas e de investimentos dos favelados serão mais fáceis de atender do que as necessidades comparáveis dos habitantes de Sauri. As torneiras públicas podem ser ligadas ao sistema de água da cidade. A eletricidade pode ser puxada da rede de energia, em vez de fornecida por gerador isolado. Em áreas urbanas densamente povoadas, o acesso a escolas e clínicas também pode ser mais fácil de arranjar. Há uma abundância de médicos e enfermeiras em Mumbai, em comparação com a escassez de pessoal médico treinado na zona rural do Quênia. Os problemas das áreas urbanas giram em torno de empoderamento e financiamento. Como uma comunidade pobre e favelada, sem terra própria, pode encontrar uma voz coletiva e a segurança de levantar essa voz, e como pode o fardo financeiro ser compartilhado entre o governo municipal e os moradores da favela de forma realista?

Com a iniciativa da SPARC, a nova Lei de Reabilitação das Favelas deu mais poder às comunidades: as organizações de moradores de favelas têm agora legalmente o poder de atuar como empreendedores imobiliários, se puderem demonstrar que têm autorização para representar pelo menos 70% dos moradores de favelas elegíveis de uma determinada localidade. Nessa qualidade, as organizações de favelados podem se beneficiar de programas municipais especiais para ganhar acesso a terrenos para o reassentamento da comunidade ou para um empreendimento comercial que possa financiar o reassentamento em outro lugar. A SPARC também está negociando com a Autoridade Municipal de Kolkata para ajudar a instalar banheiros nas favelas da cidade, segundo um acordo pelo qual os custos da construção serão arcados em conjunto pela municipalidade e pelos moradores das favelas, e a manutenção será de responsabilidade da organização dos favelados.

Como explica Sheela Patel, acrescentar a voz das organizações de moradores de favelas às negociações tornará possível soluções futuras que eram impensáveis no passado. Recentemente, o Banco Mundial incorporou-se de modo criativo ao grupo, ajudando a financiar a melhoria do transporte urbano de Mumbai, com base no papel importante atribuído às ONGs no planejamento e implementação dos programas de reassentamento. Por sua vez, as ONGs fizeram importantes progressos na organização e documentação dos membros da comunidade a fim de facilitar o processo. Sheela Patel e suas colegas disseram que esses programas são "passos na jornada em direção à cidadania para os pobres urbanos, em que os direitos são traduzidos em realidade devido à confluência favorável de um ambiente político de apoio com a democracia popular em ação".[4]

O PROBLEMA DE ESCALA

O fim da pobreza deve começar nas aldeias de Sauri e nas favelas de Mumbai, e em milhões de lugares semelhantes. A chave para acabar com a pobreza é criar uma rede global de conexões que vá das comunidades pobres aos centros do poder e da riqueza mundial e retorne a elas. Observando as condições em Sauri, podemos ver como US$ 70 por pessoa podem mudar suas vidas — não como uma doação beneficente, mas como um investimento em crescimento econômico sustentado. Ao observar as condições em Mumbai, pode-se ver como um ambiente físico estável e seguro para uma comunidade pode possibilitar que suas famílias tomem pé na economia urbana, a qual já está ligada aos mercados globais. Por uma quantia semelhante à de Sauri, será possível estabelecer essa base.

Os pontos de partida dessa cadeia são os próprios pobres. Eles estão prontos para agir, tanto individual como coletivamente. Eles já são trabalhadores diligentes, preparados para lutar a fim de não afundar e ir em frente. Eles têm uma idéia muito realista de suas condições e como melhorá-las, não uma aceitação mística de seus destinos. Eles também estão prontos para se governarem de forma responsável, garantindo que qualquer ajuda recebida seja usada para o benefício do grupo, em vez de embolsada por indivíduos poderosos. Mas eles também são pobres demais para resolver sozinhos seus problemas. O mesmo acontece com seus governos. O mundo rico, que poderia facilmente fornecer os financiamentos que faltam, pergunta-se como se assegurar que o dinheiro disponibilizado chegará de fato aos pobres e será um investimento para acabar com a pobreza, em vez de uma provisão infindável de rações de emergência. Essa questão pode ser resolvida mostrando como as redes de responsabilidade mútua podem funcionar ao lado das redes de financiamento.

Em resumo, precisamos de uma estratégia para aumentar a escala dos investimentos que acabará com a pobreza, inclusive de um sistema de governança que atribua poder aos pobres, ao mesmo tempo que os torna responsáveis. Em cada país de baixa renda, está na hora de projetar uma estratégia de redução da pobreza que possa enfrentar esse desafio.

13. Os investimentos necessários para acabar com a pobreza

No nível mais básico, a chave para acabar com a pobreza extrema é possibilitar que os mais pobres dos pobres ponham um pé na escada do desenvolvimento. Essa escada paira no alto e os mais pobres dos pobres estão presos embaixo dela. Eles carecem da quantia mínima de capital necessária para pôr o pé no primeiro degrau e, portanto, precisam de um impulso para chegar lá. Os miseráveis carecem dos seis principais tipos de capital:

- Capital humano: saúde, nutrição e treinamento necessários para que cada pessoa possa ser economicamente produtiva.
- Capital empresarial: máquinas, instalações, transporte motorizado utilizado na agricultura, indústria e serviços.
- Infra-estrutura: estradas, energia, água e saneamento, aeroportos e portos marítimos, sistemas de telecomunicações, que são inputs fundamentais para a produtividade empresarial.
- Capital natural: terras cultiváveis, solos saudáveis, biodiversidade e ecossistemas em bom funcionamento que proporcionem os serviços ambientais necessários à sociedade humana.
- Capital público institucional: leis comerciais, sistemas judiciais, servi-

ços públicos e policiamento que sustentem a divisão de trabalho pacífica e próspera.

- Capital de conhecimento: o know-how científico e tecnológico que eleva a produtividade e a promoção do capital físico e natural.

Como superar a armadilha da pobreza? Os pobres começam com um nível muito baixo de capital por pessoa e depois se vêem presos na armadilha da pobreza porque a proporção de capital por pessoa cai de geração para geração. A quantidade de capital por pessoa declina quando a população cresce mais rápido do que a acumulação de capital. Por sua vez, o capital acumula-se no equilíbrio de duas forças, uma positiva e outra negativa. Do lado positivo está o capital acumulado quando as famílias economizam uma parte de sua renda corrente, ou têm uma parte de sua renda tributada para financiar investimentos do governo. A poupança familiar é emprestada a negócios (muitas vezes através de intermediários financeiros, como bancos), ou investida diretamente em negócios familiares ou ações trocadas no mercado. O capital diminui ou é depreciado em conseqüência da passagem do tempo, ou do desgaste, ou da morte de trabalhadores habilitados, por exemplo, devido à aids. Se a poupança supera a depreciação, há acumulação positiva de capital líquido. Se a poupança é menor que a depreciação, o estoque de capital cai. Mesmo que haja acumulação positiva de capital líquido, a questão para o crescimento da renda per capita é se a acumulação do capital líquido é grande o suficiente para acompanhar o crescimento da população.

COMO FUNCIONA A ARMADILHA DA POBREZA E COMO A AJUDA EXTERNA AUXILIA A SUPERÁ-LA

A figura 1 mostra o mecanismo básico de poupança, acumulação de capital e crescimento, e a figura 2 mostra como funciona a armadilha da pobreza. Na figura 1, começamos do lado esquerdo com uma família típica. Ela divide sua renda em consumo, impostos e poupança familiar. O governo, por sua vez, divide suas receitas tributárias em gastos correntes e investimentos públicos. O estoque de capital da economia cresce pela poupança familiar e pelo investimento público. Um estoque maior de capital leva ao crescimento econômico, que, por sua vez, eleva a renda familiar por meio da seta de feedback do crescimento para a renda. Mostramos na figura que o crescimento da população e a depreciação também afetam negativamente a acumulação de capital. Em uma economia "normal", as coisas avançam suavemente no sentido da elevação das rendas, à medida que a poupança familiar e o investimento público são capazes de se manterem à frente da depreciação e do crescimento populacional.

Na figura 2, o processo se rompe e cai na armadilha da pobreza. Começamos de novo no lado esquerdo, mas agora com uma família empobrecida. Toda a sua renda vai para o consumo, apenas para se manter viva. Não há impostos nem poupança pessoal. Não obstante, a depreciação e o crescimento populacional continuam implacáveis. O resultado é uma queda do capital por pessoa e uma taxa de crescimento negativa da renda per capita. Isso leva a um empobrecimento ainda maior da família no futuro. A figura representa um círculo vicioso de rendas em queda, poupança familiar e investimento público zero e conseqüente queda do capital por pessoa.

A solução é mostrada na figura 3, em que a ajuda externa, na forma de assistência oficial ao desenvolvimento (AOD), concorre para deflagrar o processo de acumulação de capital, crescimento econômico e aumento da renda familiar. A

FIGURA 1 — O MECANISMO BÁSICO DA ACUMULAÇÃO DE CAPITAL

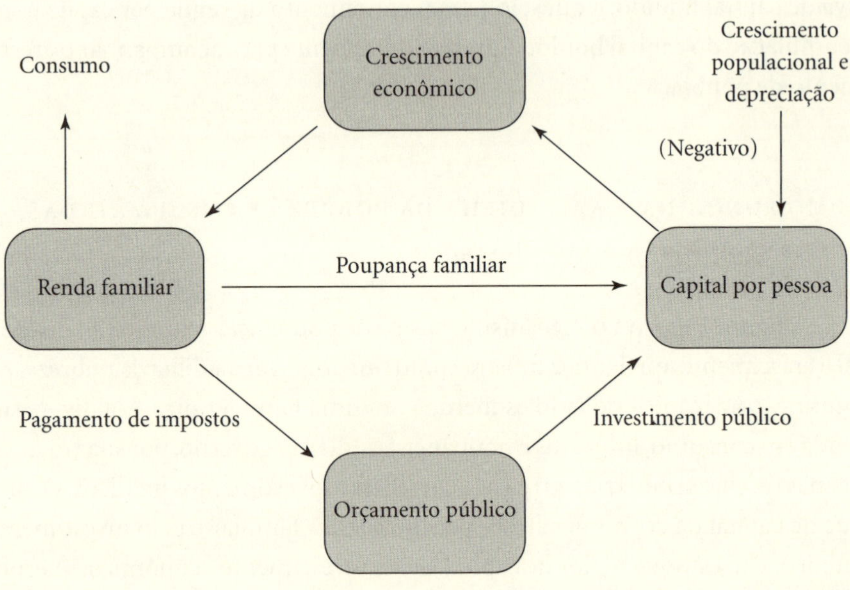

FIGURA 2 — A ARMADILHA DA POBREZA

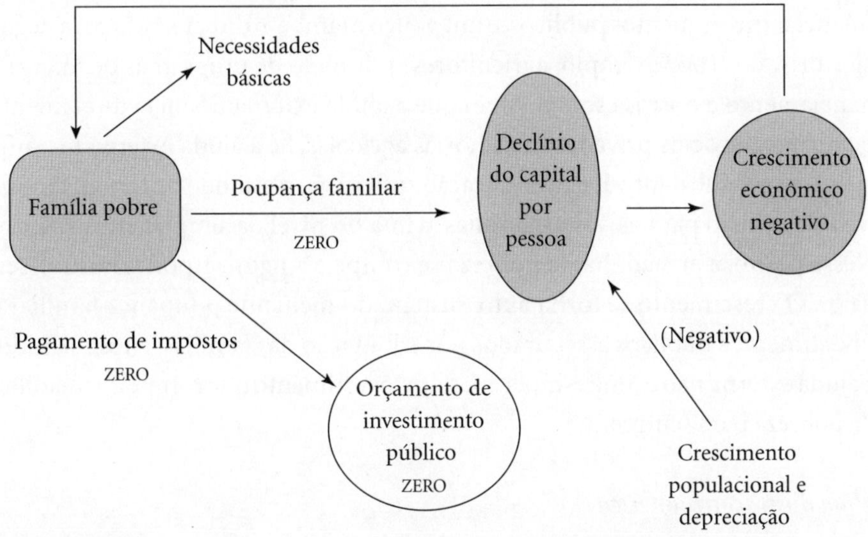

FIGURA 3 — O PAPEL DA AOD NO ROMPIMENTO DA ARMADILHA DA POBREZA

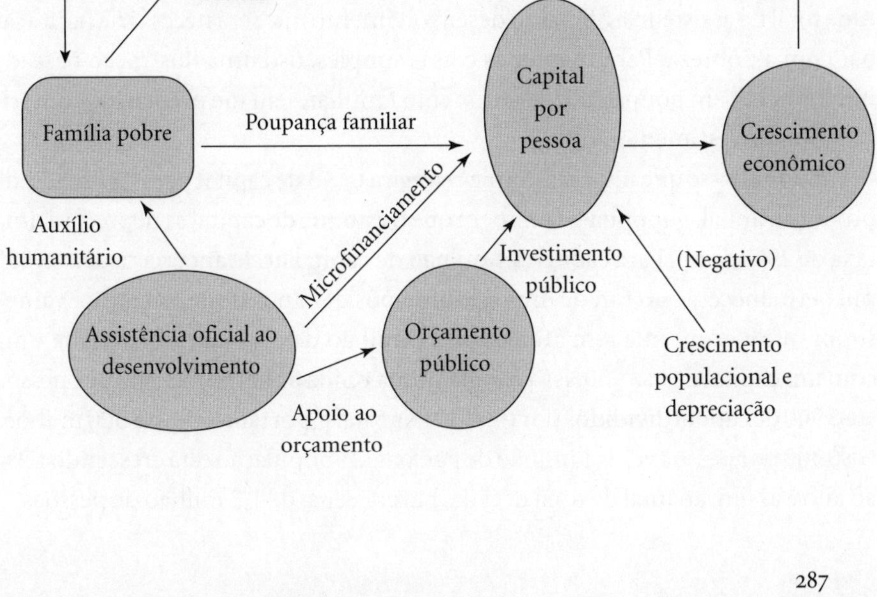

ajuda estrangeira entra por três canais. Um pouco vai diretamente para as famílias, principalmente para emergências humanitárias tais como auxílio alimentar em meio a uma seca. Muito mais vai diretamente para o orçamento a fim de financiar investimentos públicos, e um pouco é também direcionado para negócios privados (por exemplo, agricultores) por meio de programas de microfinanciamento e outros esquemas em que a ajuda externa financia diretamente pequenos negócios privados e melhorias agrícolas. Se a ajuda externa for suficientemente substantiva, e tiver duração suficiente, o estoque de capital crescerá o necessário para elevar as famílias acima do nível da simples subsistência. Nesse ponto, a armadilha da pobreza se rompe e a figura 1 pode mostrar seu valor. O crescimento se torna auto-sustentado mediante poupança familiar e investimentos públicos assegurados por tributação das famílias. Nesse sentido, a ajuda externa não é uma esmola, mas um investimento que rompe a armadilha da pobreza para sempre.

Uma ilustração numérica

Os economistas gostam de usar modelos numéricos porque os ajudam a aferir com maior especificidade quanto custará atingir determinada meta; neste caso, o alvo de romper a armadilha da pobreza. Eis uma ilustração numérica de como essa armadilha funciona, e, embora de modo um pouco tedioso, ela mostra como o planejamento financeiro pode ser utilizado para identificar a magnitude total da assistência oficial ao desenvolvimento que será necessária para acabar com a pobreza. Para manter as coisas simples, uso uma ilustração baseada inteiramente em poupança e investimento familiar, sem me preocupar com tributação e investimento público.

Suponha-se que uma economia requeira US$ 3 de capital para cada US$ 1 de produção anual. Suponha-se também que o estoque de capital se deprecia a uma taxa de 2% ao ano. Para cada US$ 1 milhão de capital neste ano, cerca de US$ 835 mil permanecerão ao fim de uma década, após dez anos de depreciação. Vamos supor que a economia tem atualmente 1 milhão de pessoas pobres, cada uma com um capital de US$ 900. Isso resulta numa renda anual de US$ 300 por pessoa (US$ 900 de capital divididos por três). O PNB total é, portanto, de US$ 300 milhões (US$ 300 por pessoa vezes 1 milhão de pessoas). A população está crescendo a 2% ao ano e assim, ao final de uma década, haverá cerca de 1,2 milhão de pessoas.

Suponha-se agora que a sociedade é pobre demais para poupar. A cada ano, a população vive da mão para a boca, consumindo toda a magra produção. A renda inicial de US$ 300 mal dá para satisfazer as necessidades básicas. No final de uma década, o estoque de capital terá sido parcialmente consumido. Em vez de US$ 900 milhões de capital, haverá apenas US$ 750 milhões. Entrementes, a população terá crescido de 1 milhão para 1,2 milhão. Em vez dos US$ 900 de capital por pessoa, há agora somente US$ 628 de capital por pessoa (US$ 750 milhões divididos pela população de 1,2 milhão). Em vez de cada pessoa ser capaz de produzir US$ 300, ela produzirá agora US$ 209 (US$ 628 de capital divididos por três). As famílias estarão afundando na miséria, sem renda para satisfazer as necessidades básicas.

Em outra ilustração, suponha-se agora que, por alguma razão, a economia começa com a mesma população, mas com um estoque de capital que é o dobro, igual a US$ 1,8 bilhão. A renda per capita também é o dobro, de US$ 600. Como antes, as famílias precisam de US$ 300 por pessoa por ano para satisfazer suas necessidades básicas e não economizam nada das rendas de US$ 300 ou menos. De toda a renda *acima* de US$ 300 por pessoa, elas poupam 30%. Assim, uma família que ganha US$ 600 per capita economiza 30% de US$ 300 (US$ 600 de renda menos US$ 300 de necessidades básicas), ou US$ 90 de poupança anual. A poupança de toda a economia é, portanto, de US$ 90 milhões.

Nesse ano, o estoque de capital é de US$ 1,8 bilhão, ou US$ 1800 per capita. E no próximo ano? Supus que 2% do estoque de capital desse ano, ou US$ 36 milhões, se depreciarão no próximo ano. Mas há também novas poupanças de US$ 90 milhões. A mudança líquida do estoque de capital é um aumento de US$ 54 milhões (US$ 90 milhões menos US$ 36 milhões). Portanto, o estoque de capital do próximo ano será de US$ 1,854 bilhão (US$ 1,8 bilhão mais US$ 54 milhões). Essa quantia de capital produz um PNB de US$ 618 milhões (US$ 1,854 bilhão dividido por três). A população também cresce 2% e assim chega a 1,02 milhão. A renda per capita é igual a US$ 606 (US$ 618 milhões divididos por 1,02 milhão), ou seja, aumentou 1% (em comparação com US$ 600) e aumentará todos os anos durante a década. Na verdade, a taxa de crescimento aumentará gradualmente ao longo do tempo, alcançando mais de 2% ao ano perto do final da década, à medida que a renda familiar suba ainda mais acima do patamar dos US$ 300 das necessidades básicas. Se usarmos uma planilha eletrônica para repetir os cálculos para dez anos, em vez de um único ano, o PNB por pessoa no final de uma década será de US$ 687, uma elevação de 15% durante o período.

Voilà. Com a mesma estrutura econômica da primeira economia, mas começando com o dobro de estoque de capital, a economia do segundo exemplo cresce em vez de declinar. O motivo é que, com uma renda de US$ 600 por pessoa, a economia é suficientemente rica para poupar para o futuro; com US$ 300 por pessoa, isso não é possível. Portanto, se começar com US$ 600 per capita, a economia encontra seu caminho para um crescimento sustentável, ao passo que, se começar com US$ 300, ela afunda numa miséria mais profunda.

Isso não é tudo. Quando o capital se acumula a partir da base de renda de US$ 600 per capita, e a proporção de capital por pessoa aumenta, a economia não somente cresce, como é provável que obtenha um impulso *extra* dos retornos crescentes sobre a escala do capital. Uma economia com o dobro de estoque de capital por pessoa significa uma economia com estradas que funcionam o ano inteiro, em vez de estradas que se destroem a cada estação chuvosa; energia elétrica que é confiável 24 horas por dia, em vez de esporádica e imprevisível; trabalhadores que são saudáveis e comparecem sempre ao trabalho, em vez de cronicamente ausentes por motivo de doença. É provável que o dobro de estoque de capital humano e físico *mais* do que dobre o nível de renda, pelo menos em níveis muito baixos de capital por pessoa.

Uma ilustração concreta do aumento do retorno sobre o capital é o caso de estradas como a que liga o porto de Mombasa, Quênia, com os países sem saída para o mar, Uganda, Ruanda e Burundi. Os custos do transporte por essa estrada são extremamente altos porque ela está em péssimas condições em vários trechos. De tempos em tempos, o transporte é totalmente interrompido, quando as chuvas destroem pontes e trechos da estrada. Suponha-se que, a certa altura, cerca de metade da estrada esteja pavimentada e utilizável e o resto esteja sem asfalto e intransitável, com trechos alternados de estrada pavimentada e não pavimentada. Consertar os trechos sem asfalto significaria dobrar os quilômetros de estrada pavimentada, mas muito mais que dobraria os benefícios econômicos da estrada, pois se tornaria transitável em toda a sua extensão. Esse é um exemplo de um efeito de limiar, em que o estoque de capital se torna útil somente quando atinge um padrão mínimo.

Desse modo, investimentos direcionados apoiados pela ajuda de doadores estão no cerne do rompimento da armadilha da pobreza. Esses investimentos são necessários para elevar o nível de capital por pessoa. Quando o estoque de capital per capita é suficientemente alto, a economia se torna suficientemente produtiva para satisfazer as necessidades básicas. As famílias podem assim poupar para o futuro, pondo a economia num caminho de crescimento econômico sustentado. Em minha ilustração, uma ajuda externa (ao longo de vários anos) que aumentasse o estoque de capital de US$ 900 para US$ 1800 per capita permitiria que a economia rompesse a armadilha da pobreza e começasse a crescer por conta própria. Possibilitaria também que a economia se beneficiasse de retornos crescentes sobre o capital.

Porém, sem os fundos dos doadores os investimentos necessários simplesmente não podem ser financiados. Não importa quanto o governo possa tentar — por meio de impostos, taxas de uso ou privatização —, as famílias pobres de US$ 300 por pessoa não têm renda suficiente para satisfazer suas necessidades básicas e, ao mesmo tempo, financiar a acumulação de capital. Elas precisam dos US$ 300 só para comer e ter roupas, abrigo e outras coisas básicas.

Diagnóstico diferencial e acumulação de capital

Em uma simples ilustração, ou modelo, como dizem os economistas, é muito fácil falar de capital como um item separado, que pode ser dobrado ou cor-

FIGURA 4 — INVESTIMENTO PRIVADO E PÚBLICO EM CAPITAL

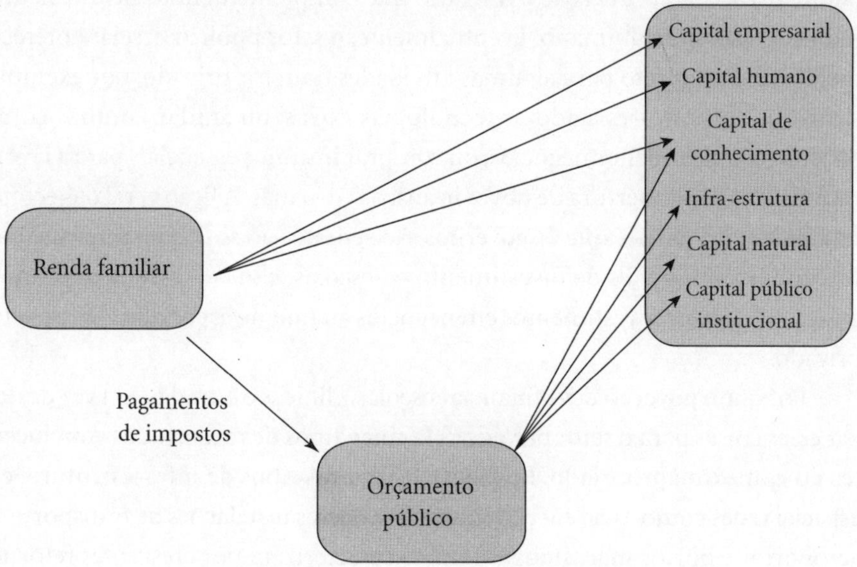

tado pela metade sem problema. Porém, grande parte da complexidade da estratégia econômica real é que o capital vem em formas numerosas, quase ilimitadas. Suponha-se que uma economia negocia com sucesso US$ 1 bilhão em ajuda externa. Essa quantia deveria ir para a construção de estradas, escolas, usinas de energia, clínicas, para pagar médicos, professores, agrônomos? A resposta, em geral, é sim a todos os itens acima. O *mix* seria muito diferente de país para país. No âmago de uma estratégia de investimento eficaz está um diagnóstico diferencial rigoroso. Esse diagnóstico deve se basear na divisão de trabalho apropriada entre o setor público e o setor privado, como mostra a figura 4.

O setor público deveria se concentrar principalmente em cinco tipos de investimento: capital humano (saúde, educação, nutrição), infra-estrutura (estradas, energia, água e saneamento, conservação ambiental), capital natural (preservação de biodiversidade e ecossistemas), capital público institucional (uma administração pública bem dirigida, sistema judiciário, força policial) e partes do capital de conhecimento (pesquisa científica para saúde, energia, agricultura, clima, ecologia).

O setor privado (financiado, em larga medida, por poupança privada) deveria ser responsável principalmente pelos investimentos em negócios, seja na agricultura, indústria ou serviços e em capital de conhecimento (produtos e tecnologias novas baseadas em avanços científicos), bem como pelas contribuições familiares à saúde, educação e nutrição que complementem os investimentos públicos em capital humano. Eventualmente, o setor público desejará oferecer financiamento direto para algumas atividades do setor privado, por exemplo, ajudar os agricultores a adotar tecnologias novas, ou ajudar famílias rurais pobres a abrir pequenos negócios, ou comprar insumos essenciais para a lavoura, ou estimular a abertura de novas indústrias urbanas. A lição geral das economias bem-sucedidas é que os governos são sensatos ao se limitarem principalmente aos tipos gerais de investimento — escolas, clínicas, estradas, pesquisa básica — e deixar investimentos em negócios altamente especializados ao setor privado.

Por que o governo deve financiar escolas, clínicas e estradas, em vez de deixar essas coisas para o setor privado? Há cinco tipos de razão, todos convincentes no contexto apropriado. Primeiro, há muitos tipos de infra-estrutura, em especial redes como as de energia, estradas e outras instalações de transporte — aeroportos e portos marítimos — que se caracterizam por crescentes retornos sobre a escala. Se deixados para os mercados privados, esses setores tenderiam a ser monopolizados, e por isso são chamados de monopólios naturais. Se esses investimentos de capital são deixados ao setor privado, os monopólios privados cobrariam em excesso por seus usos e o resultado seria uma pouca utilização desse tipo de capital. Os usuários em potencial seriam jogados para fora do mercado. Portanto, é mais eficaz que um monopólio público forneça a rede infraestrutural e estabeleça um preço eficiente abaixo daquele que seria imposto por um monopólio privado.

Uma segunda categoria de bens de capital fornecidos publicamente abrange aqueles que não são concorrentes, quando o uso do capital por um cidadão não diminui sua disponibilidade de uso por outros cidadãos. Uma descoberta científica é um exemplo clássico disso. Uma vez descoberta a estrutura do DNA, o uso desse maravilhoso conhecimento por qualquer indivíduo não limita que ele seja usado por outros indivíduos da mesma sociedade. A eficiência econômica exige que o conhecimento esteja disponível para todos, a fim de maximizar seus benefícios sociais. Não deve haver uma taxa para cientistas, empresas, famílias, pesquisadores e outros que queiram utilizar o conhecimento científico da estrutura do DNA! Mas, se não houver taxa, quem será o primeiro a investir nas descobertas? A melhor resposta é o setor público, mediante instituições publicamente financiadas, como os Institutos Nacionais de Saúde (NIH) [National Institutes of Health], nos Estados Unidos. Mesmo o país que é paradigma do mercado livre investe US$ 27 bilhões em capital de conhecimento publicamente financiado por meio do NIH.

A terceira razão é que os setores sociais exibem fortes efeitos colaterais ou de transbordamento (ou externalidades). Eu quero que *você* durma com um mosquiteiro antimalárico para que o mosquito não o pique e depois transmita a doença para *mim*! Por motivo semelhante, quero que você seja bem instruído para que não caia facilmente na conversa de um demagogo que fará mal tanto a você como a mim. Quando esses efeitos colaterais existem, os mercados privados tendem a fornecer de menos os bens e serviços em questão. Justamente por essa razão, Adam Smith propôs o fornecimento público da educação: "Um povo instruído e inteligente [...] está mais disposto a examinar e mais capaz de ver através das reclamações interessadas de facção e sedição [...]".[1] Smith sustentava, portanto, que toda a sociedade está em risco quando qualquer segmento dela é mal instruído. O capital natural é outra área em que as externalidades aparecem muito. Os atos privados — poluição, derrubada de árvores, pesca em excesso e coisas semelhantes — podem levar à extinção de espécies, desmatamento ou outros tipos de degradação ambiental, com sérias conseqüências adversas para toda a sociedade, ou mesmo para o mundo inteiro. Portanto, os governos têm um papel crucial a desempenhar na conservação do capital natural.

O quarto motivo é que as sociedades de todo o mundo querem garantir que todos tenham um nível adequado de acesso a bens e serviços essenciais (saúde, educação, água potável) como uma questão de direito e justiça. Os bens que devem estar disponíveis a todos devido a sua importância vital para o bem-estar humano são chamados bens de mérito. O direito a esses bens não é apenas um compromisso informal dos governos do mundo; como está consagrado pelo direito internacional, em especial na Declaração Universal dos Direitos Humanos, onde se lê:

- Toda pessoa tem direito a um padrão de vida capaz de assegurar a si e a sua família saúde e bem-estar, inclusive alimentação, vestuário, habitação, cuidados médicos e os serviços sociais indispensáveis, e direito à segurança em caso de desemprego, doença, invalidez, viuvez, velhice ou outros casos de perda dos meios de subsistência fora de seu controle.[2]
- Toda pessoa tem direito à instrução. A instrução será gratuita, pelo menos nos graus elementares e fundamentais. A instrução elementar será obrigatória. A instrução técnico-profissional será acessível a todos, bem como a instrução superior, esta baseada no mérito.[3]

Ademais, de acordo com o artigo 28 da Declaração, "Toda pessoa tem direito a uma ordem social e internacional em que os direitos e liberdades estabelecidos na presente Declaração possam ser plenamente realizados".[4] Um acompanhamento dos compromissos com as Metas de Desenvolvimento do Milênio significaria uma importante aplicação prática desse artigo.

Em quinto lugar, o governo desejará ajudar os mais pobres dos pobres não somente fornecendo infra-estrutura e investimentos sociais, mas também inputs produtivos em negócios privados, se isso também for necessário para ajudar as famílias pobres a dar início a atividades com base no mercado. Assim, o governo talvez queira fornecer fertilizantes subsidiados a agricultores de subsistência a fim de que possam produzir o suficiente para comer, ou microcréditos a mulheres da área rural para que possam começar micronegócios. Depois que essas famílias conseguirem elevar suas rendas acima da subsistência e começarem a acumular poupança por si mesmas, os subsídios governamentais poderão ser gradualmente retirados.

Ao mesmo tempo, exceto no caso das famílias mais pobres, os governos *não* deveriam fornecer, em geral, o capital para negócios privados. A experiência mostra que os empresários privados fazem um trabalho muito melhor na direção de negócios do que os governos. Quando dirigem empresas, os governos tendem a fazer isso por motivos políticos, e não econômicos. As empresas estatais tendem a ter pessoal demais nas suas operações, uma vez que empregos significam votos para os políticos, e as demissões podem custar a não-reeleição a um político. Os bancos estatais tendem a dar empréstimos por motivos políticos, em vez de baseados em retornos esperados. É provável que se construam fábricas em zonas eleitorais de políticos poderosos, e não onde possam servir melhor à população em geral. Além disso, os governos raramente possuem a expertise interna para administrar tecnologias complexas, e não deveriam tê-la, exceto em setores nos quais o papel do Estado é central, como em defesa, infra-estrutura, saúde e educação.

Uma coisa é identificar as listas de checagem gerais de investimentos públicos e outra aplicá-las em contextos específicos. Em Sauri e em milhares de aldeias como ela, as prioridades compreendem as Cinco Grandes: agricultura, saúde, educação, infra-estrutura (energia, transporte e comunicações) e água e saneamento. O capital natural precisa de um apoio, em especial a recuperação da terra, o controle da poluição e os limites à pesca, corte de madeira e desmatamento em geral. O apoio deveria vir como fornecimento público direto de serviços e como apoio governamental à acumulação privada de capital via microfinanciamento e provisão de insumos agrícolas essenciais para os pequenos agricultores.

Nas áreas urbanas, será preciso um pacote diferente de investimentos públicos. A densidade populacional mais alta torna factível e, com efeito, necessário, por motivos sanitários e econômicos, chegar às moradias por meio de redes de água, esgoto e energia. Com freqüência, afirma-se que em áreas urbanas os mercados privados podem fornecer esses serviços de infra-estrutura a preços de mercado. Essa afirmação passa por cima do fato de que uma proporção considerável das famílias de baixa renda não poderá comprar suas necessidades básicas a preços de mercado e, portanto, exigirá subsídios significativos. Um modelo bem-sucedido de combinação de subsídios com mercado ocorre por meio do estabelecimento de um limite mínimo para as tarifas. Por esse modelo, todas as famílias (ou todas as famílias pobres, se for fácil identificá-las) têm um determinado fornecimento garantido de serviços de infra-estrutura — por exemplo, 6 mil litros de água por família por mês, no programa da África do Sul. Acima dessa quantidade, a família paga pelo consumo registrado no medidor.

As áreas urbanas também são vulneráveis ao intenso dano ambiental, embora de modo bem diverso das áreas rurais. Os riscos ambientais urbanos abrangem a poluição do ar exterior (especialmente a causada pela utilização de combustíveis fósseis), a liberação de produtos químicos tóxicos por fábricas, excessiva exploração de aqüíferos, lixo urbano, erosão costeira e destruição de ecossistemas marinhos frágeis próximos de centros urbanos, e a transmissão de doenças infecciosas pelo ar (como tuberculose) nas condições de vida das favelas urbanas. Essas condições precisam ser melhoradas por investimentos ambientais direcionados, embora as cidades pobres raramente tenham meios financeiros para empreender esses investimentos por conta própria.

Por que os bons investimentos vêm em pacotes

Uma das debilidades do pensamento sobre o desenvolvimento é a busca incansável por um tiro mágico, aquele investimento decisivo que mudará a maré. Infelizmente, isso não existe. Cada um dos seis tipos identificados de capital é necessário para uma economia eficaz e em bom funcionamento. Todos eles são necessários para escapar da armadilha da pobreza. Mais do que isso, o sucesso em uma única área, seja saúde, educação ou produtividade agrícola, depende de investimentos em todas elas.

Vou me concentrar na sobrevivência infantil para explicar isso. As soluções para ela não serão encontradas somente no setor de saúde, embora investir nele seja crucial. Eis aqui como cada uma das seis formas de capital contribuem para haver crianças mais sadias e reduzem a mortalidade infantil (a lista não é de modo algum completa):

- *Capital empresarial.* Rendas familiares mais altas no campo e na cidade possibilitam que as famílias invistam em moradia mais segura (com telas nas portas para evitar a entrada de mosquitos), água encanada, combustíveis de cozinha modernos, acesso a médicos, dietas melhores e coisas semelhantes.

- *Capital humano.* Entre os investimentos fundamentais em capital humano estão a nutrição (suplementação de micronutrientes e macronutrientes), a atenção à saúde (vacinações, acompanhamento de rotina, intervenções de emergência, intervenções preventivas, como mosquiteiros antimalária), o planejamento familiar (espaçamento entre nascimentos de filhos e famílias menores), a alfabetização das mães e a consciência de saúde pública.
- *Infra-estrutura.* Abrange água potável e saneamento, fornecimento de energia para cozinhar com mais segurança, transporte de emergência para clínicas e tecnologia da informação e das comunicações para dar apoio a serviços de saúde de rotina e de emergência.
- *Capital natural.* Entre os investimentos em capital natural estão a proteção contra desastres naturais como secas induzidas pelo fenômeno El Niño, o controle de vetores de moléstias e pragas, a preservação do ecossistema para dar suporte à produtividade agrícola e o não-lançamento de resíduos tóxicos no ar e na água.
- *Capital de conhecimento.* Os investimentos aqui são para melhorar os procedimentos organizacionais a fim de combater moléstias epidêmicas, desenvolver novos medicamentos e imunizações, desenvolver e difundir variedades aperfeiçoadas de sementes a fim de melhorar a alimentação, e fontes de energia de baixo custo para o lar, para a preparação e estocagem de alimentos.
- *Capital público institucional.* Esses investimentos proporcionam o funcionamento e a ampliação dos serviços de saúde pública, programas de nutrição e projetos de participação da comunidade que envolvem saúde pública.

A mesma abordagem seria aplicável a cada uma das Metas de Desenvolvimento do Milênio. O combate à fome, à doença, à falta de instrução, à degradação ambiental e às favelas urbanas, tudo isso requer *pacotes* de investimentos para atacar esses males de várias formas.

Investimento em capacidade tecnológica

Tanto nas zonas rurais como nas áreas urbanas, o aumento dos investimentos não somente faz crescer a quantidade de capital por pessoa como também a qualidade da tecnologia embutida no capital. Um telefone celular, um computador pessoal ou uma variedade de semente de alta produtividade trazem para os pobres os benefícios dos últimos avanços da ciência. No entanto, o uso dessas novas tecnologias requer treinamento e competência técnica. Mesmo nas sociedades mais pobres, apenas a educação primária não é mais suficiente. Todos as crianças em idade escolar deveriam ter acesso a, no mínimo, nove anos de educação e a maioria deveria ter mais do que isso. A sociedade como um todo deveria promover a formação de um número significativo de jovens com instrução universitária. Esses professores, médicos, agrônomos e engenheiros serão necessários para adaptar tecnologias ao uso local.

Com efeito, o desenvolvimento econômico rápido exige que a capacidade técnica se espalhe por toda a sociedade, de alto a baixo. Mas como poderemos levar a cabo essa tarefa num cenário de amplo analfabetismo, em que a maioria dos adultos tem pouquíssimos — se é que tem algum — anos de instrução formal? Creio que o segredo está em treinar um grande número de pessoas nas aldeias, de modo criativo e direcionado, especificamente para as principais tarefas imediatas. Por exemplo, cada aldeia deveria procurar ter um grupo de experts que, tal como os médicos descalços da China, possuem suficiente treinamento formal para atender às necessidades técnicas básicas da aldeia.

Um trabalhador da saúde comunitário alfabetizado, treinado durante um ano, poderia aprender a receitar medicamentos contra a malária, observar pacientes tomar suas drogas antiaids diárias, distribuir e explicar o uso de mosquiteiros antimaláricos, dar às crianças remédios para infecções parasitárias, vacinar, controlar o peso e o tamanho das crianças da comunidade, explicar o uso de soluções orais de reidratação e, com colegas, manter um controle de tudo isso. Idealmente, o agente de saúde comunitário seria um membro da própria comunidade, selecionado para ser treinado com esse objetivo, de tal modo que não houvesse o problema de atrair um agente treinado de fora da aldeia — nem o problema de evasão de cérebros de médicos e enfermeiras, uma vez que um ano de treinamento não qualificaria o indivíduo para uma carreira em saúde fora da aldeia.

Do mesmo modo, imaginemos em cada aldeia um técnico agrícola com muito menos treinamento formal do que um agrônomo tradicional. O técnico comunitário entenderia o básico de química do solo (medir a adequação de nitrogênio, fósforo, potássio, pH do solo e estrutura) e testes de solo relacionados, bem como as técnicas básicas de agrossilvicultura, seleção de sementes e gestão hídrica. Um ano de treinamento para alguém com segundo grau completo seria suficiente. Um engenheiro comunitário também poderia ser treinado do mesmo modo na operação — e na manutenção — de geradores a diesel, fiação elétrica, bombas manuais, preparação de terreno de estradas e do caminhão da comunidade.

As aldeias de várias centenas ou poucos milhares de habitantes possuem uma vantagem a mais: a capacidade de se reunir para discutir as questões da comunidade. Com algum planejamento, as aldeias de todo o mundo poderiam ser ajudadas a se engajarem na educação contínua de adultos em questões urgentes de vida e morte, como, por exemplo, o modo como a aids se transmite, a possibilidade de controle da malária, o papel da higiene na preparação dos alimentos, o uso de fertilizantes, e assim por diante. Esse conhecimento de tanta relevância, se apresentado de forma adequada, poderia informar as sociedades rurais em escala de massa. A produção e distribuição quase sem custo de CDs e DVDs com materiais educacionais preparados para discussões nas aldeias poderiam facilitar a disseminação de tais informações.

Além de treinarem trabalhadores técnicos e educarem os habitantes das aldeias, os governos nacionais também deveriam promover atividades de pesquisa científica. Costumava-se pensar que a pesquisa poderia ser deixada para os países ricos, enquanto as nações pobres se concentrariam em elevar seus níveis de alfabetização e educação básica. Quando a Índia criou seus Institutos Indianos de Tecnologia, nas décadas de 1950 e 1960, os experts em desenvolvimento manifestaram sérias dúvidas quanto à adequabilidade de programas educacionais avançados e rarefeitos a um país tão pobre. Décadas depois, vemos os frutos notáveis desses investimentos em capacidade de pesquisa científica. Os institutos, além de produzir a geração de engenheiros em tecnologia da informação que agora são a força motriz do *boom* de TI indiano, criaram equipes de cientistas capazes de colocar essa tecnologia especificamente a serviço das necessidades de seu país. O dr. Ashok Jhunjhunwala, professor do IIT de Chennai, por exemplo, criou uma tecnologia de rede local sem fio que ajudou milhões de indianos a se conectarem on-line. Em qualquer país em desenvolvimento, tecnologias similares ali criadas serão necessárias para adaptar os processos globais às necessidades locais em áreas que abrangem produção e uso de energia, construção, mitigação de desastres naturais, controle de doenças e produção agrícola.

A Índia e a China estão prestes a se transformarem de importadoras em produtoras e exportadoras de tecnologia em larga escala. Essa ascensão da alta tecnologia nacional impulsionará o crescimento desses países nas próximas décadas. Esforços semelhantes são necessários para criar capacidade científica na África Subsaariana e em outras regiões de renda muito baixa. A missão é particularmente difícil, uma vez que vai contra a poderosa corrente da evasão de cérebros. Os poucos cientistas formados na África vão para o exterior em busca de equipamentos de laboratório, colegas e apoio financeiro. A infra-estrutura para a ciência — universidades bem financiadas, laboratórios e massa crítica de financiamento de pesquisa e apoio universitário — terá de ser construída e, tal como outras infra-estruturas, esta exigirá o suporte de países ricos doadores. Eles terão de compreender a importância fundamental do investimento em educação superior, ao lado da educação primária.

EXEMPLOS DE AUMENTO DE ESCALA NA LUTA CONTRA A POBREZA

O mundo está cheio de projetos-piloto que mostram que algumas intervenções foram bem-sucedidas. Mostrou-se repetidamente que os mosquiteiros antimaláricos salvam vidas na África rural, que drogas antiaids podem ser administradas em cenários de baixa renda, e que é possível fazer vacinações nos lugares mais difíceis do planeta, até mesmo no meio de zonas de guerra. O principal desafio agora não é mostrar o que funciona numa única aldeia ou distrito — embora essas lições possam ter grande importância quando novos métodos são demonstrados —, mas aumentar a escala do que funciona para abranger todo um país, ou mesmo o mundo inteiro.

Há vários exemplos significativos de programas que tiveram sua escala imensamente aumentada, com êxito notável. Eis aqui dez exemplos marcantes de que os céticos estão errados.

A Revolução Verde na Ásia

A Revolução Verde é um dos triunfos mais importantes da ciência direcionada no século passado. Temendo a possibilidade de uma fome maciça devido ao rápido crescimento da população mundial, a Fundação Rockefeller tomou a iniciativa de desenvolver e promover variedades de alta produtividade (VAPs) de produtos alimentícios básicos, primeiro no México, depois na Ásia e em outros lugares. Tudo começou em 1944, quando a Rockefeller criou um instituto para desenvolver VAPs de trigo para o México, sob a liderança do dr. Norman Borlaug. A reprodução científica, usando híbridos de variedades trazidas do Japão depois da Segunda Guerra Mundial, levou à abertura de novos horizontes. O México passou de grande importador de grãos para um exportador significativo entre 1944 e 1964. Borlaug persuadiu então os doadores a investir em esforços similares para o sul da Ásia e também ajudou a apresentar as tecnologias resultantes a plantadores locais que conseguiram desenvolver novas variedades. Em conseqüência de sua Revolução Verde, a Índia passou de uma produção de 11 milhões de toneladas de trigo em 1960 para 24 toneladas em 1990, superando em muito o crescimento da população. Variedades de alta produtividade também foram desenvolvidas para outros produtos agrícolas e locais, por meio de uma rede de instituições internacionais, tais como o Instituto Internacional de Pesquisas do Arroz, nas Filipinas, e o Centro Internacional da Batata, no Peru.

A erradicação da varíola

Um esforço global combinado acabou com o flagelo da varíola, depois de milhares de anos de epidemias que ceifaram a vida de centenas de milhões de pessoas. Em 1796, Edward Jenner demonstrou o uso de uma vacina contra varíola bovina para evitar a varíola humana; essa inovação proporcionou a base tecnológica para a erradicação final. Na década de 1950, a maior parte do mundo rico já estava livre dessa doença, mas ela continuava a grassar em países pobres, onde a cobertura da vacina era muito baixa. Ainda em 1967, a epidemia atingia entre 10 milhões e 15 milhões de pessoas todos os anos e provocava entre um 1,5 milhão e 2 milhões de mortes. Naquele ano, a Organização Mundial da Saúde criou a Unidade de Erradicação da Varíola e começou a implementar uma campanha de vacinação em massa em todo o mundo, apoiada por fortes esforços de vigilância e contenção. Em 1980, a OMS declarou que o mundo estava livre da varíola. A campanha havia atingido os cantos mais remotos do planeta, inclusive as regiões miseráveis do interior da África e da Ásia, e regiões que estavam em meio a conflitos violentos.

A campanha pela sobrevivência infantil

Em 1982, James Grant, diretor executivo do Unicef, lançou a Campanha pela Sobrevivência Infantil. A campanha promoveu um pacote de intervenções conhecido como GOBI: monitoramento do crescimento das crianças; terapia de reidratação oral para tratar ataques de diarréia; amamentação para nutrição e imunidade a doenças na primeira infância; e vacinação contra seis moléstias mortais da infância: tuberculose, difteria, coqueluche, tétano, poliomielite e sarampo. Tal como no esforço do combate à varíola, a campanha dependia de tecnologias padronizadas que podiam ser aplicadas em larga escala em cenários de baixa renda. Durante a década, em particular nos últimos anos, dezenas de países pobres realizaram campanhas totais para introduzir essas medidas, em especial para atingir pelo menos 80% de cobertura do pacote de imunizações. Os resultados foram notáveis. As taxas de mortalidade infantil caíram enormemente em todos os lugares do mundo de baixa renda, inclusive na África, onde as taxas eram (e são), de longe, as mais altas. Estima-se que a campanha tenha salvado em torno de 12 milhões de vidas ao final da década.

A Aliança Global para Vacinas e Imunização

No final da década de 1990, a campanha pelas imunizações infantis precisava se fortalecer de duas maneiras. Primeiro, muitas novas imunizações haviam sido desenvolvidas e adotadas nos países ricos, mas, devido aos custos e à falta de treinamento e instalações, não haviam sido levadas para os países pobres. Em segundo lugar, as taxas de cobertura atingidas no início dos anos 1990 haviam caído, em geral, conseqüência do aumento da pobreza e das crises econômicas na África Subsaariana e em outras regiões. Bill Gates contribuiu então para o esforço, anunciando uma doação inicial de US$ 750 milhões da Fundação Bill e Melinda Gates para dar nova força à campanha. A Aliança Global para Vacinas e Imunização foi lançada em 2000 para orientar o novo esforço. Nos primeiros anos de funcionamento, a aliança destinou US$ 1,1 bilhão aos países pobres e alcançou uma série de resultados notáveis. Até 2004, a aliança registrou 41,6 milhões de crianças vacinadas contra hepatite B; 5,6 milhões vacinadas contra *Haemophilus influenzae* tipo B (Hib); 3,2 milhões vacinadas contra febre amarela; e 9,6 milhões imunizadas com outras vacinas básicas. Uma vez mais, a estratégia dependeu da combinação de tecnologias padronizadas com sistemas de distribuição em massa, nesse caso baseados em propostas desenvolvidas e apresentadas pelos países receptores.

A campanha contra a malária

Nos anos 1950 e 1960, a Organização Mundial da Saúde lançou uma série de campanhas para erradicar a malária. Considerados às vezes um fracasso, uma vez que a malária certamente não foi erradicada, esses esforços podem ser vistos como sucessos espantosos em certas partes do mundo, onde o flagelo da malária foi eliminado, ou posto sob controle de forma decisiva e dramática. Mais da metade da população mundial que vivia em regiões endêmicas nos anos 1940 ficou, em larga medida, livre da transmissão e da mortalidade da malária graças aos esforços concentrados da OMS, principalmente nas áreas em que a ecologia da doença favorecia as medidas de controle. A África, infelizmente, não fez parte do programa de então nem se beneficiou de seus resultados até hoje. As tecnologias padronizadas que produziram esse sucesso regional, se não global, foram duas: o uso de DDT e de outros pesticidas para reduzir a transmissão da doença e o uso de cloroquina e outras drogas antimaláricas para tratar os casos existentes. (Tecnologias mais novas, em especial mosquiteiros antimaláricos e terapias à base de artemisinina para tratar a doença, combinadas com DDT onde apropriado, podem reduzir imensamente o fardo da doença na África, mas não eliminarão totalmente a transmissão.)

O controle da cegueira de rio africana

O Programa de Controle da Oncocercose (OCP) [Onchocerciasis Control Program] foi lançado em 1974 numa colaboração da OMS, Banco Mundial, Merck, FAO e PNUD. O OCP tinha por alvo reduzir a disseminação da cegueira de rio africana (oncocercose), uma doença transmitida por uma espécie de mosca negra. O programa adotou uma estratégia múltipla em larga escala em onze países da África ocidental, baseada numa combinação de atividades de prevenção (entre elas, pulverização aérea de inseticidas para reduzir a abundância da mosca negra) e tratamento. Nos anos 80, a Merck e cientistas da OMS deram-se conta de que uma das drogas da Merck usadas na medicina veterinária, a ivermectina (nome comercial Mectizan), também podia tratar com eficácia a oncocercose. A Merck concordou em doar ivermectina, num esforço maciço para controlar a moléstia. O OCP registra hoje as seguintes vitórias: cerca de 600 mil casos de oncocercose evitados, 25 milhões de hectares tornados seguros para a habitação e cultivo, e cerca de 40 milhões de pessoas protegidas da transmissão da doença. Os benefícios econômicos foram significativos.

A erradicação da pólio

Assim como para a varíola, há disponível uma tecnologia de imunização para conseguir a erradicação mundial da poliomielite. Existem diferenças técnicas entre as duas doenças, o que torna o combate à pólio um pouco mais difícil. Ainda assim, sua erradicação é possível e está a caminho de ser conseguida. Em 1988, a Assembléia Mundial da Saúde (o conselho dirigente da OMS) aprovou o lançamento da Iniciativa de Erradicação Global da Pólio. Na época, a doença ainda era endêmica em mais de 125 países. Hoje, graças aos esforços maciços de instituições oficiais como a OMS e o Unicef e dos Centros para Controle e Prevenção de Doenças dos Estados Unidos, bem como a ações dentro dos países pobres e um esforço notável e incansável do Rotary International, a pólio existe apenas em seis países (Nigéria, Índia, Paquistão, Níger, Afeganistão e Egito) e está sendo contida. Somente 784 casos foram registrados em todo o mundo em 2003, em comparação com os 350 mil de 1988. Estima-se que 2 bilhões de crianças foram imunizadas desde 1988, com a cooperação de 20 milhões de voluntários e financiamentos internacionais da ordem de US$ 3 bilhões.

A difusão do planejamento familiar

A contracepção moderna contribuiu para uma enorme redução das taxas de fertilidade, de uma média mundial de cinco filhos por mulher no período de 1950 a 1955 para 2,8 filhos por mulher no período de 1995 a 2000. Os programas de planejamento familiar desempenharam papel essencial no fornecimento de conselhos e informações, defendendo e dando assistência ao empoderamento das mulheres e promovendo a contracepção moderna, embora muitos outros fatores (instrução feminina, entrada das mulheres no mercado de trabalho, redução da mortalidade infantil e urbanização) tenham desempenhado papel importante. O Fundo de População da ONU (UNFPA) foi criado em 1969 para ajudar a coordenar esse esforço e atualmente atua em 140 países. Ele ajudou a estimular um aumento maciço no uso de contraceptivos modernos entre os casais dos países em desenvolvimento, e estima-se que seu alcance tenha saltado de 10% a 15% dos casais em 1970 para 60% em 2000. Esse programa foi um exemplo de aumento em escala por excelência, mas as necessidades ainda não atendidas continuam imensas, uma vez que os fundos para pôr anticoncepcionais à disposição nos países mais pobres ainda estão muito abaixo do necessário.

Zonas de processamento de exportação na Ásia oriental

Em grande medida, os primórdios da industrialização do leste asiático depois da Segunda Guerra Mundial dependeram de uma nova tecnologia organizacional, a Zona de Processamento de Exportação (ZPE), ou zona de livre-comércio (ou franca). Trata-se de uma zona industrial (às vezes, toda uma região ou país) em que condições tributárias, administrativas e infra-estruturais especiais são aplicadas a fim de estimular as empresas estrangeiras a montar instalações industriais voltadas para a exportação. O aspecto principal tem sido a segurança física dentro da zona, amplos terrenos para as operações de manufatura, conexões fáceis de água e energia confiáveis, proximidade de baixo custo com porto marítimo ou aeroporto, isenções temporárias de impostos sobre lucros e isenção de impostos sobre a importação de insumos e a exportação de produtos acabados. Essas zonas foram a base do salto do leste asiático na produção global de vestuário, sapatos, brinquedos, peças automotivas, produtos eletrônicos e semicondutores. Em quase todos os casos, os países do leste asiático começaram com operações de trabalho intensivo e mão-de-obra pouco qualificada (como a montagem manual de componentes de placas-mãe eletrônicas ou o corte e costura de roupas prontas), e depois avançaram para partes de tecnologia mais sofisticada da cadeia de valor, inclusive o design de produtos. O resultado foi uma explosão das exportações em escala nacional e, com efeito, global. A revista *Asiaweek* referiu-se certa vez às zonas de livre-comércio como sendo de "indústria instantânea".[5] As exportações de bens manufaturados do leste asiático aumentaram a uma espantosa taxa composta de 12% ao ano entre 1978 e 2000 ou, em termos de dólar, de US$ 37 bilhões para US$ 723 bilhões (em dólares de 1995).

A revolução do telefone celular em Bangladesh

O Grameen Bank de Bangladesh, já famoso por seu programa de microfinanciamento, também abriu os olhos do mundo para a expansão do uso de tecnologias modernas de telecomunicação nos lugares mais pobres do mundo. A Grameen Telecom entrou no negócio de telefones celulares em 1997 e atingiu meio milhão de assinantes em 2003, mais ou menos o mesmo número total de telefones fixos. A empresa utilizou a base de operações principalmente urbana para lançar um programa de telefones rurais segundo o qual uma mulher da aldeia toma emprestados fundos para um celular que é depois usado por toda a aldeia por uma pequena taxa. Com as taxas que recebe, a mulher paga aos poucos o empréstimo. A Grameen estima que cada telefone serve uma média de 2500 pessoas na aldeia. Com 9400 aldeias cobertas no início de 2004, o acesso estimado estaria na ordem de 23 milhões de habitantes rurais. O modelo está sendo adotado agora em dezenas de outros países.

Esses casos demonstram alguns temas comuns. Antes de tudo, o aumento de escala é possível quando é apoiado por tecnologia apropriada e amplamente aplicável, liderança organizacional e financiamento adequado. Em muitos casos — como o da erradicação da varíola ou da pólio — as tecnologias existiam havia tempo, mas não tinham sido aplicadas nos cenários mais pobres. Em outros casos, como o das variedades de alta produtividade na agricultura, as tecnologias adequadas tiveram de ser desenvolvidas e depois promovidas mediante um esforço direcionado. Em quase todos os casos, as tecnologias tiveram de ser adaptadas às condições locais (por exemplo, resolver os problemas em cenários tropicais da manutenção da "cadeia fria" para imunizações que precisam permanecer em baixa temperatura até seu uso, ou adaptar tecnologias agrícolas às condições locais de terra, clima e trabalho).

No caso das Metas de Desenvolvimento do Milênio, as tecnologias promissoras já existem, mas não em larga escala. Os mosquiteiros antimaláricos, para citar um exemplo pertinente, são usados por menos de 1% dos africanos que vivem em regiões rurais de malária endêmica. Está na hora de mudar isso. A seguir, examino os modos operacionais para levar a cabo o trabalho.

14. Um pacto global para acabar com a pobreza

Para acabar com a pobreza global até 2025 serão necessárias ações coordenadas dos países ricos, bem como dos pobres, a começar por um "pacto global" entre países ricos e pobres. Os países pobres devem levar a sério o fim da pobreza e terão de dedicar uma parte maior de seus recursos nacionais para acabar com ela, em vez de gastá-los em guerra, corrupção e disputas políticas internas. Os países ricos precisarão superar os chavões relacionados à ajuda aos pobres e cumprir suas repetidas promessas de dar mais auxílio. Tudo isso é possível. Com efeito, é muito mais provável do que parece. Mas precisa de uma estrutura. Meus colegas e eu do Projeto Milênio da ONU propusemos justamente uma tal estrutura, concentrada no período que vai até 2025, chamada Estratégia de Redução da Pobreza Baseada nas Metas de Desenvolvimento do Milênio.

UM TEATRO DE SOMBRAS

Hoje, a situação está um pouco parecida com a velha piada dos trabalhadores soviéticos: "Nós fingimos que trabalhamos e você finge que nos paga!". Muitos países pobres fingem que fazem reformas enquanto os países ricos fingem que ajudam, elevando o cinismo a um nível bem alto. Muitos países de baixa renda simulam reformas, mas fazem pouco na prática e esperam ainda menos em troca. Por sua vez, as agências de ajuda concentram-se em projetos em escala mais simbólica que nacional, suficientemente grandes apenas para dar boas manchetes. Em 2002, a Agência dos Estados Unidos para o Desenvolvimento Internacional (USAID) alardeou com orgulho sua Iniciativa de Água na África Ocidental, observando que "um fornecimento confiável de água potável, junto com adequado saneamento e higiene, está na linha de frente do combate às doenças e mortes relacionadas com a água".[1] Tudo bem, mas qual foi, de fato, a contribuição da USAID? Lamentáveis US$ 4,4 milhões ao longo de três anos. Se a África ocidental tem uma população em torno de 250 milhões de habitantes, US$ 4,4 milhões em três anos seriam *menos de um centavo de dólar por pessoa por ano*, o suficiente, talvez, para comprar um copo de plástico descartável, mas provavelmente não para enchê-lo de água!

A falta crônica de financiamento dos doadores esvazia o empenho dos países pobres em combater a pobreza. O primeiro-ministro Meles Zenawi e eu promovemos um evento em Adis-Abeba para lançar o Relatório do Desenvolvimento Humano na Etiópia, um dos países mais pobres do mundo. O primeiro-ministro fez uma apresentação séria e esclarecedora sobre o potencial da Etiópia para expandir sua produção de alimentos e, desse modo, superar a fome disseminada e crônica. Da platéia, veio uma pergunta: "Senhor primeiro-ministro, concordamos com o senhor sobre a importância da agricultura, mas e a questão da saúde?". Para minha surpresa, o primeiro-ministro respondeu: "Temo que a questão da saúde vai demandar mais tempo. Só poderemos expandir os serviços de saúde mais tarde, depois que formos mais ricos". Quando voltamos ao gabinete dele, eu disse que não concordava com sua resposta: "A Etiópia precisa da expansão dos serviços de saúde agora". Ele me lançou um olhar melancólico e concordou. Mas depois me disse que os funcionários do FMI lhe haviam dito recentemente que "não há mais dinheiro disponível para a saúde".

Uma estimativa razoável, baseada no trabalho do Projeto Milênio da ONU, diz que a Etiópia precisa de cerca de US$ 70 por pessoa por ano em assistência ao desenvolvimento (ou US$ 5 bilhões no total para uma economia de 70 milhões de pessoas), em comparação com os US$ 14 por pessoa por ano que recebe hoje (ou US$ 1 bilhão no total). Cerca de metade dessa quantia seria dedicada ao aumento da escala da saúde pública. O resto iria para infra-estrutura e aumento da produtividade rural, em especial no setor de alimentos.

Assim que retornei da capital da Etiópia para Nova York, telefonei a um alto funcionário do FMI. "Jeff, do que você está reclamando desta vez?", perguntou ele em tom de brincadeira. Repeti a história e observei que a Etiópia vivia, em essência, sem saúde pública moderna, com uma taxa de expectativa de vida de 42 anos, mortalidade infantil de 170 por mil nascimentos, a chance de um terço de viver até os 65 anos, um médico para cada 30 mil habitantes e gastos públicos com saúde de US$ 2 por ano. "Então, o que você quer que eu faça?", disse o funcionário. "Quero que o FMI apóie um grande aumento dos gastos com saúde pública na Etiópia." "Mas, Jeff, não há dinheiro de doadores para isso." "O mundo dos doadores é tremendamente rico", repliquei. "Jeff, os doadores não estão se oferecendo para dar mais à Etiópia." "Mas então não há nenhuma possibilidade de a Etiópia cumprir as Metas de Desenvolvimento do Milênio." "Você tem razão, aquelas metas são inatingíveis." Exasperado, eu disse: "Bem, então pelo menos diga isso publicamente — que a Etiópia não vai cumprir as metas do milênio, a não ser que os doadores dêem mais. O mundo precisa escutar isso. Desse modo, talvez os doadores se mexam".

Estamos presos num teatro de sombras. Em público, o FMI diz que as coisas vão bem na Etiópia; em privado, reconhece que a ajuda à Etiópia é insuficiente para que o país atinja as Metas de Desenvolvimento do Milênio. A avaliação conjunta FMI-Banco Mundial de março de 2004 da Estratégia de Redução da Pobreza da Etiópia (que se encontra no site do FMI) não deixa escapar uma palavra sobre a necessidade de aumentar significativamente o financiamento dos doadores, se o país quiser cumprir essas metas. E o que é mais confrangedor, mas esperado, o documento do FMI-Banco Mundial não contém nenhum dado sobre a situação de emergência da saúde pública no país. Como podem os diretores executivos do FMI e do Banco Mundial saber que o programa que aprovaram para o país não é capaz nem de cumprir as metas que foram prometidas?

Creio que o alto funcionário do FMI estava errado: há mais dinheiro disponível para a Etiópia, mas somente depois que derrubarmos o matagal de desculpas e chavões sobre ajuda, alguns dos quais são propagados pelo próprio FMI. Em público, apresentam-se todas as razões padronizadas de por que a ajuda à Etiópia está no grau correto: o país vai bem (diz a avaliação do FMI-Banco Mundial), tem todos os recursos de doadores de que precisa, não poderia absorver mais, a corrupção e má gestão prejudicariam uma assistência maior. Essa é a ladainha-padrão de desculpas usadas para justificar o *status quo*. Em particular, quase toda a comunidade do desenvolvimento sabe que a Etiópia está faminta de dinheiro. Está claro que é muito embaraçoso para os chefões políticos dos Estados Unidos e da Europa admitir isso. Trata-se de um erro. Se explicarmos com paciência e honestidade aos contribuintes de impostos do mundo rico que é preciso mais dinheiro e que ele pode ser bem usado, é muito mais provável que ele se torne disponível.

OS DOIS LADOS DO PACTO

Para que não haja mal-entendido, quero sublinhar que um pacto global, como qualquer contrato, tem pelo menos duas partes e, portanto, responsabilidades de ambos os lados. Os países pobres não têm direito garantido de cumprir as Metas de Desenvolvimento do Milênio ou receber assistência ao desenvolvimento dos países ricos. Eles só têm esse direito se cumprirem seus compromissos com a boa governança. A expansão da ajuda baseia-se num plano sério de ação, combinado com uma vontade determinada de levá-lo a cabo de forma transparente e honesta. Nem todos os governos desejarão ou terão condições de assumir tal compromisso, e essas nações não precisam se candidatar. Nosso pacto, nosso compromisso nos países ricos deveria ser ajudar todos os países pobres em que a vontade coletiva esteja presente para ser parceira responsável no empenho. Para os outros, onde dominam regimes autoritários ou corruptos, as conseqüências para a população serão provavelmente trágicas, mas as responsabilidades do mundo rico também são limitadas. A medida mais importante que os países ricos podem adotar nessas circunstâncias talvez seja ajudar os países vizinhos bem governados, a fim de provar que há ajuda disponível àqueles que estão organizados politicamente para que ajudem a si mesmos. Hoje, o maior problema não é que os países mal governados ganham ajuda demais, mas que os países bem governados recebem ajuda excessivamente pequena.

O PLANEJAMENTO DO SUCESSO

Por mais tedioso que pareça, precisamos consertar o “encanamento” da assistência internacional ao desenvolvimento para que ele seja eficaz na ajuda aos países bem governados. A ajuda flui através de certos canos — doadores bilaterais, o Banco Mundial, os bancos de desenvolvimento regional (como o Banco de Desenvolvimento da África) —, mas esses canos estão entupidos ou são simplesmente estreitos demais, incapazes de transportar um fluxo suficiente de ajuda. Se quisermos obter a concordância dos contribuintes dos países ricos para pôr mais ajuda no sistema, primeiro temos de mostrar que o encanamento levará a ajuda dos países ricos diretamente para onde os países pobres precisam mais — aldeias, favelas, portos e outros alvos críticos. Vou descrever como esse encanamento pode ser consertado. Concentro minha atenção no período que vai até 2015, no qual as Metas de Desenvolvimento do Milênio devem ser alcançadas. Princípios semelhantes se aplicarão para a segunda década, de 2015 a 2025.

O secretário-geral das Nações Unidas, que supervisiona as agências da ONU e as instituições de Bretton Woods (que também fazem parte da família da ONU), deveria supervisionar todo o esforço. Trabalhando por intermédio do Programa das Nações Unidas para o Desenvolvimento (PNUD) — o braço para o desenvolvimento econômico do sistema da ONU —, o secretário-geral, em nome dos países-membros, deveria garantir a entrada em operação do pacto. Grande parte do trabalho se dará no nível de cada país, onde planos serão criados e se farão investimentos com base nos recursos financeiros nacionais e no incremento da ajuda de doadores.

Para organizar o trabalho, cada país de baixa renda deveria adotar uma estratégia de redução da pobreza (ERP), especificamente destinada a cumprir as Metas de Desenvolvimento do Milênio. Hoje, a maioria dos países pobres já tem algum tipo de estratégia de redução da pobreza — em geral, um documento ou plano de ERP — que foi desenvolvido em cooperação com o FMI e o Banco Mundial. O plano existente de redução da pobreza do Banco Mundial estabelece as metas do país, os objetivos, políticas e estratégias para acabar com a miséria. Introduzidos há alguns anos para dar mais coerência aos esforços de cada país no combate à pobreza e para proporcionar uma estrutura para o alívio oficial da dívida, os planos existentes ainda não foram desenhados com suficiente rigor ou ambição para permitir que os países cumpram as MDMs.

Por falar nisso, os documentos de estratégia de redução da pobreza estão todos disponíveis para o público nos sites do FMI e do Banco Mundial e, portanto, podemos saber o que os países consideraram como suas estratégias de redução da pobreza. Os programas são muitas vezes engenhosos, mas estão todos cronicamente subfinanciados em comparação ao que é preciso para atingir as MDMs. Em conseqüência, são forçados amiúde a negligenciar áreas inteiras do investimento público (como a saúde). Na África, cinco planos estratégicos recentes de redução da pobreza de qualidade notável são:

- Estratégia de Redução da Pobreza em Gana.
- Programa de Redução da Pobreza e Desenvolvimento Sustentável da Etiópia.
- Estratégia de Recuperação Econômica do Quênia para a Criação de Emprego e Riqueza.
- Documento Estratégico de Redução da Pobreza do Senegal.
- Plano de Ação de Erradicação da Pobreza de Uganda.

Por que o sistema de hoje é incoerente

Infelizmente, a posição da comunidade internacional continua incoerente na prática. De um lado, ela anuncia metas ousadas, como as de Desenvolvimento do Milênio, e até maneiras como as metas podem ser alcançadas, tais como a promessa de aumento da assistência dos doadores feita no Consenso de Monterrey. No entanto, quando se trata da prática real, onde a coisa é para valer nos planos de redução da pobreza, as Metas de Desenvolvimento do Milênio expressaram apenas aspirações vagas, em vez de objetivos operacionais. Dizem aos países para cuidar de suas vidas, sem nenhuma esperança de cumprir as MDMs. O FMI e o Banco Mundial revelam personalidades divididas ao defender as MDMs em discursos públicos e aprovar programas que não as cumprirão e, em particular, reconhecem que tudo continuará na mesma e que elas não podem ser alcançadas!

Eis como hoje a ajuda abre caminho realmente através do encanamento. Quando o primeiro-ministro Meles Zenawi ou seus colegas da África, Ásia e América Latina comandam a preparação em seus países dos planos de redução da pobreza, é dito a eles que sejam "realistas", significando que devem aceitar os limites atuais dos recursos restritos dos doadores.

Operacionalmente, as equipes do FMI e do Banco Mundial fazem rodadas de telefonemas para cabalar a comunidade "bilateral" de doadores, ou seja, as agências de ajuda dos países ricos. Eles contatam essas agências para obter uma previsão do nível de ajuda que cada uma delas provavelmente oferecerá no ano seguinte. Essas quantias são totalizadas e depois transmitidas ao país receptor. Para a Etiópia dizem, por exemplo: "Vocês podem esperar em torno de US$ 1 bilhão no próximo ano. Por favor, nos digam o que pretendem fazer com essa ajuda".

Sabedor da probabilidade de certa quantia de ajuda, o país receptor deve fazer uma consulta pública ampla para preparar o plano de redução da pobreza, inclusive como a ajuda será distribuída. A insistência da comunidade internacional na ampla participação pública no traçado desses planos destina-se a atingir quatro objetivos principais: 1) melhor priorização dos planos de investimento; 2) aumento da consciência pública sobre programas de redução da pobreza; 3) mobilização de ONGs e grupos comunitários na luta contra a pobreza; e 4) fomentar mais "anticorpos" políticos contra a corrupção.

Tudo isso está bem; com efeito, tem um sucesso razoável na promoção da participação pública. O que falta no processo são as ligações práticas entre as Metas de Desenvolvimento do Milênio e os planos de redução da pobreza. Nos arranjos atuais, apresenta-se ao país um fato consumado: "Eis a quantia de ajuda que vocês receberão". Em vez disso, o processo deveria ser o inverso. O primeiro passo deveria ser descobrir do que o país de fato precisa em termos de assistência externa. Depois disso, o FMI e o Banco Mundial deveriam partir para levantar a quantia necessária junto aos doadores!

Para mostrar como seria simples adotar essa abordagem, darei outro exemplo recente, o plano de redução da pobreza de Gana. Trata-se de um dos países mais bem governados e administrados da África. É uma democracia estável, multipartidária, com grau de alfabetização relativamente alto (92% dos jovens entre 15 e 24 anos) e nível de corrupção modesto, se comparado com o de outros países de renda semelhante. O país sofre de considerável miséria. Tal como outras nações africanas, Gana não conseguiu diversificar sua base de exportações para além das commodities primárias, principalmente cacau. Faltam-lhe recursos internos necessários para financiar investimentos essenciais em saúde, educação, estradas, energia e outros elementos infra-estruturais. O país caiu numa grave crise financeira e da dívida no início dos anos 1980, e desde então o governo foi pressionado para pagar suas dívidas mensais, muito menos do que para expandir seus níveis de investimento público.

O governo de Gana chegou às mesmas conclusões quando apresentou a Estratégia de Redução da Pobreza em Gana (ERPG) em 2002, sua versão do plano de redução da pobreza. O país levou a sério as Metas de Desenvolvimento do

Milênio e apresentou uma estratégia baseada nos investimentos de que precisaria para cumprir as MDMs. O plano pedia um grande aumento na escala dos investimentos públicos nos setores sociais e de infra-estrutura e calculava que seria preciso uma ajuda dos doadores de cerca de US$ 8 bilhões ao longo de cinco anos, ou perto de US$ 75 dólares por habitante por ano durante esse período. A estratégia de Gana fui excepcionalmente bem projetada e defendida, mas os doadores torceram o nariz. A primeira redação foi rejeitada por eles. O governo cortou suas ambições e diminuiu o pedido de ajuda para US$ 6 bilhões em cinco anos. Os doadores torceram o nariz de novo. O plano foi cortado novamente. No final desse processo penoso, o plano de redução da pobreza ganhou cerca de US$ 2 bilhões para o período de cinco anos.

Quando estive recentemente em Acra, capital do país, um representante muito simpático da Comissão Européia me disse: "Mas, professor Sachs, o plano original simplesmente não era realista". "O que você quer dizer com realista?", retruquei. "Significa que não era realista porque o programa era mal planejado, ou porque os doadores não pagariam a conta?" "Ah, quis dizer só a última coisa, professor Sachs. A estratégia era excelente, mas não poderíamos chegar perto do pedido de US$ 8 bilhões." Parece que realismo é o que está nos olhos de quem observa. Eu teria pensado que o plano original era realista porque tinha por objetivo cumprir as próprias metas que o mundo endossara. O plano final me pareceu *irrealista* porque não pode mais alcançar as MDMs. Os doadores, evidentemente, queriam dizer outra coisa quando falavam de realismo. Para eles, realismo significava conveniência e, especificamente, enfiar as necessidades financeiras de Gana na camisa-de-força de um pacote de ajuda insuficiente.

UMA ESTRATÉGIA DE REDUÇÃO DA POBREZA BASEADA NAS METAS DE DESENVOLVIMENTO DO MILÊNIO

Ainda assim, não me desespero. Gana pode ter, em breve, uma estratégia baseada nas Metas de Desenvolvimento do Milênio. Um motivo é que o trabalho criativo do Banco Mundial, das agências da ONU e dos doadores bilaterais preparou de fato o sistema de encanamento para receber um fluxo muito maior de recursos. Os doadores de Gana já alcançaram importantes acordos para coordenar (ou "harmonizar") seus esforços em torno da estratégia ganense. Eles concordaram em simplificar os próprios procedimentos de ajuda e, na verdade, fazer um fundo comum de recursos financeiros para apoiar o plano.

Na sopa de letrinhas da ajuda dos doadores, o novo programa para Gana é chamado de Apoio ao Orçamento dos Multidoadores (MDBS) [Multi-Donor Budget Support]. De acordo com ele, os doadores concordaram em dar o dinheiro diretamente ao orçamento de Gana para que o governo possa realizar os investimentos públicos que identificou como os prioritários para a redução da pobreza. No caso de Gana, um plano de desenvolvimento viável (ERPG) e o encanamento financeiro para dar suporte ao plano já estão em funcionamento. O que o país precisa agora é de um fluxo adequado de dinheiro vivo.

Uma verdadeira estratégia de redução da pobreza baseada nas MDMs teria cinco partes:

- Um *diagnóstico diferencial* que identifique as políticas e os investimentos de que o país precisa para cumprir as Metas de Desenvolvimento do Milênio.
- Um *plano de investimentos* que mostre o tamanho, a cronologia e os custos dos investimentos necessários.
- Um *plano financeiro* para dar fundos ao plano de investimento, incluindo o cálculo da lacuna de financiamento das Metas de Desenvolvimento do Milênio, a parte das necessidades financeiras que os doadores terão de preencher.
- Um *plano dos doadores* que estabeleça os compromissos multianuais deles para preencher a lacuna de financiamento das MDMs.
- Um *plano de gestão pública* que delineie os mecanismos de governança e administração pública que ajudarão a implementar a estratégia de expansão do investimento público.

Combinadas, essas cinco partes acabariam com a explicação predileta atual dos doadores para não aumentar a ajuda aos países miseráveis: a alegada falta de "capacidade de absorção" de mais ajuda. Como podemos aumentar a escala do setor de saúde, perguntam os doadores, se os países carecem de médicos, enfermeiras e clínicas para oferecer serviços de saúde? Essa pergunta engana-se a respeito de todo o propósito da ajuda. Claro que não existem médicos e enfermeiras suficientes agora. Mas e daqui a quatro, seis, ou dez anos? Com mais ajuda, poderá haver mais médicos, enfermeiras e clínicas. Ir da situação atual para outra no futuro é uma questão de planejamento de rotina, não de heroísmo.

Em um período de alguns anos, por exemplo, os médicos do país que foram para o exterior poderiam ser atraídos de volta com melhores salários, cobertos em parte pela ajuda dos doadores. Em dois ou três anos, milhares de trabalhadores comunitários da saúde poderiam ter treinamento, financiado pela ajuda dos doadores. Em cinco anos, as turmas que se formam nas escolas de medicina poderiam ser maiores, com as despesas cobertas em parte pela ajuda dos doadores. E, dentro de dez anos, seria possível construir novas escolas de medicina no país, com financiamento da ajuda dos doadores. A limitação da capacidade de absorção não é um argumento contra a ajuda, mas a própria razão da necessidade dela! A solução é investir essa ajuda ao longo de uma década, de tal modo que a capacidade de absorção possa ser aumentada passo a passo, de forma previsível.

No capítulo anterior, discutimos a essência do diagnóstico diferencial e do plano de investimentos, especificamente as áreas de investimentos prioritários em infra-estrutura e serviços sociais que podem tirar um país da armadilha da pobreza. Volto-me agora para os três últimos elementos da estratégia de redução da pobreza baseada nas MDMs: o plano financeiro, o plano dos doadores e o plano de gestão pública.

O plano financeiro e a lacuna de financiamento das Metas de Desenvolvimento do Milênio

Um plano financeiro adequado começa com uma estimativa do custo unitário do fornecimento de investimentos essenciais: professores, salas de aula, kilowatts-hora de eletricidade, centros de saúde, quilômetros de estrada, e assim por diante, e depois examina o número crescente de habitantes que serão cobertos por essas intervenções. Os custos do aumento em escala devem ser calculados com bastante detalhe e não devem cobrir apenas os custos de capital dos projetos, mas também os custos de operação e manutenção. No passado, os doadores ajudaram muitas vezes os países a construir clínicas, mas depois rejeitaram o pedido de ajuda para cobrir os salários dos médicos e enfermeiras para essas clínicas. O resultado previsível foi a construção de cascas vazias, em vez de centros de saúde em funcionamento. Os doadores precisam estar preparados para financiar não somente a infra-estrutura física, mas também os salários dos trabalhadores do setor público.

Durante a era de ajustes dos anos 1980 e 1990, o FMI, o Banco Mundial e a comunidade de doadores aceitaram amiúde a necessidade de financiamentos maiores para a saúde e a educação, mas disseram que os pobres deveriam pagar por isso. Argumentos semelhantes são usados hoje em relação à privatização dos serviços de água e saneamento. "Sim, mobilizemos novos investimentos em água e saneamento, mas façamos isso por meio do setor privado. Os pobres podem pagar pela melhoria dos serviços." Em alguns casos, os doadores apoiaram uma fórmula de compromisso chamada marketing social, na qual não se pede aos pobres que paguem todo o custo do serviço, mas parte dele, enquanto os doadores arcam com o resto. O marketing social foi utilizado, por exemplo, na venda de contraceptivos e de mosquiteiros antimaláricos. Essas recomendações fracassaram várias vezes. Elas eram irrealistas no que se refere ao que os pobres podem pagar, que é, em geral, pouco ou nada. Os miseráveis não têm o suficiente nem para comer, muito menos para pagar por eletricidade, água, mosquiteiros ou anticoncepcionais. A história das taxas de uso impostas aos pobres é uma história dos pobres sendo excluídos dos serviços básicos.

O plano financeiro, portanto, deve incluir um quadro realista do que os pobres podem e não podem efetivamente pagar. O Projeto Milênio da ONU, seguindo recomendações similares da Comissão de Macroeconomia e Saúde da OMS, recomenda que as taxas dos usuários devem ser eliminadas totalmente para os serviços essenciais de saúde e da educação primária nos países pobres. Quanto a água, saneamento e energia, o projeto endossa fortemente o uso de tarifas mínimas, explicado anteriormente. Nesse sistema, cada residência tem um fornecimento fixo garantido de eletricidade e água potável; acima desse limite, paga o registrado pelo relógio medidor.

O plano financeiro deve também estimar a proporção do PIB em receitas tributárias que pode ser direcionada para as Metas de Desenvolvimento do Milênio. Aqui também o realismo é vital. Os países pobres só podem levantar em tributos quantias limitadas. Não é possível extrair impostos dos pobres, do mesmo modo que não se lhes pode arrancar tarifas de utilização. A tentativa de elevar muito os impostos resulta no aumento da evasão fiscal e em graves distorções econômicas. Quando a Comissão de Macroeconomia e Saúde examinou essa questão, o representante do FMI na comissão sugeriu que se supusesse que um país de baixa renda poderia mobilizar 1% do PIB em receitas fiscais para o setor de saúde até 2007 e mais 2% do PIB até 2015. O Projeto Milênio da ONU adotou a mesma abordagem, supondo que países de baixa renda podem levantar mais 4% do PIB até 2015 para *todos* os investimentos relacionados com as MDMs.

Com esses pressupostos, é possível calcular uma lacuna de financiamento das Metas de Desenvolvimento do Milênio, que mede quanto a comunidade dos doadores teria de contribuir para possibilitar que o país de baixa renda financie seu plano de investimentos. O próximo capítulo apresenta em detalhes esses cálculos. Um ponto a ser destacado aqui é que a ajuda será necessária não apenas por poucos anos, mas por boa parte do período (ou todo) que vai até 2025. Os planos de financiamento não podem esperar que os países pobres assumam de repente toda a conta dos projetos dentro de poucos anos. A sustentabilidade dos planos de investimento exigirá financiamento em larga escala e sustentado dos doadores durante pelo menos uma década e, em muitos casos, por duas décadas.

O plano dos doadores

Os doadores enfatizam muito a necessidade de que os países melhorem sua governança, mas muito pouca ênfase é dada à necessidade dos próprios doadores de melhorar seu desempenho. Como parte de cada estratégia de redução da pobreza baseada nas MDMs, precisamos de um plano dos doadores que explique de forma transparente como seus compromissos serão cumpridos. Um plano dos doadores deve se concentrar em quatro aspectos do fluxo de ajuda:

- *Magnitude.* A ajuda precisa ser suficientemente grande para permitir que o país receptor financie seu plano de investimento.
- *Timing.* A ajuda precisa ser suficientemente longa para permitir que o país receptor desenvolva um programa de aumento de escala de dez anos.
- *Previsibilidade.* A ajuda precisa ser suficientemente previsível para que interrupções e retomadas nos fluxos de ajuda não ponham em risco o programa de investimentos ou a estabilidade macroeconômica do país receptor.
- *Harmonização.* A ajuda precisa apoiar a estratégia de redução da pobreza baseada nas MDMs e, especificamente, o plano de investimentos, em vez dos projetos prediletos das agências de ajuda.

Quero enfatizar por que a previsibilidade da ajuda será quase tão importante quanto sua quantia total. Se quisermos acabar com a pobreza, será preciso uma ajuda de cerca de US$ 60 por pessoa por ano aos países mais pobres. Mas esse nível de ajuda constituirá por volta de 20% a 30% do PIB quando as rendas per capita estão na faixa de US$ 200 a US$ 300 por pessoa por ano. Quando o fluxo de ajuda constitui uma parte tão grande do PIB, flutuações inesperadas nesse fluxo podem causar um enorme choque na economia. Se em certo ano os doadores dão 30% do PIB, mas, no ano seguinte, apenas 15%, o resultado será demissões em massa, descontinuidade de serviços públicos, enormes déficits orçamentários e inflação. Para evitar essa ameaça, a ajuda dos doadores deve ser altamente previsível por um período de pelo menos alguns anos.

A questão da harmonização da ajuda também é crucial. Em 2000, em uma discussão sobre a ajuda à Tanzânia, observou-se que há "trinta agências envolvidas no fornecimento de fundos para o desenvolvimento, mil projetos, 2500 missões de ajuda por ano [e] tudo com sistemas separados de contabilidade, financiamento e relatório...".[2] O presidente do Banco Mundial Jim Wolfensohn comentou:

> Acho que estamos agora numa situação em que todo mundo reconhece que ter países importunados com inumeráveis visitas de gente bem-intencionada como nós e todos os doadores bilaterais, e inumeráveis relatórios que precisam fazer a cada trimestre e pouca coordenação em termos de alguns dos mecanismos da implementação, que haverá uma grande melhora simplesmente com coordenação e melhor implementação do que a comunidade do desenvolvimento já está fazendo.[3]

A fim de harmonizar a ajuda, as várias agências deveriam funcionar com base em suas verdadeiras vantagens comparativas. Quando se trata de ajuda em larga escala para auxiliar países a expandir seus programas de investimento público, o dinheiro deveria fluir através de doadores multilaterais, como o Banco Mundial e os bancos de desenvolvimento regionais. Por que Gana deveria negociar com 23 doadores bilaterais quando o que o país realmente precisa é apoio ao orçamento para aumentar os investimentos públicos? Os 23 doadores bilaterais deveriam entrar num acordo prévio e reunir seu dinheiro no Banco Mundial ou no Banco de Desenvolvimento da África e depois deixar que essas instituições façam uma única doação. As agências bilaterais são bem melhores quando se trata de assuntos que exijam projetos individuais de pequena escala, tais como tipos específicos de assistência técnica (por exemplo, para tratar pacientes de aids ou usar energia solar), ou experiências em pequena escala, ou intercâmbios entre pessoas.

Uma estratégia de gestão pública

O financiamento é necessário, mas dificilmente suficiente para o sucesso. O dinheiro será desperdiçado ou permanecerá no banco se o governo não for capaz de implementar seu plano de investimentos. A implementação requer tempo, é claro, para planejamento, construção, treinamento e melhor fiscalização. Mas, além do tempo necessário, um bom plano de gestão pública deve ter seis componentes:

- *Descentralização.* Os investimentos são necessários em centenas de milhares de aldeias e milhares de cidades. Os detalhes terão de ser decididos em campo, nas próprias aldeias e cidades, em vez de nas capitais ou em Washington. A gestão descentralizada do investimento público é, portanto, uma condição *sine qua non* do aumento em escala.
- *Treinamento.* O setor público em todos os níveis — nacional, distrital, municipal — carece de talento para supervisionar o processo de aumento em escala. Não se trata de evitar o setor público, providência que não funcionará, mas de melhorar sua capacidade. Programas de treinamento (ou de capacitação) devem fazer parte da estratégia total.
- *Tecnologia da informação.* Se o encanamento da ajuda vai transportar fluxos cada vez maiores a cada ano, precisaremos de relógios medidores melhores, o que significará o uso de tecnologias da informação — computadores, e-mail, telefones celulares — para aumentar tremendamente a quantidade de informação transmitida no setor público e acessível a todas as partes envolvidas.
- *Marcos mensuráveis.* Objetivos muito mais claros do que deve ser alcançado devem acompanhar um grande aumento do gasto. Cada estratégia de redução da pobreza com base nas MDMs deve ser apoiada por marcos quantitativos adequados às condições, necessidades e disponibilidade de dados nacionais.

- *Auditoria.* Deixemos claro: o dinheiro tem de chegar ao seu destino determinado. Nenhum país deverá receber mais fundos se o dinheiro não for submetido à auditoria.
- *Monitoramento e avaliação.* Desde o início, a estratégia de redução da pobreza com base nas MDMs deve se preparar para ter os investimentos monitorados e avaliados. Orçamentos e mecanismos de monitoramento e avaliação devem ser partes essenciais das estratégias.

Infra-estrutura regional

Muitos investimentos importantes são regionais em sua natureza e envolvem vários países ao mesmo tempo. Veja-se o caso, já mencionado, da estrada que liga o porto queniano de Mombasa a quatro países que dependem daquele porto: Quênia, Uganda, Ruanda e Burundi. Trata-se de uma estrada semipavimentada de duas pistas que serve a mais de 1 milhão de pessoas. É malconservada e impõe custos extremamente altos ao transporte marítimo de carga que entra e sai do porto. Partes da estrada ficam freqüentemente intransitáveis. Ela deveria ser reparada conforme um projeto compartilhado pelos quatro países, em vez de projetos parciais dentro de cada país. O problema é que o Banco Mundial e outros doadores não são bons no gerenciamento de projetos multinacionais, uma vez que estão acostumados a pensar em um país de cada vez. Grupos econômicos regionais que surgiram em todo o mundo, inclusive vários na África, poderiam ajudar a conseguir uma coordenação de investimentos entre países vizinhos. Investimentos multinacionais se tornarão mais comuns, não somente em rodovias e ferrovias, mas também em serviços portuários, telecomunicações, regulamentações de mercado financeiro, preservação da biodiversidade (de florestas e bacias fluviais), controle da poluição do ar e da água, desenvolvimento de energia (hidrelétrica, geotérmica, transmissão de eletricidade) e outras áreas.

Os agrupamentos regionais também podem desempenhar outro papel importante: responsabilidade compartilhada pela governança. Os países reagem à pressão de seus pares. A União Africana está utilizando essa noção básica para lançar uma política conhecida como Mecanismo Africano de Avaliação dos Pares (APRM) [African Peer Review Mechanism], pelo qual os países voluntariamente aderem a uma revisão sistemática de governança por seus pares. Tal como a União Africana o descreve, o principal objetivo do APRM é

Promover a adoção de políticas, padrões e práticas que conduzam a estabilidade política, alto crescimento econômico, desenvolvimento sustentável e aceleração da integração econômica sub-regional e continental mediante o compartilhamento de experiências e o reforço da prática melhor e bem-sucedida, inclusive identificando deficiências e avaliando as necessidades de capacitação.[4]

A experiência de muitos outros esforços regionais, do Plano Marshall à União Européia, mostra que essas esperanças possuem grande mérito. A pressão grupal de fora pode ajudar a manter nos trilhos um governo preocupado com reformas, do mesmo modo que a esperança da Polônia de entrar para a União Européia ajudou a isolar as reformas econômicas polonesas das enormes e inapropriadas pressões de curto prazo e dos apelos populistas.

POLÍTICAS GLOBAIS PARA A REDUÇÃO DA POBREZA

Os países pobres também têm necessidades críticas que não podem ser resolvidas por investimentos nacionais ou regionais, ou por reformas das políticas internas. Há preocupações que devem ser tratadas em nível global. Quatro delas são as mais importantes:

- A crise da dívida.
- A política de comércio global.
- Ciência e desenvolvimento.
- Gestão ambiental.

A crise da dívida

Essa questão deveria ter sido resolvida há anos. Há pelo menos vinte anos sabemos que os países altamente endividados são incapazes de pagar suas dívidas ou, pelo menos, de pagá-las e alcançar as MDMs ao mesmo tempo. As dívidas deveriam simplesmente ter sido canceladas, mas os credores insistiram por tempo demais que os países mais pobres do mundo continuassem a pagar o serviço da dívida, freqüentemente em quantias que são maiores do que os gastos nacionais com saúde e educação. Na verdade, os países ricos deveriam ter feito doações aos países mais pobres, em vez de empréstimos, de tal modo que essas dívidas nem existissem.

O comportamento dos países credores em décadas recentes não suporta a comparação do compromisso e da prática dos Estados Unidos durante a formulação do Plano Marshall, quando decidiram ajudar na reconstrução da Europa com doações, em vez de empréstimos. Os planejadores do pós-guerra conheciam bem a experiência desastrosa posterior à Primeira Guerra Mundial, quando, como Keynes previra, as dívidas de guerra e as reivindicações de reparações de guerra dos aliados enredaram nações credoras e devedoras numa prolongada crise política e financeira que contribuiu para a Grande Depressão e, indiretamente, para a ascensão do fascismo. Após a Segunda Guerra Mundial, os estrategistas escolheram um caminho diferente, garantindo que as dívidas do pós-guerra não sobrecarregassem as frágeis democracias européias. Faríamos muito bem se imitássemos essa sabedoria hoje. Está na hora de cancelar imediatamente as dívidas dos países pobres altamente endividados, como parte do pacote de financiamento das estratégias de redução da pobreza baseadas nas Metas de Desenvolvimento do Milênio.

Política de comércio global

O crescimento econômico sustentado requer que os países pobres aumentem suas exportações para os países ricos e, desse modo, obtenham a moeda estrangeira necessária para importar bens de capital desses países. Contudo, as barreiras comerciais nos países ricos dificultam o crescimento das exportações. A rodada de Doha em andamento, iniciada em novembro de 2001, está comprometida — no papel, pelo menos — a melhorar o acesso aos mercados para os países pobres. Esse compromisso é de vital importância, especialmente em setores de trabalho intensivo de baixa qualificação, tais como a manufatura de vestuário. Ainda assim, duas advertências se fazem necessárias.

A primeira é que, embora o comércio exterior seja importante, o slogan popular "trade not aid" [comércio, e não ajuda] está errado. Os países pobres precisam de "comércio mais ajuda", uma vez que as reformas comerciais sozinhas não são suficientes para fazer com que os países mais pobres escapem da miséria. O lobby do "trade not aid" procura usar a importância indubitável da abertura comercial para minar a defesa da ajuda. Mesmo que as reformas comerciais aumentassem as rendas dos países mais pobres em bilhões de dólares por ano, somente uma pequena fração disso estaria disponível para o financiamento de investimentos públicos de importância vital para escapar da armadilha da pobreza. Quando enormes ganhos são atribuídos às reformas comerciais (centenas de bilhões de dólares), precisamos olhar com cuidado: quase todos esses ganhos vão para os países mais ricos e de renda média, não para os mais pobres e, em especial, não para os mais pobres da África. Afinal, como poderia o comércio exterior sozinho possibilitar que aldeias rurais isoladas da África atendessem a suas necessidades básicas?

A segunda advertência é contra os exageros no que tange à liberalização do comércio mundial de produtos agrícolas. Não há dúvida de que essa liberalização seria uma coisa boa. A Europa, por exemplo, desperdiça incríveis quantidades de dinheiro subsidiando seus agricultores de alto custo e poderia atingir outras metas (preservação ambiental) de modo muito mais barato. Mas está errado concluir que o fim dos subsídios agrícolas seria um grande favor para os países menos desenvolvidos da África e de outras regiões do mundo. Se a Europa cortar seus subsídios para gêneros básicos (trigo, milho), as conseqüências para a África bem poderiam ser negativas, pois se trata de uma região importadora líquida de alimentos: os consumidores de alimentos pagariam preços mais altos por eles, enquanto os agricultores se beneficiariam. Os efeitos sobre a pobreza poderiam ser positivos ou negativos, mas é muito improvável que fossem enormemente benéficos. A África será beneficiada sem dúvida com a liberalização do comércio de produtos tropicais (por exemplo, algodão, açúcar, banana), mas os subsídios para produtos tropicais são apenas uma parte muito pequena dos amplamente divulgados US$ 300 bilhões em apoio artificial aos agricultores dos países ricos. Em suma, liberalize-se o comércio agrícola, mas não se acredite que seja uma panacéia. Os benefícios irão em avassaladora medida para os grandes exportadores de alimentos: Estados Unidos, Canadá, Argentina, Brasil e Austrália.

Ciência para o desenvolvimento

Muitas das mudanças essenciais no desenvolvimento econômico de longo prazo foram causadas por novas tecnologias: a Revolução Verde para a produção de alimentos, vacinas e imunizações, mosquiteiros antimaláricos, terapias de reidratação oral, agrossilvicultura para repor os nutrientes do solo, medicamentos anti-retrovirais. Em quase todos esses casos, as tecnologias foram desenvolvidas inicialmente para os mercados dos países ricos, ou foram patrocinadas para as nações pobres num processo especial liderado por doadores. Infelizmente, é muito raro que as tecnologias sejam desenvolvidas pelo setor privado para enfrentar desafios específicos nos países pobres (por exemplo, para alimentos ou doenças tropicais). Os mais pobres dos pobres simplesmente não oferecem suficiente incentivo de mercado para a pesquisa e desenvolvimento do setor privado.

Reconhecendo-se que os pobres serão provavelmente ignorados pela comunidade científica internacional — a não ser que se façam esforços especiais —, é essencial identificar as necessidades prioritárias da pesquisa científica em relação aos pobres, e depois mobilizar a assistência exigida dos doadores para estimular a pesquisa e desenvolvimento. Eis algumas áreas de especial importância, baseando-se no trabalho de vários organismos científicos em anos recentes que exploraram essa questão:

- Doenças dos pobres: novas medidas preventivas, de diagnóstico e terapêuticas para moléstias específicas de países de baixa renda, especialmente doenças tropicais.
- Agricultura tropical: novas variedades de sementes, técnicas de gestão hídrica e técnicas de gestão do solo.
- Sistemas de energia em zonas rurais remotas: tecnologias especiais para energia fora da rede, inclusive fontes renováveis (por exemplo, células fotovoltaicas), geradores, baterias melhores e iluminação econômica.
- Previsão climática e ajustes a ela: melhoria da mensuração de mudanças climáticas sazonais, anuais e de longo prazo, tendo em vista a previsão, bem como o ajuste a essas mudanças.
- Gestão hídrica: tecnologias aperfeiçoadas para colheita de água da chuva, dessalinização, irrigação em pequena escala e melhoria da gestão de aqüíferos que estão sendo esgotados pelo excesso de uso. A água ganhará importância à medida que as densidades populacionais e as mudanças climáticas interagirem para produzir mais regiões com escassez aguda de água.
- Gestão sustentável de ecossistemas: os ecossistemas frágeis em todo o mundo (recifes de corais, manguezais, pesqueiros, florestas tropicais,

para citar alguns) estão sucumbindo às forças antropogênicas, freqüentemente com conseqüências calamitosas. Em muitos casos, as comunidades pobres não possuem a capacidade técnica de monitorar as mudanças ou reagir de maneira eficaz e sustentável.

O Projeto Milênio da ONU recomenda o apoio dos doadores globais da ordem de US$ 7 bilhões por ano para atender às necessidades prioritárias de P&D em saúde, agricultura, energia, clima, água e preservação da biodiversidade nos países mais pobres. Esforços científicos direcionados resultaram em enormes benefícios no passado. A Fundação Rockefeller financiou a pesquisa que levou à vacina contra a febre amarela, em 1928, e boa parte da pesquisa agrícola que levou à Revolução Verde. Em anos recentes, a Fundação Bill e Melinda Gates financiou amplas pesquisas sobre aids, tuberculose, malária e outras moléstias que afligem os pobres. A GlaxoSmithKline, trabalhando junto com a Fundação Gates, anunciou recentemente avanços promissores na busca de uma vacina para a malária, embora uma vacina testada para uso na África ainda esteja a anos de distância. A fim de estimular a pesquisa e os testes clínicos necessários de novas vacinas, recomendei, junto com o economista de Harvard Michael Kremer, que as agências doadoras e o Fundo Global de Combate à Aids, Tuberculose e Malária se comprometam de antemão a comprar em larga escala uma vacina eficaz para distribuição na África, criando assim um incentivo financeiro para sua pesquisa e desenvolvimento.

Gestão ambiental

Ainda que os efeitos locais da mudança climática global sejam extremamente difíceis de prever, podemos ter certeza de que muitos dos lugares mais pobres do mundo correm o risco de ser esmagados por choques climáticos vindos de fora de suas fronteiras. A elevação do nível dos oceanos associada ao aquecimento global de longo prazo inundará provavelmente regiões pobres como Bangladesh e pequenas economias insulares. A mudança de padrão pluviométrico, como as baixas de precipitação no Sahel africano e aquelas associadas ao aquecimento de longo prazo do oceano Índico ocorrerão provavelmente em outros lugares. Um aumento da freqüência e da intensidade dos ciclos climáticos do El Niño poderia causar distúrbios importantes para centenas de milhões de pessoas na Ásia, América Latina e África. Mudanças na composição química dos oceanos associadas às crescentes concentrações de dióxido de carbono na atmosfera poderiam envenenar os recifes de corais, com os conseqüentes efeitos desastrosos sobre os ecossistemas costeiros e economias litorâneas.

Os mais pobres dos pobres são, em geral, vítimas inocentes desse drama. A principal causa da mudança climática de longo prazo, a queima de combustíveis fósseis, é o resultado desproporcional de ações dos países ricos. Qualquer abordagem global responsável da redução da pobreza deveria incluir uma atenção muito maior para três coisas. Primeiro, os próprios países ricos e, em particular, os Estados Unidos, terão de cumprir seu velho compromisso, perante a Convenção-Quadro das Nações Unidas sobre Mudança de Clima, para com a "estabilização das concentrações de gases de efeito estufa em um nível que impediria a interferência antropogênica perigosa no sistema climático".[5] Em segundo lugar, os países ricos terão de dar maior assistência financeira aos países pobres para que eles possam reagir efetivamente, ou pelo menos agüentar as mudanças futuras. Em terceiro lugar, como observei antes, os países ricos terão de investir mais em ciência do clima para obter uma compreensão mais clara de como as mudanças já em andamento irão provavelmente afetar os povos mais pobres do mundo, bem como todos nós.

QUEM CONDUZ O SISTEMA INTERNACIONAL?

Os países pobres referem-se eufemisticamente às agências da ONU, a doadores bilaterais e a instituições de Bretton Woods como seus "parceiros de desenvolvimento". Na melhor das circunstâncias, essas agências e os governos atuam realmente como parceiros. Porém, com freqüência, elas podem ser causa tanto de aborrecimento quanto de ajuda. Os fluxos de ajuda são amiúde pequenos e imprevisíveis, ao mesmo tempo que centenas de projetos de pequena escala consomem o tempo e a atenção de governos empobrecidos e sobrecarregados. A harmonização da ajuda em apoio de uma única estratégia de redução da pobreza baseada nas MDMs é vital.

Para harmonizar a ajuda, no entanto, os próprios parceiros precisam melhorar as suas relações. A solução, acredito, é tirar melhor proveito do sistema das Nações Unidas. O secretário-geral da ONU é a autoridade mais bem situada do mundo para ajudar a coordenar os vários interessados que devem contribuir para a realização das Metas de Desenvolvimento do Milênio. As agências da ONU oferecem expertise vitalmente importante em todos os aspectos do desenvolvimento. Uma lista parcial dessas agências e de suas áreas centrais de competência é mostrada na tabela 1. Com o comando do secretário-geral e funcionando por meio do Programa das Nações Unidas para o Desenvolvimento (PNUD), cada país de baixa renda deveria contar com o benefício de uma equipe própria unida e efetiva das Nações Unidas que coordenaria em um único lugar o trabalho das agências especializadas da ONU, do FMI e do Banco Mundial. Em cada país, sua equipe especial da ONU deveria ser comandada por um único coordenador residente da ONU, que responderia perante o administrador do PNUD, que, por sua vez, responde ao secretário-geral. Essa equipe da ONU específica do país é vital para oferecer a cada um dos países pobres o melhor da ciência internacional voltado para a fuga da armadilha da pobreza e para conseguir um desenvolvimento sustentável.

Por que faço essa pregação sobre assuntos domésticos tão óbvios? Porque o sistema atual é surpreendentemente disfuncional, a tal ponto que, às vezes, o FMI e o Banco Mundial mal falam com as agências da ONU, ainda que todos dependam uns dos outros. Nos últimos vinte anos, os países ricos atribuíram ao FMI e ao Banco Mundial uma posição privilegiada em relação às agências da ONU, tanto que elas tinham, às vezes, de me telefonar simplesmente para saber o que o FMI estava fazendo em determinado país. Elas não tinham o acesso direto para descobrir por conta própria.

É fácil explicar por que o FMI e o Banco Mundial ganharam essa posição privilegiada. Como diz o velho conselho policial, siga o dinheiro. Os países ricos têm muito mais controle sobre esses dois órgãos do que sobre as agências da ONU. Diferentemente do que ocorre na Assembléia-Geral da ONU e na maioria dos conselhos de direção das agências especializadas, onde vale "um país, um voto", no FMI e no Banco Mundial o que vale é "um dólar, um voto". Cada membro desses organismos entra com uma certa cota, que determina os direitos de voto do país e o tamanho da sua subscrição. Desse modo, os países ricos mantêm a maioria dos votos. Essa maioria levou os Estados Unidos, em particular, a usar mais o FMI e o Banco Mundial, que controla com mais facilidade, do que as agências da ONU, sobre as quais têm muito menos influência.

O problema é que o FMI e o Banco Mundial simplesmente não podem cum-

TABELA 1 — AGÊNCIAS DA ONU DE DESENVOLVIMENTO (LISTA PARCIAL)

AGÊNCIA	SIGLA	ÁREAS CENTRAIS DE PREOCUPAÇÃO NOS PAÍSES EM DESENVOLVIMENTO
INSTITUIÇÕES DE BRETTON WOODS		
Fundo Monetário Internacional	FMI	Oferece assistência aos países em desenvolvimento sobre questões financeiras e orçamentárias e assistência financeira temporária para ajudar a facilitar ajustes macroeconômicos.
Banco Mundial		Oferece empréstimos e doações, consultoria e assistência técnica para ajudar países de baixa e média renda a combater a pobreza.
Organização para a Agricultura e Alimentação	FAO	Lidera a luta contra a fome, oferecendo consultoria e assistência técnica.
Fundo Internacional para o Desenvolvimento Agrícola	FIDA	Financia projetos de desenvolvimento agrícola para aumentar a produção de alimentos e melhorar a nutrição.
Programa das Nações Unidas para o Desenvolvimento	PNUD	Serve como rede global de desenvolvimento da ONU; também tem programas para fortalecer a governança democrática nos países em desenvolvimento, combater a pobreza, melhorar a educação e a saúde, proteger o meio ambiente e enfrentar crises.
Programa das Nações Unidas para o Meio Ambiente	PNUMA	Ajuda os países a cuidar do meio ambiente mediante projetos e apoio técnico-científico
Programa das Nações Unidas para Assentamentos Humanos	UN-HABITAT	Promove cidades e vilas social e ambientalmente sustentáveis com o objetivo de oferecer abrigo adequado a todos.
Fundo de População da ONU	UNFPA	Ajuda os países a estabelecer programas de saúde populacional e reprodutiva.
Fundo das Nações Unidas para a Infância	UNICEF	Melhora a vida das crianças, em particular por meio de programas que promovem educação, saúde e proteção da infância.
Programa Mundial de Alimentação	PMA	Agência de frente na luta contra a fome global, alimentando mais de 100 milhões de pessoas em 81 países em 2003, inclusive a maior parte dos refugiados e pessoas deslocadas internamente.
Organização Mundial da Saúde	OMS	Oferece assistência técnica vital a países sobre investimentos em saúde.

prir suas tarefas sem uma cooperação muito mais próxima com as agências da ONU. Os dois são instituições generalistas, o FMI para questões macroeconômicas (orçamento, finanças, taxa de câmbio) e o Banco Mundial para questões de desenvolvimento. As agências da ONU são instituições especializadas. O UNICEF, por exemplo, possui grande conhecimento em saúde e educação infantil; o Fundo de População das Nações Unidas tem expertise incomparável em planejamento familiar; a Organização para a Agricultura e Alimentação (FAO) [Food and Agriculture Organization] não tem rivais na agricultura; a Organização Mundial da Saúde (OMS) tem capacidade ímpar em saúde pública e controle de doenças; o Programa das Nações Unidas para o Desenvolvimento (PNUD) é inigualável na capacitação e governança; e assim por diante. Por outro lado, as agências especializadas raramente possuem a visão macroeconômica que é parte importante da perspectiva do FMI e do Banco Mundial. Sem uma parceria muito mais próxima das agências especializadas com o FMI e o Banco Mundial, nenhuma dessas instituições pode fazer seu trabalho de forma adequada.

Próximos passos

A miséria é uma armadilha que pode ser desmontada mediante investimentos direcionados, se os investimentos necessários forem testados e aprovados e o programa de investimento puder ser implementado como parte de um pacto global entre países ricos e pobres, centrado numa estratégia de redução da pobreza baseada nas Metas de Desenvolvimento do Milênio. Tudo isso é grande novidade. Mas temos condições financeiras de fazer tudo isso? Ajudar os pobres levaria os ricos à falência? Respondo a essa pergunta subjacente, com alguns detalhes, no próximo capítulo.

15. Os ricos têm condições de ajudar os pobres?

Pode parecer muito imprudente pedir ao mundo rico que assuma a responsabilidade de ajudar os mais pobres dos pobres a escapar da armadilha da pobreza. A tarefa não é apenas ingrata e infindável, como pode quebrar a economia — ou, pelo menos, é o que se costuma pensar. Afinal, os próprios programas de bem-estar social do mundo rico não se revelaram um peso insustentável? Os países ricos não estão numa confusão fiscal suficiente com os problemas que já assumiram? Como pode o mundo rico assumir a responsabilidade por bilhões de pessoas que vivem fora de suas fronteiras, em países com populações em crescimento rápido? São todas questões razoáveis. Felizmente, elas têm respostas razoáveis. Quanto mais se pensa, mas se percebe que a questão não é se o mundo rico tem condições de ajudar os pobres, mas se pode dar-se ao luxo de não ajudá-los.

A verdade é que agora o custo é provavelmente pequeno em comparação com qualquer medição relevante — renda, impostos, os custos de mais adiamentos e os benefícios de agir. E, o que é mais importante, a tarefa pode ser executada dentro dos limites daquilo que o mundo rico já empenhou: 0,7% do produto nacional bruto do mundo de alta renda, meros US$ 0,07 de cada US$ 10 de renda. Todo o incessante debate sobre assistência ao desenvolvimento, e se os ricos estão fazendo o suficiente para ajudar os pobres, diz respeito, na verdade, a menos de 1% da renda do mundo rico. Com efeito, o esforço exigido dos ricos é tão insignificante que fazer menos que isso é declarar descaradamente a uma grande parte do mundo: "Vocês não valem nada". Portanto, não deveríamos nos surpreender se em anos posteriores os ricos colherem as tempestades dessa semeadura impiedosa.

Há cinco razões para que o grau do esforço exigido seja, na realidade, tão modesto. Primeiro, a quantidade de miseráveis diminuiu para uma proporção relativamente pequena da população mundial. O Banco Mundial estima que cerca de 1,1 bilhão de pessoas vivem na extrema pobreza hoje, um pouco menos do que um quinto da população global.[1] Uma geração atrás, essa proporção estava em torno de um terço. Duas gerações atrás, essa proporção estava perto da metade. A proporção da população mundial que ainda está atolada na miséria é, em termos relativos, administrável.

O segundo motivo é que a meta é acabar com a pobreza *extrema*, não com toda pobreza, e ainda menos, equiparar as rendas mundiais ou acabar com a distância entre ricos e pobres. Isso pode acabar acontecendo, mas, para tanto, os pobres terão de ficar ricos graças aos próprios esforços. Os ricos podem ajudar muito dando aos miseráveis alguma assistência para arrancá-los da armadilha da pobreza que agora os aprisiona.

Em terceiro lugar, o sucesso na eliminação da armadilha da pobreza será muito mais fácil do que parece. Durante demasiado tempo, o pensamento econômico esteve excessivamente voltado para a questão errada — como enquadrar os países pobres nos modelos dos manuais de boa governança ou de economia eficiente de mercado. Pouco foi feito para identificar as intervenções de baixo custo específicas e comprovadas que podem fazer diferença nos padrões de vida e no crescimento econômico. Quando nos voltamos para a prática e falamos de investimentos em áreas específicas — estradas, energia, transporte, solos, água e saneamento, controle de moléstias —, a tarefa fica subitamente muito menos assustadora.

Em quarto lugar, o mundo rico de hoje é imensamente rico. Um esforço para acabar com a pobreza extrema que pareceria fora de cogitaçãoo há uma ou duas gerações está agora ao alcance porque os custos são uma fração mínima da renda enormemente expandida do mundo rico. Em especial para os Estados Unidos, parte da solução para fazer os doadores honrarem seus compromissos com os miseráveis do mundo é atribuir mais responsabilidade aos mais ricos dos ricos, não ao contribuinte médio, mas àqueles que estão no topo das classificações de renda. Os ricos podem pagar por uma proporção significativa do que é preciso ser feito, seja por meio de um aumento modesto na tributação, seja por uma explosão de filantropia em larga escala, à altura de sua vasta riqueza.

Por fim, nossas ferramentas são mais poderosas do que nunca. Os telefones celulares e a internet estão acabando com a fome de informação das áreas rurais da Ásia e da África. O aperfeiçoamento dos sistemas logísticos permite agora que indústrias globais operem lucrativamente em regiões distantes. Práticas agrícolas modernas, entre elas a melhoria de sementes, a agrobiotecnologia e a gestão científica dos nutrientes do solo, estão recuperando terras de há muito degradadas, ou abrindo novas terras consideradas antes inférteis. Novos métodos de prevenção e controle de doenças oferecem a perspectiva de novos horizontes na prática médica. É verdade que esses investimentos ainda atingem apenas uma pequena fração dos mais pobres dos pobres. No cerne da redução da pobreza está a estratégia de aumentar a escala dos investimentos essenciais em infra-estrutura, saúde e educação, os quais se tornaram muitíssimo mais eficazes graças ao rápido progresso tecnológico.

Apresento aqui alguns cálculos de quanto custará a realização da tarefa, e quem deve pagar.

O MAIS SIMPLES DOS CÁLCULOS

A primeira abordagem do problema — a mais simples, mas ainda assim esclarecedora — é perguntar quanta renda teria de ser transferida dos países ricos aos pobres para elevar os miseráveis do mundo a um nível de renda suficiente para satisfazer suas necessidades básicas. Martin Ravaillon e seus colegas da equipe de pobreza do Banco Mundial reuniram dados para resolver essa questão, ao menos aproximadamente. O Banco Mundial estima que satisfazer as necessidades básicas requer US$ 1,08 por dia por pessoa, baseados em preços ajustados do poder de compra de 1993. Utilizando pesquisas domiciliares, a equipe de Ravaillon calculou o número de pessoas pobres em todo o mundo que vive abaixo desse patamar e a renda média dessas pessoas.[2]

De acordo com essas estimativas, 1,1 bilhão de pessoas viviam abaixo do nível de US$ 1,08 em 2001, com uma renda média de US$ 0,77 por dia, ou US$ 281 por ano. Ou seja, essas pessoas tinham um déficit em relação às necessidades básicas de US$ 0,31 por dia, ou de US$ 113 por ano. Em todo o mundo, o déficit total de renda dos pobres em 2001 foi, portanto, de US$ 113 por ano por pessoa multiplicados por 1,1 bilhão de pessoas, ou US$ 124 bilhões.

Usando as mesmas unidades (poder de compra de 1993 em dólares ajustados), a renda dos 22 países doadores do Comitê de Assistência ao Desenvolvimento em 2001 foi de US$ 20,2 trilhões. Assim, uma transferência de 0,6% da renda dos doadores, equivalente a US$ 124 bilhões, levaria, em teoria, todos os 1,1 bilhão de miseráveis do mundo para o nível das necessidades básicas satisfeitas. O que chama atenção é que essa transferência poderia ser realizada dentro do alvo de 0,7% do PNB dos países doadores. Essa transferência não teria sido possível em 1980, quando a quantidade de miseráveis era maior (1,5 bilhão) e a renda dos países ricos era muito menor. Em 1981, a lacuna de renda total estava em torno de US$ 208 bilhões (em poder de compra de 1993) e o PNB combinado dos países doadores era de US$ 13,2 trilhões. Naquela época, teria sido necessário 1,6% da renda dos doadores em transferências para elevar os miseráveis ao nível das necessidades básicas.

O MÉTODO DE AVALIAÇÃO DAS NECESSIDADES

Exceto em emergências humanitárias, raramente a transferência direta de dinheiro é um modo satisfatório de assistência oficial ao desenvolvimento (AOD). As transferências de dinheiro podem elevar os pobres acima de níveis de renda desesperados, mas não é provável que desfaçam a armadilha da pobreza se apenas preenchem a lacuna de consumo. Para acabar com essa armadilha, como já expliquei, a assistência externa direta deve ser usada para *investimentos* em infra-estrutura e capital humano (mediante serviços públicos de saúde, nutrição e educação), dando assim poder aos pobres para que sejam mais produtivos por conta própria e pondo os países pobres na trilha do crescimento auto-sustentado.

Com o objetivo de estimar os custos dos investimentos necessários para acabar com a miséria, uma abordagem direta com seis passos específicos revelou-se extremamente útil para a Comissão de Macroeconomia e Saúde da OMS e para o Projeto Milênio da ONU. A chave é identificar um pacote central de infra-estrutura e investimentos sociais para atender às necessidades básicas e acabar com a armadilha da pobreza. Entre esses investimentos estão estradas, energia, água e saneamento, saúde, educação e similares.

Esse método de avaliar o custo dos investimentos tem os seguintes seis passos:

- Identificar o pacote de necessidades básicas.
- Identificar, para cada país, as necessidades atuais não satisfeitas da população.
- Calcular os custos de atender às necessidades não satisfeitas por meio de investimentos, levando em conta o crescimento populacional futuro.
- Calcular a parte dos investimentos que pode ser financiada pelo próprio país.
- Calcular a lacuna de financiamento das Metas de Desenvolvimento do Milênio que precisa ser coberta por doadores.
- Avaliar o tamanho das contribuições dos doadores em relação à renda deles.

Esses cálculos mostrarão o custo mundial de acabar com a miséria. Eles não pretendem sugerir que essas quantias de dinheiro deveriam ser cobradas automaticamente dos ricos e entregues aos pobres. Como enfatizei várias vezes, a transferência de fundos deve se basear em planos rigorosos específicos de cada país que sejam desenvolvidos mediante processos abertos de consulta, apoiados por boa governança dos países receptores, bem como de monitoramento e avaliação cuidadosos. Por esses motivos, o fluxo de recursos poderia, infelizmente, ser muito menor do que a avaliação das necessidades mostrará. Se restarem áreas de pobreza extrema, não será por falta de vontade dos doadores, mas por falta de capacidade do país receptor de usar o apoio dos doadores com eficácia.

O PACOTE DE NECESSIDADES BÁSICAS

A Comissão de Macroeconomia e Saúde da OMS identificou 49 serviços essenciais de saúde que constituem o pacote básico de intervenções na saúde. O Projeto Milênio da ONU expandiu essa lista e complementou-a com intervenções em outras áreas críticas — produção de alimentos e nutrição, educação, infraestrutura — para enumerar cerca de 150 intervenções ou serviços públicos aos quais o acesso deveria ser universal. Os padrões de necessidade são mínimos, consistentes com a interpretação de que a falta de acesso a esses serviços constitui pobreza extrema. Entre essas intervenções estão, por exemplo:

- Educação primária para todas as crianças, com proporções determinadas de alunos por professor.
- Programas de nutrição para todas as populações vulneráveis.
- Acesso universal a mosquiteiros antimaláricos para todas as famílias em regiões de transmissão de malária.
- Acesso a água potável e saneamento.
- Meio quilômetro de estrada pavimentada para cada mil habitantes.
- Acesso a combustíveis modernos de cozinha e fogões melhores para diminuir a poluição interna do ar.

Nos países de alta renda, essas e outras necessidades já estão 100% satisfeitas, mesmo para os relativamente pobres dessas sociedades. Isso deixa claro que a miséria (falta de acesso a necessidades básicas) é muito diferente da pobreza relativa (que ocupa um lugar na base da distribuição de renda) nos países ricos. Nos países de renda média, essas intervenções também estão à disposição, em geral, da maioria, se não de toda a população.

Para satisfazer essas necessidades de uma população inteira é preciso uma década ou mais de investimentos em capital físico e humano. O próximo passo da análise é estimar a proporção da população em cada país que carece de acesso aos serviços relevantes e propor um perfil de investimento que preencha essa lacuna dentro de um período determinado de tempo. O Projeto Milênio da ONU calculou um perfil de investimento até o ano 2015 de alcance suficiente para atingir as Metas de Desenvolvimento do Milênio. É claro que tais cálculos exigem muito conhecimento específico dos países, que só pode ser obtido com alto grau de precisão dentro de cada um, mas, para o Projeto Milênio e nossos propósitos neste livro, podemos fazer algumas estimativas aproximadas.

Para cinco países em desenvolvimento — Bangladesh, Camboja, Gana, Tanzânia e Uganda — o Projeto Milênio calculou que os custos da melhoria da infra-estrutura e dos serviços sociais até o ano 2015 teriam um preço em torno de US$ 100 por pessoa por ano durante o período 2005-2015. (Todos os preços do estudo da ONU estão expressos em dólares americanos constantes de 2000.)

Uma vez que não estavam disponíveis dados sobre custos de algumas intervenções essenciais,* as reais necessidades devem ser provavelmente de US$ 110 ou mais.[3] Para o mundo rico, com sua renda anual em torno de US$ 27 mil per capita e receitas governamentais de US$ 7 mil por pessoa ou mais, US$ 110 é uma quantia muito pequena. Para os países mais pobres, no entanto, trata-se de muito dinheiro, equivalente à renda per capita da Etiópia em 2001 e a um terço da renda média per capita dos cinco países citados. Ademais, a maioria dos serviços deverá ser fornecida pelo governo. Mas as receitas dos governos de países de baixa renda estão, em geral, em torno de 10% da renda nacional. Para um país de US$ 300 per capita, portanto, as receitas internas para o orçamento nacional podem ficar em torno de US$ 30 per capita, menos de um terço do custo do fornecimento do pacote básico de infra-estrutura e serviços sociais.

Uma vez identificado o custo do pacote básico, o próximo passo é descobrir quem pode pagar pelo quê. Ao menos numa pequena medida, as famílias podem pagar com sua renda por algumas de suas necessidades básicas, por exemplo, mediante compra de fornecedores do setor privado. O governo pode fornecer uma fração maior a partir das receitas públicas internas. O resto constitui a "lacuna de financiamento" que os doadores internacionais terão de pagar. Para alocar essas proporções dos US$ 110 por ano, o Projeto Milênio fez as seguintes suposições. Primeiro, supõe-se que as receitas públicas direcionadas para a redução da pobreza poderiam ser aumentadas substancialmente enquanto proporção do PIB, especificamente em quatro pontos percentuais até o ano 2015. Em segundo lugar, supõe-se que para certos setores — como saúde e educação — o pacote básico seria pago inteiramente pelo setor público (usando receitas internas ou ajuda de doadores), e não pela população. Em terceiro lugar, supõe-se que as famílias poderiam pagar por parte de seu consumo de energia, fornecimento de água, serviços de saneamento e investimentos em produtividade agrícola, mas de acordo com a renda familiar: as famílias na miséria receberiam os serviços com subsídio total, o próximo grupo mais rico pagaria parte dos custos, e as famílias de renda mais alta pagariam por seus custos totais.

* Entre as intervenções que ainda não foram quantificadas estão: educação superior; infra-estrutura de estocagem e distribuição de água e combustível; sistemas de irrigação; portos e ferrovias; tecnologias da informação e da comunicação e investimentos específicos em sustentabilidade ambiental.

O compartilhamento dos custos de investimento

Com a utilização desse método, o Projeto Milênio da ONU identificou os custos totais do cumprimento das metas e a alocação desses custos entre o governo nacional, as famílias (pagando do próprio bolso) e os doadores. Os custos diferem por região por dois motivos. Primeiro, as necessidades são diferentes. Segundo, os custos da satisfação dessas necessidades diferem. Em geral, um determinado pacote de investimentos é levemente mais barato para implementar em países pobres porque os custos de mão-de-obra são mais baixos.

Com esses pressupostos, os resultados para os cinco países em desenvolvimento foram os seguintes: dos US$ 110 por pessoa por ano, as famílias poderiam pagar em torno de US$ 10, enquanto o governo poderia pagar outros US$ 35 com as receitas do orçamento. O restante, em torno de US$ 65 por pessoa por ano, constitui a lacuna financeira que os doadores terão de cobrir.

Quando se faz o mesmo cálculo para países de renda média, a situação é completamente distinta. Países como Brasil, México e Chile têm condições de fornecer todo o pacote de serviços com recursos internos. Eles não precisam da assistência de doadores para acabar com a miséria, pois possuem recursos internos suficientes para realizar essa tarefa. Evidentemente, podem ainda ter cidadãos extremamente pobres, mas, de acordo com essa análise, isso ocorre principalmente devido à falta de esforços internos. A China também tem, em larga medida, condições de cobrir suas necessidades. A Índia está justamente atravessando a linha divisória e requer uma quantia insignificante de ajuda — cerca de US$ 4 ou US$ 5 por pessoa por ano —, mas é uma quantia que diminuirá ao longo do tempo, à medida que continue o rápido desenvolvimento do país.

Em termos gerais, os países de renda média são capazes de cobrir suas necessidades, enquanto os de baixa renda exigirão pelo menos uma assistência modesta de fora para satisfazê-las até 2015. Embora um cálculo exato de custos em escala global precise de fato de uma avaliação detalhada de cada país, algumas extrapolações a partir de um pequeno grupo de estimativas detalhadas nos permitem chegar perto do esforço global exigido dos doadores. De acordo com esses cálculos, seria preciso até 2015 cerca de US$ 40 bilhões dos doadores para a África Subsaariana e talvez o dobro disso, ou seja, US$ 80 bilhões, para todo o mundo em desenvolvimento. Essa estimativa corresponde a um caminho ainda mais simples para chegar ao número. Com cerca de 1,1 bilhão de pessoas na

TABELA 1 — DIVISÃO POR REGIÃO DO APOIO ANUAL AO ORÇAMENTO EXIGIDO DOS DOADORES PARA CUMPRIR AS MDMS (EM BILHÕES DE US$ DE 2003)

	em 2006	em 2015
Ásia Oriental e Pacífico	11,1	8,9
Europa e Ásia Central	2,0	2,9
América Latina e Caribe	0,7	1,3
Oriente Médio e norte da África	0,9	1,4
Ásia Meridional	22,4	36,8
África Subsaariana	36,4	83,4
TOTAL	73,5	134,7

Fonte: *UN Millennium Project* (2005).

miséria, e cada uma delas precisando de cerca de US$ 65 per capita de assistência anual, os doadores teriam de contribuir com algo em torno de US$ 72 bilhões por ano até 2015, além dos custos de iniciativas globais como desenvolvimento de vacinas e da gestão do grande aumento na assistência. O desembolso efetivo de fundos, repito, seria provavelmente menor, uma vez que cobriria somente aqueles países com governança e planejamento suficientemente bons para justificar a ajuda.

A tabela 1 mostra a divisão por região da assistência dos doadores a fim de financiar os investimentos necessários para cumprir as Metas de Desenvolvimento do Milênio. Essa tabela deixa claro que a África e a Ásia continuam a ser os dois epicentros da miséria e as duas regiões em que a ajuda em larga escala dos doadores ainda é necessária com a máxima urgência. É claro que países de outras regiões também requerem ajuda de doadores e, portanto, um cálculo desse tipo precisa ser feito para cada país em particular.

A divisão por setor do dinheiro externo necessário para o programa de investimentos é mostrada na tabela 2, tomando o caso de três países da África subsaariana para esses cálculos detalhados. A tabela ajuda a esclarecer para onde a assistência estrangeira deve ser direcionada: cerca de 35% deveria ir para o setor de saúde, 35% para energia e infra-estrutura rodoviária, 15% para educação, 2% para água e saneamento e o resto para outros componentes do pacote central.

TABELA 2 — DIVISÃO POR SETOR DA AOD PARA AS MDMS EM GANA, TANZÂNIA E UGANDA (EM US$ DE 2003)

GANA

	Por todo o período 2006-15			
Apoio externo total ao orçamento exigido	Média por ano ($m)	Média per capita ($)	Média do PIB (%)	Como % do apoio externo total ao orçamento exigido
Fome	74	3,0	0,9	5,6
Educação	266	11,0	3,2	20,2
Igualdade de gênero	40	1,6	0,5	3,0
Saúde	375	15,4	4,5	28,5
Água e saneamento	33,1	1,4	0,4	2,5
Melhoria de vida dos favelados	16	0,7	0,2	1,2
Energia	115	4,7	1,4	8,7
Estradas	154	6,3	1,9	11,7
Outros	243	10,0	2,9	18,5
TOTAL*	1317	54,1	15,9	100,0

TANZÂNIA

	Por todo o período 2006-15			
Apoio externo total ao orçamento exigido	Média por ano ($m)	Média per capita ($)	Média do PIB (%)	Como % do apoio externo total ao orçamento exigido
Fome	163	3,8	1,1	5,8
Educação	327	7,7	2,1	11,7
Igualdade de gênero	70	1,6	0,5	2,5
Saúde	920	21,7	5,9	33,0
Água e saneamento	52,5	1,2	0,3	1,9
Melhoria de vida dos favelados	44,3	1,0	0,3	1,6
Energia	201	4,7	1,3	7,2
Estradas	586	13,8	3,8	21,0
Outros	424	10,0	2,7	15,2
TOTAL*	2788	65,4	18,0	100,0

UGANDA

Apoio externo total ao orçamento exigido	Por todo o período 2006-15			
	Média por ano ($m)	Média per capita ($)	Média do PIB (%)	Como % do apoio externo total ao orçamento exigido
Fome	78	2,3	0,7	4,2
Educação	222	6,6	2,0	12,0
Igualdade de gênero	50	1,5	0,4	2,7
Saúde	634	18,8	5,6	34,2
Água e saneamento	25,9	0,8	0,2	1,4
Melhoria de vida dos favelados	19,8	0,6	0,2	1,1
Energia	90	2,7	0,8	4,8
Estradas	394	11,7	3,5	21,3
Outros	337	10,0	3,0	18,2
TOTAL*	1852	54,9	16,4	100,0

* Inclui US$ 10 per capita para grandes projetos de infra-estrutura, educação superior e sustentabilidade ambiental.
Fonte: *UN Millennium Project* (*2004*).

QUANTA ASSISTÊNCIA OFICIAL AO DESENVOLVIMENTO É NECESSÁRIA?

Mesmo que saibamos que os países pobres precisariam de cerca de US$ 70 bilhões a US$ 80 bilhões por ano em 2006, ainda assim é complicado determinar a quantia total de assistência ao desenvolvimento que o mundo rico deveria fornecer ao pobre por três motivos. Primeiro, uma proporção considerável da assistência oficial não é de forma alguma para o desenvolvimento, mas para outros propósitos, tais como auxílio de emergência, cuidado e reassentamento de refugiados, apoio geopolítico a determinados governos e ajuda a países de renda média que já acabaram, em ampla medida, com a miséria. Em segundo lugar, da porção de ajuda externa dirigida ao desenvolvimento, somente uma fração vem numa forma que pode ajudar a financiar o pacote de intervenções. Grande parte dessa ajuda, por exemplo, é em assistência técnica, que não é computada nas estimativas de custo do Projeto Milênio. Uma certa ajuda é dada para o cancelamento de dívidas que não estavam sendo pagas de qualquer modo. Embora o cancelamento de dívida possa ser muito importante para permitir que um país recupere acesso aos mercados de crédito, ou para recuperar esperança, ela não contribui para os fluxos de recursos reais se o serviço da dívida não puder ser pago. Em terceiro lugar, há necessidade de assistência direta para apoiar investimentos em nível global que estão acima e além das necessidades financeiras de países pobres específicos.

Para esclarecer o primeiro motivo, consideremos a seguinte divisão da assistência oficial ao desenvolvimento atual: em 2002, a ajuda externa total bruta de todos os doadores a todos os países em desenvolvimento foi de US$ 76 bilhões (todos os números em dólares de 2003). Dessa quantia, US$ 6 bilhões foram doações para o alívio da dívida, o que não corresponde a nenhum fluxo concreto de recursos. Além disso, os países em desenvolvimento enviaram perto de US$ 11 bilhões aos países ricos em pagamento de empréstimos, deixando um fluxo líquido de ajuda externa de US$ 59 bilhões. Dessa quantia, US$ 16 bilhões foram para os países de renda média. Dos US$ 43 bilhões que foram para os países de baixa renda, no máximo US$ 12 bilhões foram destinados ao apoio direto ao governo. O resto consistiu principalmente de assistência de emergência e cooperação técnica, que paga, em geral, consultores estrangeiros caros, em vez de especialistas locais.

Grosso modo, somente US$ 12 bilhões dos US$ 43 bilhões foram para países de baixa renda numa forma que poderia ser considerada apoio orçamentário e ajudou assim a sustentar o pacote de intervenções em necessidades básicas. Em 2002, para todos os países em desenvolvimento, apenas cerca de US$ 15 bilhões dos US$ 48 bilhões em fluxos líquidos de AOD poderiam ser considerados o tipo de apoio para investimentos de financiamento em necessidades básicas. Os restantes US$ 33 bilhões refletem outras considerações e custos que não estão disponíveis para fazer os investimentos que estou discutindo. Uma parte vai para auxílio de emergência e cooperação técnica que financia parcialmente a capacitação. Outras necessidades importantes são infra-estrutura regional e pesquisa global, que recebem atualmente em torno de US$ 4 bilhões. Por fim, os custos operacionais e outros das agências bilaterais e multilaterais respondem por US$ 9 bilhões.

Além dos US$ 73 bilhões (chegando a US$ 135 bilhões em 2015) para atender às necessidades básicas dos países, serão precisos de US$ 48 bilhões a US$ 54 bilhões por ano para financiar outras necessidades. Entre elas estão os custos das próprias agências, em essência os custos do funcionamento de um sistema internacional de assistência de doadores. O Projeto Milênio da ONU estima mais US$

2 bilhões a US$ 5 bilhões por ano em tais custos para aumentar a capacidade de assistência técnica das organizações internacionais e de doadores, mais US$ 1 bilhão a US$ 3 bilhões em aumento de custos de doadores bilaterais. As despesas acrescentadas refletem o crescimento das responsabilidades operacionais das agências especializadas da ONU, do FMI e do Banco Mundial, dos bancos de desenvolvimento regional e dos doadores bilaterais. Há também os custos de investimentos maiores em ciência global direcionados para as necessidades dos pobres, da ordem de estimados US$ 7 bilhões por ano em 2015.

Se juntarmos essas peças e fizermos mais ajustes para os países mal governados que não se qualificarão para a ajuda e para o redirecionamento da ajuda existente, a ajuda externa global total chegaria a algo parecido com o que é mostrado na tabela 3. O fluxo líquido de AOD em 2006 chega a US$ 135 bilhões por ano (acima dos US$ 65 bilhões) e cresce gradualmente até US$ 195 bilhões em 2015. Evidentemente, essas estimativas não têm alto grau de precisão. Os custos exatos para cumprir as Metas de Desenvolvimento do Milênio não podem ser determinados enquanto cada país não fizer seu próprio cálculo detalhado, seguindo a metodologia do Projeto Milênio. Ainda assim, as estimativas mostram um fato convincente. O total de cerca de US$ 135 bilhões a US$ 195 bilhões por ano para o período 2005 a 2015 é cerca de 0,44% a 0,54% do PNB anual do mundo rico na próxima década, significativamente menos do que o 0,7% do PNB prometido em AOD, que estaria mais perto de uma média de US$ 235 bilhões por ano (em dólares constantes de 2003). *O importante é que as Metas de Desenvolvimento do Milênio podem ser financiadas dentro dos limites da assistência oficial ao desenvolvimento que os países doadores já prometeram.*

Supondo-se que os países de alta renda cumprirão os compromissos específicos que já assumiram de aumentar a ajuda, os volumes brutos de AOD precisarão crescer aproximadamente US$ 48 bilhões em 2006 *acima* do nível dos compromissos existentes a fim de alcançar as MDMs. Apresso-me a acrescentar que os países doadores não deveriam planejar ficar abaixo do 0,7% prometido. A estimativa da tabela 3 de US$ 195 bilhões de fluxos líquidos de AOD em 2015 deixa de fora uma despesa potencialmente grande: ajuda aos países mais pobres para se adaptarem às mudanças climáticas de longo prazo que estão em andamento e que são causadas, em parte significativa, pelos países ricos. Com a elevação da temperatura e do nível dos oceanos, as mudanças em padrões pluviométricos e

TABELA 3 — CUSTO ESTIMADO DO CUMPRIMENTO DAS MDMS EM TODOS OS PAÍSES (EM BILHÕES DE US$ DE 2003)

	2002	2006	2010	2015
I. NECESSIDADES DE INVESTIMENTO DAS MDMS EM PAÍSES DE BAIXA RENDA				
Lacuna de financiamento das MDMs	12	73	89	135
Capacitação para alcançar as MDMs	5	7	7	7
Doações em apoio ao encargo da dívida pesado	-	7	6	1
Alívio da dívida de países pobres	4	6	6	6
Menos: pagamentos de empréstimos concessionais	-5	0	0	0
Subtotal	15	94	108	149
II. NECESSIDADES DE INVESTIMENTO DAS MDMS EM PAÍSES DE RENDA MÉDIA				
AOD fornecida diretamente ao governo	4	10	10	10
Capacitação para alcançar as MDMs	5	5	5	5
Menos: pagamentos de empréstimos concessionais	-6	-3	-4	-6
Subtotal	3	12	11	9
III. NECESSIDADES DE INVESTIMENTO DAS MDMS EM NÍVEL INTERNACIONAL				
Cooperação regional e infra-estrutura	2	3	7	11
Financiamento de pesquisa global	1	5	7	7
Implementação das convenções do Rio	1	2	3	5
Cooperação técnica de organizações internacionais	5	5	7	8
Subtotal	10	15	23	31
CUSTO ESTIMADO DE CUMPRIR AS MDMS EM TODOS OS PAÍSES	28	121	143	189
NECESSIDADE DE AOD PLAUSÍVEL PARA CUMPRIR AS MDMS				
AOD básica para as MDMs em 2002	27	27	27	27
+ Necessidades incrementais de investimento das MDMs		94	115	161
- Ajuste para países não qualificados devido à governança inadequada		-21	-23	-25
- Reprogramação de AOD existente		-6	-7	-9
+ Auxílio de emergência e perigo	4	4	5	6
+ Outras AODs*	34	36	34	35
NECESSIDADES TOTAIS INDICATIVAS DE AOD LÍQUIDA PARA AS MDMS **	65	135	152	195
Como % da RNB dos países da OCDE-CAD	0,23%	0,44%	0,46%	0,54%

(continuação)

AOD PARA PAÍSES MENOS DESENVOLVIDOS (COMO % DA RNB DOS PAÍSES DA OCDE-CAD)	0,06%	0,12%	0,15%	0,22%
AUMENTO ABSOLUTO EM AOD LÍQUIDO NECESSÁRIO (EM COMPARAÇÃO COM 2002)		70	87	130
DIFERENÇA ENTRE AS NECESSIDADES TOTAIS DE AOD LÍQUIDA E COMPROMISSOS EXISTENTES		48	50	74

* Inclui AOD que não contribui diretamente para as MDMs e gastos operacionais de agências doadoras.
** Essa estimativa não inclui importantes necessidades de AOD, tais como reação a crises de importância geopolítica, como a do Afeganistão ou a do Iraque; mitigar o impacto da mudança climática; proteger a biodiversidade e conservar os pesqueiros globais, e assim por diante.
Fonte: *UN Millennium Project* (2005).

uma freqüência crescente de episódios meteorológicos extremos, algumas regiões muito populosas do mundo em desenvolvimento exigirão assistência substancial para se ajustarem à mudança do clima. Outros tipos de necessidades de AOD ainda não previstos provavelmente também irão crescer.

COMO ESSA AVALIAÇÃO DE NECESSIDADES SE COMPARA COM OUTRAS

O Projeto Milênio da ONU não é o único a calcular a necessidade de uma duplicação da AOD. Muitas estimativas de anos recentes convergiram em torno de nível semelhante. Em 2001, na preparação da Cúpula de Monterrey, uma comissão de alto nível presidida pelo ex-presidente mexicano Ernesto Zedillo estimou US$ 50 bilhões, ou o dobro da então existente assistência oficial ao desenvolvimento. No mesmo ano, o Banco Mundial, usando uma metodologia muito simplificada, também previu necessidades incrementais de ajuda em torno da mesma cifra. Em setembro de 2003, o Banco Mundial observou que países de baixa renda poderiam absorver imediatamente cerca de US$ 30 bilhões por ano de ajuda adicional, tendo em vista sua capacidade de absorção na época, conceito que vimos no capítulo anterior. Em 2004, líderes do Reino Unido e da França pediram um aumento significativo da ajuda estrangeira para cumprir as Metas de Desenvolvimento do Milênio, mais ou menos uma duplicação da AOD de 0,25% do PNB dos doadores para cerca de 0,5%. O chanceler britânico Gordon Brown, em particular, mostrou grande liderança ao propor modos de coordenar esse aumento entre os países doadores.

Examinemos as implicações da expansão da ajuda país por país. Suponhamos que a assistência estrangeira para *todos* os propósitos terá de aumentar para 0,5% da renda do doador durante o período de 2005 a 2015, cerca de US$ 140 bilhões por ano ao PNB de hoje. Para dar uma idéia do que isso significaria para cada país doador, a figura 1 mostra a mudança em ajuda externa líquida a partir do nível de hoje, supondo-se que cada doador do Comitê de Assistência ao Desenvolvimento avance neste ano para 0,5% do PNB. Para o G-0,7 (países que já dão assistência externa de 0,7% do PNB ou acima disso), isso significaria um declínio da ajuda (certamente não recomendado!).

Para o resto, significaria um aumento importante. O ponto essencial é que alguns países grandes responderiam por 90% do aumento. Do aumento total de cerca de US$ 75 bilhões em ajuda estrangeira (em dólares de 2003), 51% (mais ou menos US$ 38 bilhões) deveriam vir dos Estados Unidos. O Japão responderia

FIGURA 1 — AOD ADICIONAL EXIGIDA PARA ATINGIR 0,5% DO PIB

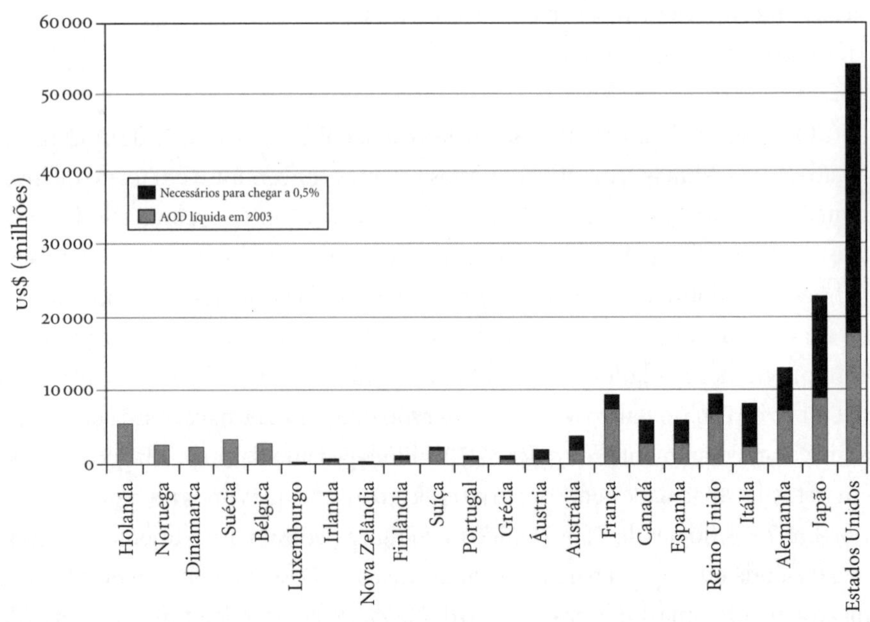

Fonte: *Calculado com base na OCDE (2004).*

por 18% (cerca de US$ 13 bilhões) e Alemanha, França, Itália e Reino Unido responderiam por 20% (mais ou menos US$ 15 bilhões). Os Estados Unidos são o maior elemento que falta no financiamento das Metas do Milênio, quase a metade da assistência estrangeira total que falta.

O governo dos Estados Unidos afirmou recentemente que a assistência ao desenvolvimento dos cidadãos americanos e do setor sem fins lucrativos (organizações religiosas, filantrópicas, fundações, ONGs) compensa a deficiência de ajuda oficial. Os números à disposição não sustentam essa afirmação. O Comitê de Assistência ao Desenvolvimento da OCDE compilou dados de vários países sobre assistência não governamental ao desenvolvimento. A estimativa para os Estados Unidos é de cerca de US$ 3 bilhões por ano, uma quantia que eleva o total de assistência ao desenvolvimento dos Estados Unidos de 0,15% para 0,18% do PNB, ainda deixando o país na rabeira na lista de doadores. É incrível, mas o governo americano também tentou argumentar que as remessas dos trabalhadores estrangeiros nos Estados Unidos para seus países de origem deveriam contar como forma de ajuda. Isso é ridículo. As remessas são retornos por trabalho. Elas são uma forma de ajuda tanto quanto as remessas de lucro americanas do México são uma forma de ajuda deste aos Estados Unidos.

OS CUSTOS DEPOIS DE 2015

Esses cálculos aferem as necessidades até 2015, a fim de atingir as Metas de Desenvolvimento do Milênio. As necessidades posteriores a 2015 diminuiriam, de modo bastante significativo em muitos casos, e certamente como proporção do PNB dos doadores. As razões são simples, mesmo que a necessidade de ajuda externa pós-2015 não possa ser calculada com precisão. Quando chegarmos a 2015, a maior parte do mundo em desenvolvimento terá sido libertada da armadilha da pobreza e colocada na trilha do crescimento auto-sustentável. Esses países, portanto, estarão "livres" da necessidade de AOD e poderão co-financiar investimentos em necessidades básicas. A miséria terá sido eliminada na China e abrangerá menos de 20% da população da Índia. Na África Subsaariana, a taxa de pobreza extrema terá declinado de cerca de 40% da população hoje para menos de 20%.

Muitos dos investimentos essenciais em infra-estrutura terão sido feitos, com imensas melhorias em estradas, redes de energia, telecomunicações, portos marítimos e aeroportos. A amplitude dos novos investimentos necessários para eliminar a miséria restante será muito menor do que durante a fase das Metas de Desenvolvimento do Milênio. Embora muitos investimentos públicos ainda venham a ser necessários, o limiar para operar redes de infra-estrutura terá sido alcançado.

À medida que os países ricos fiquem mais ricos, a proporção de miseráveis na população do mundo continue a cair e a renda dos países pobres se eleve, de tal modo que possam cobrir a maior parte de suas necessidades, haverá gradualmente um declínio da necessidade de assistência estrangeira. Nos cálculos do Projeto Milênio, a AOD necessária para atingir as MDMs será de 0,5% da renda dos doadores em 2015. Ela cairá mais na década seguinte e, portanto, permanecerá abaixo do limiar político de 0,7% durante todo o período entre 2005 e 2025.

OS ESTADOS UNIDOS PODEM DOAR 0,7% DO PNB?

À primeira vista, a pergunta é tola. Podem os Estados Unidos suportar um alvo de ajuda que cinco outros países doadores já alcançaram, outros seis prevêem atingir e todos os doadores — inclusive os Estados Unidos — prometeram "esforços concretos" para alcançar? Claro que podem, em especial porque estou falando de muito menos de 1% de renda. Pensem nisso. Para ir do nível de assistência de hoje de 0,15% para 0,7% do PNB, seria preciso uma taxa extra de 0,55% do PNB. Como o PNB per capita americano aumenta cerca de 1,9% ao ano, a quantia extra representa menos de um terço do crescimento do PNB em um único ano. Assim, se os Estados Unidos estivessem a caminho de atingir uma renda disponível de US$ 40 mil em, digamos, 1º de janeiro de 2010, em vez disso, chegariam à mesma renda em 1º de maio de 2010, um terço de ano depois. Esse atraso de quatro meses em atingir um nível mais alto de consumo significaria que 1 bilhão de pessoas ganhariam um futuro econômico de esperança, saúde e melhoria, em vez de uma espiral de desespero, doença e declínio.

As pessoas dificilmente se sentiriam sobrecarregadas com 0,55% a mais de impostos coletados. Mas para tornar o aumento em AOD verdadeiramente imperceptível para a vasta maioria dos americanos, os mais ricos dos ricos nos Estados Unidos deveriam pagar sua justa parcela para ajudar os mais pobres dos pobres. A maior parte do mundo, inclusive a maioria dos americanos, não sabe quão ricos os super-ricos ficaram e de que modo tão desproporcional eles se beneficiaram das mudanças econômicas e tributárias das duas últimas décadas. Dei-me conta da imensidade da renda dos super-ricos há dois anos, nos meses que precederam a visita do presidente Bush à África.

Alguns meses antes da viagem, o Internal Revenue Service divulgou um relatório especial sobre os contribuintes mais ricos do ano 2000. Os quatrocentos maiores contribuintes tinham uma renda combinada de US$ 69 bilhões, ou US$ 174 milhões por contribuinte. Enquanto o presidente Bush preparava sua visita à África, fiz uns cálculos rápidos, mostrados na tabela 4, para confirmar que os quatrocentos contribuintes mais ricos dos Estados Unidos tinham uma renda combinada em 2000 que superava a soma das rendas de quatro dos países da excursão tropical do sr. Bush. A diferença era espantosa: os US$ 57 bilhões da soma da renda de Botsuana, Nigéria, Senegal e Uganda em 2000 significava a renda de 161 milhões de pessoas, que tinham uma renda média anual de US$ 350 por ano, enquanto que os US$ 69 bilhões correspondiam à renda de quatrocentos indivíduos.

O IRS divulgou que os super-ricos haviam gozado de significativa redução em seus impostos como porcentagem da renda durante os anos 1990, mas o melhor ainda estava por vir. Três cortes de impostos do governo Bush, em 2001, 2002 e 2003, invalidaram boa parte da progressividade da legislação tributária.

TABELA 4 — AMERICANOS DE MAIOR RENDA E PIB AFRICANO

	Renda em 2000 (PIB, em bilhões de US$ correntes)	População em 2000
Botsuana	5	1675 000
Nigéria	42	126 910 000
Senegal	4	9 530 000
Uganda	6	23 250 000
TOTAL	57	161 365 000
400 americanos de renda mais alta	69	400

Fontes: *Internal Revenue Service* (2003); *Banco Mundial* (2004).

O pacote de reforma fiscal transformado em lei estabelecia um cronograma para o fim do imposto territorial, acabava com a faixa mais alta de imposto e cortava taxas sobre dividendos e ganhos de capital. Juntas, essas mudanças permitiram que os contribuintes ricos americanos, com renda anual acima de US$ 200 mil, ficassem com 37% do corte total de impostos, uma média de US$ 19 mil em economia com impostos. Uma vez que o corte tributário total foi da ordem de US$ 220 bilhões por ano, a economia com tributos de famílias com renda acima de US$ 500 mil, igual a 22,7% do total economizado em impostos, atingiu cerca de US$ 50 bilhões por ano, mais do que o suficiente para que os Estados Unidos pagassem sua parte das necessidades das MDMs. Os detalhes do corte de impostos estão na tabela 5.

Um dos aspectos espantosos e politicamente surpreendentes dos cortes de impostos de Bush é que eles vieram depois de uma geração em que a mudança da distribuição de renda foi imensamente favorável aos super-ricos. A propor-

TABELA 5 — ECONOMIA EM TRIBUTOS POR RENDA FAMILIAR NOS CORTES DE IMPOSTOS DO GOVERNO BUSH

	Número de famílias contribuintes (milhares)	Porcentagem do total de famílias	Economia em tributos por família (US$)	Economia tributária total na categoria de renda (US$ bilhões)	Porcentagem da economia total em impostos
80% DE BAIXO					
Renda menor que US$ 75 mil	114,151	79,5	533	60,87	28
20% DO TOPO	28,799	20	5610	156,66	72
dos quais: (renda em milhares)					
Rendas entre US$ 75-100	11,395	7,9	2224	25,34	11,6
Rendas entre US$ 100-200	13,281	9,3	3905	51,86	23,8
Rendas entre US$ 200-500	3,339	2,3	9012	30,09	13,8
Rendas entre US$ 500-1000	527	0,4	27150	14,31	6,6
Mais de US$ 1000	257	0,2	136398	35,05	16,1
Todos	143,509	100	1520	218,13	100

Fonte: *Calculado usando dados de Gale, William G., Peter Orszag e Isaac Shapiro. "Distributional effects of the 2001 and 2003 tax cuts and their financing". Tax Policy Center. Disponível em <http://www.taxpolicycenter.org/publications/template.cfm?PubID=8888>.*

em 1980 para 14,6% em 1998 (o que significa, evidentemente, que a renda do 1% mais rico era 14,6 vezes a renda média). A razão para essa enorme alteração a favor dos ricos não é realmente conhecida. A surpresa é que o sistema político a ampliou por meio de cortes de impostos que os favoreceram, em vez de contrabalançar essas mudanças mediante maior progressividade do sistema tributário e de transferências de renda para os pobres.

Atingir 0,7% do PNB em assistência oficial ao desenvolvimento nos Estados Unidos não seria nada difícil. Do lado das despesas do orçamento, o país gastou em duas semanas de guerra no Iraque (cerca de US$ 2,5 bilhões) o mesmo que dedica à assistência ao desenvolvimento econômico na África durante um ano inteiro. Em seus primeiros dois anos, a guerra no Iraque custou em torno de US$ 60 bilhões por ano, mais ou menos a mesma quantia necessária para alcançar o 0,7% do PNB. O aumento total em gastos militares foi da ordem de US$ 150 bilhões por ano, comparando o ano fiscal de 2001, quando o presidente Bush assumiu, e o ano fiscal de 2005, ou seja, um aumento de 1,5% do PNB.

Tendo conseguido pouco progresso com o governo Bush na defesa dos prometidos esforços concretos no sentido do 0,7%, aproveitei a ocasião da viagem de Bush à África para apelar diretamente aos americanos mais ricos e pedir-lhes suas contribuições pessoais. Em anúncio publicado no *New York Times*, sugeri que os super-ricos poderiam aplicar suas economias em impostos dos últimos anos no Fundo Global de Combate `a Aids, Tuberculose e Malária: "Para indivíduos que já têm todos os bens terrenos que podem ser reunidos, poderia haver melhor maneira de dar sentido a sua vasta riqueza?".[4]

Os quatrocentos contribuintes mais ricos, sugeri, poderiam dar 10% de sua renda de 2000, ou US$ 6,9 bilhões. Isso seria suficiente para salvar milhões de vidas por ano, por exemplo, por meio do controle abrangente da malária na África. Abrindo um leque maior, 0,1% dos maiores pagadores de impostos, cerca de 100 mil pessoas, poderiam devolver seus cortes em impostos na forma de doações pessoais, para uma soma de cerca de US$ 30 bilhões por ano. Observei no anúncio que Bill Gates havia feito a sua parte, com uma notável doação de US$ 23 bilhões (que desde então aumentou) para criar a Fundação Bill e Melinda Gates. A Fundação Gates gastou em torno de 70% de seu desembolso anual na luta contra as doenças em países pobres e está fazendo história nesse processo. Outros filantropos extraordinariamente generosos — entre eles, George Soros, Rob Glaser, Gordon Moore e Ed Scott — tomaram medidas semelhantes.

Trata-se de um nobre começo, mas ainda não é o vagalhão de que o mundo precisa. As verdadeiras soluções irão, sem dúvida, exigir um equilíbrio entre filantropia e tributação. Uma proposta prática seria a seguinte:

Uma sobretaxa de 5% no imposto sobre rendas acima de US$ 200 mil direcionada para a contribuição dos Estados Unidos para acabar com a pobreza global, que em 2004 teria rendido em torno de US$ 40 bilhões. Essa sobretaxa poderia ser paga como um imposto para apoiar os esforços do governo americano, ou poderia ser direcionada pelo contribuinte para uma entidade de caridade ou filantropia qualificada que tivesse programas registrados de apoio às Metas de Desenvolvimento do Milênio.[5]

Há razões poderosas para tomar essas medidas, tanto do auto-interesse esclarecido das nações ricas como de uma profunda necessidade humana dos indivíduos. Examinaremos essas razões em capítulo posterior.

16. Mitos e soluções mágicas

Até agora, tudo está muito bem, exceto por uma coisa: ignora-se o fator humano. Tomemos o caso da África. O continente precisa de cerca de US$ 30 bilhões por ano de ajuda a fim de escapar da miséria. Mas, se dermos de fato essa ajuda, para onde ela irá? Direto para o ralo, se o passado ensina alguma coisa. É triste dizer, mas os níveis de educação da África são tão baixos que até programas que em outros lugares funcionam lá fracassariam. A África é corrupta e crivada de autoritarismo. Carece de valores modernos e das instituições de uma economia de livre mercado, necessária para alcançar sucesso. Na verdade, a moral africana está tão decomposta que não é surpresa que a aids tenha fugido ao controle. E aqui está infelizmente a verdade mais crua: suponha-se que nossa ajuda salve as crianças da África. E depois? Haveria uma explosão populacional e muito mais adultos famintos. Não teríamos resolvido nada.

Se você estava assentindo com a cabeça enquanto lia o parágrafo anterior, por favor, dedique a este capítulo uma atenção especial. As frases acima repetem a visão convencional que o mundo rico tem da África e, em menor medida, de outras regiões pobres. Embora comuns, essas afirmações são incorretas. Contudo, têm sido repetidas em público — ou murmuradas entre quatro paredes — há tanto tempo que foram aceitas como verdades tanto pelo público em geral como pela comunidade envolvida com o desenvolvimento, em particular por pessoas que nunca trabalharam na África. Uso o caso da África porque os preconceitos contra esse continente são muito fortes hoje, mas as mesmas atitudes foram manifestadas em relação a outras partes do mundo antes que elas alcançassem o desenvolvimento econômico e os preconceitos culturais não encontrassem mais sustentação. Napoleão fez a declaração famosa "A história é uma fábula contada com freqüência", e o mesmo pode ser dito de boa parte do pensamento sobre o desenvolvimento.

DINHEIRO PELO RALO

O ex-secretário do Tesouro americano Paul O'Neill expressou uma frustração comum quando observou sobre a ajuda à África: "Gastamos trilhões de dólares com esses problemas e não temos quase nada para mostrar". O'Neill não era inimigo da ajuda externa. Com efeito, ele queria consertar o sistema para justificar um aumento da ajuda americana. Mas estava errado ao acreditar que vastos fluxos de ajuda para a África haviam sido malbaratados. Não surpreende que haja tão pouco para mostrar, pois, na verdade, tem havido muito pouca ajuda para a África!

Ao contrário da percepção popular, a quantidade de ajuda anual por africano é realmente muito pequena, apenas US$ 30 por habitante da África Subsaariana em 2002, do mundo inteiro. Dessa modesta quantia, quase US$ 5 foram para consultores dos países doadores, mais de US$ 3 para ajuda alimentar e outras emergências, outros US$ 4 para o serviço da dívida africana e US$ 5 para operações de alívio da dívida. O resto, US$ 12, foi para a África. Surpreende que não vejamos muitos traços dessa ajuda em território africano? Se quisermos ver o impacto da ajuda, é melhor que ofereçamos o suficiente para produzir resultados.

Uma vez que o argumento do "dinheiro pelo ralo" é ouvido com mais freqüência nos Estados Unidos, vale a pena olhar para os mesmos cálculos levando em conta somente a ajuda americana. Em 2002, os Estados Unidos deram US$ 3 por habitante da África Subsaariana. Tirando a parte dos consultores americanos, ajudas de emergência, custos administrativos e alívio da dívida, a ajuda por africano chegou ao grandioso total de US$ 0,06. Não surpreende que o secretário O'Neill não tenha encontrado "nada para mostrar".

OS PROGRAMAS DE AJUDA FRACASSARIAM NA ÁFRICA

O pessimismo em relação à capacidade dos africanos de utilizar a ajuda é muito profundo e reflete um espantoso reservatório de preconceitos. Tenho escutado esses preconceitos há anos e passei a esperá-los, sempre com tristeza. Ainda assim, nada me preparou para as espantosas declarações feitas pelo novo administrador da USAID, Andrew Natsios, um mês depois que assumiu o cargo, em 2001. Eu fora a Washington nas primeiras semanas do governo Bush tentar interessar altas autoridades na expansão de um esforço contra a aids no mundo em desenvolvimento, em especial na África. Eu propunha a idéia, ainda muito controvertida na época, de que era possível introduzir o tratamento anti-retroviral com eficácia em um cenário de baixa renda. Um repórter do *Boston Globe* perguntou ao sr. Natsios sobre essas idéias. A resposta dele me deixou estupefato.

Os africanos, disse ele, "não sabem o que é o tempo ocidental. Você tem de tomar esses remédios [antiaids] em determinadas horas de cada dia, ou eles não funcionam. Muita gente na África jamais viu um relógio em toda a sua vida. E se você disser uma da tarde, eles não sabem do que você está falando. Eles conhecem manhã, eles conhecem meio-dia, eles conhecem tarde, eles conhecem a escuridão da noite". E continuou: "Lamento ter de dizer essas coisas, mas muita gente, como Jeffrey Sachs, que defende essas coisas [tratamento com medicamentos antiaids], jamais trabalhou na saúde em áreas rurais da África, nem mesmo nas cidades".[1]

Essa declaração foi extraordinária. As pessoas de Sauri, Quênia, que chegavam pontualmente às 14h30 para nossa discussão de segunda-feira teriam ficado mortificadas ao saber que suas vidas haviam sido comprometidas com tamanha ignorância de uma importante autoridade americana. Não somente elas conheciam o tempo como sabiam da gravidade de sua situação, fosse a ausência de remédios contra aids ou de mosquiteiros antimaláricos, ou de fertilizantes, ou de telefones celulares. Meus colegas e eu batalhamos periodicamente contra essas atitudes antiafricanas e antipobres, mesmo que elas se manifestem raramente nos termos explícitos de Andrew Natsios. Um argumento a favor da África precisa escalar uma montanha íngreme de dúvidas antes de ser aceito.

A corrupção é a culpada

No passado, os preconceitos avassaladores contra a África se baseavam em racismo aberto. Hoje, a afirmação sempre repetida é que a corrupção — ou "má governança" — é o pecado venial do continente, a causa mais profunda de sua situação atual. Os próprios africanos, além dos estrangeiros, fazem essa acusação. Um funcionário da área de direitos humanos da África do Sul, falando com toda a sinceridade, expressou a visão comum de que "[a pobreza] é causada pelo homem porque é o resultado de opções políticas que foram tomadas que empobrecem alguns e enriquecem outros. Tendo em vista que é causada pelo homem, eu também acredito que a pobreza pode ser erradicada".[2] Quase todos os relatos atuais sobre a pobreza africana começam com a mesma afirmação: a má governança é a maior pedra no caminho.

Por quase todos os padrões, a qualidade de governança da África é baixa. É difícil fazer valer os direitos de propriedade, os níveis de violência e crime são altos, a corrupção é percebida como ampla. Embora exista, sem dúvida, uma base para enfatizar a melhoria da governança, o foco na corrupção e má governança é demasiado e exagera seriamente o papel delas na lentidão do crescimento do continente. A questão é que quase todos os países pobres têm indicadores de governança e corrupção que estão abaixo daqueles dos países de alta renda. Governança e renda alta andam juntas não somente porque a boa governança aumenta a renda, mas também porque — o que talvez seja ainda mais importante — a renda mais alta leva a uma melhor governança.

À medida que a renda de um país aumenta, a governança melhora por dois motivos principais. Primeiro, uma sociedade mais alfabetizada e afluente está mais capacitada a manter o governo honesto, desempenhando um papel de vigilância dos processos governamentais. Jornais, televisão, livros, telefones, transportes e agora a internet, tudo isso que está muito mais disponível nos países ricos intensifica essa função de vigilância e dá poder à sociedade civil. Em segundo lugar, uma sociedade mais afluente tem condições de investir em governança de alta qualidade. Quando os governos têm o suporte de grandes receitas tributárias, o serviço público tem instrução melhor, a extensa informatização aprimora os fluxos de informação e a administração pública é profissional.

A governança da África é ruim porque o continente é pobre. Porém, duas outras coisas também são verdades decisivas. Em qualquer nível de governança (tal como o medido por indicadores padronizados), os países africanos tendem a crescer menos rapidamente do que aqueles de governança similar em outras regiões do mundo. Há um crescimento claramente mais lento na África, mesmo depois de mantida sob controle a qualidade de governança. Alguma outra coisa está em ação; como argumentei longamente, a melhor explicação para o crescimento mais lento está nos fatores geográficos e ecológicos. Em segundo lugar, a África não mostra nenhuma tendência a ser mais ou menos corrupta do que outros países com o mesmo nível de renda. Não há nenhuma prova de que a África se destaca pelo mau governo *segundo os padrões dos países muito pobres.*

Há uma maneira fácil de verificar ambas as afirmações. Primeiro, podemos examinar as medidas de governança da África depois de controlar estatisticamente os níveis de renda. Revela-se que alguns países africanos são melhores do que o esperado, tendo em vista sua renda; outros são médios e alguns outros são, de fato, piores. Mas, na média, a governança da África é típica de países do mesmo nível de renda. A classificação dos países está na tabela 1, tirada de um estudo que meus colegas e eu publicamos recentemente. Vemos que os países africanos bem governados (cuja governança recebe nota relativamente alta, dado seu nível de renda) são: Benin, Burkina Fasso, Gana, Madagáscar, Malaui, Mali, Mauritânia e Senegal. Os países mal governados (pelo mesmo critério) são: Angola, Burundi, República Democrática do Congo, Sudão e Zimbábue.

Ao compararmos taxas de crescimento com a qualidade da governança, descobrimos que os países mais bem governados cresceram mais rápido, mas a relação não é muito forte. Países com baixo escore de governança tendem a crescer com menos rapidez do que aqueles com alto escore de governança, mas há uma enorme variação de resultados de crescimento mesmo entre países bem governados ou mal governados. Porém, o problema para a África é que seus países, em média, crescem menos do que outros em desenvolvimento no mesmo nível de renda e com a mesma qualidade de governança, mas em diferentes regiões do mundo. Para testar essa proposição, estimei a relação entre crescimento econômico de 1980 a 2000 e a qualidade de governança nesse mesmo período, usando uma grande amostra de países em desenvolvimento. O teste estatístico também levou em consideração a renda inicial de cada país em 1980. A idéia era checar se os países africanos cresceram com mais ou menos rapidez do que outros países em desenvolvimento depois de levar em conta a qualidade de governança e a renda inicial. Os resultados são claros: os países africanos cres-

TABELA 1 — CLASSIFICAÇÃO DE GOVERNANÇA E CONSUMO FAMILIAR NA ÁFRICA SUBSAARIANA TROPICAL

PAÍS	Classificação baseada nos indicadores de governança do Banco Mundial, 2002*	Classificação baseada no índice da Transparência Internacional, 2003*	Classificação da Freedom House, 2003	Gasto com consumo final familiar per capita, 2000 (1980 = 100)
Benin	Boa	ND**	Livre	98,9
Burkina Fasso	Boa	ND	Parcialmente livre	111
Gana	Boa	Média	Livre	92,8
Madagáscar	Boa	Boa	Parcialmente livre	64
Malaui	Boa	Boa	Parcialmente livre	111,2
Mali	Boa	Boa	Livre	95,3
Mauritânia	Boa	Boa	Parcialmente livre	104,8
Senegal	Boa	Boa	Livre	99,6
Camarões	Média	Média	Não livre	102,5
Rep. Centro-Africana	Média	ND	Parcialmente livre	ND
Chade	Média	ND	Não livre	ND
Rep. do Congo	Média	Média	ND	80,5
Costa do Marfim	Média	Média	Não livre	78,2
Eritréia	Média	ND	Não livre	ND
Etiópia	Média	Boa	Parcialmente livre	ND
Guiné-Bissau	Média	ND	Não livre	ND
Quênia	Média	Média	Parcialmente livre	100,7
Moçambique	Média	Boa	Parcialmente livre	79,4
Níger	Média	ND	Parcialmente livre	ND
Nigéria	Média	Média	Parcialmente livre	ND
Ruanda	Média	ND	Não livre	83,9
Serra Leoa	Média	Boa	Parcialmente livre	43,9
Tanzânia	Média	Boa	Parcialmente livre	ND
Togo	Média	ND	Não livre	112,4
Uganda	Média	Média	Parcialmente livre	ND
Zâmbia	Média	Boa	Parcialmente livre	47
Angola	Ruim	Ruim	Não livre	ND
Burundi	Ruim	ND	Não livre	65
Rep. Dem. do Congo	Ruim	ND	Não livre	45,1
Sudão	Ruim	Média	Não livre	ND
Zimbábue	Ruim	Média	Não livre	88,4
Libéria	ND	ND	Não livre	ND
Somália	ND	ND	Não livre	ND

* Determinados a partir de resíduos de uma regressão de indicadores de governança dos países ou escores de renda per capita (com paridade de poder de compra); países com resíduos maiores de 1 desvio-padrão acima ou 1 desvio-padrão abaixo do valor predito são classificados como "bom" ou "ruim" respectivamente, e aqueles com resíduos dentro de 1 desvio-padrão como "médio".

** ND = não disponível

Fonte: *Sachs* et al. (*2004*).

ceram, em média, em torno de três pontos percentuais menos rapidamente do que outros países em desenvolvimento nos mesmos níveis de governança e renda. Esse crescimento mais lento é causado, em minha opinião, principalmente pela geografia adversa e pela infra-estrutura deficiente da África.[3]

Um déficit de democracia

Outra acusação feita à África e às outras regiões pobres é a ausência de democracia. Tal como com a corrupção, precisamos "desempacotar" as provas passo a passo. É verdade que, depois de conquistar a independência, a maioria dos países africanos caiu em um molde autoritário, como aconteceu na maior parte dos países pobres e de independência recente no resto do mundo. Na África meridional, minorias brancas na África do Sul e na Rodésia impuseram regimes autoritários sobre populações africanas majoritárias. Porém, no início da década de 1990, uma pouco trombeteada revolução democrática varreu o continente. Uma a uma, as gerações fundadoras que estavam no poder havia muito tempo (e com freqüência muito corruptas e incompetentes) deram lugar a eleições multipartidárias. Em 2003, a Freedom House classificou onze países africanos como "livres", vinte como "parcialmente livres" e dezesseis como "não livres". A parcela de países livres e parcialmente livres da África, de 66%, está, na verdade, acima da média dos países de baixa renda não africanos em 2003, de 57% (treze em 23 países de baixa renda não africanos, na classificação da Freedom House).

Infelizmente, a democratização não se traduz de modo automático em crescimento econômico mais rápido, pelo menos no curto prazo. As conexões da democracia com o desempenho econômico são relativamente fracas, embora ela seja certamente uma dádiva para os direitos humanos e uma barreira contra massacres, tortura e outros abusos do Estado. A questão não é que a África vai disparar economicamente agora que está se democratizando, mas sim que a acusação de autoritarismo como obstáculo básico à boa governança está ultrapassada.

Carência de valores modernos

Muitas pessoas tomam como verdade que a pobreza e a riqueza são simplesmente um reflexo dos valores sociais. Um estudo recente atribuiu a pobreza africana à aversão ao trabalho, à supressão do individualismo e à irracionalidade;

outro estudo identificou os principais obstáculos à mobilidade ascendente dos mexicano-americanos com sendo "resignação dos pobres [à pobreza]", "baixa prioridade da educação", "fatalismo" e "desconfiança naqueles de fora da família".[4] A idéia de que sociedades inteiras estejam condenadas à pobreza devido aos seus valores tem uma longa história, mas que raramente é útil.

Quase todas as sociedades outrora pobres foram acusadas de ser preguiçosas e indignas até que seus cidadãos se tornaram ricos, quando então sua nova riqueza foi "explicada" pela industriosidade deles. O Japão é um caso típico, uma sociedade que os primeiros estrangeiros a visitar, na década de 1870, consideraram condenada à pobreza. A imprensa estrangeira no Japão, como a *Japan Gazette*, advertiu que o país jamais seria rico devido à indolência da sociedade: "Rico, não achamos que ele [o Japão] jamais se tornará: as vantagens conferidas pela natureza, com exceção do clima, e o amor à indolência e ao prazer do próprio povo impedem isso".[5] Com efeito, o mesmo jornal opinava que as reformas econômicas estavam fadadas ao fracasso devido à profunda corrupção que havia na sociedade japonesa: "O sistema bancário nacional do Japão é apenas mais um exemplo da futilidade de tentar transferir o crescimento ocidental para um *habitat* oriental. Nesta parte do mundo, princípios estabelecidos e reconhecidos no Ocidente parecem perder qualquer virtude e vitalidade que possuíam originalmente e tender fatalmente à fraqueza e à corrupção".[6]

No início do século xx, teorias sociológicas, na tradição de Max Weber, tentaram explicar as baixas rendas da Europa meridional e da Irlanda, em comparação com a Europa setentrional, com base nos supostos valores estáticos do catolicismo *versus* os valores empreendedores do protestantismo. Após a metade do século, os países católicos começaram a crescer com muita rapidez, em especial depois que a malária foi controlada. Agora, as católicas Itália e Irlanda superam a protestante Grã-Bretanha em renda per capita. Do mesmo modo, Weber e seus seguidores lançaram a hipótese de que as sociedades asiáticas com valores confucionistas, com destaque para a China, seriam incapazes de alcançar o progresso econômico. Mais tarde, quando a China e outros países do leste asiático começaram a crescer rapidamente, invocaram-se "valores asiáticos" para explicar o sucesso, virando o argumento de cabeça para baixo. Quando a Ásia sofreu uma crise econômica passageira, em 1997, os valores asiáticos foram novamente acusados, mas essa interpretação desapareceu logo que veio a recuperação econômica, dois anos depois. A pobreza da Índia foi explicada com base na rigidez social e no misticismo hinduísta até, é claro, que a Índia se tornou uma das economias de crescimento mais rápido do mundo, nos anos 1990.

Na esteira do 11 de Setembro, as sociedades islâmicas foram classificadas por alguns observadores ocidentais como inaptas para a modernidade. As acusações de fracasso cultural compõem uma legião: irracionalidade, fundamentalismo, preconceito extremo contra as mulheres, antipatia à ciência. Contudo, algumas das economias de crescimento mais rápido da última década são islâmicas. Entre 1990 e 2001, o crescimento médio anual per capita da Malásia foi de 3,9%; de Bangladesh, 3,1%; da Tunísia, 3,1%; e da Indonésia, 2,3%. Esses países também fizeram grandes avanços na igualdade da educação e alfabetização das meninas.

As previsões de mudança social baseadas na cultura são frágeis e, com freqüência, incorretas, mesmo nas áreas do comportamento humano mais influenciadas pela cultura, tais como a escolha de fertilidade. Consideremos a revolução iraniana, que pelos argumentos vigentes deveria ter levado a uma enorme discriminação contra as meninas e mulheres e a um atraso na transição demográfica para taxas baixas de fertilidade. Em vez disso, desde a revolução, o Irã conseguiu uma das transições mais rápidas: sua taxa total de fertilidade caiu de 6,6, entre 1980 e 1985, para 2,5 entre 1995 e 2000. Esse feito foi conseqüência, em parte, de um tremendo aumento da participação das meninas na escola e na alfabetização feminina. Uma interpretação possível é que os pais religiosamente conservadores tiveram mais confiança em mandar suas filhas para a escola depois da revolução. O Irã não está sozinho nas transições demográficas e educacionais. Países islâmicos como Egito, Jordânia, Marrocos e Tunísia tiveram todos enormes aumentos na escolaridade das meninas e declínios significativos nas taxas de fertilidade.

Os argumentos culturais apresentam dois problemas principais. O mais importante é que a cultura muda com os tempos e as circunstâncias econômicas. O papel das mulheres no mercado de trabalho, a escolha da fertilidade familiar, a escolarização das crianças e outras áreas críticas do comportamento econômico mudam muitíssimo à medida que as sociedades se transferem de aldeias para centros urbanos, da agricultura para a indústria, do analfabetismo para a alfabetização. Valores sociais que parecem imutáveis se revelam altamente maleáveis às circunstâncias e oportunidades econômicas. Embora nem todos os valores culturais mudem com tanta facilidade, aqueles considerados opostos ao desenvolvimento econômico raramente são — se é que alguma vez são — traços imutáveis de uma sociedade.

O segundo problema principal das interpretações culturais é que elas costumam ser feitas com base em preconceitos, em vez de fatos mensuráveis. Os argumentos tendem a ser circulares. As pessoas são pobres porque são preguiçosas. Como "sabemos" que são preguiçosas? Porque são pobres. Os defensores dessas interpretações raramente compreendem que a baixa produtividade não resulta da preguiça e da falta de esforço, mas da falta de inputs de capital na produção. Os agricultores africanos não são preguiçosos, mas carecem de nutrientes do solo, tratores, estradas, irrigação, armazenagem e coisas assim. A visão estereotipada de que os africanos trabalham pouco e portanto são pobres acaba assim que se passa um dia numa aldeia, onde a labuta árdua de homens e mulheres é a norma.

Quando os cientistas sociais tentam medir as atitudes culturais relacionadas com trabalho, criação de filhos e educação, os estereótipos tendem a ruir. No World Values Survey, fazem-se as mesmas perguntas a famílias de todo o mundo, a fim de possibilitar comparações sérias de culturas e valores. As respostas são reveladoras. Em 2000, por exemplo, quando perguntados se é especialmente importante estimular as crianças em casa a aprender a "trabalhar duro", 61% dos americanos disseram "sim", ao passo que 80% dos nigerianos, 75% dos sul-africanos e 83% dos tanzanianos responderam afirmativamente.[7] Essa resposta e outras dificilmente demonstraram valores sociais de preguiça na África e em outros países pobres.

A NECESSIDADE DE LIBERDADE ECONÔMICA

Se a boa governança se tornou o mantra dominante daqueles que buscam soluções instantâneas para os problemas do desenvolvimento, sua rival mais próxima é, sem dúvida, a liberdade econômica. Uma vez mais, uma visão basicamente correta — que as economias de mercado têm melhor desempenho do que aquelas de planejamento central — foi levada ao extremo e depois usada como substituto da análise. Quando o comunismo caiu e as reformas do mercado livre varreram a Europa Oriental, a ex-União Soviética e a China, o mercado livre foi saudado como vitorioso na longa batalha entre mercados e planejamento estatal. Até aqui, tudo bem. Mas os ideólogos do mercado livre levaram o argumento a extremos que não encontram nenhuma sustentação nos fatos ou no bom raciocínio econômico. Primeiro, eles defendem que os mercados devem governar todos os aspectos da economia, não apenas os setores produtivos básicos da agricultura, indústria e serviços, mas também saúde, educação, seguridade social e infra-estrutura essencial como água, transmissão de energia, estradas e ferrovias. Em segundo lugar, eles argumentam que todas as deficiências do crescimento devem ser atribuídas à ausência de mercados livres. A ajuda, postulam eles, se torna supérflua e até mesmo perigosa (porque atrasa as reformas de mercado). Só é preciso vontade de liberalizar e privatizar!

A Fundação Heritage e o *Wall Street Journal*, que uniram forças para produzir o *Índice de Liberdade Econômica*, dizem o seguinte:

> Alcançar a liberdade econômica é como montar um carro. Qual é o componente mais importante do carro: o motor poderoso, a transmissão, os assentos, a direção, os freios ou os pneus? A questão desafia uma resposta, pois sem qualquer um desses componentes, é improvável que o carro chegue ao destino desejado. De modo semelhante, ignore um dos dez fatores de liberdade econômica e é provável que a prosperidade abundante permaneça esquiva. Por essa razão, nos referimos com freqüência aos dez fatores do *Índice* como um "plano de dez passos para acabar com a dependência". Os dez fatores proporcionam um mapa do caminho e somente se mantendo na rota iluminada um país pode alcançar a liberdade econômica, prosperidade e auto-suficiência.
>
> Com efeito, os países que avançam pelo mapa na direção da liberdade econômica possuem taxas de crescimento mais altas. À medida que se mantêm avançando ao longo dessa estrada, suas taxas de crescimento tendem a ficar acima da média para todos os países. Quanto mais rápido avançam (quanto maior o aumento no escore), maior a taxa de crescimento. Quando os países decidem parar no acostamento ou refazer seus passos, o crescimento despenca. Assim, a mensagem importante para os países do mundo é que eles podem ajudar a si mesmos simplesmente passando a adotar a liberdade econômica. Quanto mais liberdade econômica adotarem, mais rápido crescerão ou por mais tempo terão crescimento superior. Por sua vez, mais crescimento significa que o nível médio de prosperidade está aumentando.[8]

Eis novamente o pensamento mágico. O desenvolvimento econômico é comparado a dirigir numa estrada: há somente uma direção a seguir e a única questão é a velocidade. Quanto mais liberdade econômica, tal como medida pelo índice de dez pontos, mais rápido o progresso pela estrada. Qualquer desvio da linha reta e estreita, e o crescimento entra em colapso.

A receita tem a virtude da simplicidade e, como diria o filósofo Karl Popper, da falsificabilidade. Em outras palavras, a proposição pode ser verificada. Eis como. Olhemos para os países no índice da Heritage/ *Wall Street Journal* e perguntemos se a afirmação central se sustenta. O índice explica a taxa de crescimento dos países, de tal forma que aqueles com escores altos (significando má governança, no caso desse índice) vêem suas taxas de crescimento "despencar"? A figura 1 mostra o valor médio do *Índice de Liberdade Econômica* de 1995 a 2003 no eixo horizontal e o crescimento anual do PIB per capita do mesmo período no eixo vertical. Uma "linha de melhor adequação" mostra a relação entre o escore do índice e crescimento econômico. Se a governança melhor se traduzisse diretamente em crescimento mais rápido, então, à medida que avançamos para a direita do gráfico, veríamos países crescendo mais rápido. Claramente, esse não é o caso. Com efeito, ter um bom escore no *Índice de Liberdade Econômica* não é um plano de dez

FIGURA 1 — CRESCIMENTO E GOVERNANÇA

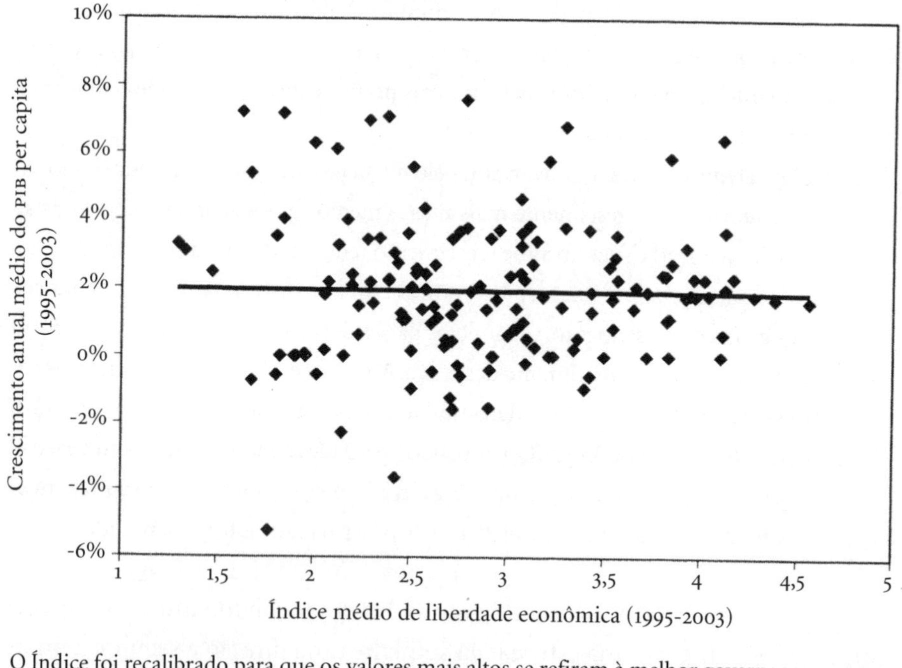

O Índice foi recalibrado para que os valores mais altos se refiram à melhor governança.
Fontes: *Heritage/ WSJ (2004); cálculos do Banco Mundial (2004).*

passos para o nirvana nem uma explicação muito forte das diferenças em taxas de crescimento econômico. Há muitos casos em que o escore em liberdade econômica é bastante baixo, mas o crescimento econômico é bem alto. O caso mais notável é o da China. Por outro lado, há muitos casos em que o escore em liberdade econômica é bom, mas o crescimento econômico é baixo, como a Suíça e o Uruguai.

Quanto à África, a mesma situação ocorre no que tange à governança. O continente cresce com menos rapidez do que seria explicado por seu escore em liberdade econômica; com efeito, isso acontece de modo marcante. Como mencionado antes, um teste estatístico formal daquela proposição mostra que os países africanos cresceram menos rapidamente do que outros no mesmo nível de liberdade econômica, cerca de três pontos percentuais por ano. Uma vez mais, os fatores de geografia, doença e nível de infra-estrutura, entre outros, nenhum dos quais é captado no "plano de dez passos" para a prosperidade, foram levados em conta. A liberdade econômica significa definitivamente uma vantagem para o desenvolvimento econômico, mas infelizmente não é uma solução mágica.

Um único "mistério do capital"?

O economista peruano Hernando de Soto promoveu e popularizou uma variante do tema da liberdade econômica. Ele sustenta que a segurança da propriedade privada, inclusive a capacidade de tomar emprestado dando terras como garantia, representa o verdadeiro "mistério do capital". Os pobres na maior parte do mundo em desenvolvimento detêm seus ativos, como moradia e terra, diz ele,

> [...] de formas defeituosas: casas construídas em terras cujos direitos de propriedade não estão adequadamente registrados, negócios não incorporados com responsabilidade não definida, indústrias localizadas onde financistas e investidores não as podem ver. Uma vez que os direitos a essas posses não estão adequadamente documentados, esses ativos não podem ser transformados facilmente em capital, não podem ser negociados fora dos estreitos círculos locais, onde as pessoas se conhecem e confiam umas nas outras, não podem ser usados como garantia para empréstimos nem como parte em um investimento [...]
>
> [Os pobres] têm casas, mas não títulos, plantações, mas não escrituras, negócios, mas não estatutos de incorporação. É a indisponibilidade dessas representações essenciais que explica por que povos que se adaptaram a todas as outras invenções

ocidentais, do clipe de papel ao reator nuclear, não conseguiram produzir capital suficiente para fazer seu capitalismo doméstico funcionar.[9]

De Soto percebeu uma coisa interessante. Seu estudo recente, *O mistério do capital*, e seu estudo anterior, *El otro sendero* [A outra trilha], ajudaram a chamar a atenção para os direitos dos posseiros, para a formalização da economia informal e para a redução dos custos de transação de contratar e ganhar acesso aos serviços públicos.

O problema com a análise de De Soto, no entanto, é que ela se baseia em um único fator — a falta de títulos e escrituras — que explique sozinho os fracassos do desenvolvimento. O subtítulo de *O mistério do capital* assevera que o livro explicará "por que o capitalismo triunfa no Ocidente e fracassa em todos os outros lugares". O problema é que o capitalismo *não está* fracassando em todos os outros lugares. Muitos países em desenvolvimento estão crescendo rapidamente, mas outros estão empacados. Muitos dos que estão crescendo com mais rapidez, como a China e o Vietnã, certamente não resolveram o problema dos títulos e escrituras! Muitos países não ocidentais que têm agora altos níveis de renda, como Japão, Coréia do Sul e Taiwan, seguiram caminhos distintos do desenvolvimento legal.[10]

O mais importante a observar é que todas as explicações de fator único fracassam no teste científico de explicar a diversidade observada das experiências do desenvolvimento. Dezenas de estudos estatísticos recentes mostraram que a diferença nas taxas de desenvolvimento econômico entre países depende de uma multiplicidade de fatores: renda inicial, nível de educação, taxa de fertilidade, clima, política de comércio exterior, doenças, proximidade de mercados e qualidade das instituições econômicas, para citar apenas algumas das variáveis relevantes.[11] O verdadeiro desafio é compreender quais dessas variáveis representam obstáculos determinados em circunstâncias específicas — o que quero dizer precisamente com "diagnóstico diferencial".

UMA DEFICIÊNCIA MORAL?

A pandemia de aids devastou a África como em nenhum outro lugar do mundo. Essa tragédia também desencadeou antigos pressupostos sobre a licenciosidade e irresponsabilidade sexual dos africanos que levaram muita gente a presumir que uma crise de cultura e moralidade está no cerne dos problemas daquele continente. Se os homens são tão infiéis a suas esposas e a vida familiar se rompeu a tal ponto, que futuro pode haver para a África, por mais ajuda que receba? Essa é uma pergunta dura de mencionar em público, mas que é feita repetidamente em privado. Ela merece uma resposta, quanto mais não seja para compreender melhor e, assim, controlar melhor a pandemia de aids. A resposta é surpreendente, longe do que se supõe comumente.

Como observei no capítulo 10, as razões das taxas extremamente altas da África não estão bem compreendidas nem há concordância quanto a elas. As explicações mais simples não funcionam. Uma visão comum diz que os africanos têm mais parceiros sexuais e, portanto, correm maior risco de transmitir a doença. Mas eis aqui a conclusão de um levantamento recente dos mais cuidadosos estudos epidemiológicos de *The Lancet*, importante revista médica britânica:

> Embora as culturas sexuais variem de região para região, as diferenças não são tão óbvias. Pesquisas demográficas e outros estudos indicam que, em média, os homens africanos não têm mais parceiros sexuais do que os homens de outros lugares. Por exemplo, um estudo comparativo do comportamento sexual descobriu que era mais provável que os homens da Tailândia e do Rio de Janeiro relatassem cinco ou mais parceiras sexuais casuais no ano anterior do que os homens da Tanzânia, Quênia, Lesoto, ou Lusaka, Zâmbia. E muito poucas mulheres de qualquer desses países relatou cinco ou mais parceiros por ano. Os homens e mulheres da África relatam números de parceiros em toda a vida mais ou menos similares, se não menores, aos de heterossexuais de muitos países ocidentais.[12]

Há muitas hipóteses e poucas conclusões sobre o que pode explicar a transmissão extraordinariamente alta da doença na África. Talvez detalhes das redes sexuais (como múltiplos parceiros sexuais num período ou o grande número de trabalhadores masculinos migrantes que ficam longe das famílias durante períodos longos) respondam por algumas das diferenças. A proporção de circuncisões masculinas talvez explique um pouco da diferença (uma vez que a circuncisão parece proteger contra a transmissão da doença). A presença de outras doenças não tratadas na população africana pode ser conducente a uma transmissão mais rápida da aids. O tipo de vírus HIV em partes da África pode ser dife-

FIGURA 2 — RELAÇÃO ENTRE TAXA DE MORTALIDADE INFANTIL (EIXO X) E TAXA DE FERTILIDADE TOTAL (EIXO Y), 148 PAÍSES, 1995 (GRÁFICO DE REGRESSÃO PARCIAL) COEF = 0,04065342; SE = 0,00184397; T = 22,05

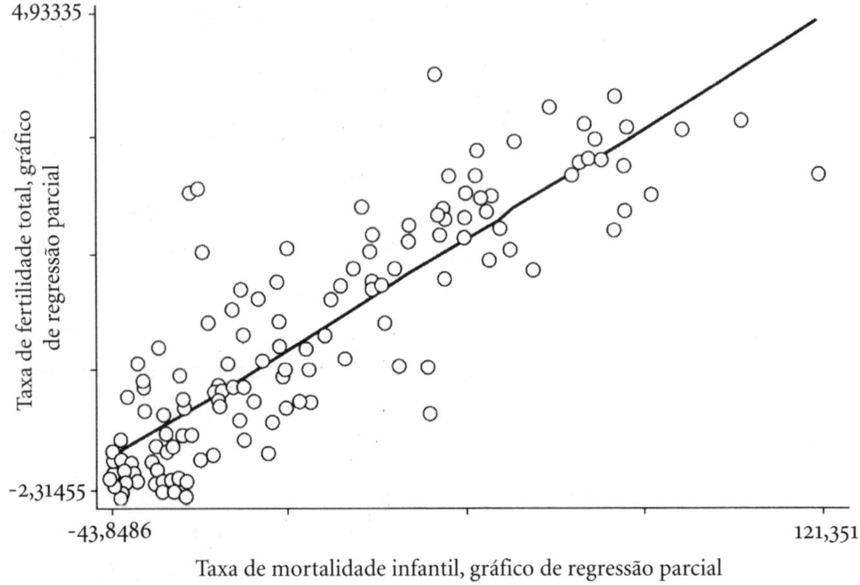

Fonte: *CMH (2001)*.

rente do vírus em outros lugares do mundo. O fato é que não se sabe nada ao certo sobre a importância relativa, ou absoluta, desses possíveis fatores. O que se sabe é que os ataques simplistas e generalizados à moral africana não se sustentam diante do exame científico.

Salvar crianças apenas para que se tornem adultos famintos?

Já me perguntaram dezenas de vezes se a ajuda à África não resultaria numa explosão populacional ainda maior. Uma taxa mais elevada de sobrevivência das crianças não se traduziria diretamente em mais adultos com fome e sofrimento? Em geral, a pessoa que pergunta começa timidamente, pedindo desculpas pelo que vai dizer. Depois, explica que não quer ser desumana, mas que realmente precisa entender a questão. Trata-se de uma pergunta muito justa. Afinal, Thomas Malthus fez quase a mesma, há duzentos anos.

A resposta é que um esforço combinado para acabar com a miséria na

FIGURA 3 — RELAÇÃO ENTRE LOG (TAXA DE MORTALIDADE INFANTIL) E TAXA DE CRESCIMENTO POPULACIONAL, 148 PAÍSES, 1995 (GRÁFICO DE REGRESSÃO PARCIAL)
COEF = 0,85216147; SE = 0,06278833; T = 13,57

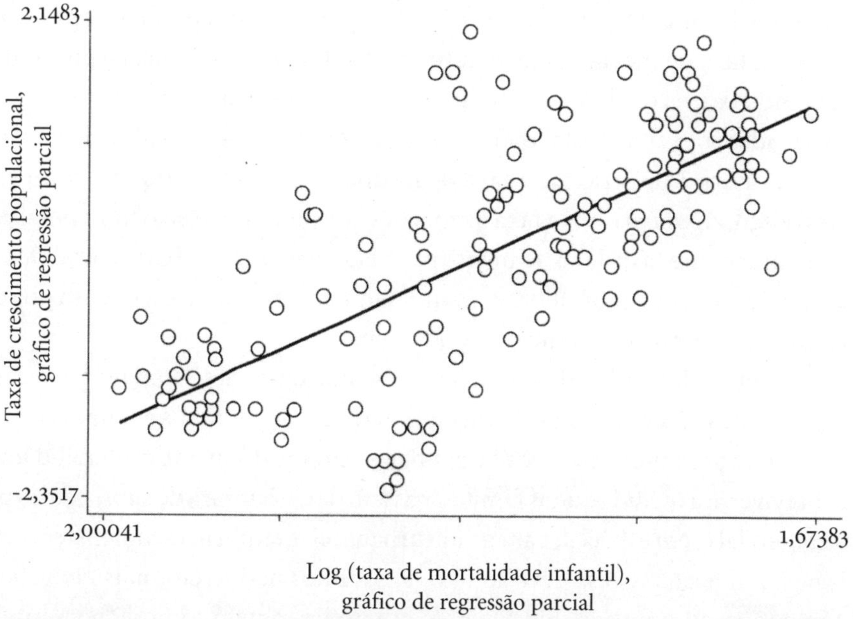

Fonte: *CMH* (*2001*).

África seria a melhor garantia de acabar com a explosão populacional de hoje, e fazer isso rápido, voluntariamente e de uma maneira que dê poder às famílias para satisfazer seus objetivos pessoais de aperfeiçoamento humano. A pobreza é, de longe, o maior fator de risco do crescimento populacional rápido. Com efeito, com poucas exceções no Oriente Médio, todos os lugares do mundo em que as taxas de fertilidade permanecem altas — acima de 5 — estão em países pobres e, em larga medida, rurais. As taxas de fertilidade são conseqüência das circunstâncias familiares. Todos os fatores básicos que contribuem para a pobreza tendem a contribuir para taxas de fertilidade mais altas, as quais, por sua vez, são um fator causador da armadilha da pobreza.

Como observei antes, as taxas de fertilidade dependem de vários fatores. Primeiro, quando os filhos morrem em grande quantidade, as famílias tendem a ter mais filhos para compensar o risco. Uma vez que os pais são avessos a risco e querem garantir com muita probabilidade pelo menos a sobrevivência de um descendente (e, com freqüência, pelo menos um menino), eles compensam em excesso no sentido estatístico. Os lugares com alta mortalidade infantil tendem a ser os mesmos com alta taxa de fertilidade, como mostra o gráfico de dispersão da figura 2. Para 148 países no ano de 1995, plotamos um ponto por país, mostrando a taxa de mortalidade infantil no eixo horizontal e a taxa de fertilidade total no eixo vertical. A forte linha ascendente mostra a firme tendência das sociedades com alta mortalidade infantil a ter também alta fertilidade.

A figura 3 mostra que a taxa de fertilidade total mais do que compensa. Nessa figura, assinalamos a taxa de mortalidade infantil no eixo horizontal para comparar com a taxa de crescimento populacional total no eixo vertical. De fato, os lugares com alta mortalidade infantil também têm alto crescimento populacional, ao contrário da crença convencional.

As taxas de fertilidade diminuem à medida que o desenvolvimento econômico avança. Quanto mais crianças sobrevivem, menos filhos as famílias "arriscam" ter, confiantes de que cada um deles tem muito maior probabilidade de sobreviver. E à medida que as famílias passam da agricultura de subsistência para a comercial e, em especial, para a vida urbana, elas também escolhem ter menos filhos. Em parte, isso se deve ao fato de os filhos não serem mais tão valiosos como mão-de-obra agrícola. Quando as famílias obtêm comodidades modernas como água encanada ou água de poço próxima da casa, ou um fogão que usa gás engarrafado em vez de lenha, os filhos não são mais necessários para buscar água e lenha. Quando as famílias põem os filhos na escola, aumentam as despesas com a criação deles. As famílias decidem ter menos filhos para investir mais em cada um deles. Quando as mães descobrem melhores oportunidades econômicas fora de casa e fora do campo, o tempo gasto com a criação dos filhos (em termos de renda salarial perdida) também aumenta. E, evidentemente, quando as famílias têm acesso a serviços de saúde modernos, inclusive planejamento familiar e contraceptivos modernos, elas conseguem realizar seus novos desejos em relação ao tamanho familiar.

Todos esses fatores explicam por que a maior parte do mundo conseguiu uma redução marcante das taxas de fertilidade total e uma forte desaceleração do crescimento populacional. Esse fenômeno ainda não chegou à África rural, onde as condições possibilitadoras — sobrevivência dos filhos, educação das meninas, oportunidades de trabalho para as mulheres, acesso à água e combustíveis de cozinha modernos e acesso a planejamento familiar e contracepção —

ainda não existem. Os investimentos para acabar com a miséria na África (e em outros lugares) são exatamente os mesmos que causarão uma queda rápida e decisiva das taxas de fertilidade em um curto período.

Uma maré montante ergue todos os barcos

Outra ilusão difusa, sustentada pelos advogados da globalização, é que os problemas remanescentes da miséria cuidarão de si mesmos porque o desenvolvimento econômico se disseminará por toda parte. Uma maré montante ergue todos os barcos, diz uma velha expressão. Se a maré alta não levanta seu barco, a culpa é provavelmente sua. As forças da globalização são fortes o suficiente para que todos se beneficiem, desde que se comportem bem.

Em termos geográficos reais, a maré montante da globalização ergueu muitas economias que estão à beira d'água. São sociedades que têm literalmente barcos na água. As zonas de livre-comércio que impulsionaram o início da industrialização da Ásia, por exemplo, localizavam-se todas no litoral. Mas uma maré montante não alcança o alto das montanhas dos Andes ou o interior da Ásia ou da África. As forças do mercado, por mais poderosas que sejam, possuem limitações identificáveis, inclusive aquelas impostas pela geografia adversa. O que é ainda pior, quando o progresso econômico não alcança um país, as condições econômicas podem se agravar, à medida que o crescimento populacional e a depreciação do capital (inclusive a depreciação do capital natural) conduzem a proporções decrescentes de capital por pessoa.

Natureza vermelha em unhas e dentes

O último mito que vale a pena mencionar é o do darwinismo social, presente com freqüência nos economistas modernos, que advertem contra o liberalismo de coração mole com base na teoria de que a "vida real" é competição e luta, de "natureza vermelha em unhas e dentes", na metáfora evocativa de Tennyson. O darwinismo social sustenta que o progresso econômico é a história de competição e sobrevivência dos mais aptos. Alguns grupos dominam; outros ficam para trás. No fim, a vida é uma luta e o mundo de hoje reflete o resultado dessa luta.

Embora boa parte da teoria econômica do livre mercado tenha defendido essa concepção, a partir de Adam Smith economistas reconheceram que competição e luta são apenas um lado da vida econômica e que confiança, cooperação e ação coletiva na provisão de bens públicos são o outro lado da medalha. Assim como a tentativa comunista de banir a competição da cena econômica via propriedade estatal fracassou redondamente, o mesmo aconteceria com uma tentativa de gerir uma economia moderna com base apenas nas forças do mercado. Todas as economias bem-sucedidas são mistas, utilizando tanto o setor público como o privado para conseguir o desenvolvimento econômico. Expliquei as razões teóricas subjacentes pelas quais mercados e competição sozinhos não proporcionarão níveis eficientes de infra-estrutura, conhecimento, gestão ambiental e bens. Assim como isso é verdade para cada país, o mesmo vale internacionalmente. Sem cooperação, muitas economias nacionais não oferecerão níveis eficientes de investimento em infra-estrutura supranacional, conhecimento, gestão ambiental ou bens de mérito entre os pobres do mundo.

Há um amplo consenso em relação à defesa dos bens públicos no nível nacional, ainda que existam debates acalorados sobre onde traçar exatamente a linha entre as atividades públicas e privadas. Até os conservadores mais radicais dos Estados Unidos apóiam o financiamento público da educação, da pesquisa médica e de muitos tipos de atendimento à saúde. Os gastos públicos americanos estão em torno de 30% do PIB quando se somam os níveis local, estadual e federal, e não há nenhuma perspectiva séria de alguma redução real nessa proporção. No entanto, quando se trata do gasto dos países em nível internacional, até mesmo 0,7% do PNB parece pesado e altamente controvertido. Os mesmos argumentos que prevaleceram no nível nacional — na defesa de uma economia mista — mais cedo ou mais tarde (e esperemos que mais cedo) irão prevalecer também nas relações internacionais.

Eliminar a pobreza em escala global é uma responsabilidade global que trará benefícios globais. Nenhum país pode fazer isso sozinho. A parte mais difícil para nós é pensar globalmente, mas é isso que a sociedade global do século XXI exige de nós. A filosofia do Pacto de Desenvolvimento do Milênio, que foi desenvolvida e ratificada globalmente, pode servir de alicerce para esse esforço internacional.

Rejeito as lamentações dos profetas da destruição, que dizem que é impossível acabar com a pobreza. Identifiquei os investimentos específicos que são necessários; descobri maneiras de planejá-los e implementá-los; mostrei que é possível pagar por eles; e respondi aos advogados do desespero que afirmam que os pobres estão condenados por suas culturas, seus valores e comportamentos pessoais. Mas o mundo agirá? Afinal, o que aguarda os países ricos? Por que eles deveriam se importar? Quando o mundo agiu simplesmente porque era a coisa certa a fazer? Essas são as questões finais de minha investigação.

17. Por que devemos fazê-lo

O mundo rico agirá para salvar os pobres? Os cínicos dizem que não. Por que deveríamos? A pobreza não é problema nosso, é deles. O que os pobres podem fazer a nós, ou para nós? Quando é que algum país fez alguma coisa pelos outros por altruísmo? Como podemos combater a pobreza se temos de lutar contra o terrorismo? Como podem os políticos pedir à sociedade que dê mais à África quando ela já se sente espremida economicamente? São perguntas que ouço todos os dias.

São também perguntas particularmente americanas nos dias que correm. Muitos americanos não percebem a assistência econômica como tendo muito a ver com sua segurança nacional. Para esse propósito, eles colocaram sua fé no Exército. Em 2004, os Estados Unidos gastaram trinta vezes mais com as forças militares do que com ajuda externa: US$ 450 bilhões, em comparação com US$ 15 bilhões. Somente a Grécia chega perto dessa proporção desequilibrada, como mostra a figura 1, usando os dados disponíveis mais recentes para o ano de 2002 (antes de boa parte da atual escalada militar americana).

A decisão de investimento americana de apoiar a perspectiva militar, em vez de outras abordagens das relações internacionais, reflete várias idéias erradas. A primeira é que já estamos fazendo tudo o que podemos para ajudar os pobres. Pesquisas de opinião pública realizadas ao longo da última década ilustram continuamente que a sociedade americana superestima muito a quantidade de fundos federais gasta em ajuda externa. Em uma pesquisa de 2001, o Programa sobre Atitudes Políticas Internacionais (PIPA) [Program on International Policy Attitudes] da Universidade de Maryland registrou que os americanos, em média, acreditavam que a ajuda externa responde por 20% do orçamento federal, cerca de 24 vezes mais do que a quantia real.[1] O PIPA encontrou, em essência, os mesmos resultados em pesquisas de meados da década de 1990.

O presidente Bush parece cometer o mesmo erro. Em uma entrevista coletiva, em abril de 2004, ele disse que "como a maior potência na face da Terra, temos a obrigação de difundir a liberdade. Temos obrigação de ajudar a alimentar os famintos". No entanto, de que forma os Estados Unidos cumprem sua obrigação? A assistência americana aos agricultores de países pobres, para ajudá-los a plantar mais alimentos, está em torno de menos de US$ 1 bilhão por ano, talvez US$ 1 por agricultor de subsistência do mundo. Notem bem, US$ 1 bilhão significa US$ 0,01 de cada US$ 100 da renda nacional americana. Os Estados Unidos

FIGURA 1 — PROPORÇÃO DOS GASTOS MILITARES EM RELAÇÃO À ASSISTÊNCIA OFICIAL AO DESENVOLVIMENTO (2002)

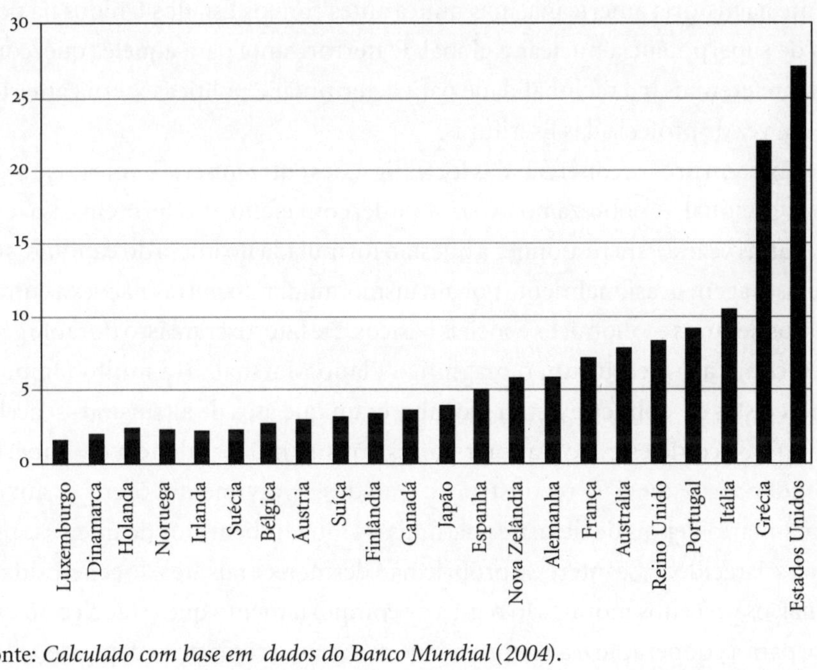

Fonte: *Calculado com base em dados do Banco Mundial (2004).*

dão outros US$ 800 milhões em alimentos, o que ajuda a dar comida a indivíduos em uma crise, mas não faz nada para resolver o problema mais fundamental da produção de alimentos instável e insuficiente.

A segunda falácia é a opinião disseminada de que as forças militares americanas podem garantir a segurança de todos os seus cidadãos, mesmo na ausência de um mundo estável. É o mesmo erro que levou os americanos a crer que os Estados Unidos seriam saudados como libertadores em Bagdá, que a captura de Saddam Hussein deteria a violência iraquiana, ou que um ataque a mais contra a al-Qaeda acabaria com o terror. Sejam os terroristas ricos, pobres ou de classe média, suas bases de operação são sociedades instáveis, assediadas por pobreza, desemprego, crescimento populacional rápido, fome e falta de esperança. Sem tratar das causas profundas dessa instabilidade, pouco se conseguirá no estancamento do terror.

A terceira falácia é o "choque das civilizações", a crença em que o mundo está entrando numa guerra de culturas. Para muita gente na América, trata-se de uma guerra literal, a guerra do Armagedão. Milhões de americanos, embora não esteja claro quantos são exatamente, acreditam que estamos nos aproximando do "fim dos dias" da profecia bíblica. Essa crença milenarista retorna periodicamente na história americana, mas nunca antes com os Estados Unidos na posição de superpotência nuclear e global. É aterrorizante para aqueles que, como nós, preferem usar a racionalidade para determinar a política externa americana, em vez de profecia das Escrituras.

Existem provas concretas das fortes ligações entre miséria e ameaças à segurança nacional. A pobreza no exterior pode, com efeito, nos ferir em casa, e fez isso várias vezes. Para responder à questão formulada no início do capítulo, sim, os países agem ocasionalmente por altruísmo, ajudando outras nações a enfrentar seus desafios econômicos e sociais básicos. De fato, fizeram isso durante gerações, como aconteceu com o magnífico Plano Marshall. Há muito tempo os estrategistas de política externa reconheceram que atos de altruísmo — acabar com o tráfico de escravos, apoiar países em sua independência de impérios, estender a assistência à reconstrução e ao desenvolvimento, oferecer auxílio humanitário depois de desastres naturais — são também atos de interesse próprio esclarecido. Esse interesse próprio não desmerece tais atos de generosidade. Afinal, os preceitos morais são regras de comportamento que estabelecem uma base para a cooperação e a reciprocidade das quais a civilização depende.

É também errado supor que os políticos são punidos por apoiar tais ações. Há experiência suficiente para mostrar que a população em geral aceitará tais medidas, em especial se perceber que se pede aos ricos de sua própria sociedade que arquem com sua justa parcela do fardo. O problema nos Estados Unidos não é a oposição pública ao aumento da assistência externa, mas uma falta de liderança política até mesmo para informar a população sobre sua importância e pedir a ele esforços maiores. Os americanos têm demonstrado uma disposição enorme de "compartilhar pelo menos uma pequena porção de sua riqueza com aqueles povos do mundo que sofrem grande necessidade", reafirmando o forte apoio da população americana a dar ajuda externa em princípio. A pesquisa do PIPA revelou também que 54% rejeitavam a idéia de que a ajuda externa "deveria ser um assunto estritamente privado, assumido por indivíduos que dessem doações por meio de organizações privadas".[2] Os americanos compreendem o que precisa ser feito e por que se trata de um dever público. O que eles não avaliam é quão pouco os Estados Unidos estão de fato levando até o fim o que precisa ser feito.

SEGURANÇA DOS EUA E POBREZA GLOBAL

Como proposição geral, o colapso econômico — uma economia presa na armadilha da pobreza, crise bancária, calote da dívida ou hiperinflação — leva, com freqüência, também ao colapso do Estado. O estudo mais abrangente desse tipo de coisa, realizado pela Força-Tarefa de Colapso de Estado, criada pela CIA em 1994, confirma a importância de suas raízes econômicas. A força-tarefa define colapso de Estado como um caso de guerra revolucionária, guerra étnica, genocídio, politicídio ou mudança de regime adversa ou divisora. Por sua vez, é provável que os Estados fracassados criem problemas não somente para eles mesmos, mas também para o resto do mundo. Ao longo da história, eles foram sementeiras de violência, terrorismo, criminalidade internacional, migração em massa, movimentos de refugiados, tráfico de drogas e doenças. Se quiserem gastar menos tempo reagindo a Estados fracassados, Estados Unidos, Europa, Japão e outros países de alta renda terão de reduzir decisivamente o número de economias fracassadas.

Os americanos adorariam acreditar que os Estados Unidos podem ser uma ilha de estabilidade e prosperidade num mar global de pobreza e colapso econômico. Porém a história prova o contrário. Os exemplos são inúmeros. A ascensão dos bolcheviques ao poder em 1917 ocorreu na esteira do colapso econômico da Rússia czarista durante a guerra. A ascensão de Hitler em 1933 aconteceu em meio à Grande Depressão que afetou a Alemanha, especialmente dura devido à sua grande dívida externa. Mais recentemente, a Iugoslávia se desintegrou numa guerra regional não somente devido a conflitos étnicos, mas também por causa de um colapso econômico e da queda do antigo Estado federal na hiperinflação no final dos anos 1980. Slobodan Milosevic usou o colapso econômico para tomar o poder. O declínio econômico do Iraque e o crescimento do peso da dívida após a guerra contra o Irã da década de 1980 estimularam, ao menos em parte, a invasão do Kuwait por Saddam Hussein em 1990.

É óbvio que não quero cair na falácia simplista de atribuir todos os colapsos políticos a crises econômicas. O xá do Irã foi derrubado do poder em 1979 em meio a um *boom* do petróleo. Traçar a ascensão de Lênin ou Hitler ao poder com base apenas na economia seria tolice. E a existência da al-Qaeda e do 11 de Setembro não foi causada pela pobreza *per se*, embora o colapso do Estado no Afeganistão e as crises econômicas no sul da Ásia e no Oriente Médio tenham certamente desempenhado seu papel. Não obstante, na prática, o colapso econômico no exterior importa muito e pode se traduzir em custos muito altos para os Estados Unidos em muitas esferas.

As conclusões da força-tarefa da CIA são convincentes: ela contou todos os casos entre 1957 e 1994 em países de meio milhão de habitantes ou mais e identificou 113 casos de colapso do Estado. De todas as variáveis explicativas examinadas, três foram as mais significativas:

- Taxas de mortalidade infantil, sugerindo que baixos níveis totais de bem-estar material são um fator significativo do colapso do Estado.
- Abertura da economia, no sentido de que mais conexões econômicas com o resto do mundo diminuem o risco de colapso.
- Democracia, com os países democráticos mostrando menos propensão ao colapso do Estado do que os regimes autoritários.

A ligação com a democracia, no entanto, tem uma forte dimensão econômica, porque as pesquisas mostraram repetidamente que a probabilidade de um país ser democrático aumenta muito com seu nível de renda per capita. Ao refi-

TABELA 1 — COLAPSOS DE ESTADO E SUBSEQÜENTE ENVOLVIMENTO MILITAR DOS ESTADOS UNIDOS

(A primeira data refere-se ao envolvimento militar dos Estados Unidos, a segunda refere-se ao colapso do Estado; por ordem cronológica das datas de intervenção militar.)

Cuba (1962, 1956-61)
Tailândia (1962, 1957)
Laos (1962-75, 1960-79)
Congo (1964, 1960-5)
Vietnã (1964-73, 1958-75)
República Dominicana (1965, 1961-6)
Congo (1967, 1960-5)
Camboja (1970, 1970-9)
Chipre (1974, 1963-8, 1974)
Vietnã (1975, 1958-75)
Líbano (1976, 1965-92)
Coréia (1976, não aplicável)
Zaire (1978, 1977-9)
Irã (1980, 1977)
El Salvador (1981, 1977-92)
Líbia (1981, não aplicável)
Líbano (1982, 1965-92)
Honduras (1983-9, 1978-90 colapso do Estado na Nicarágua)
Chade (1983, 1965-96)
Libéria (1990, 1989-97)
Zaire (1991, 1991)
Serra Leoa (1992, de 1991 em diante)
Somália (1992, de 1988 em diante)
Bósnia-Herzegovina (1993, 1992-6)
Somália (1993, de 1988 em diante)

Fonte: *As datas dos colapsos de Estado foram tiradas do conjunto de dados da Força-Tarefa sobre Colapso de Estado; as datas das intervenções militares dos Estados Unidos foram tiradas de Ellen C. Collier, "Instances of use of United States forces abroad, 1798-1993"* (*U. S. Congressional Research Service, 7 de outubro de 1993*), *localizado em <http://www.history.navy.mil/wars/foabroad.htm>.*

nar o estudo básico, a força-tarefa descobriu que na África Subsaariana, onde muitas sociedades vivem na beira da subsistência, os recuos econômicos temporários (medidos como um declínio do PIB per capita) foram preditores significativos do colapso do Estado. Descobriu-se também que as democracias parciais, em geral em transição de instituições autoritárias para plenamente democráticas, eram particularmente vulneráveis ao colapso. Chegou-se a conclusões semelhantes em estudos sobre os conflitos africanos, que mostram que a pobreza e o desenvolvimento econômico lento aumentam a probabilidade de conflito.

Os colapsos de Estado no exterior são importantes para a segurança dos Estados Unidos, uma vez que conduzem amiúde à intervenção militar americana, arrastando o país para imbróglios externos. Se compararmos as datas do envolvimento militar dos Estados Unidos com o momento dos colapsos estatais de acordo com a força-tarefa, como na tabela 1, praticamente todos os casos de intervenção militar americana no exterior desde 1960 ocorreram em um país em desenvolvimento que havia experimentado recentemente um colapso do Estado. (Para os propósitos da tabela, "intervenção militar" inclui qualquer uso de tropas americanas no exterior, seja para combate direto, manutenção da paz, evacuação de civis ou proteção da propriedade americana.) Em muitos, ou na maioria dos casos, as ligações do colapso econômico ao colapso do Estado e às intervenções militares dos Estados Unidos são claríssimas.

DEPOIS DO 11 DE SETEMBRO

As idéias de que os Estados fracassados ameaçam a segurança nacional dos Estados Unidos e da Europa e de que o apoio ao desenvolvimento econômico é também apoio à segurança nacional não são proposições desvairadas da esquerda. Elas se tornaram comuns na análise estratégica. O problema não está no conceito de vincular a pobreza à segurança nacional, mas na sua concretização. A política para o desenvolvimento dos Estados Unidos em décadas recentes — tanto de governos democratas como de republicanos — pode ser medida mais em decibéis do que em assistência realmente à altura do tamanho do desafio.

Eis um exemplo da desconexão entre a retórica da política externa e sua realidade. Em um discurso para o Banco Interamericano de Desenvolvimento, às vésperas da Conferência Internacional sobre Financiamento para o Desenvolvimento em Monterrey, México, o presidente Bush disse:

> A pobreza não causa o terrorismo. Ser pobre não faz de você um assassino. A maioria dos que tramaram o 11 de Setembro foi criada no conforto. Não obstante, a pobreza e a opressão persistentes podem levar à desesperança e ao desespero. E

quando os governos não atendem às necessidades mais básicas de seus povos, esses Estados fracassados podem se tornar refúgios para o terror.

No Afeganistão, a persistência da pobreza, da guerra e do caos criou condições que possibilitaram que um regime terrorista tomasse o poder. E em muitos outros Estados do mundo, a pobreza impede os governos de controlar suas fronteiras, policiar seus territórios e fazer cumprir as leis. O desenvolvimento proporciona os recursos para construir esperança, prosperidade e segurança [...]

O desenvolvimento bem-sucedido exige também cidadãos que sejam alfabetizados, saudáveis e preparados e capacitados para o trabalho. A assistência ao desenvolvimento pode ajudar as nações pobres a satisfazer essas necessidades de educação e saúde.[3]

Até aqui, tudo bem. Então, o presidente apresentou um novo programa de ajuda, o Millenium Challenge Account [Conta do Desafio do Milênio], que aumentaria a ajuda anual americana em US$ 5 bilhões por ano:

A América apóia as metas do desenvolvimento internacional na Declaração do Milênio da ONU e acredita que essas metas são de responsabilidade compartilhada dos países desenvolvidos e em desenvolvimento. Para progredir, devemos encorajar nações e líderes a palmilhar a difícil estrada das reformas política, legal e econômica, de tal modo que todos os seus povos se beneficiem.

Hoje, faço um apelo por um novo pacto para o desenvolvimento global, definido por nova responsabilidade tanto das nações ricas como das pobres. Contribuições maiores das nações desenvolvidas devem estar ligadas a maior responsabilidade das nações em desenvolvimento. Os Estados Unidos liderarão pelo exemplo. Aumentaremos nossa assistência ao desenvolvimento em US$ 5 bilhões ao longo dos três próximos ciclos orçamentários. Esse dinheiro novo está acima e além dos requisitos de ajuda existentes — está acima e além dos requisitos de ajuda existentes no orçamento corrente que apresentei ao Congresso.[4]

O problema é a completa desconexão entre a dimensão da iniciativa — US$ 5 bilhões a mais por ano no terceiro ano — e as necessidades dos países pobres (da ordem de US$ 100 bilhões a mais por ano entre 2006 e 2015 para cumprir as Metas de Desenvolvimento do Milênio) e o compromisso dos Estados Unidos de fazer "esforços concretos" para atingir 0,7% do PNB. Esses US$ 5 bilhões representam menos de 0,05% do PNB dos Estados Unidos. E o que é ainda mais espantoso: nem um centavo sequer da Millenium Challenge Account foi desembolsado até o final de 2004.

Vários meses depois, as conexões entre pobreza no exterior e segurança no interior foram consagradas na nova Estratégia de Segurança Nacional dos Estados Unidos da América:

> Um mundo em que alguns vivem em conforto e fartura, enquanto metade da raça humana vive com menos de US$ 2 por dia não é justo nem estável. Incluir todos os pobres do mundo num círculo em expansão de desenvolvimento — e oportunidades — é um imperativo moral e uma das mais altas prioridades da política internacional dos Estados Unidos.[5]

A estratégia comprometeu os Estados Unidos com as seguintes ações para promover o desenvolvimento:[6]

- Oferecer recursos para ajudar os países que cumpriram o desafio da reforma nacional.
- Melhorar a eficácia do Banco Mundial e de outros bancos de desenvolvimento na elevação dos padrões de vida.
- Insistir em resultados mensuráveis para garantir que a assistência ao desenvolvimento esteja realmente fazendo diferença na vida dos pobres
- Aumentar a quantidade de assistência ao desenvolvimento que é oferecida na forma de doações, em vez de empréstimos.
- Uma vez que comércio e investimento são os verdadeiros motores do crescimento econômico, abrir sociedades ao comércio e investimento.
- Assegurar a saúde pública.
- Enfatizar a educação.
- Continuar a ajudar no desenvolvimento agrícola.

É difícil entender a desconexão entre esses itens — que são absolutamente válidos — e a falta de compromisso financeiro comensurável do governo americano. Parte disso se deve ao erro freqüente de supor que os Estados Unidos fazem mais do que realmente estão fazendo. A Estratégia de Segurança Nacional, por exemplo, afirma que "décadas de vasta assistência ao desenvolvimento fracassaram em estimular o crescimento econômico nos países mais pobres", sem perceber que os fluxos de ajuda não foram vastos nem chegaram perto dos níveis necessários para "estimular o crescimento econômico".[7] Da ajuda limitada que os Estados Unidos dão, uma grande proporção vai para pagar os experts americanos (assistência técnica) ou para auxílio de emergência e alimentos, em vez de para investimentos de longo prazo em infra-estrutura, educação ou saúde. Em outras palavras, a ajuda não é apenas muito pequena em comparação com o PNB americano e as necessidades estrangeiras, mas é dada de uma forma que oferece pouca ajuda de longo prazo. O padrão não se restringe ao atual governo Bush. Tem sido uma característica da política de ajuda americana há décadas.

Agir porque prometemos

Os líderes políticos americanos e a população em geral raramente reconhecem que o governo dos Estados Unidos assumiu repetidamente compromissos internacionais para fazer mais do que o país está fazendo e percebem menos ainda que a falta de cumprimento traz um enorme custo de política externa. Ao falar para as Nações Unidas em setembro de 2002, o presidente Bush disse o seguinte: "Os Estados Unidos ajudaram a fundar as Nações Unidas. Queremos que a ONU seja eficaz, respeitosa e bem-sucedida. Queremos que as resoluções do organismo multilateral mais importante do mundo sejam cumpridas".[8]

Contudo, quando se trata das resoluções da Assembléia-Geral, tais como a Declaração do Milênio, ou de uma série de acordos nas conferências da ONU dos últimos vinte anos, os Estados Unidos agem quase sempre como se fossem meramente um espectador inocente, não um governo responsável, muito menos um signatário. O compromisso do 0,7% é um caso em pauta. A Assembléia-Geral votou sobre isso há 35 anos, mas as autoridades americanas sustentam há muito tempo que ele não se aplica aos Estados Unidos. Não obstante, o país foi signatário da Agenda 21, documento adotado na Cúpula sobre Desenvolvimento Sustentável realizada no Rio de Janeiro em 1992, que continha o seguinte no Capítulo 33.13:

> Os países desenvolvidos reafirmam seu compromisso de alcançar o objetivo aceito pelas Nações Unidas de 0,7% do PNB para AOD e, na medida em que ainda não

tenham alcançado esta meta, concordam em aumentar seus programas de ajuda a fim de atingir esse objetivo o mais cedo possível e assegurar implementação pronta e efetiva da Agenda 21.

Uma década depois, o Consenso de Monterrey, adotado pelos Estados Unidos e por outros países participantes, declarou: "Instamos os países desenvolvidos que ainda não o fizeram a desenvolver esforços concretos para cumprir a meta de 0,7% do produto nacional bruto (PNB) como AOD aos países em desenvolvimento[...]".[9]

Alguns meses depois de Monterrey, na Cúpula Mundial sobre Desenvolvimento Sustentável, em Johannesburgo, África do Sul, os presentes concordaram com um Plano de Implementação:

> Tornar disponíveis os crescentes compromissos em assistência oficial ao desenvolvimento por vários países desenvolvidos na Conferência Internacional sobre Financiamento para o Desenvolvimento. Instar os países desenvolvidos que ainda não o fizeram a desenvolver esforços concretos no sentido do objetivo de 0,7% do produto nacional bruto como assistência oficial ao desenvolvimento aos países em desenvolvimento[...][10]

Tive uma conversa interessante certa vez, numa mesa-redonda com autoridades do Departamento de Estado americano. Um dos presentes, em particular, estava muito ressentido com minha defesa aberta da assistência oficial ao desenvolvimento.[11] A certa altura, ele postulou que os Estados Unidos eram contra a ajuda e a favor dos princípios do Consenso de Monterrey. Fiquei perplexo e respondi que o Consenso de Monterrey nos incumbe de instar todos os países desenvolvidos que ainda não o fizeram — inclusive nós, americanos — a fazer "esforços concretos" para alcançar 0,7%. Ele balbuciou: "Mas nós somos a favor das partes sobre comércio e investimento privados!". Essa posição é estúpida, obviamente, uma vez que a totalidade do documento foi negociada com intensa participação da equipe dos Estados Unidos. Grande parte do Consenso de Monterrey defende o papel do crescimento liderado pelo setor privado, mas o documento também descreve com habilidade por que a AOD ainda é necessária em um mundo no qual os fluxos de capital privado atolam os fluxos oficiais:

A assistência oficial ao desenvolvimento (AOD) desempenha um papel essencial como complemento para outras fontes de financiamento do desenvolvimento, em especial naqueles países com menor capacidade de atrair investimento privado direto. A AOD pode ajudar um país a alcançar níveis adequados de mobilização de recursos internos dentro de um horizonte de tempo apropriado, enquanto aumentam o capital humano e as capacidades de produção e exportação. A AOD pode ser crítica para melhorar o ambiente para as atividades do setor privado e pode assim abrir caminho para o crescimento robusto. A AOD também é um instrumento crucial para apoiar a educação, a saúde e o desenvolvimento da infra-estrutura pública, a agricultura e o desenvolvimento rural e melhorar a segurança alimentar. Para muitos países da África, países menos desenvolvidos, Estados insulares em desenvolvimento e países sem saída para o mar, a AOD ainda é a maior fonte de financiamento externo e é essencial para a realização das metas e objetivos de desenvolvimento da Declaração do Milênio e outros objetivos de desenvolvimento acordados internacionalmente.

A questão não é rediscutir os méritos do Consenso de Monterrey, que são significativos, mas enfatizar que os compromissos políticos dos signatários deveriam traduzir-se em ação governamental. É claro que a falha dos Estados Unidos em não dar seguimento ao Consenso de Monterrey não tem conseqüência política direta dentro do país, porque nem um cidadão americano em 1 milhão conhece a declaração. Mas não deveríamos subestimar a importância que ela tem no exterior, onde os termos do Consenso são uma questão de vida ou morte, não somente para outros governos, mas também para suas populações. Por mais que falemos de nossa generosidade nos Estados Unidos, os países pobres estão plenamente conscientes do que *não* estamos fazendo.

Reequilibrar a política externa

Votar a favor da ajuda externa foi descrito muitas vezes como o gesto mais difícil para um congressista americano. Como podem seus eleitores compreender a doação de dinheiro para os outros? Na verdade, esse risco político tem sido ridiculamente exagerado. Políticos de todos os países ricos votam rotineiramente pela ajuda aos países pobres e o fazem em perfeita segurança. Com efeito, todas as outras democracias ocidentais encontraram uma maneira de aprovar mais ajuda, como proporção do PNB, do que os Estados Unidos, embora os outros países tenham, em geral, uma renda per capita bem menor do que a americana. Mas a experiência dos Estados Unidos é também clara: a sociedade apoiará o presidente quando ele explicar que uma questão como essa é de interesse vital para a política externa do país.

Já observei que o povo americano superestima demais a quantidade de ajuda atualmente dada, em parte porque nenhum presidente, que eu me lembre, falou para a sociedade sobre o que os Estados Unidos estão e não estão fazendo. As mesmas pesquisas de opinião demonstram que a população está pronta para fazer mais, supondo-se que se possa mostrar de modo convincente que a ajuda cumprirá seus objetivos designados. A sociedade expressa consternação diante do desperdício da ajuda externa, usada para sustentar ditadores ou desviada para contas em bancos suíços. No entanto, a pesquisa de 2001 do PIPA mostrou que os americanos estavam dispostos a aliviar a fome em outros países e julgavam isso uma obrigação de seu governo. Quando a ajuda era descrita como "dar alimento e assistência médica a pessoas em países necessitados", avassaladores 87% dos consultados foram a favor de que os Estados Unidos oferecessem esse apoio. É interessante e notável observar que uma forte maioria de respondentes também disse que preferia dar ajuda por meio de instituições multilaterais, em vez de bilateralmente.

O fato é que os programas de ajuda podem ser aprovados pelo Congresso, mas precisam de liderança presidencial para montar uma coalizão nacional. E a coalizão tende a refletir vários eleitorados e preocupações. Uma parte da sociedade apóia os programas por motivos de segurança nacional; outros, por benefícios econômicos de longo prazo (países mais ricos serão melhores parceiros de comércio); outros, ainda, porque é a coisa certa a fazer; e há aqueles que o fazem devido a preceitos religiosos. A História oferece novamente alguns casos para nos auxiliar a compreender como e por que importantes programas de ajuda foram adotados no passado.

O Plano Marshall

Além de sua missão humanitária, o Plano Marshall foi um plano de desenvolvimento econômico abrangente destinado a assegurar a estabilidade econômica da Europa e a segurança estratégica no pós-guerra. Os criadores do plano estavam motivados pelas lições da Primeira Guerra Mundial, quando uma paz cartaginesa deixou partes da sociedade alemã tão amarguradas que contribuiu, pelo menos indiretamente, para a ascensão política de Hitler. Após a Segunda Guerra, o presidente Truman e outros líderes que assumiram a reconstrução da Europa estavam decididos a não permitir que tal sofrimento econômico voltasse a ocorrer. Eles acreditavam que sem o funcionamento adequado do comércio e dos mercados internacionais, e com a União Soviética à espreita no leste do continente, o progresso econômico e os interesses de segurança dos Estados Unidos seriam prejudicados.

Os defensores do Plano Marshall fizeram uma campanha sistemática para convencer o povo americano da correção do plano.[12] Seu sucesso nessa empreitada teve quatro etapas, entre outras: 1) criação de um comitê bipartidário no Congresso, liderado pelo deputado Christian Herter (Partido Republicano-Massachusetts), que fez uma viagem crucial à Europa para estudar o problema *in loco* e fazer um relatório ao Congresso; 2) formação de uma comissão de alto nível de líderes financeiros, comandada por Averell Harriman, que confirmou os recursos dos Estados Unidos para sustentar um programa do alcance do Plano Marshall; 3) geração de apoio do Partido Republicano para uma iniciativa do governo democrata que evitou que o plano ficasse preso à política partidária; e 4) alerta aos americanos para os fatos que estavam acontecendo, em especial o avanço soviético sobre a então Tchecoslováquia no início de 1948, que convenceu a opinião pública de que, se os Estados Unidos não ajudassem a Europa, sua segurança e seus ganhos econômicos poderiam ser ameaçados pela subversão comunista.

Esses quatro elementos, junto com a liderança combinada do presidente Truman e a campanha de informação pública que esclareceu os fatos para o povo americano, possibilitaram que o Congresso aprovasse a Lei de Cooperação Econômica de 1948, que encarnava o Plano Marshall. Durante a duração do plano, os Estados Unidos ofereceram mais de 1% do PNB, em média, de 1948 a 1952, para a reconstrução da Europa Ocidental, cerca de dez vezes mais do que o atual esforço.

Jubileu 2000 (Campanha para Cancelar a Dívida)

A campanha pelo cancelamento da dívida é uma iniciativa mais recente que surgiu da percepção de que os países mais pobres do mundo sofriam sob o peso esmagador do pagamento da dívida aos emprestadores internacionais e bilaterais. A campanha foi o apelo mais amplo por ação que respondeu à Iniciativa HIPC (Países Pobres Fortemente Endividados) [Heavily Indebted Poor Countries] do FMI e do Banco Mundial, lançada em 1996. A própria iniciativa HIPC era um reconhecimento de que a era do ajuste estrutural fracassara no cumprimento das promessas de desenvolvimento e crescimento para as nações mais pobres.

A campanha Jubileu 2000 foi feita contra a resistência inflexível dos países doadores e das instituições de Bretton Woods, que não compartilhavam do sentimento de urgência em relação ao cancelamento da dívida. O movimento atraiu uma ampla coalizão de grupos religiosos e ONGs, inicialmente na Europa e, em especial, no Reino Unido. No final dos anos 1990, tornou-se um movimento social de massa: em 1998, em uma reunião de cúpula em Birmingham, os líderes do movimento apresentaram uma petição global, assinada por 22 milhões de pessoas em sessenta países, que pedia o cancelamento da dívida dos países pobres. Figuras de destaque do mundo do entretenimento, como Muhammad Ali e, em especial, Bono, fizeram campanha pelo movimento. O papa João Paulo II, que ligou a campanha à celebração do jubileu do ano 2000 e ao apelo bíblico do Levítico por um novo começo para os endividados em um ano de jubileu, deram ao movimento um alcance muito amplo.

Na qualidade de conselheiro econômico do Jubileu 2000 e trabalhando ao lado de Bono, tive oportunidade de ver a formação da coalizão política que acabou por triunfar. Disseram para nós, em termos inequívocos, que o cancelamento da dívida não passaria no Congresso americano. Essa era a opinião de todo o espectro político, da Casa Branca e do Departamento do Tesouro de Clinton à Câmara dos Deputados, dominada pelos republicanos. O que a visão convencional deixava de entender era o amplo apoio ao cancelamento da dívida que havia entre os grupos mais diversos do povo americano. Os conservadores o julgavam inevitável porque não tinham ilusões quanto à credibilidade dos países pobres. Os liberais achavam que era a coisa certa a ser feita. Muita gente estava ansiosa para encontrar um modo concreto de ajudar os pobres do mundo. E, o que talvez tenha sido mais importante no final, muitos conservadores que poderiam se opor à ajuda externa acabaram apoiando a campanha por motivos religiosos.

Quando o movimento ganhou força nos Estados Unidos, líderes da direita religiosa, em particular Spencer Bachus (Partido Republicano-Alabama), abraçaram a questão. Bachus foi o autor de propostas fundamentais de legislação de alívio da dívida e ajudou a criar uma coalizão bipartidária que reuniu desde tradicionais partidários liberais da ajuda externa até representantes da direita que viam a questão da dívida em termos religiosos. O Congresso americano aprovou um pacote generoso de alívio da dívida, ainda que não tenha aprovado tudo o que era preciso. Como em muitas circunstâncias, a campanha bem-sucedida pelo cancelamento da dívida obteve talvez dois terços do que é realmente necessário, mas foram dois terços a mais do que era considerado possível antes de seu início.

O Plano de Emergência para Aids

Um terceiro exemplo de formação de uma coalizão ampla é o Plano Presidencial de Emergência para a Assistência à Aids (PEPFAR) [President's Emergency Plan for AIDS Relief]. Já descrevi alguns aspectos da campanha para levar o tratamento com drogas antiaids aos pobres do mundo, inclusive minha participação na Comissão de Macroeconomia e Saúde. Uma vez mais, tive a sorte de estar na primeira fileira da formação de uma coalizão política que apresentou um pacote de ajuda inicialmente desprezado como absurdo.

Eu recomendara a idéia de um programa anual de US$ 3 bilhões ao governo Bush e tive a oportunidade de me encontrar duas vezes com a assessora para Segurança Nacional Condoleezza Rice, nos primeiros dias do governo. Discuti a necessidade e o potencial para uma grande expansão do tratamento da aids e sustentei que ele se tornara prático e financeiramente factível com a disponibilidade de medicamentos poderosos cujos custos de produção estavam em rápido declínio. Em minha primeira visita à Casa Branca, fiz uma parada para ver Larry Lindsay, um ex-aluno e colega que agora era assessor econômico do presidente. Ele me ofereceu uma recepção calorosa e também alguns conselhos ao sair de seu gabinete. Com um sorriso, me disse: "Jeff, isso é muito interessante, e um trabalho importante. Mas não fique ansioso por 3 bilhões por ano".

Aconteceu que a coalizão vitoriosa da assistência à aids se pareceu muito com a coalizão da questão da dívida: liberais, a direita religiosa, ONGs e um público amplo muito mais simpático à medida do que os líderes políticos suspeitavam. De novo, Bono desempenhou um papel excepcional na formação da coalizão, não somente como celebridade, mas como um indivíduo raro que era capaz de sensibilizar corações e mentes de uma variedade notável de pessoas. Um dia, eu estava indo de carro para casa quando tocou meu telefone celular. Era Bono. "O que você está fazendo?", perguntou. Quando lhe contei que estava indo para casa, ele disse que era melhor eu parar o carro. "O que houve?" "Você não vai acreditar no que acabou de acontecer. O senador Jesse Helms acabou de me abençoar e apoiar o esforço sobre a aids." Bono e o senador haviam lido a Bíblia juntos e Helms se comprometera a ajudar a fazer passar a legislação sobre aids no Congresso e na Casa Branca. De forma brilhante, Bono trouxe a tragédia da aids à atenção de vários líderes importantes da direita religiosa e isso, por sua vez, mostrou à Casa Branca que a legislação sobre aids não era uma armadilha, mas uma vantagem política.

No fim, a coalizão foi mais abrangente do que o usual. Envolveu especialistas da comunidade biomédica e da saúde pública. O dr. Anthony Fauci, dos Institutos Nacionais de Saúde, desempenhou um papel decisivo. A coalizão envolveu celebridades, líderes religiosos, liberais e conservadores. E, por fim, o presidente. Na noite do discurso do Estado da União de 2003, recebi um telefonema do secretário-geral da ONU, Kofi Annan. Ele disse que acabara de ser alertado de que "o discurso sobre a aids seria particularmente interessante". Corri para a tevê e escutei com espanto quando o presidente Bush disse o seguinte:

> Ao mesmo tempo que nossa nação desloca tropas e constrói alianças para tornar nosso mundo mais seguro, devemos lembrar também que nossa vocação, como país abençoado, é a de tornar o mundo melhor.
>
> Hoje, no continente da África, quase 30 milhões de pessoas têm o vírus da aids, inclusive 3 milhões de crianças com menos de quinze anos. Há países inteiros na África onde mais de um terço da população adulta é portadora da infecção. Mais de 4 milhões precisam de tratamento medicamentoso imediato. No entanto, em todo o continente, somente 50 mil vítimas da aids — somente 50 mil — recebem os remédios de que necessitam.
>
> Porque o diagnóstico de aids é considerado uma sentença de morte, muitos não procuram tratamento. Quase todos que fazem isso são mandados embora. Um médico que trabalha na África rural descreve sua frustração. Ele diz: "Não temos medicamentos, muitos hospitais dizem às pessoas: 'Você tem aids. Não podemos ajudá-lo. Vá para casa e morra'". Numa época de remédios milagrosos, ninguém deveria ter de escutar essas palavras.
>
> A aids pode ser evitada. Medicamentos anti-retrovirais podem estender a vida

por muitos anos. E o custo dessas drogas caiu de US$ 12 mil por ano para menos de US$ 300 por ano, o que põe uma tremenda possibilidade ao nosso alcance.

Senhoras e senhores, raramente a história ofereceu uma oportunidade maior para fazer tanto por tantos. Nós enfrentamos, e continuaremos a enfrentar, o HIV/aids em nosso país. E, para enfrentar uma crise grave e urgente no exterior, esta noite proponho o Plano de Emergência para Assistência à Aids, uma obra de misericórdia acima de todos os atuais esforços internacionais para ajudar o povo da África.

Esse plano abrangente evitará 7 milhões de novas infecções pela aids, tratará pelo menos 2 milhões de pessoas com medicamentos que prolongam a vida e oferecerá cuidado humano para milhões de pessoas que sofrem de aids e crianças que ficaram órfãs devido à aids. Peço ao Congresso para destinar US$ 15 bilhões ao longo dos próximos cinco anos, incluindo quase US$ 10 bilhões em dinheiro novo, para virar a maré contra a aids nas nações mais afligidas da África e do Caribe.

Esta nação pode liderar o mundo a salvar gente inocente de uma peste da natureza.[13]

Quando o presidente terminou essas observações, ambas as casas do Congresso se levantaram e lhe deram uma ovação. Foi nisso que deram os riscos de pedir por assistência ao exterior!

É HORA DE PEDIR A CONTRIBUIÇÃO DE NOSSA GERAÇÃO

Os líderes políticos das democracias ricas terão em breve de ir aos contribuintes e eleitores uma vez mais para fazer o que parece impossível hoje. Eles terão de obter apoio público para 0,7% do PNB em ajuda ao desenvolvimento e explicar que esse compromisso pode ser exigido por mais vinte anos. Eles terão de explicar por que a segurança da sociedade global, o valor da palavra solene de seu país, a vida de milhões de crianças pobres e o significado e valor moral de nossa civilização dependem todos do que estão pedindo. E, se forem inteligentes, especialmente nos Estados Unidos, explicarão que 0,7% não vai doer muito afinal, em especial se for financiado com dois grandes golpes. O primeiro deverá transferir parte de um orçamento militar excessivo para a agenda da segurança global por meio de desenvolvimento econômico. O segundo apelará aos mais ricos dos ricos — cujas rendas por ano são milhares de vezes maiores do que as dos mais pobres dos pobres — para que façam sua parte especial.

Acredito que os mais ricos dos ricos podem confortavelmente dar essa contribuição e que eles compreenderão que ela será uma demonstração significativa e profunda do momento único de nossa geração para garantir o bem-estar global.

18. O desafio da nossa geração

Nossa geração é herdeira de dois séculos e meio de progresso econômico. Podemos imaginar realisticamente um mundo sem miséria no ano 2025 porque o progresso tecnológico nos permite satisfazer as necessidades humanas básicas em escala global e alcançar uma margem acima dessas necessidades sem precedentes na história. O progresso tecnológico foi alimentado pelas revoluções em andamento da ciência básica e difundido pelo poder dos mercados globais e investimentos públicos em saúde, educação e infra-estrutura. É notável que, ao contrário da visão pessimista de Thomas Malthus, possamos conseguir tudo isso com uma população mundial que é oito vezes maior do que em 1750.

Enquanto nossas forças econômicas são o resultado de 250 anos de crescimento econômico, nossos conceitos de progresso econômico e social são o produto de filosofias sociais que surgiram mais ou menos na mesma época da Revolução Industrial. A era do iluminismo na Europa, no século XVIII, marcou a introdução de novos conceitos de progresso social. Até o início da Revolução Industrial, a humanidade conhecera apenas lutas sem fim contra a fome, as pandemias e a miséria, todas agravadas por ciclos infindáveis de guerras e despotismo político. Contudo, com as primeiras luzes de uma nova era científica e tecnológica, pensadores corajosos e brilhantes em toda a Europa e nos Estados Unidos emergentes começaram a prever a possibilidade de um progresso social sustentado em que ciência e tecnologia poderiam ser postas a serviço de melhorias baseadas na organização da vida social, política e econômica. Todos nós que trabalhamos em prol de um futuro melhor temos uma dívida intelectual para com os gênios inspiradores do iluminismo, que vislumbraram pela primeira vez a perspectiva de ações sociais conscientes para melhorar o bem-estar do homem em escala global.

Quatro idéias abrangentes do iluminismo nos inspiram atualmente. Thomas Jefferson e outros fundadores da República Americana, que, por sua vez, eram discípulos de filósofos ingleses como John Locke e David Hume, deixaram claro que as instituições políticas são construções humanas que deveriam ser plasmadas de forma consciente para satisfazer as necessidades da sociedade. "Os governos são instituídos entre homens", escreveu Jefferson, em palavras que ecoaram desde então, para garantir os direitos a "Vida, Liberdade e Busca da Felicidade".[1] Depois das revoluções Americana e Francesa, os sistemas políticos não puderam mais se justificar com base no direito divino dos monarcas ou em alegações de profecias religiosas. Os governos, cada vez mais, tiveram de passar por um teste de desempenho: capazes ou não de melhorar a condição humana. Como escreveu Jefferson: "Que sempre que qualquer Forma de Governo se torne destrutiva desses fins, é o Direito do Povo alterá-lo ou aboli-lo, e instituir novo Governo, estabelecendo sua fundação sobre tais princípios e organizando seus poderes de tal forma que pareçam mais prováveis de produzir sua Segurança e Felicidade".[2]

Adam Smith acreditava que o sistema econômico podia ser moldado de modo semelhante para satisfazer as necessidades humanas, e seus projetos econômicos são paralelos aos projetos políticos de Jefferson. Com efeito, *A riqueza das nações* e a Declaração de Independência são ambos de 1776. Embora hoje muitos lembrem de Smith principalmente por seu brilhante insight de como as forças do mercado poderiam sustentar uma divisão do trabalho que se organizaria por si mesma — a famosa mão invisível —, ele era tudo, menos um ideólogo do *laisser-faire*. Smith gastou boa parte do Livro V de *A riqueza das nações* para explicar em detalhes por que o Estado tem responsabilidades enormes no que tange à defesa, justiça, infra-estrutura e educação, áreas que requerem ação coletiva para complementar ou substituir as forças privadas do mercado.

Immanuel Kant, o eminente filósofo do iluminismo alemão, acrescentou um terceiro esteio às fundações de nosso conceito moderno de progresso humano, propondo um sistema global de governo apropriado para acabar com o velho flagelo da guerra. Em 1795, ele sustentou que a paz perpétua entre nações poderia ser alcançada se repúblicas autônomas ligadas pelo comércio internacional substituíssem as monarquias. Kant explicou que os monarcas têm incentivos para iniciar guerras porque a guerra não exige do governante "o menor sacrifício dos prazeres de sua mesa, da caça, de suas residências de campo, suas funções na corte e coisas semelhantes. Portanto, ele pode decidir-se pela guerra numa festa prazerosa pelas razões mais triviais e, com perfeita indiferença, deixar a justificativa que a decência requer para o corpo diplomático, que está sempre pronto para providenciá-la".[3]

Ao contrário, em uma república, "exige-se o consentimento dos cidadãos a fim de decidir que a guerra deve ser declarada". "Nada é mais natural do que eles sejam muito cautelosos em começar um tal jogo ruim, decretando para si mesmos todas as calamidades da guerra", que implicam "ter de lutar, ter de pagar os custos de guerra com seus próprios recursos, ter de reparar penosamente a devastação que a guerra deixa para trás e atulhar-se de males, sobrecarregar-se com uma pesada dívida nacional [...]".[4]

Kant percebeu que o comércio internacional iria desempenhar um papel de fermento nos assuntos internacionais. "O espírito do comércio, que é incompatível com a guerra, mais cedo ou mais tarde vencerá em todos os Estados. Como o poder do dinheiro é talvez o mais confiável de todos os poderes (meios) abrangidos pelo poder do Estado, os Estados se vêem forçados, sem nenhum impulso moral, a promover uma paz honrosa e, por mediação, evitar a guerra sempre que ameace irromper."[5] As conclusões da Força-Tarefa sobre Colapso de Estado da CIA de que as economias abertas apresentam menor probabilidade do que as economias fechadas de cair no colapso estatal ecoam as palavras de Kant.

Para alcançar o resultado da paz perpétua, Kant imaginou uma "Federação de Estados Livres", na verdade, uma proto-ONU, exatamente 150 anos antes de sua criação. A federação ou "liga" de Kant não teria "nenhum domínio sobre o poder do Estado, mas somente sobre a manutenção e a segurança da liberdade do próprio Estado e dos outros Estados em liga com ele". Ao longo do tempo, dizia Kant, essa federação iria "gradualmente difundir-se para todos os Estados".

Uma quarta visão abrangente do iluminismo junta-se à visão de Jefferson de sistemas políticos feitos pelo homem, aos sistemas econômicos racionalmente planejados de Adam Smith e aos planos de Kant para a paz perpétua: que a ciência e a tecnologia, alimentadas pela razão humana, podem ser uma força sustentada para melhorias sociais e o aperfeiçoamento humano. Na esteira do primeiro filósofo moderno da ciência, sir Francis Bacon, que propôs em 1620 que a ciência poderia "acender uma luz na natureza", o eminente filósofo do iluminismo francês Marie-Jean-Antoine Condorcet previu brilhantemente o papel que a ciência e a tecnologia poderiam desempenhar no aperfeiçoamento social. De forma notável e pungente, ele escreveu *Esboço de um quadro histórico dos progressos do espírito humano*, em 1794, quando estava escondido dos radicais jacobinos da Revolução Francesa, que logo o capturariam e o poriam na prisão, provocando sua morte no mesmo ano.

Condorcet foi capaz de prever o futuro como poucos indivíduos na história. Ele predisse que as descobertas científicas criariam uma reação em cadeia de mais descobertas, de tal modo que "a verdadeira acumulação de verdades que formam o sistema das ciências empíricas, experimentais e matemáticas pode crescer constantemente". Sustentou que o progresso das "artes úteis" está, do mesmo modo, "fadado a seguir o das ciências das quais dependem para sua teoria e não ter nenhum outro limite". Ele previu, por exemplo, que "uma extensão de terra cada vez menor irá produzir uma quantidade maior de produtos úteis e valiosos. [...] Será possível selecionar, para cada tipo de solo, o produto agrícola que satisfaz as maiores necessidades e escolher, entre produtos que satisfazem necessidades similares, aqueles que satisfaçam um maior número de pessoas com menos trabalho e menos gasto real".[6] E declarou que o "progresso nos cuidados médicos, nutrição e acomodação mais saudáveis, um modo de vida que desenvolva a força por meio de exercícios [...] estenderá inevitavelmente a duração média da vida e garantirá aos seres humanos mais saúde consistente. [...] Parece claro que os avanços na medicina preventiva, tornados mais eficazes pelo progresso da razão e da ordem social, irão, no longo prazo, extinguir as moléstias transmissíveis e contagiosas, bem como as doenças comuns causadas por clima, alimentos e condições de trabalho".[7]

Condorcet, tal como seus colegas de iluminismo, enfatizou muito a educação pública para alcançar todas essas metas. A educação permitia que os indivíduos se sustentassem sobre os próprios pés, para evitar charlatães, para abandonar superstições inúteis ou danosas, e para melhorar a ética, a solidariedade humana e a "bondade moral". Quanto mais ampla a educação, inclusive em princípios sociais e políticos, mais pacífica, sadia e progressista seria toda a sociedade. "Assim, a expansão constante da instrução elementar nessas ciências [políticas] [...] oferece-nos um aperfeiçoamento nos destinos da espécie humana que pode ser considerado ilimitado." Condorcet, tal como Kant, acreditava que a razão poderia levar a uma redução das guerras: "Os povos mais esclarecidos, que reivindicam o direito de gastar seu sangue e sua riqueza, aprenderão gradualmente a ver a guerra como o flagelo mais mortal e o maior dos crimes".[8]

Um dos compromissos mais profundos e permanentes do iluminismo foi com a idéia de que o progresso social deveria ser universal, e não restrito a um canto estreito do mundo, na Europa Ocidental. Todas as principais figuras do movimento acreditavam na igualdade essencial da humanidade e na capacidade das sociedades de todo o mundo de participar do progresso econômico. Todos eles seguiam Adam Smith na crença de que o comércio global — o que hoje chamaríamos de globalização — aceleraria o processo. Mas, embora Adam Smith defendesse o livre-comércio e, de fato, tenha se tornado o apóstolo da própria globalização, ele compreendia sua precariedade e seus riscos. Não tinha ilusões de que a globalização fosse difundir automaticamente os benefícios da tecnologia e da divisão do trabalho.

Com grande eloqüência, Smith descreveu como a abertura do comércio marítimo entre a Europa e as Índias Orientais (sul e sudeste da Ásia) e as Índias Ocidentais (o Caribe) certamente não beneficiou as populações não européias. Em suas palavras: "Porém, para os nativos das Índias Orientais e Ocidentais, todos os benefícios comerciais que podem ter resultado [das novas rotas comerciais] foram afundados e perdidos nos terríveis infortúnios que elas ocasionaram".[9] Smith sustentou que o problema não estava no comércio internacional em si, mas na imensa vantagem militar que a Europa tinha sobre os habitantes nativos das Américas e da Ásia: "No momento particular em que essas descobertas foram feitas, a superioridade da força era tão grande do lado dos europeus que eles puderam cometer com impunidade toda espécie de injustiça naqueles países remotos".[10] Smith esperava pelo dia em que os habitantes das Índias Orientais e Ocidentais teriam poder suficiente para resistir a essa espoliação e achava que a globalização iria, de fato, acelerar a chegada desse dia: "Mas nada parece mais provável para estabelecer essa igualdade de força do que a comunicação mútua de conhecimentos e de todos os tipos de aperfeiçoamento que um comércio amplo de todos os países com todos os países traz consigo naturalmente, ou melhor, necessariamente".[11]

Temos a empolgante oportunidade de poder levar adiante o sonho iluminista de Jefferson, Smith, Kant e Condorcet. A missão de nossa geração pode ser definida em termos do iluminismo:

- Ajudar a fomentar sistemas políticos que promovam o bem-estar humano, baseados no consentimento dos governados.
- Ajudar a fomentar sistemas econômicos que disseminem os benefícios da ciência, da tecnologia e da divisão do trabalho para todas as partes do mundo.
- Ajudar a fomentar a cooperação internacional, a fim de assegurar paz perpétua.
- Ajudar a promover a ciência e a tecnologia, fundadas na racionalidade humana, para alimentar as perspectivas contínuas de melhorar a condição do homem.

A agenda é ampla e audaciosa, como tem sido há dois séculos, mas muitos de seus frutos mais doces estão ao nosso alcance. A revolução democrática desencadeada durante o iluminismo cobre agora mais da metade da população do mundo. A visão kantiana de uma federação de Estados independentes está encarnada nas Nações Unidas, com seus 191 países-membros. A imagem de Condorcet de uma revolução científica auto-sustentada revelou-se correta, e a ciência pode agora ser posta a serviço da eliminação de alguns dos maiores riscos da humanidade. E o conceito smithiano da difusão da riqueza econômica é o mais imediato dos triunfos que podem estar adiante: a eliminação da miséria em apenas duas décadas.

No século XX e no atual, virou moda em muitos círculos intelectuais declarar o fracasso do iluminismo ou mesmo considerá-lo uma ameaça à humanidade. O homem não é uma espécie racional, declara um grupo de oponentes, mas está sujeito a paixões irracionais. O iluminismo, dizem esses críticos, ofereceu a promessa do progresso, mas em vez disso trouxe guerras devastadoras, o holocausto, armas nucleares e destruição ambiental. Alguns entendidos sustentam hoje que "o progresso é uma ilusão — uma visão da vida e da história humanas que responde às necessidades do coração, não da razão".[12] Esses argumentos estão errados empiricamente porque o progresso em muitas formas — científica, tecnológica, satisfação das necessidades humanas — foi real e sustentado ao longo de dois séculos, apesar dos desastres indubitáveis e dos desafios ainda não vencidos. A existência ainda hoje de guerras globais e da miséria não invalida a longa, persistente e contínua ascensão dos padrões de vida globais e a diminuição da parcela da humanidade que vive na pobreza extrema. A afirmação do progresso está correta desde que não seja tomada por uma afirmação de perfeição.

O otimismo iluminista levou, de fato, alguns pensadores a se perderem em dois tipos de falácia. A primeira foi a da inevitabilidade: a suposição de que a razão humana iria necessariamente prevalecer sobre as paixões. Positivistas do século XIX como Auguste Comte defenderam a inevitabilidade do progresso e, portanto, lançaram dúvidas sobre o legado do Iluminismo quando a humanidade reincidiu nas guerras e na barbárie. A segunda foi uma falácia da violência, que a compulsão coletiva poderia acelerar o caminho para uma sociedade baseada na razão e no progresso. Lênin, Stálin, Mao e Pol Pot instauraram a violência em nome do progresso social. Eles deixaram milhões de concidadãos mortos e desmoralizaram e empobreceram suas sociedades.

Deveríamos, portanto, encontrar os críticos do progresso a meio caminho. O progresso é possível, mas não inevitável. A razão pode ser mobilizada para promover o bem-estar social, mas também pode ser surpreendida pelas paixões destrutivas. Com efeito, as instituições humanas deveriam ser projetadas à luz da razão exatamente para controlar o lado irracional do comportamento humano. Nesse sentido, o compromisso do iluminismo com a razão não é uma negação do lado irracional da natureza humana, mas uma crença de que, apesar da irracionalidade e das paixões, a razão humana pode ainda ser posta a serviço — por meio da ciência, da ação não violenta e da reflexão histórica — da solução dos problemas básicos da organização social e para melhorar o bem-estar humano.

O MOVIMENTO CONTRA A GLOBALIZAÇÃO

No início do século XXI, as esperanças iluministas de progresso encarnadas na Declaração do Milênio e nas Metas de Desenvolvimento do Milênio colidiram de frente com a guerra, a aids e o desafio ainda não enfrentado da miséria em grandes partes da África, América Latina e Ásia. O choque da alta retórica e dos fracos resultados levou ao movimento contra a globalização, que explodiu dramaticamente para a população nas ruas de Seattle, em novembro de 1999.

Cruzei várias vezes com o movimento antiglobalização desde seu começo. Experimentei pessoalmente as primeiras manifestações de rua, pois estava em Seattle para uma conferência da Fundação Gates sobre tecnologia da informação para os pobres que acontecia paralela à reunião ministerial da Organização Mundial do Comércio. Foi o evento da OMC que levou os manifestantes a Seattle. Ao cruzar as ruas da cidade cheias de manifestantes de todos os tipos — contra a guerra, contra o comércio e, em especial, contra as empresas —, sussurrei para meu companheiro de caminhada, Bill Gates, Sr., pai do fundador da Microsoft e presidente da Fundação Gates, que provavelmente era bom que ele não fosse reconhecido pela multidão! A profunda ironia, evidentemente, é que a Gates é a principal fundação mundial na promoção da saúde pública em países pobres, mas, para o movimento contra a globalização, as empresas multinacionais como a Microsoft fazem parte do problema, não da solução.

A partir de Seattle, quase todas as conferências internacionais importantes foram recebidas com protestos. Os manifestantes forçaram os líderes do G8, claramente os mais poderosos do mundo, a realizar suas reuniões anuais no isolamento não tão esplêndido de ilhas, altos de montanhas, florestas e outros lugares protegidos, o mais distante possível dos manifestantes. O Fórum Social Mundial, realizado inicialmente em Porto Alegre, Brasil, compartilha agora o palco com o Fórum Econômico Mundial de Davos, Suíça. Os líderes empresariais do mundo competem com ativistas sociais para dominar a cobertura mundial da privatização. O FMI e o Banco Mundial encurtaram suas reuniões mundiais de uma semana para dois dias de negócios.

O movimento antiglobalização deixou sua marca e, na minha opinião, com saldo positivo (exceto pelos momentos de violência provocados por elementos marginais do movimento). Aplaudo o movimento em geral por revelar as hipocrisias e evidentes deficiências da governança global e por acabar com anos de autocongratulação dos ricos e poderosos. Antes de Seattle, as reuniões do G8, do FMI e do Banco Mundial eram ocasiões de elogio sem qualificações da globalização e para os louvores mútuos dos banqueiros e financistas internacionais por sua contribuição para a difusão da prosperidade. Entre os discursos e os coquetéis infindáveis, pouco se falava dos pobres do mundo, da pandemia de aids, das minorias esbulhadas, das mulheres sem direitos e da degradação ambiental causada pelo homem. A partir de Seattle, as questões do fim da miséria, da ampliação dos direitos humanos e do enfrentamento da degradação ambiental voltaram à agenda internacional e atraíram a atenção da mídia internacional, embora de forma esporádica.

Não obstante, oponho-me a muitas das posições específicas dos líderes da antiglobalização, ainda que prefira o fervor moral deles à complacência dos ricos. O movimento contra a globalização foi alimentado por um horror moral legítimo, mas com freqüência se voltou para alvos superficiais, em minha opinião. Um ânimo antiempresarial está no cerne do movimento, uma crença de que empresas multinacionais como Microsoft, Coca-Cola, McDonald's, Pfizer e Royal Dutch Shell, para citar apenas algumas, são os principais vilões da miséria e da degradação ambiental. As recomendações políticas do movimento costumam incluir o protecionismo clássico, para proteger os países pobres da exploração das empresas ricas. O movimento escolheu como alvo especial a Organização Mundial do Comércio, como a instituição que permite que as maiores empresas mundiais façam seus negócios globais.

As concepções centrais do movimento contra a globalização não são novas. Elas me lembram muito o que encontrei em Nova Délhi em 1994, quando professores universitários indianos expressaram sérias reservas em relação à liberalização do comércio e do investimento que se iniciara na Índia em 1991. Essas concepções estavam ultrapassadas naquela ocasião e o estão ainda mais hoje. A esta altura, o movimento antiglobalização deveria ver que a globalização, mais do que qualquer outra coisa, reduziu o número de miseráveis na Índia em 200 milhões e na China em 300 milhões desde 1990. Longe de serem explorados por companhias multinacionais, esses países e muitos outros similares alcançaram taxas de crescimento econômico sem precedentes graças ao investimento externo direto (IED) e ao crescimento das exportações que se seguiu.

Em minha opinião, os líderes do movimento antiglobalização têm o fervor moral certo e um ponto de vista ético correto, mas o diagnóstico errado dos problemas mais profundos. Se eles meditassem sobre os dados da figura 1, que mostra a quantidade de investimento externo direto cumulativo por pessoa, de 1992 a 2002, em países da América Latina, África e Ásia, veriam que os países com níveis mais altos de IED por pessoa são também aqueles com PNB per capita mais alto. Outros estudos confirmam que taxas altas de influxos de IED estão

FIGURA 1 — INVESTIMENTO EXTERNO DIRETO E RENDA

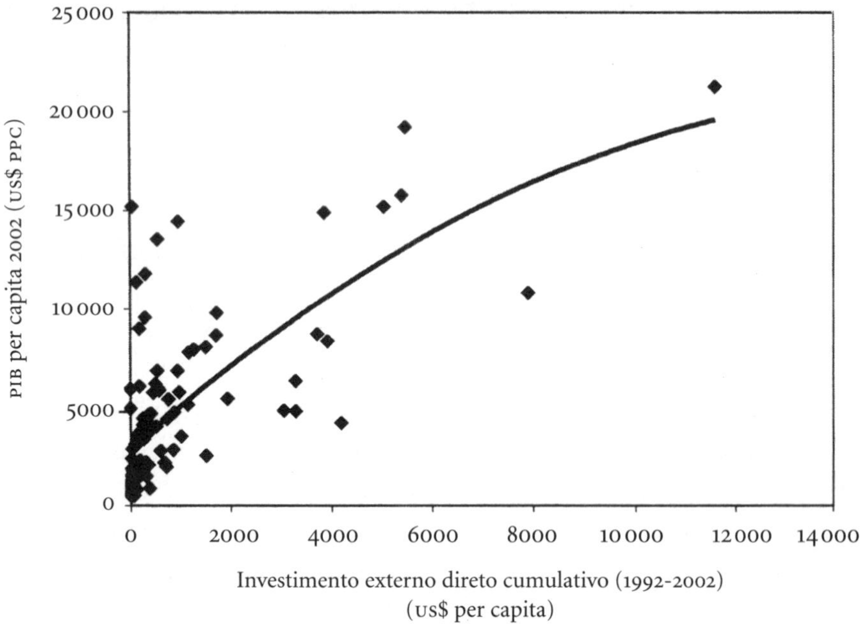

Fonte: *Dados do Banco Mundial* (*2004*).

associadas ao crescimento econômico rápido.[13] Observei várias vezes que os problemas da África não são causados pela exploração de investidores globais, mas por seu isolamento econômico, sua situação de continente largamente ignorado pelas forças da globalização. O mesmo vale para o comércio, como vemos na figura 2. Em geral, países com comércio aberto cresceram com mais rapidez do que aqueles com comércio fechado, e a elevação da renda per capita na maioria dos países está geralmente associada a um aumento da proporção do comércio (exportações mais importações) em relação ao PIB. Depois da Segunda Guerra Mundial, com o fim do domínio colonial, alguns países escolheram políticas de abertura comercial, enquanto a maioria dos países em desenvolvimento preferiu o protecionismo. As economias abertas superaram decisivamente as fechadas. No início dos anos 1990, quase todo o mundo em desenvolvimento havia optado pela abertura, abandonando décadas de tarifas altas e barreiras de cotas. Não há simplesmente nenhuma prova de que o protecionismo comercial ou a ausência de empresas multinacionais façam um tico para acabar com a miséria.

FIGURA 2 — CRESCIMENTO MÉDIO DE OITO ECONOMIAS SEMPRE ABERTAS E QUARENTA SEMPRE FECHADAS (1966-90)

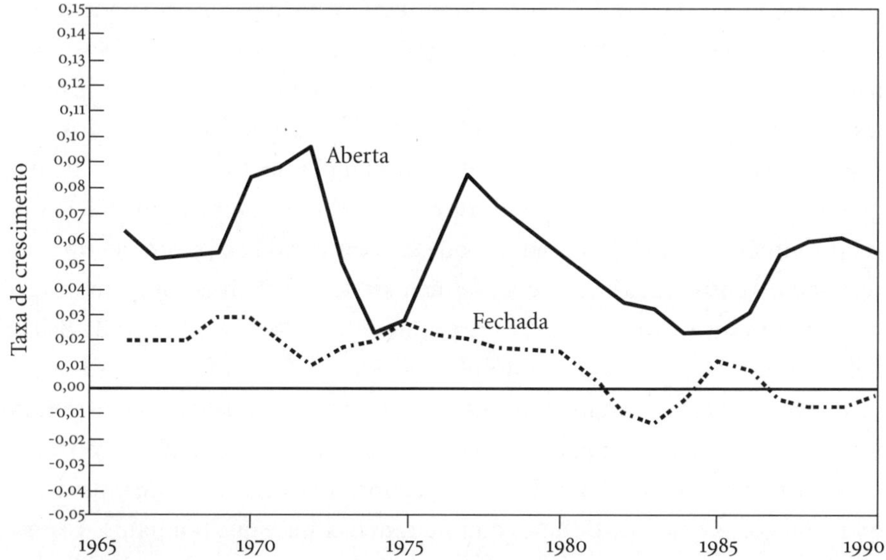

Fonte: *Sachs e Warner* (1995).

Então, por que o movimento escolheu o comércio e as multinacionais como primeiro alvo? Primeiro, porque é verdade que muitas empresas se comportaram mal. Os manifestantes conseguiram iluminar e limpar práticas empresariais ruins ou mesmo corruptas. Sem dúvida, companhias americanas e européias que compram roupas e acessórios de fábricas que pagam salários baixos tratam hoje seus operários com maior civilidade e dignidade graças aos protestos. As companhias de petróleo que antes subornavam líderes africanos com impunidade hoje pensam duas vezes antes de fazer isso, ou simplesmente não o fazem, pois sabem que os manifestantes estão de olho e conscientes da linha direta existente entre esses olhos, a resistência dos investidores e a má publicidade para a empresa. Executivos de indústrias farmacêuticas que outrora arrotavam que deveriam ter plena liberdade para estabelecer os preços de seus medicamentos protegidos por patentes agora doam remédios ou os vendem com lucro zero graças ao sucesso das manifestações.

Mas as atitudes contra o comércio e as multinacionais também são conseqüência de uma antipatia impensada pelo capitalismo que reflete uma incompreensão mais profunda. A maioria dos manifestantes não sabe que até Adam Smith compartilhava de seus sentimentos morais e apelos práticos pelo aperfeiçoamento social, que até defensores do comércio e do investimento podem também acreditar em ações lideradas pelo governo para satisfazer as necessidades não atendidas dos pobres e do meio ambiente. Um número excessivo de manifestantes não sabe que é possível combinar fé no poder do comércio e dos mercados com compreensão de suas limitações. O movimento é pessimista demais quanto às possibilidades do capitalismo com face humana, em que o poder notável do comércio e do investimento pode ser controlado ao mesmo tempo que reconhece e enfrenta as limitações por meio de ações coletivas compensatórias.

Em um nível fundamental, a crise ambiental global não é culpa da British Petroleum, da Shell ou da ExxonMobil, e a pandemia de aids não é culpa da Pfizer ou da Merck. E também não se encontrarão soluções para essas crises no sangramento da energia das companhias farmacêuticas. As soluções serão encontradas em políticas públicas nos níveis nacional e internacional, que controlem adequadamente as emissões de gases que alteram o clima e que ponham à disposição dos que não podem pagar medicamentos que salvam vidas. O movimento contra a globalização está errado ao supor que são as empresas privadas que determinam as regras do jogo. Se os governos cumprissem sua tarefa de estabelecer as regras certas, as grandes multinacionais desempenhariam um papel vital na solução dos problemas. Afinal, essas empresas empregam as melhores tecnologias do mundo, possuem as principais unidades de pesquisa e operações logísticas e organizacionais que são superiores a quase todas as organizações públicas do mundo. Em suma, elas sabem como fazer o serviço quando recebem os incentivos adequados para fazer a coisa certa.

O movimento antiglobalização tem razão ao mostrar como as multinacionais vão, com freqüência, além da demanda de mercado de maximizar a riqueza de seus acionistas de acordo com as regras do jogo do mercado e passam a despender esforços substanciais, muitas vezes por baixo do pano, para determinarem elas mesmas essas normas. O raciocínio econômico justifica o comportamento com base no mercado das empresas se suas regras são justas. Não há nada na razão econômica que justifique deixar as próprias companhias estabelecer as regras do jogo por meio de lobby, financiamento de campanha política e domínio das políticas governamentais.

Por uma globalização esclarecida

No fim das contas, porém, o movimento antiglobalização deveria mobilizar seu imenso compromisso e força moral para um movimento pró-globalização, mas de uma globalização voltada para a satisfação das necessidades dos mais pobres dos pobres, do meio ambiente global e para a difusão da democracia. É o tipo de globalização defendida pelo iluminismo — uma globalização de democracias, multilateralismo, ciência e tecnologia e um sistema econômico global projetado para satisfazer as necessidades humanas. Podemos chamar isso de Globalização Esclarecida.

Qual seria, então, o foco de um movimento de massa voltado para a globalização esclarecida? Antes de tudo, seria um foco sobre o comportamento dos governos ricos, em especial o mais poderoso e obstinado deles, o dos Estados Unidos. O movimento deveria insistir que os Estados Unidos e outros países ricos honrassem seus compromissos de ajudar os pobres a escapar da pobreza, bem como honrassem seus compromissos de limitar a degradação ambiental, inclusive as mudanças climáticas causadas pelo homem e a perda de biodiversidade. Um tal movimento continuaria a lançar luz sobre a responsabilidade empresarial, mas exigiria mais, em vez de menos, investimentos das grandes multinacionais nos países mais pobres. Em vez de defender o bloqueio do comércio e do investimento, insistiria que a Organização Mundial do Comércio desse seguimento aos compromissos políticos feitos em Doha e outros lugares para assegurar que os países mais pobres tivessem acesso aos mercados dos mais ricos.

O que talvez seja mais importante no futuro imediato, esse movimento pressionaria os Estados Unidos para que acabassem com suas fantasias de império e unilateralismo e voltassem à comunidade mundial e aos processos multilaterais. Os apelos neoconservadores por um império americano são fantasias, mas muito perigosas. Eles não entendem duas questões básicas em relação ao nosso mundo. Em primeiro lugar, o país possui apenas 4,5% da população mundial e cerca de 20% de sua renda, quando medida com paridade de poder de compra. Em 2050, a proporção da população poderá ter declinado pouco, mas sua participação no PNB mundial cairá provavelmente muito, talvez para meros 10% da renda. Os Estados Unidos simplesmente não têm uma margem de vantagem econômica suficiente para sustentar qualquer tentativa real de império global, por melhor ou pior que essa idéia possa ser. Por ironia, a guerra em pequena escala no Iraque aumentou muito o pessoal militar e exigiu demais das finanças públicas. Uma vez que a sociedade não estava de forma alguma interessada em pagar pela guerra por meio de impostos, o governo Bush teve de financiá-la com déficits orçamentários.

Em segundo lugar, embora os Estados Unidos possuam um vasto poderio militar, o uso desse poderio para tirar vantagem política é um tanto restrito. Como o Iraque demonstrou, os Estados Unidos podem conquistar, mas não podem governar. O que os neoconservadores simplesmente não entendem é que a época em que as populações estrangeiras poderiam tolerar o domínio americano acabou há meio século. Os americanos não foram saudados no Iraque como libertadores, mas como ocupantes, uma virada dos acontecimentos que era totalmente previsível, exceto, ao que parece, para os neoconservadores divorciados das realidades modernas. A principal ideologia política de nosso tempo é o nacionalismo e a autodeterminação, e essa ideologia se tornou muitíssimo forte ao longo do século XX no mundo em desenvolvimento, à medida que a instrução se difundia e a natureza arbitrária e cínica do colonialismo se tornava dolorosamente evidente.

O unilateralismo e o militarismo do governo Bush também foram alimentados por outra força poderosa. Aludi anteriormente ao fato de que muitos milhões de americanos formam suas crenças em política externa não com base numa avaliação dos interesses nacionais, mas na interpretação de profecias bíblicas. Enquanto os Estados Unidos invadiam o Iraque e o Afeganistão, milhões de fundamentalistas cristãos americanos debatiam se a ascensão do terrorismo e do conflito no Oriente Médio marcava os dias finais das profecias. A série de romances de ficção *Left behind* vendeu dezenas de milhões de volumes que dramatizavam um Armagedão futuro. Os crentes nessas doutrinas compõem um poderoso eleitorado dentro da coalizão política de Bush. Se a política externa americana cair sob o domínio não somente do unilateralismo, ou de um neoimperialismo mal concebido, mas também da profecia bíblica irracional, então os riscos para o mundo se multiplicarão imensamente.

ASSUMINDO O DESAFIO

Ao mesmo tempo que a prosperidade global se acelerou nos dois últimos séculos, cada geração foi chamada a enfrentar novos desafios para ampliar as possibilidades do bem-estar humano. Algumas encararam o desafio doloroso de defender a própria razão contra as histerias e brutalidades de massa do comunismo, do fascismo e de outros totalitarismos do século XX. Outras foram abençoadas com a oportunidade de expandir o âmbito da liberdade e da razão humanas, poupadas da guerra e equipadas com ferramentas cada vez mais poderosas para melhorar a condição humana. Nossa geração convive com uma paz precária, ameaçada tanto pelo terrorismo como pela reação militarista dos Estados Unidos, mas uma paz que pode nos servir de base se soubermos sustentá-la. Acabar com a pobreza é a grande oportunidade de nossa época, um compromisso que não somente aliviaria o sofrimento em massa e difundiria o bem-estar econômico como promoveria também os outros objetivos iluministas de democracia, segurança global e avanço da ciência.

Com freqüência me perguntam como posso acreditar que sociedades materialistas e voltadas para dentro como as dos Estados Unidos, Europa e Japão poderiam abraçar um programa audacioso de melhoria social, voltado especialmente para os povos mais pobres. As sociedades não são míopes e egoístas, incapazes de responder às necessidades dos outros? Penso que não. Outras gerações triunfaram na expansão do alcance da liberdade e do bem-estar humanos graças a uma combinação de luta, persuasão, paciência e o profundo benefício de estar do lado certo da história. Os grandes desafios geracionais, em que os direitos dos pobres e fracos foram defendidos, vêm à mente. Esses exemplos servem de inspiração e guia para nosso tempo.

O fim da escravidão

Em 1789, ano em que a Assembléia Nacional da França adotou os Direitos do Homem e do Cidadão, proclamando a visão iluminista de que os "homens nascem para ser livres e iguais em direitos", a escravidão ainda se espalhava pelo globo e era praticada nos impérios francês, britânico, otomano e outros. Do outro lado do canal da Mancha, em Londres, um movimento aparentemente quixotesco dava seus primeiros passos: a criação do Comitê para Efetuar a Abolição do Tráfico de Escravos. Seus fundadores, Thomas Clarkson, de 27 anos de idade, e seus amigos eram quacres que se opunham ao tráfico de escravos por motivos morais e religiosos. Eles criaram comitês abolicionistas locais e, nas palavras do historiador Hugh Thomas, "foi a primeira grande campanha pública em qualquer país por uma causa filantrópica".[14] Clarkson logo se encontrou com William Wilberforce, que se tornaria o grande defensor da causa no Parlamento durante o quarto de século seguinte.

De modo assombroso, o movimento contra a escravidão na Inglaterra ia de encontro direto aos interesses comerciais britânicos. Longe de apressar o fim de uma atividade em declínio, o abolicionismo cresceu ao mesmo tempo que o tráfico escravista e as indústrias com trabalho escravo floresciam. A oposição à escravidão baseava-se em razões morais, políticas e éticas e numa concepção de sociedade, em vez de estreitos interesses egoístas. Como sempre, os opositores do fim do tráfico afirmaram que ele teria o efeito exatamente oposto ao pretendido, tal como os oponentes da assistência estrangeira sustentam hoje errada e tendenciosamente que ela causa mais dano do que bem. Um dos opositores parlamentares de Wilberforce disse o seguinte "Se eles [africanos] não pudessem ser vendidos como escravos, seriam abatidos e executados em casa".[15] Outros argumentavam que, mesmo que fosse meritória em teoria, a defesa do fim do tráfico não tinha perspectiva prática. "Se a abolição se tornasse lei, todos os mercadores sensatos iriam para a França, onde seriam bem recebidos", sugeriu outro dos adversários de Wilberforce.[16]

Como observa Thomas com certa ironia, a "persistência é a qualidade mais importante na política. Wilberforce a possuía em quantidade heróica[...]".[17] As décadas seguintes foram cheias de desvios dolorosos, viradas e prevaricações, mas culminaram na abolição do tráfico de escravos e da própria escravidão nas colônias européias. Em 1807, em meio às guerras napoleônicas, o Império Britânico aboliu o tráfico de escravos. Ao final das guerras, em 1815, no Congresso de Viena, os governos de Grã-Bretanha, França, Espanha, Áustria, Prússia, Rússia e Portugal se comprometeram a acabar com o tráfico de escravos, embora sem uma data certa. Durante a década de 1820, a abolição da escravidão no Império Britânico foi debatida ferozmente no Parlamento britânico. Os defensores da abolição usaram com inteligência argumentos tanto morais como práticos. Sim, reconheciam eles, a Inglaterra poderia sofrer alguns inconvenientes financeiros com a abolição, mas a França, sua competidora, seria ainda mais atingida. Por fim, depois das reformas políticas internas na Grã-Bretanha, a legislação que abolia a escravidão em todo o império foi aprovada em 1833.

O fim do colonialismo

Mais ou menos um século depois, Mohandas Karamchand Gandhi liderou o que parecia ser outra luta quixotesca: arrancar a independência da Índia das garras do Império Britânico. A Índia era a jóia da coroa imperial, e Winston Churchill e seus colegas não estavam dispostos a concedê-la a um "faquir sedicioso", na expressão cáustica do primeiro-ministro britânico. A campanha de Gandhi, que inspirou dezenas de movimentos de independência em todo o mundo colonial, faz parte agora do saber universal: a luta não violenta, a campanha pela auto-suficiência da Índia para provar a capacidade da nação de sobreviver pelas próprias forças e o apelo pela igualdade política e social estendido às castas mais baixas, pobres e oprimidas da sociedade indiana, às quais Gandhi chamou de *harijans*, filhos de Deus. A estratégia de Gandhi enraizou o movimento pela independência nos mais amplos termos políticos, sociais, econômicos e morais.

Quem pode dizer que mobilizar mero 0,7% do PNB do mundo rico para acabar com a miséria é um grande desafio em comparação com romper os grilhões do domínio imperial para criar mais de cinqüenta Estados independentes? Como aconteceu com o fim da escravidão, o fim do domínio colonial parecia uma aventura sem esperanças no começo e um resultado inevitável no final. O fim precipitado do colonialismo foi, em parte, conseqüência das guerras entre as potências européias entre 1914 e 1945 que literalmente as dessangraram, exauriram suas economias e as desacreditaram moralmente. Ainda assim, o triunfo foi da ação política de massa e do despertar das populações do mundo para os ideais do autogoverno. Sem desculpar a violência trágica, o cinismo, o fracasso político e o despotismo que muitas vezes substituíram o imperialismo, podemos nos maravilhar diante da difusão fenomenal e positiva do ideal iluminista do governo por consentimento.

Os movimentos dos direitos civis e contra o apartheid

A luta não violenta de Gandhi serviu de modelo para muitas que se seguiram. Ele demonstrou que o fraco podia romper a opressão do poderoso com um apelo em massa e inflexível aos valores universais. A batalha política de Gandhi pela independência da Índia foi, num nível mais fundamental, uma luta pela dignidade e pelos direitos humanos dos indianos e, desse modo, tornou-se a pedra de toque do movimento dos direitos civis uma geração depois, nos Estados Unidos, e da luta contra o apartheid na África do Sul. Martin Luther King Jr. foi o Gandhi americano, o pioneiro da mobilização não violenta de massas que olhou a opressão no olho e declarou: "Chega!". Em 1958, Luther King escreveu: "Foi nessa ênfase de Gandhi no amor e na não-violência que descobri o método para a reforma social que eu vinha procurando".[18] No ano seguinte, ele fez uma peregrinação à Índia para estudar o caminho do protesto não violento. Três décadas depois, Nelson Mandela animou o mundo inteiro ao mostrar como a coragem moral e a habilidade política podiam acabar com o regime racista na África do Sul numa transição pacífica para a democracia constitucional.

No famoso discurso "Eu tenho um sonho", de Luther King, ele voltou ao iluminismo e, especificamente, aos documentos fundadores dos Estados Unidos:

> Quando os arquitetos de nossa república escreveram as palavras majestosas da Constituição e da Declaração de Independência, estavam assinando uma nota promissória da qual cada cidadão americano seria herdeiro. Essa nota foi uma promessa de que todos os homens teriam garantidos seus inalienáveis direitos à vida, à liberdade e à busca da felicidade.
>
> É óbvio que ainda hoje a América não pagou tal nota promissória no que diz respeito aos seus cidadãos de cor. Em vez de honrar tal compromisso sagrado, a América deu ao Negro um cheque sem fundos; um cheque que foi devolvido com a seguinte inscrição: "fundos insuficientes". Nós nos recusamos a aceitar a idéia, porém, de que o banco da justiça está falido. Recusamos acreditar não existirem fundos suficientes nos grandes cofres das oportunidades desta nação. Por isso aqui viemos para cobrar esse cheque — um cheque que nos será pago com as riquezas da liberdade e a segurança da justiça.[19]

Nossa reivindicação hoje deve ser semelhante à de Luther King de quarenta anos atrás. O banco da justiça internacional não está falido. Os pobres do mundo não podem aceitar um cheque sem fundos, em especial quando está dolorosamente claro que os fundos são amplos e até residem nas contas de umas poucas centenas de super-ricos americanos, para não mencionar os 4 milhões de famílias americanas com renda líquida acima de US$ 1 milhão, ou os 8 milhões de famílias no resto do mundo, ou o total de 1 bilhão de pessoas que vivem em países de alta renda, com uma renda anual agregada de cerca de US$ 30 trilhões.

Os movimentos contra a escravidão, o colonialismo e o racismo compartilham de algumas características básicas. Eles pareciam apelos quixotescos, talvez até inúteis no começo, aos mais ricos e mais poderosos do mundo para que estendessem a justiça aos mais pobres e desamparados. Eles precisavam de uma mistura de ação política e educação de massa para obter sucesso. Eles apelavam para o egoísmo ilustrado, bem como aos preceitos éticos e religiosos básicos. Eles levaram décadas para alcançar seus objetivos; perseverança era a chave. Eles invocaram os valores iluministas fundamentais dos direitos e das potencialidades humanas. Por fim, com uma súbita mudança das atitudes públicas, eles transformaram o impossível no inevitável. Do mesmo modo, o fim da pobreza virá rapidamente, marcado por uma rápida transição. O fato de que durante 35 anos os países ricos prometeram, mas não deram, algo básico como 0,7% do PNB em AOD não é motivo para desespero, mas a base para uma mobilização social ainda maior.

NOSSOS PRÓXIMOS PASSOS

O momento para acabar com a pobreza chegou, embora haja muito trabalho duro pela frente. Diagnostiquei os motivos para a existência da miséria em meio à grande riqueza. Indiquei os passos específicos que poderiam enfrentar e superar essa pobreza. Mostrei que os custos da ação são pequenos e, além disso, consistem em uma fração minúscula dos custos da não-ação. Identifiquei um cronograma até 2025, incluindo as Metas de Desenvolvimento do Milênio como uma estação no meio do caminho, em 2015. Mostrei como as principais instituições internacionais podem contribuir para esse processo. E, contudo, precisamos levar a cabo essas tarefas em um contexto de inércia global, propensões à guerra e preconceitos e um compreensível ceticismo em todo o mundo quanto à possibilidade de que *desta vez* a coisa possa ser diferente do passado.

Sim, desta vez pode ser diferente e aqui estão os nove passos em direção da meta.

- *Comprometer-se com o fim da pobreza.* O primeiro passo é o compromisso com a tarefa. A Oxfam e muitas outras lideranças na sociedade civil abraçaram uma meta: tornar a pobreza história. O mundo como um todo precisa agora abraçar essa meta. Comprometemo-nos a cortar a pobreza pela metade até 2015. Vamos nos comprometer agora em acabar com a miséria até 2025.

- *Adotar um plano de ação.* As Metas de Desenvolvimento do Milênio são as prestações para acabar com a pobreza. Elas são específicas, quantificadas e já foram prometidas em um Pacto Global de Ricos e Pobres. Não somente a comunidade mundial deveria reafirmar seu compromisso com essas metas, como seus líderes deveriam adotar um plano global específico para alcançar as Metas de Desenvolvimento do Milênio do tipo esboçado no capítulo 15 e oferecido em detalhes pelo Projeto Milênio da ONU.
- *Elevar a voz dos pobres.* Mahatma Gandhi e Martin Luther King Jr. não esperaram que os ricos e poderosos viessem resgatá-los. Eles afirmaram seu apelo à justiça e tomaram posição diante da arrogância e da negligência oficiais. Os pobres não podem esperar que os ricos lancem o apelo por justiça. O G8 jamais defenderá o fim da pobreza se os pobres permanecerem em silêncio. Está na hora de as democracias do mundo pobre — Brasil, Índia, Nigéria, Senegal, África do Sul e dezenas de outras — se unirem para lançar o chamado à ação. Os pobres começam a achar sua voz no G3 (Brasil, Índia, África do Sul), no G20 (um grupo de países que negocia dentro da OMC) e em outros lugares. O mundo precisa ouvir mais.
- *Redimir o papel dos Estados Unidos no mundo.* O país mais rico e poderoso do mundo, há muito tempo líder e inspiração dos ideais democráticos, tornou-se a nação mais temida e divisora em anos recentes. A busca americana autoproclamada pela supremacia indiscutível e pela liberdade de ação tem sido um desastre e representa um dos maiores riscos à estabilidade global. A falta de participação dos Estados Unidos em iniciativas multilaterais minou a segurança global e o progresso no sentido da justiça social e da proteção ambiental. E seus próprios interesses foram prejudicados com essa virada unilateral. Forjados no cadinho do iluminismo, os Estados Unidos podem tornar-se defensores da globalização esclarecida. Serão necessárias uma ação política dentro do país e uma vinda de fora para restaurar seu papel no caminho da paz e da justiça global.
- *Resgatar o FMI e o Banco Mundial.* Precisamos de nossas principais instituições financeiras internacionais para desempenhar um papel decisivo na eliminação da pobreza global. Elas têm a experiência e a sofisticação técnica para isso. Possuem a motivação interna de uma equipe altamente profissional. Não obstante, têm sido mal usadas, na verdade usadas erroneamente como agências dirigidas por credores, em vez de instituições internacionais que representem todos os seus 182 governos-membros. Está na hora de restaurar o papel internacional dessas agências de tal modo que não sejam mais criadas dos governos credores, mas defensoras da justiça econômica e da globalização esclarecida.

• *Fortalecer as Nações Unidas.* Não serve para nada culpar a ONU pelos maus passos de anos recentes. Tivemos a ONU desejada pelos países poderosos do mundo, em especial os Estados Unidos. Por que as agências da ONU são menos operacionais do que deveriam ser? Não é por causa da burocracia da instituição, embora ela exista, mas porque as nações poderosas relutam em ceder mais autoridade às instituições internacionais, temendo a redução de sua liberdade de manobra. As agências especializadas da ONU têm um papel central a desempenhar na eliminação da pobreza. Está na hora de dar poder a agências como o Fundo da Infância, a Organização Mundial da Saúde, a Organização para a Agricultura e Alimentação e muitas outras para que façam o trabalho — no campo, país por país — para o qual são as mais qualificadas, ajudando os mais pobres dos pobres a usar a ciência e a tecnologia modernas para superar a armadilha da pobreza.

• *Aproveitar a ciência global.* A ciência tem sido a chave para o desenvolvimento desde o início da Revolução Industrial, o fulcro pelo qual a razão é traduzida em tecnologias de avanço social. Como Condorcet previu, a ciência provocou avanços tecnológicos na produção de alimentos, saúde, gestão ambiental e incontáveis outros setores básicos da produção e das necessidades humanas. Contudo, a ciência tende a seguir as forças do mercado, bem como liderá-las. Não é de surpreender, observei várias vezes, que os ricos fiquem cada vez mais ricos em um ciclo contínuo de crescimento endógeno, enquanto os mais pobres dos pobres ficam com freqüência de fora desse círculo virtuoso. Quando suas necessidades são específicas — em virtude de determinadas doenças, produtos agrícolas ou condições ecológicas —, seus problemas são esquecidos pela ciência global. Portanto, um esforço especial da ciência mundial, liderado por centros de pesquisa científica de governos, universidades e indústrias, deve se comprometer com a solução dos problemas não resolvidos dos pobres. Financiamento público, filantropia privada e fundações sem fins lucrativos terão de apoiar esses compromissos, exatamente porque as forças de mercado sozinhas não serão suficientes.

• *Promover o desenvolvimento sustentável.* Embora os investimentos voltados para a saúde, a educação e a infra-estrutura possam destravar a armadilha da miséria, a degradação ambiental contínua em escala local, regional e planetária ameaça a sustentabilidade de longo prazo de todos os nossos ganhos sociais. Acabar com a miséria pode aliviar muitas das pressões sobre o meio ambiente. Quando as famílias pobres são mais produtivas na agricultura, elas enfrentam menos pressão para derrubar florestas vizinhas em busca de novas terras aráveis.

Quando seus filhos têm alta probabilidade de sobreviver, elas têm menos incentivos para manter altas taxas de fertilidade, com o conseqüente declínio do crescimento populacional rápido. Ainda assim, mesmo que a pobreza extrema acabe, será preciso enfrentar a degradação ambiental relacionada com a poluição industrial e com a mudança climática de longo prazo associada ao uso em massa de combustíveis fósseis. Há maneiras de vencer esses desafios ambientais sem destruir prosperidade (por exemplo, construindo usinas de energia mais inteligentes que captem e dêem fim a suas emissões de carbono e aumentando o uso de fontes renováveis de energia). Ao mesmo tempo que investimos na eliminação da miséria, devemos encarar o desafio em andamento de investir na sustentabilidade global dos ecossistemas do mundo.

- *Assumir um compromisso pessoal.* No fim, porém, a coisa volta para nós, como indivíduos. Os indivíduos, trabalhando em uníssono, formam e modelam as sociedades. Os compromissos sociais são compromissos de indivíduos. As grandes forças sociais, Robert Kennedy nos relembrava, são a mera acumulação de ações individuais. Hoje, suas palavras são mais fortes do que nunca:

> Que ninguém se desencoraje com a crença de que não há nada que um homem ou uma mulher possa fazer contra a série enorme de males do mundo — contra a miséria e a ignorância, a injustiça e a violência [...] Poucos terão a grandeza de mudar a direção da história; mas cada um de nós pode trabalhar para mudar uma pequena porção de eventos e, no conjunto de todos esses atos, será escrita a história desta geração. [...]
>
> É dos inumeráveis e diversos atos de coragem e crença que a história é feita. Cada vez que um homem se ergue em defesa de um ideal, ou age para melhorar a sorte dos outros, ou luta contra a injustiça, ele manda uma minúscula onda de esperança e, ao se cruzar com outras vindas de milhões de diferentes centros de energia e ousadia, essa onda faz uma corrente que pode derrubar os muros mais poderosos da opressão e da resistência.[20]

Que o futuro diga de nossa geração que mandamos para a frente poderosas correntes de esperança e que trabalhamos juntos para curar o mundo.

Notas

1. UM RETRATO DE FAMÍLIA GLOBAL [pp. 31-52]

1. World Bank, *World Development Indicators*, Washington, D.C.: World Bank, 2004.

2. Shaohua Chen e Martin Ravallion, "How have the world's poorest fared since the early 1980s?". World Bank Policy Research Working Paper 3341, junho de 2004.

2. A DIFUSÃO DA PROSPERIDADE ECONÔMICA [pp. 53-78]

1. Angus Maddison, *The world economy: a millennium perspective* (Paris; OCDE, 2001). Exceto quando outra fonte é citada, todos os números deste capítulo foram calculados a partir de Maddison, 2001.

2. John Maynard Keynes, *The economic possibilities for our grandchildren* (Londres: Macmillan, 1930).

3. Adam Smith, *The wealth of nations*. 1776, Livro III, capítulo 4, parágrafo III.4.20. Londres: Methuen and Co., Ltd., Edwin Cannan (ed.), 1904. Disponível on-line em http://www.econlib.org/library/Smith/smWN.html.

4. John Maynard Keynes, *The economic consequences of the peace* (1919), capítulo 2. Disponível on-line em http://socserve2.socsci.mcmaster. ca/~econ/ugcm/3113/keynes/peace.

5. Ibid.

6. Pelas regras do jogo, os bancos centrais temiam expandir a oferta de dinheiro, como deveriam ter feito em resposta à Depressão, porque tinham medo de perder as reservas em ouro necessárias para sustentar a moeda. Somente depois de abandonar o padrão ouro tiveram liberdade para manobrar a fim de executar uma política monetária expansionista.

3. POR QUE ALGUNS PAÍSES NÃO CONSEGUEM PROSPERAR [pp. 79-119]

1. Uma economia precisa poupar mais ou menos 15% de seu PIB a fim de acompanhar o crescimento populacional e a depreciação do capital, de acordo com a seguinte equação:

taxa de poupança > (*razão capital-produto*) × (*taxa de depreciação* + *taxa de crescimento populacional*)

Uma vez que se supõe comumente que a razão capital-produto é 3, a taxa de depreciação é de cerca de 3% e a taxa de crescimento populacional é cerca de 2%, então a taxa de poupança deve ficar acima de 15% para acompanhar a depreciação e o crescimento populacional. A figura 1 mostra que os países menos desenvolvidos têm uma taxa de poupança de 10% do PIB, o que significa que essas economias não estão poupando o suficiente para acompanhar a depreciação e o crescimento populacional.

2. Adam Smith, *The wealth of nations*. Livro I, capítulo 3, parágrafo I.3.3, 1776.

3. Calculado usando dados do U. S. Patent and Trademark Office.

4. Uma vez que os países ainda não eram oficialmente classificados pelo Banco Mundial nessas categorias em 1980, defini países de baixa renda como aqueles com uma renda per capita em 1980 abaixo de US$ 3 mil por ano (ajustados pela paridade do poder de compra). Os países de renda média são aqueles com renda per capita entre US$ 3 mil e US$ 8 mil, e países de renda alta têm rendas acima de US$ 8 mil.

5. A HIPERINFLAÇÃO DE GRANDE ALTITUDE DA BOLÍVIA [pp. 120-39]

1. John Maynard Keynes, "The economic consequences of the peace" (1919). Capítulo 6. Disponível on-line em http://socserve2.socsci.mcmaster.ca/~econ/ugcm/3113/keynes/peace.

2. George Eder, *Inflation and development in Latin America: a case of inflation and stabilization in Bolivia*. Ann Arbor: Program in International Business, Graduate School of Business Administration, University of Michigan,1968.

3. John Maynard Keynes, "The economic consequences of the peace" (1919). Capítulo 7. Disponível on-line em http://socserve2.socsci.mcmaster.ca/~econ/ugcm/3113/keynes/peace.

4. Ibid.

6. O RETORNO DA POLÔNIA À EUROPA [pp. 140-63]

1. Lamentavelmente, Kuron morreu em 2004.

2. O gráfico exclui as ex-repúblicas soviéticas ricas em petróleo do Azerbaijão, Cazaquistão e Turcomênia, que receberam uma boa quantidade de IED para exploração e desenvolvimento de petróleo, apesar de sua distância da Europa Ocidental.

3. O G7 era formado por França, Estados Unidos, Grã-Bretanha, Alemanha, Japão, Itália e Canadá até 1998, quando a Rússia entrou para o grupo, que se tornou o G8.

7. COLHENDO TEMPESTADES: A LUTA PELA NORMALIDADE NA RÚSSIA [pp. 164-81]

1. Anders Aslund, *How Russia became a market economy* (Washington, D. C.: Brookings Institution, 1995), tabela 2.7, p. 49.

2. International Monetary Fund *et al.*, *A study of the Soviet economy* (Paris: OCDE, 1991), p. 227.

3. Anders Aslund, *How Russia became a market economy*, p. 45.

4. Adam Smith, *The wealth of nations*, Livro I, capítulo 3, parágrafo I.3.8.

8. CHINA: SAINDO DO ATRASO DEPOIS DE MEIO MILÊNIO [pp. 182-205]

1. Adam Smith, *The wealth of nations*, Livro I, capítulo 9, parágrafo I.9.15.

2. Jeffrey D. Sachs e Wing Thye Woo, "Structural factors in the economic reforms of China, Eastern Europe, and the former Soviet Union", *Economic Policy*, v. 18, abril de 1994.

3. Ibid.

4. Hu Jintao, discurso no Parlamento Federal da Austrália, 23 de outubro de 2003.

9. AS REFORMAS DE MERCADO NA ÍNDIA: O TRIUNFO DA ESPERANÇA SOBRE O MEDO [pp. 206-24]

1. B. R. Tomlinson, *The economy of modern India 1860-1970* (Cambridge: Cambridge University Press, 1993), p. 7.

2. Ibid.

3. Angus Maddison, *The world economy: a millennial perspective* (Paris: OCDE, 2001), p. 116.

4. Mike Davis, *Late Victorian holocausts: El Niño famines and the making of the Third World* (Londres e Nova York: Verso, 2001), p. 162.

5. Angus Maddison, *The world economy*, p. 116.

6. Discurso do orçamento de P. Chidambaram, 8 de julho de 2004.

7. Adam Smith, *The wealth of nations*, Livro IV, capítulo 7, parágrafo IV.7.166.

8. Ibid.

10. OS AGONIZANTES SEM VOZ: A ÁFRICA E AS DOENÇAS [pp. 225-47]

1. *The O'Reilly Factor*, 1º de setembro de 2004.

2. National Intelligence Estimate 60/70-65, Washington, 22 de abril de 1965. Fonte: Central Intelligence Agency; Job 79-R01012A, ODDI Registry of NIE and SNIE Files. Secret; Controlled Dissem. De acordo com uma nota na capa, a estimativa foi apresentada pelo diretor da Inteligência Central John A. McCone e recebeu a concordância do U. S. Intelligence Board em 22 de abril

3. Memorando de Ulric Haynes do National Security Council Staff ao assistente especial do presidente para assuntos de segurança nacional (Bundy), Washington, 5 de junho de 1965. Fonte: Johnson Library, National Security File, Country File, Africa, General, V. II, Memos & Miscella-

neous, 7/64-6/65. Confidencial. Foram enviadas cópias a Komer e Harold H. Saunders, do National Security Council Staff.

4. Jeffrey D. Sachs *et al.*, "Ending Africa's poverty trap", *Brookings Papers on Economic Activity*, nº 1, 2004.

5. Edward Osborne Wilson, *Biophilia* (Cambridge, Mass.: Harvard University Press, 1984).

6. O norte da África é significativamente distinto da África Subsaariana — suas zonas de clima temperado e desértico são menos propícias a doenças tropicais e sua localização dá fácil acesso aos mercados europeus, com a maioria da população concentrada ao longo da costa mediterrânea. Por sua vez, o Saara restringe o acesso da África Subsaariana à Europa. O resultado é que as populações norte-africanas são, em grande parte, costeiras e estão perto da Europa, o que leva a uma estrutura econômica muito diferente em comparação com o resto do continente. Enquanto isso, a África do Sul possui uma ecologia principalmente temperada que também se traduz em uma presença reduzida das doenças tropicais. Além disso, a África do Sul se beneficia de vastas reservas de ouro e diamantes e de um pronto comércio marítimo com a Ásia e a Europa.

7. Angus Maddison, *The world economy*, p. 226.

8. Para uma análise recente competente da epidemiologia da malária, ver: Joel G. Bremen, Martin S. Alilio e Anne Mills, "Conquering the intolerable burden of malaria: what's new, what's needed: a summary", *The American Journal of Tropical Medicine and Hygiene*, v. 71 (agosto de 2003, nº 2, Suplemento), p. 10.

9. Outra prova da singularidade do peso da malária na África é a alta presença da anemia falciforme. Essa terrível doença vem de uma mutação genética que se propaga na população porque protege parcialmente contra a malária uma criança quando a mutação é herdada exatamente de um dos pais. Quando o traço é herdado de ambos os pais, ela é fatal na ausência de tratamentos médicos avançados. O fato de uma mutação genética tão perigosa ter sobrevivido na África dá prova quantitativa de que a malária assolou durante muito tempo de forma única as populações africanas em comparação com outras partes do mundo.

10. World Health Organization, *Macroeconomics and health: investing in health for economic development*, Report of the Commission on Macroeconomics and Health (Genebra: World Health Organization, 2001).

11. Hugh Bredenkamp, Carta ao editor, *Financial Times*, 29 de junho de 1999.

12. Durante 1997, muitos dos países de renda média do leste asiático foram atingidos por uma retirada em pânico do capital internacional. Durante vários meses, eu me envolvi num debate público com o FMI sobre o modo de enfrentar a crise. Meu colega Steve Radelet e eu argumentamos que o Fundo havia exacerbado, em vez de moderado, a crise devido à sua própria reação apavorada de fechar bancos e exigir grandes cortes nas despesas governamentais. Muitas dessas críticas foram desde então reconhecidas, inclusive pelo próprio Escritório de Avaliação Independente do FMI.

13. O trabalho de base não publicado mostrava que a malária atrasou o crescimento econômico nos países africanos em 1,3% ao ano. Explicado em mais detalhes em Jeffrey D. Sachs e John Luke Gallup, "The economic burden of malaria", *American Journal of Tropical Medicine and Hygiene*, v. 64: 1, 2, pp. 85-96. Em conseqüência do efeito composto durante 35 anos, o nível do PIB para os países africanos é agora 32% mais baixo do que seria na ausência da malária.

11. O MILÊNIO, O 11 DE SETEMBRO E AS NAÇÕES UNIDAS [pp. 248-64]

1. Entrevista a Matt Lauer, NBC News, 31 de agosto de 2004.

2. Franklin Delano Roosevelt, discurso ao 77º Congresso, 6 de janeiro de 1941.

3. Jeffrey D. Sachs, "Weapons of mass salvation", *The Economist*, 26 de outubro de 2002.

4. Consenso de Monterrey da Conferência Internacional sobre Financiamento para o Desenvolvimento, 2002, Nações Unidas, parágrafo 42.

5. Observações do vice-presidente Dick Cheney na 103ª Convenção Nacional dos Veteranos de Guerras Estrangeiras, 26 de agosto de 2002, Nashville, Tennessee.

6. Infelizmente, até setembro de 2004, somente 25 mil africanos foram colocados em tratamento com drogas anti-retrovirais dentro da nova iniciativa presidencial.

7. Jeffrey D. Sachs, "Smart money: what military power can't do", *The New Republic*, 3 de março de 2003.

8. Com agradecimentos especiais a Awash Teklehaimonot por seu trabalho sobre a malária em toda a África e sobre desenvolvimento econômico na Etiópia, a Jonathan Donner e Josh Ruxin por telefones celulares ligados à saúde pública, a Pedro Sanchez e Cheryl Palm por pesquisas e novos avanços práticos em agrossilvicultura, a Mark Cane e Steve Zebiak pelo modelo de El Niño, e Lex van Geen e Joe Graziano pelas soluções para o arsênico em Bangladesh.

12. SOLUÇÕES PRÁTICAS PARA ACABAR COM A POBREZA [pp. 265-83]

1. O projeto é dirigido pelos doutores Cheryl Palm e Pedro Sanchez, do Instituto da Terra. Ambos são cientistas de classe mundial do solo com ampla experiência na África oriental. Pedro Sanchez dirigiu o World Agroforestry Center durante dez anos e foi pioneiro no uso de árvores fixadoras de nitrogênio como método de repor nitrogênio nos solos africanos. Ele ganhou o Prêmio Mundial de Alimentos em 2003 e o prêmio MacArthur em 2004 por aquele e outro trabalho. O dr. Vijay Modi, também do Instituto da Terra, é professor de engenharia na Universidade Colúmbia e está trabalhando em Sauri sobre problemas de infra-estrutura básica — energia, transporte, estradas, água e saneamento. A dra. Sonia Ehrlich comanda o esforço para estabelecer uma nova clínica e um sistema de saúde pública em Sauri. O dr. Daniel Hillel, professor emérito da Universidade de Massachusetts, contribuiu com assessoria sobre gestão hídrica.

2. Sachs, Jeffrey D. *et al.*, "Ending Africa's poverty trap", *Brookings Papers on Economic Activity*, nº 1, 2004.

3. Meera Bapat e Indu Agarwal, "Our needs, our priorities; women and men from the slums in Mumbai and Pune talk about their needs for water and sanitation", *Environment & Urbanization*, 15, nº 2, outubro de 2003.

4. Sheela Patel, Celine d'Cruz e Sundar Burra, "Beyond evictions in a global city: people-managed resettlement in Mumbai", *Environment & Urbanization*, 14, nº 1, abril de 2003.

13. OS INVESTIMENTOS NECESSÁRIOS PARA ACABAR COM A POBREZA [pp. 284-306]

1. Adam Smith, *The wealth of nations*, Livro V, capítulo 1, paragráfo V.l.189.

2. Declaração Universal dos Direitos Humanos, Nações Unidas, Resolução da Assembléia-Geral 217 A (III), 10 de dezembro de 1948, artigo 25.

3. Ibid., artigo 26.

4. Ibid., artigo 28.

5. Assif Shameen, "Asian of the century, ideas with impact", *Asiaweek*, 10 de dezembro de1999, p. 1. <www.asiaweek.com>.

14. UM PACTO GLOBAL PARA ACABAR COM A POBREZA [pp. 307-30]

1. Comentários de Andrew Natsios sobre a Iniciativa de Água da USAID para a África Ocidental, 20 de agosto de 2002. "$41 million public-private partnership to provide clean water in West África", <http:www.usaid.gov/press/releases/2002/pr020820.html>.

2. James D. Wolfensohn e os Utstein Group Proceedings, Praga, República Tcheca, 24 de setembro de 2000.

3. Banco Mundial, entrevista coletiva com James D. Wolfensohn, Washington, D. C., 19 de abril de 2002.

4. 38ª Sessão Ordinária da Assembléia de Chefes de Estado e Governo da União Africana: Mecanismo Africano de Avaliação dos Pares, 8 de julho de 2002, Durban, África do Sul, AHG/235 (XXXVIII), Anexo II.

5. Convenção-Quadro das Nações Unidas sobre Mudança de Clima, 1992, artigo 2: Objetivo, p. 9.

15. OS RICOS TÊM CONDIÇÕES DE AJUDAR OS POBRES? [pp. 331-52]

1. Shaohua Chen e Martin Ravallion, "How have the world's poorest fared since the early 1980s?", World Bank Policy Research Working Paper 3341, junho de 2004.

2. Ibid.

3. Para mais detalhe sobre a avaliação das necessidades das MDMS, reportar-se ao trabalho de base disponível em http://www.unmillenniumproject.org/html/secretariatdocs.shtm.

4. Jeffrey D. Sachs, *New York Times*, 9 de julho de 2003, página Op-Ed.

5. Em 2004, estima-se que houve 4,1 milhões de contribuintes com renda em dinheiro de ou acima de US$ 200 mil. Isso significa 2,9% de todos os contribuintes (143,5 milhões) e 25,3% da renda total em dinheiro. A renda bruta ajustada total está em torno de US$ 6,3 trilhões. Assim, a renda total dos contribuintes com rendas acima de US$ 200 mil é 25,3% × 6,3 trilhões, ou US$ 1,6 trilhão. A renda bruta ajustada total acima de US$ mil é, portanto, US$ 1,6 trilhão menos (4,1 milhões × 200 mil) ou em torno de US$ 0,8 trilhão. Uma sobretaxa de 5% sobre US$ 0,8 trilhão significa cerca de US$ 40 bilhões. Em resumo, uma sobretaxa de 5% sobre rendas acima de US$ 200 mil

renderia cerca de US$ 40 bilhões por ano. Fonte: O número de contribuintes acima de US$ 200 mil e sua participação na renda são da tabela "T04-0120-Distribution of AMT and Regular Income Tax by Cash Income, Current Law 2004 Calendar Year" do Tax Policy Center, acessada em <http:tax-policycenter.org > em 4 de novembro de 2004. A estimativa da renda bruta ajustada usa dados do Internal Revenue Service para 2002, que a situa em aproximadamente US$ 6 trilhões para 2002, e a atualiza para uma estimativa para 2004 de US$ 6,3 trilhões.

16. MITOS E SOLUÇÕES MÁGICAS [pp. 353-73]

1. Citado em John Donnelly, "Prevention urged in aids fight — Natsios says fund should spend less on HIV treatment", *Boston Globe*, 7 de junho de 2001.

2. Comentários de Barney Pityana, 8 de dezembro de 1998.

3. Para mais informações sobre essa análise, ver: Jeffrey D. Sachs *et al.*, "Ending Africa's poverty trap", *Brookings Papers on Economic Activity*, nº 1, 2004.

4. O estudo sobre a África é Daniel Etounga-Manguelle, "Does Africa need a cultural adjustment program?", em Lawrence E. Harrison e Samuel P. Huntington, eds., *Culture matters: how values shape human progress*, Basic Books, 2000, pp. 65-77. A referência a mexicano-americanos é Lionel Sosa, *Americano Dream* (Nova York: Plume, 1998), citado em Samuel P. Huntington, *Who are we?* (Nova York: Simon & Schuster, 2004), p. 254.

5. *Japan Gazette*. Referido em Junko Nakai, "Blessing or curse: characteristics of the Japanese economy", *HKCER Letters*, v. 54, janeiro de 1999, <http:www.hku.hk/hkcer/articles/ v54/ nakai.htm>.

6. Ibid.

7. Ronald Inglehart *et al.*, *Human beliefs and values* (Mexico: Siglo Veintiuno Editores, 2004), AO30.

8. Marc A. Miles *et al.*, 2004 *Index of Economic Freedom* (Washington, D. C.: The Heritage Foundation e *Wall Street Journal*, 2004), <http:www.heritage.org/research/features/index/ index.html>.

9. Hernando de Soto, *The mystery of capital: why capitalism triumphs in the West and fails everywhere else* (Nova York: Basic Books, 2000), pp. 5-7.

10. Ver, por exemplo: Katharina Pistor, Jeffrey D. Sachs e Philip Wellons, *The role of law and legal institutions in Asian economic development, 1960-1995* (Nova York: Oxford University Press, 1999).

11. Alguns exemplos recentes são: Robert J. Barro, "Economic growth in a cross-section of countries", *Quarterly Journal of Economics*, 106, nº 2, maio, pp. 407-43; _____ e Xavier Sala-i-Martin, *Economic growth*, 2ª ed. (Cambridge: MIT Press, 2003); _____, "Technological diffusion, convergence, and growth", *Journal of Economic Growth* (2, nº 1, março de 1997), pp. 1-26; Robert E. Hall e Charles I. Jones, "Why do some countries produce so much more output per worker than others?", *Quarterly Journal of Economics*, 114, nº 1, fevereiro de 1999, pp. 83-116; Andrew D. Mellinger, Jeffrey D. Sachs e John L. Gallup, "Climate, coastal proximity, and development", em *Oxford handbook of economic geography*, Gordon L. Clark, Maryann P. Feldman e Meric S. Gertler (eds.) (Oxford: Oxford University Press, 2000); Jeffrey D. Sachs, "Globalization and patterns of

economic growth", a sair em *Globalization: what's new?*, Michael M. Weinstein (ed.), Columbia University Press/Council on Foreign Relations; Xavier X. Sala-i-Martin, "I just ran two million regressions", *The American Economic Review* (87, nº 2, maio de 1997), Papers and Proceedings of the Hundred and Fourth Annual Meeting of the American Economic Association; _____, Gernot Doppelhofer e Ronal I. Miller, "Determinants of long-term growth: a Bayesian averaging of classical estimates (BACE) approach", *The American Economic Review* (94, nº 4, setembro de 2004).

12. Daniel T. Halperin e Helen Epstein, "Concurrent sexual partnership help to explain Africa's high HIV prevalence: implications for prevention", *The Lancet*, v. 364, 3 de julho de 2004, p. 4.

17. POR QUE DEVEMOS FAZÊ-LO [pp. 374-92]

1. "Americans on foreign aid and world hunger: a study of U. S. public attitudes". Program on International Policy Attitudes, University of Maryland, 2 de fevereiro de 2001.

2. Ibid.

3. George W. Bush, discurso ao Banco Interamericano de Desenvolvimento, 14 de março de 2002, Washington, D. C.

4. Ibid.

5. U. S. National Security Strategy, setembro de 2002.

6. Ibid.

7. Ibid.

8. George W. Bush, discurso na ONU, 12 de setembro de 2002.

9. Consenso de Monterrey, parágrafo 42.

10. Cúpula Mundial sobre Desenvolvimento Sustentável, Plano de Implementação, agosto de 2002, parágrafo 85 (a).

11. Consenso de Monterrey, parágrafo 39.

12. Adam Sachs e Jeffrey D. Sachs, "Selling the Marshall Plan" (não publicado).

13. George W. Bush, discurso do Estado da União (28 de janeiro de 2003).

18. O DESAFIO DA NOSSA GERAÇÃO [pp. 393-414]

1. Declaração de Independência, Ação do Segundo Congresso Continental, 4 de julho de 1776.

2. Ibid.

3. Immanuel Kant, *Paz perpétua*, 1795, Seção II, Primeiro Artigo Definitivo para a Paz Perpétua: "A Constituição Civil de Cada Estado Deveria Ser Republicana", parágrafo 2.

4. Ibid.

5. Ibid., Primeiro Suplemento à Paz Perpétua: "Das Garantias da Paz Perpétua", número 3.

6. Marie-Jean-Antoine-Nicolas Caritat, marquês de Condorcet, *Sketch for a Historical Picture of the Progress of the Human Mind*, trad. Keith Michael Baker, *Daedalus*, verão de 2004, pp. 65-82, 80.

7. Ibid., p. 79.

8. Ibid., p. 77.

9. Adam Smith. *A riqueza das nações*, Livro IV, capítulo 7, parágrafo IV.7.166.

10. Ibid.

11. Ibid.

12. John Gray, "An illusion with a future", *Daedalus*, verão de 2004, p. 11.

13. Eduardo Borensztein, Jose De Gregorio e Jong-Wha Lee, "How does foreign direct investment affect economic growth?", NBER Working Paper nº w5057, março de 1995.

14. Hugh Thomas, *The slave trade: the story of the Atlantic slave trade, 1440-1870* (Nova York: Simon & Schuster, 1997), p. 497.

15. Ibid., p. 513.

16. Ibid., p. 514.

17. Ibid., p. 537.

18. Martin Luther King Jr., "My pilgrimage to nonviolence", 1958. Publicado pela primeira vez no número de setembro de 1958 de *Fellowship*. Trecho tirado de *Stride toward freedom*, 1959.

19. Ibid., "I have a dream", discurso feito no Lincoln Memorial, Washington, D. C., 28 de agosto de 1963.

20. Robert F. Kennedy, discurso no Dia da Afirmação, Universidade da Cidade do Cabo, África do Sul, 6 de junho de 1966.

Obras citadas

"AMERICANS on Foreign Aid and World Hunger: A Study of US Public Attitudes". 2 de fevereiro de 2001, Findings. Program on International Policy Attitudes, University of Maryland.

ANGELL, Norman. *The great illusion: a study of the relation of military power to national advantage.* Londres: W. Heinemann, 1910.

ASLUND, Anders. *How Russia became a market economy.* Washington, D. C.: Brookings Institution, 1995.

ATTARAN, Amir & SACHS, Jeffrey D. "Defining and refining international donor support for combating the aids pandemic". *The Lancet*, v. 357, 6 de janeiro de 2001.

BAPAT, Meera e AGARWAL, Indu. "Our needs, our priorities; women and men from the slums in Mumbai and Pune talk about their needs for water and sanitation". *Environment* & *Urbanization*, v. 15, nº 2, outubro de 2003.

BREDENKAMP, Hugh. Letter to the Editor. *Financial Times*, 29 de junho de 1999.

BREMEN, Joel G., ALILIO, Martin S. e MILLS, Anne . "Conquering the intolerable burden of malaria: what's new, what's needed: a summary". *The American Journal of Tropical Medicine and Hygiene*, v. 71, agosto de 2003, nº 2 Supplement.

CARITAT, Marie-Jean-Antoine-Nicolas-de, marquês de Condorcet. *Sketch for a historical picture of the progress of the human mind.* Trad. Keith Michael Baker. *Daedalus*, verão de 2004, pp. 65-82.

CENTRAL Intelligence Agency. "National intelligence estimate 60/70-65, Washington, 22 de abril de 1965". Fonte: Central Intelligence Agency: Job 79-R01012A, ODDI Registry of NIE and SNIE Files. Secret; Controlled Dissem. De acordo com uma nota na capa, a estimativa foi apresentada pelo diretor da Inteligência Central John A. McCone e recebeu a concordância do U. S. Intelligence Board em 22 de abril.

CHEN, Shaohua & RAVALLION, Martin . "How have the world's poorest fared since the early 1980s?" World Bank Policy Research Working Paper 3341, junho de 2004.

CHENEY, Richard. Observações do vice-presidente Dick Cheney na 103ª Convenção Nacional dos Veteranos de Guerras Estrangeiras, 26 de agosto de 2002, Nashville, Tennessee.

CHIDAMBARAM, Palaniappan. Discurso do Orçamento, 8 de julho de 2004. <http:www.deccanherald.com/deccanherald/july092004/n1.asp>.

COMMISSION on Macroeconomics and Health (CMH). *Macroeconomics and health: investing in health for economic development.* Genebra: World Health Organization, 2001.

DAVIS, Mike. *Late victorian holocausts: El Niño famines and the making of the Third World.* Londres e Nova York: Verso, 2001.

DECLARAÇÃO Universal dos Direitos Humanos, Assembléia-Geral das Nações Unidas, Resolução 217 A (III) , 10 de dezembro de 1948, artigo 25.

DECLARATION of Independence, Action of the Second Continental Congress, 4 de julho de 1776.

DONNELLY, John. "Prevention urged in aids fight — Natsios says fund should spend less on HIV treatment". *Boston Globe,* 7 de junho de 2001.

EDER, George. *Inflation and development in Latin America — a case of inflation and stabilization in Bolivia.* Ann Arbor: Program in International Business, Graduate School of Business Administration, University of Michigan, 1968.

GRAY, John. "An illusion with a future". *Daedalus,* verão de 2004, p. 11.

HALPERIN, Daniel T. & EPSTEIN, Helen . "Concurrent sexual partnership help to explain Africa's high HIV prevalence: implications for prevention". *The Lancet,* v. 364, 3 de julho de 2004, p. 4.

HAYNES, Ulric. "Memorandum from Ulric Haynes of the National Security Council Staff to the President's Special Assistant for National Security Affairs (Bundy), Washington, June 5, 1965". Fonte: Johnson Library, National Security File, Country File, Africa, General, v. II, Memos & Miscellaneous, 7/64-6/65.

HU Jintao. Discurso ao Parlamento Federal da Austrália, 23 de outubro de 2003.

INGLEHART, Ronald *et al. Human beliefs and values.* México: Siglo Veintiuno Editores, 2004. AO30.

INSTITUTO Nacional de Estadística, <www.udape.gov.bo/>.

INTERNATIONAL Monetary Fund. *A study of the Soviet economy.* Washington, D. C.: International Monetary Fund, 1991.

KANT, Immanuel. *Perpetual peace.* Paris: 1795.

KEYNES, John Maynard. *The economic consequences of the peace.* Londres: Macmillan, 1919. <http:socserv2.socsci.mcmaster.ca/~econ/ugcm/3113/keynes/peace.htm>.

______. "The economic possibilities for our grandchildren", in *Essays in persuasion.* Londres: Macmillan, 1931.

KISZEWSKI, Anthony *et al.* "A global index representing the stability of malaria transmission". *American Journal of Tropical Medicine and Hygiene,* 70, 5: pp. 486-98, 2004.

MADDISON, Angus. *Monitoring the world economy: 1820-1992.* Paris: OCDE, 1995.

______. *The world economy: a millennial perspective.* Paris: OCDE, 2001.

MILES, Marc A. *et al. 2004 Index of Economic Freedom.* Washington, D. C.: The Heritage Foundation and Wall Street Journal, 2004. <http:www.heritage.org/research/features/index/index.html>.

MORALES, Juan Antonio e Jeffrey D. Sachs. "Bolivia's economic crisis", in *Developing country debt and economic performance: country studies — Argentina, Brazil, Mexico*, v. 2. Chicago: National Bureau of Economic Research, 1990.

OCDE. Development Assistance Committee. Creditor Reporting System.

OCDE. Development Assistance Committee. "Final ODA Data for 2003". 8-9 de dezembro de 2004.

O'REILLY Factor, The. 1º de setembro de 2004.

PATEL, Sheela, D'CRUZ, Celine e BURRA, Sundar . "Beyond evictions in a global city: people-managed resettlement in Mumbai". *Environment & Urbanization*, v. 14, nº 1, abril de 2002.

PITYANA, Barney. Comentários em 8 de dezembro de 1998. <http://www.wfn.org/1998/12/msg00181.html>.

ROOSEVELT, Franklin Delano. Discurso ao 77º Congresso, 6 de janeiro de 1941.

SACHS, Adam & SACHS, Jeffrey D. "Selling the Marshall Plan". Inédito.

SACHS, Jeffrey D. e WOO, Wing Thye. "Structural factors in the economic reforms of China, Eastern Europe, and the former Soviet Union." *Economic Policy*, v. 18, abril de 1994.

______. & WARNER, Andrew . "Economic reform and the process of global integration." *Brookings Papers on Economic Activity*, 1995: 1.

______. & GALLUP, John Luke . "The economic burden of malaria". *American Journal of Tropical Medicine and Hygiene*, 61 (1,2) S., 2001, pp. 85-96.

______; BAJPAI Nirupan & RAMIAH, Ananthi . "Understanding regional economic growth in India." *Asian Economic Papers*, v. 1:3, verão de 2002.

______ *et al.* "Ending Africa's poverty trap." *Brookings Papers on Economic Activity*, nº 1, 2004.

SHAMEEN, Assif. "Instant industry". *Asiaweek*. Asiaweek.com, Asian of the century, ideas with impact, 10 de dezembro de1999.

SMITH, Adam. *The wealth of nations* (1776). Edwin Cannan (ed.) Londres: Methuen and Co., Ltd. 1904.

SOTO, Hernando de. *The mystery of capital: why capitalism triumphs in the West and Fails everywhere else.* Nova York: Basic Books, 2000. [ed. brasileira: *O mistério do capital*: por que o capitalismo deu certo nos países desenvolvidos e fracas. Sou no resto do mundo. Rio de Janeiro: Record, 2001]

THOMAS, Hugh. *The slave trade: the story of the Atlantic slave trade, 1440-1870.* Nova York: Simon & Schuster, 1997.

TOMLINSON, B.R. *The economy of modern India 1860-1970.* Cambridge: Cambridge University Press, 1993.

TRANSPARENCY International. *Global Corruption Report 2004.* Londres: Pluto Press, 2004.

UN MILLENNIUM Project. *Investing in development: a practical plan to achieve the Millennium Development Goals.* Report to the UN Secretary General. Londres: Earthscan, 2005.

______. "Millennium project goals needs assessments: background paper to 'Ending Africa's poverty trap'". Working paper, 2004. Disponível em<http://www.unmillenniumproject.org/html/backgroundpaper, shtm>.

UNCTAD. *World Investment Report 2001.* Nova York / Genebra: United Nations, 2001.

WILSON, Edward Osborne. *Biophilia.* Cambridge, Mass.: Harvard University Press, 1984.

WOLFENSOHN, James D. & Utstein Group Proceedings. Praga, República Tcheca, 24 de setembro de 2000.

WORLD Bank. *World Development Indicators.* Washington, D. C., 2004.

Outras leituras

As leituras seguintes incluem alguns de meus estudos acadêmicos sobre os temas deste livro. Esses artigos podem ser encontrados em <www.sachs.earth.columbia.edu>. Menciono também alguns importantes livros recentes de outros autores.

Boa parte de minhas pesquisas acadêmicas tratou dos variados padrões de desenvolvimento em diferentes partes do mundo e do papel da geografia física, do comércio internacional, da história e das políticas na formação dessas diferenças. Entre esses estudos, sugiro os seguintes para leitura (listados por ordem de publicação):

SACHS, Jeffrey D. & WARNER, Andrew. "Economic reform and the process of global integration". *Brookings Papers on Economic Activity*, 1995: 1.

_____; GALLUP, John Luke & MELLINGER, Andrew. "Geography and economic development", in Boris Pleskovic e Joseph E. Stiglitz, eds., *Annual World Bank Conference on Development Economics 1998* (abril), Washington, D. C.: The World Bank.

_____. "Twentieth-century political economy: a brief history of global capitalism". *Oxford Review of Economic Policy*, v. 115, nº 4, inverno de 1999.

_____. "Globalization and patterns of economic development". *Review of World Economics*, v. 136(4), Kiel Institute of World Economics, 2000.

_____, Andrew Mellinger e John Gallup. "Climate, coastal proximity, and development", in *Oxford Handbook of Economic Geography*, Gordon L. Clark, Maryann P. Feldman e Meric S. Gertler, eds., Oxford University Press, 2000.

_____. "The geography of poverty and wealth". *Scientific American*, março de 2001.

Vários de meus estudos trataram das distintas condições geográficas, históricas e institucionais em uma determinada região ou nação. Entre esses estudos, eu sugeriria os seguintes:

Bolívia

SACHS, Jeffrey D. "The Bolivia hyperinflation and stabilization". *American Economic Review*, v. 77, nº 2, maio de 1987.

_____ & MORALES, Juan Antonio . "Bolivia's economic crisis", in Jeffrey D. Sachs, ed., *Foreign debt and economic performance.* National Bureau of Economic Research e University of Chicago Press, 1989.

Europa Oriental

SACHS, Jeffrey D. & LIPTON, David. "Creating a market economy in Eastern Europe: the case of Poland". *Brookings Papers on Economic Activity*, 1990:1.

_____. *Poland's jump to the market economy.* Cambridge: MIT Press, 1993.

Rússia

SACHS, Jeffrey D. "Russia's struggle with stabilization". *Annual Bank Conference on Development Economics*, World Bank, 1994.

_____ & WOO, Wing Thye. "Structural factors in the economic reforms of China, Eastern Europe, and the former Soviet Union". *Economic Policy*, v. 18, abril de 1994.

China

SACHS, Jeffrey D. *et al.* "Geography, economic policy, and regional development in China". *Asian Economic Papers*, v. 1, nº 1, inverno de 2002, pp. 146-97.

_____. & WOO, Wing Thye. "Understanding China's economic performance". *Journal of Policy Reform*, v. 4, nº 1, 2000.

Índia

SACHS, Jeffrey D. & BAJPAI, Nirupam. "India's economic reform — the steps ahead". *Journal of International Trade and Economic Development*, v. 6, nº 2, 1997.

_____. "The decade of development: goal setting and policy changes in India". CID Working Paper nº 62, fevereiro de 2001.

_____& RAMIAH, Ananthi. "Understanding regional economic growth in India". *Asian Economic Papers*, v. 1, nº 3, verão de 2002.

África

SACHS. Jeffrey D. & BLOOM, David. "Geography, demography and economic growth in Africa". *Brookings Papers on Economic Activity*, 1998:2.

Sachs, Jeffrey D. *et al.* "Ending Africa's poverty trap". *Brookings Papers on Economic Activity*, 2004:1.

Estados Unidos (geografia econômica)

SACHS, Jeffrey D. e RAPPAPORT, Jordan. "The United States as a coastal nation". *Journal of Economic Growth*, v. 8, nº 1, março de 2003.

Durante a última década, estudei extensamente as conexões entre doença e pobreza, em especial a malária e HIV/aids. Entre meus estudos nessa área estão:

SACHS, Jeffrey D. & GALLUP, John Luke . "The economic burden of malaria", Suplemento de *The American Journal of Tropical Medicine and Hygiene*, v. 64, nº. 1, 2, pp. 85-96, janeiro/fevereiro de 2001.

_____ & ATTARAN, Amir. "Defining and refining international donor support for combating the aids pandemic". *The Lancet*, v. 357, pp. 57-61, 6 de janeiro de 2001.

_____. "A new global commitment to disease control in Africa". *Nature Medicine*, v. 7, nº 5, maio de 2001.

_____ & MALANEY, Pia. "The Economic and social burden of malaria". *Nature*, v. 415, nº 6872, 7 de fevereiro de 2002.

_____ "A new global effort to control malaria". *Science*, v. 298, 4 de outubro de 2002.

WORLD Health Organization. *Macroeconomics and health: investing in health for economic development*. Report of the Commission on Macroeconomics and Health. Genebra: World Health Organization, 2001.

Entre meus estudos sobre o papel da assistência ao desenvolvimento, alívio da dívida, política externa dos Estados Unidos e cooperação internacional estão:

SACHS, Jeffrey D. "The strategic significance of global inequality". *The Washington Quarterly*, v. 24, nº 3, verão de 2001.

_____. "Resolving the debt crisis of low-income countries". *Brookings Papers on Economic Activity*, 2002:1.

_____. "Weapons of mass salvation". *The Economist*, 26 de outubro de 2002.

_____. "Smart money: what military power can't do". *The New Republic*, 3 de março de 2003.

Depois que o leitor se interessa pelo drama do desenvolvimento global, há um tesouro de livros inteligentes e admiráveis para ler, usufruir e sobre eles meditar. Entre as análises absorventes do desenvolvimento global publicadas em anos recentes que moldaram minha compreensão desse tema estão:

MCNEILL, William H. *Plagues and peoples*. Nova York: Doubleday, 1977. Um estudo inovador das conexões entre doenças e história humana.

BRAUDEL, Fernand. *Civilization and capitalism* (3 volumes). Nova York: Harper-Collins, 1985 [ed. brasileira: *Civilização material, economia e capitalismo*. São Paulo, Martins Fontes]. Uma história magistral da economia global e da mudança das condições materiais da sociedade humana durante os últimos quinhentos anos.

DIAMOND, Jared. *Guns, germs, and steel: the fates of human societies*. Nova York: W. W. Norton, 1997 [ed. brasileira: *Armas, germes e aço*. Rio de Janeiro, Record, 2001]. Um relato cintilante, altamente original e totalmente fascinante da relação entre ecologia, história humana e desenvolvimento econômico.

LANDES, David S. *The wealth and poverty of nations: why some are so rich and some so poor:* Nova York: W. W. Norton, 1998. A visão provocativa de um grande historiador da economia sobre o movimento da história econômica global.

SMIL, Vaclav. *Feeding the world: a challenge for the 21st century*. Cambridge, Mass.: MIT Press, 2000.

Um excelente relato interdisciplinar das inter-relações entre alimento, tecnologia, demografia e desenvolvimento.

MCNEILL, J. R. *et al. Something new under the sun.* Nova York: W. W. Norton, 2001. Um estudo original e profundo das ligações entre desenvolvimento e meio ambiente durante o século XX.

MADDISON, Angus. *The world economy: a millennial perspective.* Paris: OCDE, 2001. Uma notável análise quantitativa do crescimento econômico nos últimos duzentos anos.

KIDDER, Tracy. *Mountains beyond mountains: healing the world: the quest of dr. Paul Farmer.* Nova York: Random House, 2003. Uma biografia do dr. Paul Farmer, pioneiro em levar os serviços essenciais de saúde aos pobres.

JONES, Gareth Stedman. *An end to poverty? A historical debate.* Londres: Profile Books, 2004. Uma maravilhosa história intelectual dos debates sobre a pobreza, em especial durante a época do iluminismo, na década de 1790.

Créditos

Agradecemos a permissão para reproduzir trechos das seguintes obras:

The mystery of capital: why capitalism triumphs in the west and fails everywhere else, de Hernando de Soto. Copyright © 2001 by Hernando de Soto. Reproduzido com permissão de Basic Books, membro de Perseus Books, LLC e The Random House Group Ltd. Publicado na Grã-Bretanha por Bantam.

"On Condorcet", de Keith Michael Baker, *Daedalus*, 133:3 (verão de 2004). Copyright © 2004 by Massachusetts Institute of Technology e American Academy of Arts and Sciences. Reproduzido com permissão de MIT Press Journals, Inc.

"I have a dream", do dr. Martin Luther King Jr. Copyright 1963 Martin Luther King Jr., copyright renovado 1991 Coretta Scott King. Reproduzido mediante acordo com o Espólio Martin Luther King Jr., a/c Writers House, agentes do proprietário, Nova York, NY.

"Concurrent sexual partnership help to explain Africa's high HIV prevalence: implications for prevention", de David T. Halperin e Helen Epstein. Reproduzido com permissão de Elsevier *(The Lancet*, v. 364, nº 9428, 2004).

"Our needs, our priorities: women and men from the slums in Mumbai and Pune talk about their needs for water and sanitation", de Meera Bapat e Indu Agarwal, *Environment* & *Urbanization*, v. 15, nº 2, outubro de 2003. Reproduzido com permissão do International Institute for Environment and Development (IIED).

"The economic possibilities for our grandchildren", de *Essays in persuasion*, de John Maynard Keynes. Reproduzido com permissão de Palgrave Macmillan.

Fotografias 1, 2: Sonia Ehrlich Sachs, M.D., MPH
Fotografias 3, 4, 5: Vijay Modi, Ph.D.
Fotografia 6: Society for Promotion of Area Resource Centres (SPARC)
Fotografias 7, 8: Homeless International
Mapas 1, 2, 5, 6, 8, 9: Jeffrey D. Sachs

Mapas 3, 4, 7: Conferência das Nações Unidas para o Comércio e o Desenvovimento. *World Investment Report 2001: Promoting Linkages.* Nova York e Genebra: Nações Unidas, 2001.

Mapa 10: "The economic burden of malaria", de Jeffrey D. Sachs e John Luke Gallup, *American Journal of Tropical Medicine and Hygiene*, volume 64, I, janeiro de 2001. Suplemento, pp. 85-96.

Mapa 11: "A global index representing the stability of malaria transmission", de Anthony Kiszewski, Andrew Mellinger, Andrew Spielman, Pia Malaney, Sonia Ehrlich Sachs e Jeffrey D. Sachs, *American Journal of Tropical Medicine and Hygiene*, v. 70, nº 5, maio de 2004, pp. 486-98.

Índice remissivo

ESTA OBRA FOI COMPOSTA PELA SPRESS EM MINION E IMPRESSA PELA
PROL GRÁFICA E EDITORA EM OFSETE SOBRE PAPEL PÓLEN SOFT DA SUZANO BAHIA SUL PARA
A EDITORA SCHWARCZ EM DEZEMBRO DE 2005